Constantin J. Echter

Hedgefonds-Investments im Private Banking

GABLER EDITION WISSENSCHAFT

Constantin J. Echter

Hedgefonds-Investments im Private Banking

Eine empirische Analyse
des deutschen Marktes

Mit einem Geleitwort von Prof. Dr. Manfred Steiner

GABLER EDITION WISSENSCHAFT

Bibliografische Information der Deutschen Nationalbibliothek
Die Deutsche Nationalbibliothek verzeichnet diese Publikation in der
Deutschen Nationalbibliografie; detaillierte bibliografische Daten sind im Internet über
<http://dnb.d-nb.de> abrufbar.

Dissertation Universität Augsburg, 2008

1. Auflage 2008

Lektorat: Frauke Schindler / Viktoria Steiner

Gabler ist Teil der Fachverlagsgruppe Springer Science+Business Media.
www.gabler.de

Umschlaggestaltung: Regine Zimmer, Dipl.-Designerin, Frankfurt/Main
Gedruckt auf säurefreiem und chlorfrei gebleichtem Papier
Printed in Germany

ISBN 978-3-8349-1148-3

Geleitwort

Hedgefonds-Investments können zur Effizienzsteigerung eines Wertpapier-Portfolios beitragen, wie zahlreiche Untersuchungen belegen. Seit 1999/2000 ist es möglich, dass deutsche Privatanleger via Hedgefonds-Zertifikate in diese Anlageklasse investieren. Am 1. Januar 2004 trat zudem in Deutschland das Investmentmodernisierungsgesetz in Kraft, das die Auflage von Single- bzw. Dach-Hedgefonds regelt und erstmals eine Direktanlage in Dach-Hedgefonds für deutsche Privatanleger vorsieht. Trotz dieser gesetzlichen Verankerung konnten jedoch die ursprünglichen Vertriebserwartungen der Hedgefonds-Produktanbieter bei vermögenden Privatkunden in Deutschland bis dato bei weitem nicht realisiert werden. So repräsentiert das von privaten sowie institutionellen Anlegern per 30. Juni 2007 in (Dach)-Hedgefonds bzw. -Zertifikaten investierte Anlagevolumen nur ca. 3,5% des in Deutschland zugelassenen Publikumsfonds-Vermögens.

An dieser Stelle setzt die Arbeit von Herrn Echter an. Im Rahmen der vorliegenden empirischen Untersuchung wird mittels einer schriftlichen Befragung bei Kreditinstituten in Deutschland die aktuelle Verbreitung sowie zukünftige Entwicklung von Hedgefonds-Investments im Private Banking (Betreuungskonzept der Banken für vermögende Privatkunden) erfasst. Hierzu werden unter Zuhilfenahme der statistischen Analyse Abhängigkeiten bzw. Zusammenhänge in der zugrunde liegenden Datenbasis aufgedeckt, die zur Ableitung von Gestaltungsempfehlungen für den deutschen Markt herangezogen werden.

Als Quintessenz dieser Untersuchung kann festgehalten werden, dass Banken diese alternative Anlageklasse grundsätzlich als wertvolles Diversifikationsinstrument beurteilen. Der Markt für Hedgefonds-Investments in Deutschland befindet sich jedoch bisher noch in einem frühen evolutionären Stadium. Für eine weitergehende Etablierung ist deshalb eine vertiefte Auseinandersetzung der diversen Marktteilnehmer mit den Charakteristika von Hedgefonds-Anlagen unerlässlich. Insbesondere Kreditinstitute des privaten Bankensektors, größere Häuser im Hinblick auf das betreute Anlagevolumen im Private Banking sowie Institute mit vermögenderen Privatkunden sind bereits vertrauter mit (Dach)-Hedgefonds-Anlagen, wie Herr Echter in dieser Arbeit nachweist. Ferner sind für ein zukünftiges Reüssieren adäquate Gebühren- sowie Verpackungs-Strukturen erforderlich, die die bisher festzustellende risikoadjustierte Underperformance der inländischen Dach-Hedgefonds-Produkte zu ihren ausländischen Pendants verringern.

Im Rahmen dieser Arbeit wird erstmals die Verbreitung von Hedgefonds-Investments bei vermögenden Privatkunden in Deutschland wissenschaftlich untersucht. Zudem werden konkrete Gestaltungsempfehlungen abgeleitet, die wertvolle Hinweise für die Praxis darstellen. Die besondere Leistung der Arbeit von Herrn Echter ist in der empirischen Untersuchung zum Einsatz von Hedgefonds-Investments bei deutschen Banken zu sehen. Es konnten 229 ausgefüllte Fragebogen in die Analyse mit einbezogen werden, was ein beachtliches Datenuniversum darstellt.

Prof. Dr. Manfred Steiner

Vorwort

Die Idee für die vorliegende Dissertation entstand während der Niederschrift meiner Diplomarbeit im Frühjahr 2004. Im Rahmen dieser Arbeit habe ich die in Deutschland öffentlich vertriebenen Hedgefonds-Zertifikate analysiert. Zum damaligen Zeitpunkt existierte keine Untersuchung, die den Markt für Hedgefonds-Investments bei vermögenden Privatanlegern in Deutschland beleuchtete, obgleich bei institutionellen Anlegern eine Reihe von Befragungen durchgeführt worden sind. Dies war der Ansporn für die vorliegende Arbeit.

Prof. Dr. Manfred Steiner danke ich in besonderem Maße für die Betreuung dieses Dissertationsprojektes und für die äußerst fruchtbare und unkomplizierte Zusammenarbeit. Die wertvollen Hinweise meines Doktorvaters haben erheblich zum Gelingen dieser Arbeit beigetragen.

Bedanken möchte ich mich auch bei folgenden Herren, die mit ihren tiefen Einblicken und Kenntnissen bei der Entwicklung des Fragebogens mitgewirkt haben: René Dobler (Union Alternative Assets), Martin Feger (Deutsche Bank – Private Wealth Management), Michael Hartmann (HVB Wealth Management), Michael Hietmann (Kreissparkasse Augsburg – Private Banking), Dr. Heinz Kasten (Deutsche Bank Absolute Return Strategies), Christian Nowak (Stadtsparkasse Augsburg – Private Banking) und Dr. Andreas Rathgeber (Universität Augsburg – Lehrstuhl Prof. Dr. Manfred Steiner).

Widmen möchte ich diese Arbeit meinen Eltern, die mich stets bei meinem Vorhaben unterstützt und mir den nötigen Freiraum gewährt haben. Diesen gilt auch mein besonderer Dank für die altruistische Hilfe und Begleitung meines bisherigen Lebensweges seit der frühesten Kindheit.

Constantin Josef Echter

Inhaltsverzeichnis

Abbildungsverzeichnis

Tabellenverzeichnis

Abkürzungsverzeichnis

Abb.	Abbildung
ABN Amro	Algemene Bank Nederland Amsterdamsche-Rotterdamsche Bank
Abs.	Absatz
AG	Aktiengesellschaft
AIG	Auslandinvestment-Gesetz
ArHX	Absolut Research Hedgefonds Index
Art.	Artikel
Aufl.	Auflage
BAI	Bundesverband Alternative Investments e. V.
BaFin	Bundesanstalt für Finanzdienstleistungsaufsicht
BGBl.	Bundesgesetzblatt
BRD	Bundesrepublik Deutschland
BVI	Bundesverband Investment und Asset Management e. V.
bzw.	beziehungsweise
ca.	circa
Co.	Compagnie
CTA	Commodity Trading Advisors
d. h.	das heißt
DIN	Deutsche Industrie-Norm(en)
Diss.	Dissertation
EStG	Einkommensteuergesetz
e. V.	eingetragener Verein
etc.	et cetera (und weiteres)
EUR	Euro
f.	folgende
ff.	fortfolgende
FoF	Fund of Fund
FoFs	Fund of Funds
FoHFs	Fund of Hedge Funds
HF	Hedge Fund(s)
HFs	Hedge Funds
HFRI	Hedge Fund Research , Inc.
Hrsg.	Herausgeber
Inc.	Incorporated
InvG	Investmentgesetz
InvStG	Investmentsteuergesetz
KAGG	Gesetz über Kapitalanlagegesellschaften

K-S-Test	Kolmogorov-Smirnov-Test
kum.	kumuliert(e)
LIBOR	London Interbank Offered Rate
Mio.	Million, Millionen
M.M.	Moses Marcus
Mrd.	Milliarde, Milliarden
MSCI	Morgan Stanley Capital International
n	Nennungen
Nr.	Nummer
o.	oder
OGAW	Organismen für die gemeinsame Anlage in Wertpapiere
o. V.	ohne Verfasserangabe
p. a.	pro anno
P	Probabilities
S.	Seite
Sal.	Salomon
sog.	so genannte(r/s)
SPSS	Statistical Product and Service Solutions
Std.-Abw.	Standardabweichung
Tab.	Tabelle
Ts.	Taunus
Tsd.	Tausend
u.	und
u. a.	unter anderem
UBS	Union Bank of Switzerland
US	United States
USD	United States Dollar
versch.	verschiedene
vgl.	vergleiche
Wahrsch.	Wahrscheinlichkeit
wahrsch.	wahrscheinlich
WpHG	Wertpapierhandelsgesetz
www	World Wide Web
z. B.	zum Beispiel
zugl.	zugleich

Symbolverzeichnis

∅	arithmetisches Mittel
$<$	kleiner
$>$	größer
χ^2	Chi-Quadrat
R^2	Bestimmtheitsmaß

1 Einleitung

1.1 Ausgangslage und Fragestellung

Hedgefonds haben in der Vergangenheit vorwiegend die Gelder von hoch vermögenden Privatanlegern (High Net Worth Individuals und Family Offices[1]) verwaltet.[2] Diese wenig regulierten Anlagevehikel können nicht nur traditionelle Long-Investments tätigen, sondern auch Leerverkäufe eingehen, Fremdkapital hinzufügen sowie derivative Instrumente einsetzen (Leverage).[3]

Seit der Einführung des Investmentmodernisierungsgesetzes[4] am 1. Januar 2004 können nun auch in Deutschland Single- bzw. Dach-Hedgefonds aufgelegt werden.[5] Zudem sind Dach-Hedgefonds-Anteile zum öffentlichen Vertrieb zugelassen. Dieser Produkttyp ist aufgrund der Diversifikationseigenschaften in erster Linie für Privatanleger vorgesehen.[6] Eine Anlage in Single-Hedgefonds ist hingegen für Privatanleger nur im Rahmen von Privatplatzierungen (Private Placements) möglich.[7] Daneben können Privatanleger auch via Hedgefonds-Zertifikate in diese Anlageklasse investieren, die bereits seit dem Jahre 1999/2000 von diversen Kreditinstituten emittiert werden.[8]

Die ursprünglich von diversen Hedgefonds-Anbietern nach der Einführung des Investmentmodernisierungsgesetzes skizzierten Erwartungen zur Verbreitung dieser Anlageklasse bei deutschen Privatanlegern konnten jedoch bis dato bei weitem nicht realisiert werden. So wird das sowohl von institutionellen als auch privaten Anlegern in Deutschland investierte Volumen in (Dach)-Hedgefonds bzw. -Zertifikate auf ca. 26 Mrd. Euro geschätzt.[9] Dies entspricht nur ca. vier Prozent der von deutschen Anle-

---

[1] Family Office: ein Team von Kapitalmarkt-, Steuer- und Rechtsspezialisten verwaltet das Vermögen einer sehr reichen Person bzw. Familie. Vgl. Cottier (1997), S. 110.

[2] Vgl. Cottier (1997), S. 107 ff.

[3] Siehe § 112 Abs. 1 Investmentgesetz – InvG.

[4] Gesetz zur Modernisierung des Investmentwesens und zur Besteuerung von Investmentvermögen (Investmentmodernisierungsgesetz) vom 15. 12. 2003. Das Investmentmodernisierungsgesetz unterteilt sich in Investmentgesetz (InvG) und Investmentsteuergestz (InvStG).

[5] Siehe §§ 112, 113 InvG.

[6] Siehe § 113 InvG.

[7] Siehe § 112 Abs. 2 InvG.

[8] Vgl. Mader/Echter (2004), S. 613.

[9] Vgl. Busack (2007), S. 27.

gern in Publikumsfonds investierten Vermögen.[10] Darüber hinaus wurden bereits in den vergangenen Monaten sechs der in Deutschland zugelassenen Dach-Hedgefonds[11] aufgrund geringer Fondsvolumina wieder geschlossen.[12] Aktuell sind 20 Dach-Hedgefonds in Deutschland zum öffentlichen Vertrieb zugelassen.[13]

Hierbei stellt sich nun die Frage, aus welchem Grunde (Dach)-Hedgefonds-Investments trotz der vielfach aufgezeigten hohen risikoadjustierten Renditen sowie niedrigen Korrelationen zu traditionellen Assetklassen (Aktien, Renten) und der damit einhergehenden günstigen Portfolioeigenschaften nicht zu einer größeren Akzeptanz bei vermögenden Privatanlegern in Deutschland geführt haben.[14]

1.2 Zielsetzung und Aufbau der Untersuchung

Im Rahmen der vorliegenden empirischen Untersuchung wird die aktuelle Verbreitung sowie zukünftige Entwicklung von Hedgefonds-Investments im deutschen Private Banking[15] (Betreuungskonzept der Banken für vermögende Privatkunden) erfasst. Hierzu wurde im Frühjahr 2006 eine schriftliche Befragung bei deutschen Kreditinstituten durchgeführt. Die Themenbereiche des Fragebogens sowie der folgenden Arbeit werden dabei in Abbildung 1-1 wiedergegeben. Die Einordnung der Befragungsteilnehmer bildet den Startpunkt dieser Untersuchung. Daran schließen sich die gesetzlichen Rahmenbedingungen für Hedgefonds in Deutschland an. Gegenstand dieses Kapitels ist dabei in erster Linie das seit dem 1. Januar 2004 in Deutschland geltende Investmentmodernisierungsgesetz. Sodann folgt eine Analyse der Liquiditätseigenschaften, die bei (Dach)-Hedgefonds im Gegensatz zu traditionellen Investmentfonds wesentlich rigider ausgelegt sind. Die Variablen des Kapitels portfoliotheoretische Aspekte widmen sich den Rendite/Risiko-Eigenschaften von (Dach)-Hedgefonds-Investments. In diesem Zusammenhang wird auch nach sinnvollen Hedgefonds-Quoten für ein ausgewogenes Depot gefragt. Die bei Hedgefonds-Investments anfallenden Gebührenkomponenten, die sich deutlich von der Kosten-

---

[10] Das Vermögen der in Deutschland zugelassenen Publikumsfonds beläuft sich per 30. Juni 2007 auf 740,6 Mrd. Euro. Vgl. BVI (2007), S. 1.

[11] Aufgelöst wurden die Dach-Hedgefonds von Merck Finck, ABN Amro, Pioneer, UBS und die beiden Dachfonds der Cominvest.

[12] Vgl. Schulte (2007), S. 2; o. V. (2007a), S. 3; o. V. (2007c), S. 29.

[13] Vgl. BaFin (2007a), S. 1 f.; BaFin (2007b), S. 1 f.

[14] Zu Portfolioeigenschaften von Hedgefonds vgl. Signer (2002), S. 9 ff.; Ineichen (2003), S. 140 f.; Hafner/Brunner (2004), S. 3 ff.

[15] Eine Definition des Begriffes Private Banking, Darstellung des Private Banking-Leistungsspektrums sowie Deskription des deutschen Marktes findet sich in Kapitel 2 auf Seite 5.

struktur konventioneller Investmentfonds unterscheiden, sind ebenfalls Teil dieser Untersuchung. Den Kern der Studie bilden indessen die Fragen zur Hedgefonds-Produktpalette der deutschen Kreditinstitute. Dieser Themenbereich untergliedert sich in zwei Ebenen. Neben den zukünftigen Angebotsintentionen in der Assetklasse Hedgefonds wird auch auf die bisherige Angebotsstruktur eingegangen. Hierbei werden ferner auch die dazu gehörigen Motive analysiert. Diese Untersuchung berücksichtigt überdies auch spezifische Eigenheiten von Hedgefonds in der Beratungspraxis.

Mit Hilfe dieser empirischen Untersuchung sollen profunde Markteinblicke gewonnen werden. Zudem sollen im Rahmen der statistischen Analyse Abhängigkeiten bzw. Zusammenhänge in der zugrunde liegenden Datenbasis aufgedeckt werden, die Rückschlüsse auf das Verhalten der Banken bei Hedgefonds-Investments im Vermögenskundensegment zulassen. Dies soll letztlich dazu dienen, Gestaltungsempfehlungen für eine wirkungsvolle Produkt- und Vertriebsgestaltung von Hedgefonds-Produkten für vermögende Privatanleger ableiten zu können.

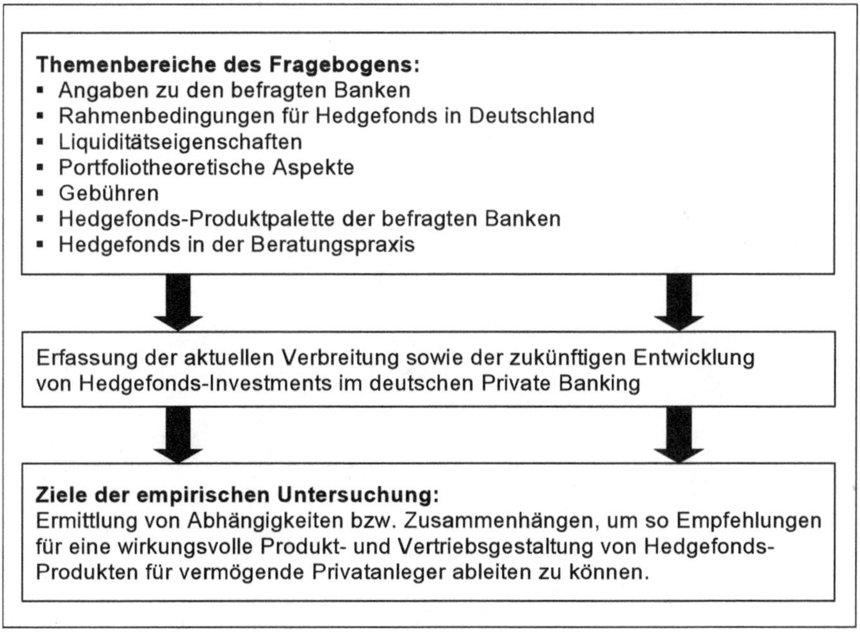

Abb. 1-1: Zielsetzung und Aufbau der empirischen Untersuchung[16]

[16] Eigene Darstellung.

Aufgrund des noch wenig erforschten Untersuchungsgegenstandes wird für diese Analyse kein a priori explizit formuliertes, vollständiges Hypothesengerüst genutzt. Vielmehr werden fallweise einzelne Hypothesen formuliert und getestet. In diesem Sinne weist die vorliegende empirische Untersuchung einen explorativen Charakter auf, die auf diese Weise Abhängigkeiten bzw. Beziehungsstrukturen in der zugrunde liegenden Datenbasis erforscht. Ein solcher Ansatz dient sowohl der Hypothesenerkundung als der Hypothesenüberprüfung. Diese Vorgehensweise kann aufgrund der Neuartigkeit des Forschungsgegenstandes als erhellend bezeichnet werden.[17]

[17] Vgl. Bortz/Döring (1995), S. 29f.; Kirsch (1981), S. 193.

2 Private Banking

2.1 Definition und Abgrenzung

Banken segmentieren Privatkunden heutzutage hinsichtlich des liquiden Geldvermögens (Depotvolumen plus Einlagen ohne Immobilienvermögen) sowie teilweise nach dem Jahreseinkommen und dem Entwicklungspotential des Kunden. Grundsätzlich kann grob zwischen Retail Banking (Mengengeschäft) und Private Banking differenziert werden. Private Banking repräsentiert dabei ein Betreuungskonzept für vermögende Privatkunden.[18] Der Begriff Private Banking wird heute teilweise noch mit Privatbanken bzw. Privatbankiers assoziiert, obgleich eine rechtsformunabhängige Organisationsform für das Private Banking kennzeichnend ist. Somit kann und wird Private Banking neben den klassischen Privatbanken auch von Universalbanken, genossenschaftlich sowie öffentlich-rechtlich organisierten Kreditinstituten angeboten. Neben der Anlageberatung und Vermögensverwaltung sind auch Beratungsleistungen wie beispielsweise Nachfolgeplanung, Immobilienmanagement oder strategische Vermögensplanung Bestandteile des Private Banking.[19] Der Begriff Private Banking kann dabei folgendermaßen definiert werden:

> *„Private Banking sind sämtliche Finanzdienstleistungen für die Gruppe der wohlhabenden in- und ausländischen Privatkunden.[20] Im Vordergrund stehen der persönliche und langfristige Charakter der Beziehung zwischen Kunde und Bank auf der Basis von Diskretion und Vertrauen, die grosse Bedeutung der Servicequalität, die ganzheitliche kundenindividuelle Planung und Umsetzung der finanziellen Zukunftsvorstellungen über den gesamten Lebenszyklus bis hin zu Nachfolge- und Erbschaftsregelungen. (...)"*[21]

In den letzten Jahren wurde das Vermögenskunden-Segment noch weiter differenziert. So führten einige Institute neben dem Private Banking das sog. (Private) Wealth Management ein. Das (Private) Wealth Management richtet sich im Gegensatz zum Private Banking an hoch vermögende Privatkunden, wie aus Abbildung 2-1 auf S. 6 hervorgeht. Banken bieten dieser sehr vermögenden Kundenschicht neben den klassischen Private Banking-Leistungen auch beispielsweise eine Beratung bei Kunst-

---

[18] Vgl. Swoboda (2004) , S. 133 ff.; Schäli (1998), S. 107 ff.

[19] Vgl. Tilmes (2001), S. 59 ff; Foehn (2006), S. 9 ff.

[20] Es kann zwischen Offshore- und Onshore-Geschäft unterschieden werden. Bei Onshore-Kunden ist das Domizil des Kunden und der Bank identisch (z. B. ein in Deutschland ansässiger Kunde lässt sein Vermögen von einer in Deutschland domizilierten Bank verwalten), während Offshore-Kunden ihr Vermögen von einer im Ausland domizilierten Bank (z. B. Schweiz, Singapur) verwalten lassen. Vgl. Koye (2005), S. 53.

[21] Koye (2005), S. 53.

gegenständen, Antiquitäten oder direkten Unternehmensbeteiligungen an.[22] Zudem haben einige Häuser in letzter Zeit das Private Banking auch für weniger vermögende Privatkunden geöffnet. Diese sog. Affluent Investors werden dabei nicht wie bisher dem Mengengeschäft zugeordnet, sondern erhalten im Rahmen des Private Banking eine weitaus individuellere Beratung. Das Affluent Banking bzw. untere Private Banking kann jedoch nur in Ansätzen mit der Exklusivität sowie Individualität des oberen Private Banking bzw. Private Wealth Managements verglichen werden.[23]

Allgemein kann festgehalten werden, dass die Segmentierungsgrenzen sehr institutsspezifisch sind und von Bank zu Bank verschieden sein können. So beginnt bei der Deutschen Bank, dem Marktführer in Deutschland im Hinblick auf das verwaltete Vermögen, das Private Banking bei 250.000 Euro frei verfügbarem Vermögen und das Private Wealth Management bei 2 Mio. Euro.[24] Bei der Dresdner Bank hingegen werden Privatkunden bereits bei einem liquiden Vermögen von 100.000 Euro dem Private Banking zugeordnet sowie ab 750.000 Euro dem Private Wealth Management.[25] Ähnlich verhält es sich bei der HypoVereinsbank, dem drittgrößten Anbieter

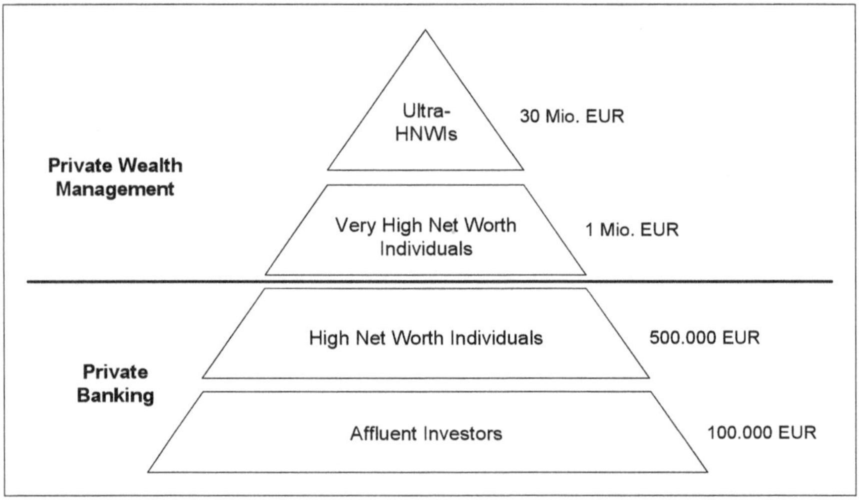

Abb. 2-1: Segmentierung von vermögenden Privatkunden nach liquidem Geldvermögen[26]

[22] Vgl. Swoboda (2004), S. 375 f.; Schneider (2005), S. 91.; Faust (2006), S. 7 f.; Ausfelder/Kühne/Wöhler (1999), S. 527.

[23] Vgl. Koye (2005), S. 74 f.; Ausfelder/Kühne/Wöhler (1999), S. 526 ff.

[24] Vgl. Dunsch/Roth (2003), S. 20.

[25] Vgl. o. V. (2006a), S. 19.

[26] Eigene Darstellung; in Anlehnung an Ehlerding/Lumma (2006), S. 31; Ineichen (2001), S. 23.

in Deutschland. Ab 75.000 Euro erfolgt die Betreuung durch die Private Banking-Einheit und ab 500.000 Euro wird ein Privatkunde dem Wealth Management zugeschlüsselt.[27]

Die Stichprobe dieser Untersuchung bezieht sich in erste Linie auf Banken des Private Banking-Segmentes (siehe hierzu auch Kapitel 4.4 auf Seite 30). Bei 50% der 229 an dieser Befragung teilnehmenden Kreditinstitute werden Privatanleger ab einem liquiden Vermögen (Depots plus Einlagen) von 200.000 Euro oder weniger im Private Banking betreut. Ab einem Anlagevolumen von 200.000 bis 400.000 Euro gehören die Kunden von 33% der Banken zu den vermögenden Investoren. 3,9% der Institute des Befragungssamples indessen können dem Private Wealth Management-Segment zugeordnet werden. Bei diesen Häusern beträgt das Mindestanlagevolumen für das gehobene Betreuungsmodell mehr als 1 Mio. Euro. Genossenschaftsbanken und Sparkassen haben niedrigere Einstiegsgrenzen für das Private Banking als Privatbanken, wie in Kapitel 4.1.4 auf Seite 25 dargelegt wird.

2.2 Leistungsspektrum

Viele Private Banking bzw. Private Wealth Management-Anbieter verfolgen einen ganzheitlichen Ansatz und unterstützen ihre Kunden in allen vermögensrelevanten Belangen. So werden vielfach neben der klassischen Anlageberatung sowie Vermögensverwaltung ergänzende Beratungsleistungen wie Vermögensstrukturanalyse, Nachfolgeplanung oder Immobilien-Consulting offeriert, wie Abbildung 2-2 (s. S. 8) illustriert.

Die *Anlageberatung* stellt die Kernleistung bei der Betreuung vermögender Privatkunden dar. Im Rahmen dieser sog. Advisory Mandate berät die Bank den Kunden bei Wertpapieranlagen. Die finale Entscheidung wird jedoch vom Kunden getroffen. Die Anlageberatung deckt hierbei alle möglichen Wertpapiergattungen ab. Neben Aktien, Anleihen, Anlagezertifikaten und Derivaten werden auch Alternative Investments (Dach- bzw. Single-Hedgefonds, Private Equity, Commodities etc.) offeriert.[28] Die Beratung wird in der Regel über die Transaktionsprovisionen bei Wertpapierkäufen bzw. -verkäufen sowie die Depotgebühr vergütet.[29]

Im Rahmen der *Vermögensverwaltung* werden die Dispositionsrechte für ein Wertpapierdepot an einen Vermögensverwalter übertragen. Dieser verwaltet das Portfolio

---

[27] Vgl. o. V. (2006b), S. 20.

[28] Vgl. Swoboda (2004), S. 348 f.; Rometsch (1999b), S. 95 f.

[29] Vgl. Schäli (1998), S. 163 ff.; Bongartz (2003), S. 309.

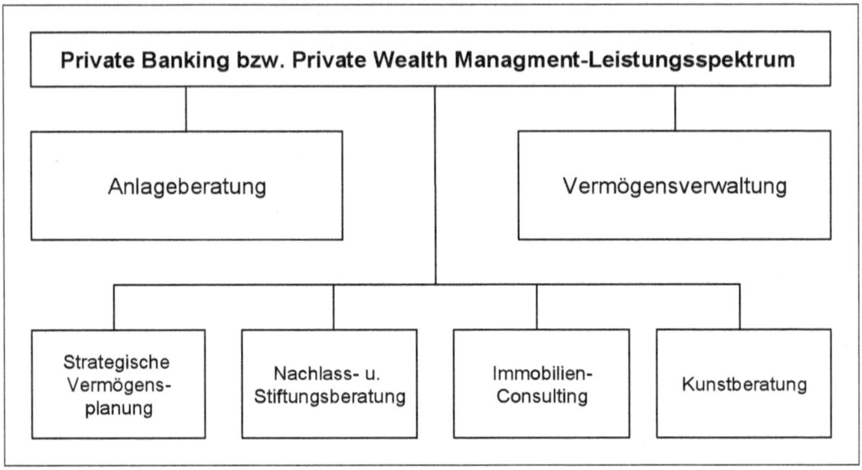

Abb. 2-2: Leistungsspektrum im Private Banking bzw. Private Wealth Management[30]

unter Einhaltung der vereinbarten Vermögensanlagerichtlinien. Zwischen Kunde und Bank wird bei den sog. diskretionären Mandaten ein Vermögensverwaltungsvertrag geschlossen, in dem auch die vereinbarte Gebühr für diese Dienstleistung festgehalten wird. Die Vermögensverwaltung kann wie die Anlageberatung alle bedeutenden Wertpapiergattungen umfassen.[31] Banken präferieren diskretionäre Mandate, da bei der Vermögensverwaltung im Gegensatz zu den Advisory-Mandaten stabilere Erträge sowie höhere Margen erzielt werden können.[32] Für den Kunden bietet die Vermögensverwaltung den Vorteil, dass die strategische bzw. taktische Asset Allocation vollständig von hierfür ausgebildeten Personen vorgenommen werden kann. Zudem kann der zeitliche Aufwand bei dieser Mandatsform für den Kunden minimiert werden und Depot-Umschichtungen können im Hinblick auf Timing-Gesichtspunkte auch bei Nicht-Erreichbarkeit des Kunden durchgeführt werden.[33]

Neben der Anlageberatung und Vermögensverwaltung bieten Banken ihren vermögenden Kunden auch ergänzende Leistungen an, die bei entsprechendem Bedarf in Anspruch genommen werden können. Die *strategische Vermögensplanung*[34] dient der

[30] Eigene Darstellung; vgl. Rometsch (1999a), S. 14 f.; Swoboda (2004), S. 344 ff.; Foehn (2006), S. 12 ff.; Zeltner (2006), S. 95.

[31] Vgl. Kruschev (2006), S. 431 ff.; Tilmes (2001), S. 72 f.

[32] Vgl. Bongartz (2003), S. 309.

[33] Vgl. Rometsch (1999b), S. 95 f.

[34] Synonyme Begriffe sind Financial Planning, private Finanzplanung sowie Financial Consulting.

Erfassung der Vermögensstruktur und der sich daraus ergebenden Ableitung von Handlungsempfehlungen. Die strategische Vermögensplanung unterteilt sich somit in Vermögensstrukturanalyse sowie Vermögensstrukturberatung. Die Vermögensstruktur wird mittels einer Privatbilanz erfasst. Hierfür werden die diversen Vermögensgegenstände wie Immobilien, Wertpapiere, Unternehmensbeteiligungen oder Kunstgegenstände bewertet und bilden die sog. Aktivseite der Privatbilanz. Auf der Passivseite werden die aufgenommenen Fremdmittel berücksichtigt. In einer privaten Gewinn- und Verlustrechnung werden sodann die einzelnen Einnahme- sowie Ausgabepositionen des Kunden gegenübergestellt. Bei der Ableitung von Handlungsempfehlungen für eine Optimierung von Rentabilität, Sicherheit und Liquidität des Gesamtvermögens werden auch potentielle zukünftige Liquiditätslücken bedingt durch Ruhestand, Berufsunfähigkeit, Krankheit oder Tod beachtet. Darüber hinaus wird auch auf (erbschaft)-steuerliche Belange eingegangen.[35] Für die strategische Vermögensplanung fällt in der Regel ein Honorar nach der beanspruchten Beratungszeit an (Zeithonorar-Modell). Insbesondere bei Neukunden wird jedoch für diese Dienstleistung vielfach kein Honorar in Rechnung gestellt.[36]

Im Rahmen der *Nachlass- und Stiftungsberatung* werden vermögende Privatkunden im Hinblick auf eine möglichst steuerschonende Übertragung von Vermögen unterstützt. Diese Dienstleistung beinhaltet Erbfolgeplanung und Testamentsvollstreckung. Zudem stehen Banken ihren Kunden bei der Errichtung von Stiftungen beratend zur Seite. Einige Anbieter übernehmen hierbei auch die Betreuung und Verwaltung des Stiftungsvermögens sowie administrative Aufgaben (Rechnungslegung, Berichterstattung) oder wirken in den Stiftungsgremien (Vorstand, Kuratorium) mit.[37]

Das *Immobilien-Consulting* analysiert nicht nur den Immobilienbestand des Kunden und entwickelt Lösungsvorschläge, sondern berät auch beim Erwerb bzw. Verkauf von Immobilien. Zu Beginn einer Immobilienanalyse wird der Wert der Immobilien ermittelt. In die Objektbewertung fließen neben den Mieterträgen und -aufwendungen u. a. auch die Nutzungsarten sowie die Standortqualität der Immobilien ein. Diese Informationen werden sodann zur Ableitung von Empfehlungen für eine optimierte Portfoliostruktur herangezogen.[38] Überdies wird der Kunde auch bei Kauf bzw. Verkauf von Immobilien unterstützt. So werden beispielsweise geeignete Objekte identifiziert und vermittelt, Standorte bzw. Objekte analysiert sowie Preisverhandlungen geführt.[39]

---

[35] Vgl. Tilmes (2001), S. 15 ff.; Reittinger (2006), S. 368 ff.

[36] Vgl. Swoboda (2004), S. 340; Reittinger (2006), S. 387.

[37] Vgl. Rometsch (1999b), S. 97 f; Swoboda (2004), S. 379; Brömmling (2006), S. 406 ff.

[38] Vgl. Swoboda (2004), S. 380 f.; Zeltner (2006), S. 109 f.

[39] Vgl. Rometsch (1999b), S. 96 f.

Daneben unterstützen einige Häuser sehr vermögende Privatkunden auch bei Erwerb bzw. Veräußerung von *Kunstgegenständen* und stellen Kontakte zu Künstlern oder anderen Kunstinvestoren her. Zudem beraten sie ihre Kunden beim Aufbau einer Kunstsammlung. Die Kunstberatung wie auch das Immobilien-Consulting werden vorwiegend im Private Wealth Management angeboten und richten sich somit in erster Linie an hoch vermögende Kunden, während die anderen Leistungen von Abbildung 2-2 auf Seite 8 auch weniger vermögenden Privatinvestoren offeriert werden.[40]

2.3 Deskription des deutschen Marktes

Der Markt für Private Banking bzw. Private Wealth Management in Deutschland kann als sehr fragmentiert bezeichnet werden. So haben die vier Großbanken (Deutsche Bank, Dresdner Bank, HypoVereinsbank, Commerzbank) zusammen einen Marktanteil von 30% an dem betreuten Vermögen in Deutschland, wie Abbildung 2-3

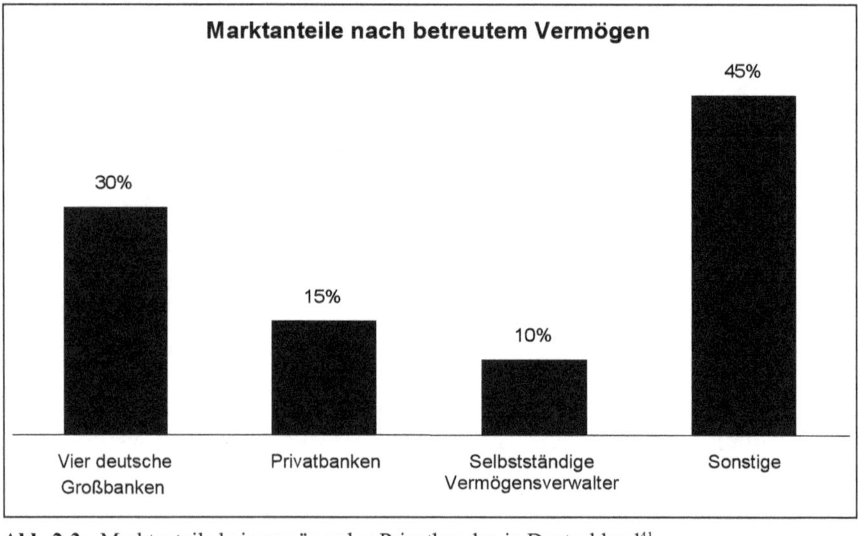

Abb. 2-3: Marktanteile bei vermögenden Privatkunden in Deutschland[41]

[40] Vgl. Swoboda (2004), S. 376.

[41] Eigene Darstellung; vgl. Ehlerding/Lumma (2006), S. 32; vier deutsche Großbanken: Deutsche Bank (Marktanteil: 10%), Dresdner Bank (9%), HypoVereinsbank (5%), Commerzbank (5%); Privatbanken: abhängige und unabhängige Institute; sonstige: Sparkassen, Genossenschaftsbanken, Online-Broker etc.

wiedergibt. Marktführer ist die Deutsche Bank mit einem Anteil von zehn Prozent am Gesamtmarkt, gefolgt von der Dresdner Bank mit neun Prozent. Auf die Hypo-Vereinsbank und Commerzbank entfällt jeweils ein Marktanteil von fünf Prozent. 15% des liquiden Geldvermögens in Deutschland wird von abhängigen bzw. unabhängigen Privatbanken (Sal. Oppenheim, Hauck & Aufhäuser, Berenberg Bank, M. M. Warburg & Co., Bankhaus Metzler etc.) verwaltet. Selbstständige Vermögensverwalter repräsentieren zehn Prozent des Marktes und 45% liegen bei sonstigen Finanzinstituten (Sparkassen, Genossenschaftsbanken, Online-Broker etc.).[42]

[42] Vgl. Ehlerding/Lumma (2006), S. 32.

3 Empirische Untersuchung zu Hedgefonds-Investments im deutschen Private Banking

3.1 Design der empirischen Erhebung

3.1.1 Erhebungsmethode und Struktur des Fragebogens

Die Daten für die vorliegende empirische Untersuchung wurden mittels einer schriftlichen, postalischen Befragung erhoben. Neben dem standardisierten Fragebogen wurde auch ein Begleitschreiben versendet, in dem der Zweck der Befragung erläutert wird.[43] Aufgrund der großen Anzahl der Befragten wurde die Erhebungstechnik der standardisierten schriftlichen Befragung gewählt. Diese Methode ermöglicht eine sinnvolle Datenerhebung bei vergleichsweise moderatem ökonomischem Aufwand.[44]

Die Entwicklung des Fragebogens vollzog sich über einen Zeitraum von ca. vier Monaten. Nach der Erstellung einer ersten vollständigen Fragebogenversion wurden mit insgesamt sieben Kapitalmarktspezialisten (vier Private Banking-Mitarbeiter verschiedener Kreditinstitute, zwei Hedgefonds-Spezialisten von unterschiedlichen Asset Management-Gesellschaften und ein wissenschaftlicher Mitarbeiter des Lehrstuhls für Finanz- und Bankwirtschaft von Prof. Dr. Manfred Steiner) ausführliche persönliche Gespräche zur Konstruktion des Fragebogens geführt. Der Fragebogen wurde den Pretest-Teilnehmern vorab zugestellt, so dass eine intensive Auseinandersetzung mit dem Erhebungsbogen möglich war. In diesen Gesprächen wurden u. a. folgende Aspekte thematisiert: Verständlichkeit und Schwierigkeitsgrad der Fragen, fehlende bzw. überflüssige Fragen, Fragenabfolge, Dauer der Befragung. Die Ergebnisse dieser Gespräche wurden sodann bei der weiteren Konstruktion des Fragebogens berücksichtigt. Gegen Ende der Fragebogenentwicklung wurde der Rohentwurf des Bogens an acht Banken verschickt. Auf der letzten Seite dieser Bögen wurden zudem offene Fragen an die Befragten zur Verständlichkeit der Fragen bzw. zur Dauer der Beantwortung gerichtet. Nach Auswertung dieser Fragebögen und Implementierung der gewonnenen Erkenntnisse dieser letzten Testphase ging die endgültige Version in Druck.[45]

---

[43] Der Fragebogen sowie das Begleitschreiben sind im Anhang auf Seite 247 wiedergegeben.

[44] Zu den Vor- und Nachteilen einer schriftlichen Befragung vgl. Schnell/Hill/Eser (2005), S. 358 ff.; Berekoven/Eckert/Ellenrieder (2004), S. 118 ff.; Bortz/Döring (1995), S. 231 ff.

[45] Zu Pretests vgl. Schnell/Hill/Eser (2005), S. 347 ff.; Kreutz/Titscher (1974), S. 66 ff.; Habermehl (1992), S. 121 f.

Der Fragebogen umfasst 59 Einzelfragen verteilt auf neun DIN A4-Seiten. Folgende sieben Themenblöcke sind dabei Gegenstand der Befragung: Rahmenbedingungen für Hedgefonds in Deutschland (vier Fragen), Liquiditätseigenschaften (zwei Fragen), portfoliotheoretische Aspekte (zehn Fragen), Gebühren (vier Fragen), Hedgefonds-Produktpalette der befragten Banken (27 Fragen), Hedgefonds in der Beratungspraxis (sieben Fragen), Angaben zu den befragten Banken (fünf Fragen).

Das Spektrum der verwendeten Antwortmöglichkeiten reicht von Nominalskalen bis hin zu Kardinalskalen[46] (intervallskaliertes und absolutskaliertes Datenniveau). Vier Kardinalskalen spiegeln absolutskalierte Daten wieder. Bei diesen Variablen wurde nach der konkreten Anzahl der angebotenen Hedgefonds-Produkte gefragt. Hierbei wurden die Befragten gebeten, eine Zahl einzutragen. Die übrigen Kardinalskalen repräsentieren intervallskalierte bzw. ratingskalierte Daten.[47] Die diversen im Fragebogen eingesetzten Skalen reichen von zwei- bis sechspoliger Antwortausprägung. Skalen mit vier Ausprägungen sind dabei am häufigsten vertreten. Skalen mit einer ungeraden Anzahl von Antwortmöglichkeiten wurden nur sehr selektiv eingesetzt, da die Befragten bei dieser Form nachweisbar die mittlere Kategorie präferieren.[48]

Im Fragebogen werden nur geschlossene Fragen berücksichtigt. Es wird bewusst nicht auf offene Fragen zurückgegriffen, da diese zu einer verringerten Antwortbereitschaft führen können und zudem die quantitative Auswertung erschweren.[49] Auf der letzten Seite des Fragebogens stand den Befragten ein Textfeld für sonstige Bemerkungen zur Verfügung. Bei insgesamt vier Fragen waren auch Mehrfachnennungen[50] möglich. Auf eine Ausweichkategorie (z. B. Weiß nicht) in den Skalen wurde verzichtet, da derartige Vorgaben zu einer erhöhten Nichtbeantwortungsquote führen können.[51] Zudem wurden nach den Pretest-Gesprächen einige Fragen aussortiert, die von mehreren Bankvertretern als zu schwierig empfunden wurden.

---

[46] Die Ausdrücke Kardinalskala bzw. metrische Skala können synonym verwendet werden.

[47] Bei den als intervallskaliert bzw. ratingskaliert bezeichneten Daten dieser Befragung handelt es sich streng genommen um ordinales Datenniveau. Da die Abstände zwischen den Ausprägungen bei den Befragten als konstant gleich aufgefasst werden können, können die Werte wie intervallskalierte Daten behandelt werden. Demzufolge kann auch auf statistische Verfahren zurückgegriffen werden, die bei Vorliegen von intervallskaliertem Datenniveau verwendet werden. Vgl. Berekoven/Eckert/Ellenrieder (2004), S. 74 f.; Bortz/Döring (1995), S. 66 ff.; Meffert (1992), S. 185; Backhaus/Erichson/Plinke/Weiber (2005), S. 4 ff.

[48] Vgl. Kreutz/Titscher (1974), S. 61.

[49] Zu den Vor- und Nachteilen von offenen bzw. geschlossenen Fragen vgl. Schnell/Hill/Eser (2005), S. 330 ff.; Atteslander (1995), S. 127 ff.

[50] Bei Mehrfachnennungen können gleichzeitig mehrere Antwortvorgaben angekreuzt werden.

[51] Zu den Vor- und Nachteilen von Ausweichkategorien vgl. Kreutz/Titscher (1974), S. 60; Fowler (1995), S. 164 f.; Schnell/Hill/Eser (2005), S. 237 f.

Sechs Fragen des Bogens spiegeln sog. Filterfragen wieder. Bei diesem Fragetypus entscheidet die Art der Beantwortung, ob eine oder mehrere Folgefragen für den Befragten relevant sind. So war ein Block von sieben Fragen nur ausgerichtet auf Banken, die ihren Kunden bisher Hedgefonds-Produkte angeboten haben. Die Befragten wurden hierzu vorher mittels einer Filterfrage eingeordnet. Bei den übrigen fünf Filterfragen folgten dieser Einordnungsfrage nur ein bis zwei weitere Fragen. Die Filterfragen unterscheiden sich graphisch von den Nicht-Filterfragen, so dass eine leichtere Adressierbarkeit für die Befragten möglich war.[52]

Der Erhebungsbogen wird mit Fragen zu den Rahmenbedingungen für Hedgefonds in Deutschland eingeleitet, die der Weckung des Interesses für das Thema der Untersuchung dienen. Da dieser Sachverhalt häufig in der Wirtschaftspresse thematisiert wurde, haben diese Fragen hinsichtlich des Schwierigkeitsgrades auch nicht die Befragten überfordert. Vertrauliche Fragen wie z. B. die Höhe des durchschnittlichen Anlagevolumens der Kunden im Private Banking oder sonstige Angaben zu den befragten Banken werden am Ende des Fragebogens platziert. Zudem wird darauf geachtet, die teilweise komplizierten Fragen zu der bisherigen bzw. zukünftigen Hedgefonds-Produktpalette im Mittelteil des Fragebogens anzuordnen, da hier von einer erhöhten Konzentrationsfähigkeit der Befragten ausgegangen werden kann. Aufgrund der gegen Ende des Fragebogens abnehmenden Aufmerksamkeit der Befragten, werden in diesem Teil eher einfache und weniger interessante Fragen gestellt.[53]

3.1.2 Zeitlicher Verlauf der Befragung

Die postalische Versendung der 1.900 Fragebögen erfolgte am 21. April 2006. Im Begleitschreiben wurde um eine Rücksendung bis 31. Mai 2006 gebeten. Ein Erinnerungsschreiben[54] wurde am 22. Mai 2006 an diese Kreditinstitute verschickt, die bis zu diesem Zeitpunkt noch keine ausgefüllten Fragebögen zurück gesendet hatten. Da die Namen der Hedgefonds- bzw. Alternative Investments-Ansprechpartner bei den jeweiligen Instituten nicht vorlagen, wurden im Adressfeld des Anschreibens bzw. Erinnerungsschreibens nach dem Banknamen die folgenden Bezeichnungen aufgeführt: Private Banking – Product Management – Hedgefonds-Investments. Auf diese Weise sollte eine nahtlose Weiterleitung an die entsprechende Fachabteilung gewährleistet werden.

---

[52] Zu Filterfragen vgl. Fowler (1995), S. 92 ff.; Kreutz/Titscher (1974), S. 64 f.

[53] Zu Platzierungseffekten von Fragen vgl. Schnell/Hill/Eser (2005), S. 342 f.; Kreutz/Titscher (1974), S. 40 ff.

[54] Das Erinnerungsschreiben ist im Anhang auf Seite 260 wiedergegeben.

Zur Erhöhung der Antwortbereitschaft wurde im Begleitschreiben des Fragebogens mitgeteilt, dass unter allen Befragungsteilnehmern ein Design-Kugelschreiber der Marke Montblanc (Modell: Meisterstück) im Wert von 215 Euro verlost wird. Hierzu war die Angabe der Kontaktdaten auf der letzten Seite des Fragebogens erforderlich. Auf Wunsch wurden den Studienteilnehmern auch die Studienergebnisse via E-Mail übertragen. Die Ergebnisse der Stichprobe wurden dazu im Rahmen der deskriptiven Statistik in einer 71-seitigen Power-Point-Präsentation zusammengefasst und im August 2006 an die Interessenten weitergeleitet.

Bis zum 30. Juni 2006 hatten 229 Kreditinstitute ihre Fragebögen ausgefüllt und an den Lehrstuhl von Prof. Dr. Manfred Steiner (Lehrstuhl für Finanz- und Bankwirtschaft der Universität Augsburg) zurückgesandt. Die Rücklaufquote beträgt 12,05% und übersteigt damit deutlich die bei komplexen und umfangreichen schriftlichen Befragungen durchschnittliche Rücklaufquote von fünf Prozent.[55] Eine dezidiertere Beschreibung der Grundgesamtheit und der Befragungsteilnehmer erfolgt in Kapitel 4 auf Seite 21.

3.2 Design der Datenauswertung

Für die vorliegende empirische Untersuchung kommen sowohl Analyseverfahren der deskriptiven als auch der induktiven Statistik zum Einsatz. Die Verfahren der deskriptiven oder beschreibenden Statistik befassen sich mit der Aufbereitung und Auswertung der Stichprobendaten. Rückschlüsse bzw. Verallgemeinerungen von der Stichprobe auf die Grundgesamtheit sind bei der deskriptiven Statistik jedoch nicht möglich. Derartige Rückschlüsse auf die Gesamtsituation können nur im Rahmen der induktiven bzw. Inferenz-Statistik erschlossen werden.[56]

Im Rahmen der deskriptiven Statistik werden für die vorliegende Untersuchung nur sog. univariate Verfahren verwendet. Kennzeichnend für univariate Verfahren ist die Berücksichtigung nur einer Variablen bei der Datenanalyse. Im Gegensatz dazu werden bei bivariaten Verfahren die Beziehungen zwischen zwei Variablen aufgedeckt und bei mulitvariaten Verfahren zwischen drei und mehr Variablen.[57] Bei diskreten Merkmalen kommen absolute bzw. relative Häufigkeitsverteilungen zur Anwendung, die über Säulendiagramme dargestellt werden. Vielfach werden auch stetige Merkmale (z. B. Vermögensgrößen) im Fragebogen als diskrete Merkmale behandelt. Hierzu werden Klassen als Antwortmöglichkeiten vorgegeben. Solche klassierte

[55] Vgl. Meffert (1992), S. 202.

[56] Vgl. Bamberg/Baur (2001), S. 3 u. S. 133; Berekoven/Eckert/Ellenrieder (2004), S. 197.

[57] Vgl. Berekoven/Eckert/Ellenrieder (2004), S. 197 f.

Häufigkeitsverteilungen werden graphisch mit Histogrammen aufbereitet. Darüber hinaus werden auch Lageparameter eingesetzt, die die gesamte Stichprobe durch eine Zahl charakterisieren. Neben dem arithmetischen Mittel bzw. Mittelwert wird auch der Median erfasst, der den Merkmalswert in der Mitte einer der Größe nach geordneten Liste widerspiegelt. Ferner wird auch der Modalwert bzw. Modus ermittelt. Der Modalwert repräsentiert die am häufigsten in einer Stichprobe vorkommende Ausprägung. Das arithmetische Mittel kann nur bei kardinalskalierten Daten verwendet werden, während der Median der sinnvollste Lageparameter für Daten mit Ordinalskalenniveau ist und der Modalwert bei Daten mit Nominalskalenniveau.[58]

Im Rahmen der induktiven Statistik kommen neben uni- bzw. bivariaten auch multivariate Analysemethoden zum Einsatz. Hierbei muss zwischen dem Verfahren zur Ermittlung des Zusammenhanges und dem zugrunde liegenden Testverfahren für die Signifikanz differenziert werden. Der T-Test für eine Stichprobe wird herangezogen, wenn getestet werden soll, ob der Mittelwert einer Stichprobe in der Grundgesamtheit signifikant von einem vorgegebenen Wert abweicht. Der T-Test setzt neben Kardinalskalenniveau auch eine normalverteilte Variable in der Grundgesamtheit voraus. Die Normalverteilungsannahme wird mittels des Kolmogorov-Smirnov-Tests überprüft.[59] Auch bei Ablehnung der Normalverteilungsannahme des Kolmogorov-Smirnov-Tests wird unter Verweis auf den zentralen Grenzwertsatz bei mehr als 30 Merkmalswerten von einer normalverteilten Grundgesamtheit ausgegangen.[60] Bei einem Einstichproben-T-Test ergibt sich der Testfunktionswert aus einem Quotienten, wobei im Zähler die Differenz des Stichprobenmittelwertes mit dem zu testenden Mittelwert steht und im Nenner die Standardabweichung der Stichprobe erscheint. Zur Ermittlung des Testfunktionswertes muss der eben berechnete Wert noch mit der Wurzel der Merkmalswerte-Anzahl multipliziert werden. Sodann wird der Verwerfungsbereich mit Hilfe des Fraktilswertes aufgestellt. Liegt nun der Testfunktionswert innerhalb des Verwerfungsbereiches, kann die Nullhypothese zurückgewiesen und somit die Forschungshypothese bestätigt werden, die von einer signifikanten Abweichung des Stichprobenmittelwertes von dem vorgegebenen Wert in der Grundgesamtheit ausgeht. Eine große Differenz zwischen Stichprobenmittelwert und vorgegebenem Mittelwert sowie eine geringe Standardabweichung in der Stichprobe führen zu einem hohen absoluten Testfunktionswert. Ein höherer Testfunktionswert indiziert also abhängig von der Irrtumswahrscheinlichkeit eine signifikante Abweichung der beiden Werte in der Grundgesamtheit, da der Verwerfungsbereich in diesem Fall sowohl im positiven wie auch im negativen Bereich bis unendlich reicht.[61]

---

[58] Vgl. Bamberg/Baur (2001), S. 16ff.

[59] Vgl. Brosius (2004), S. 478ff. u. S. 858f.

[60] Vgl. Bamberg/Baur (2001), S. 130f. u. S. 142ff.

[61] Vgl. Bamberg/Baur (2001), S. 187ff.

Bei der bi- bzw. multivariaten Datenanalyse bedingt die Klassifikation der beteiligten Stichproben (unabhängige versus gepaarte bzw. verbundene Stichproben) die zulässigen Analyseverfahren. Bei gepaarten Stichproben werden die Ausprägungen zu zwei Untersuchungsmerkmalen bei der gleichen Gruppe von Merkmalsträgern erfasst, während bei unabhängigen Stichproben ein oder mehrere Merkmale bei verschiedenen Personengruppen erhoben werden.[62] Die in dieser Untersuchung verwendeten Analyseverfahren werden in Abhängigkeit des Skalenniveaus und der Stichprobenklassifikation in Tabelle 3-1 dargestellt. Die Varianzanalye kann nur bei unabhängigen Stichproben eingesetzt werden, während die Kontingenzanalyse sowohl bei unabhängigen als auch gepaarten Stichproben zulässig ist.[63]

Tabelle 3-1: Analyseverfahren der Untersuchung bei unabhängigen bzw. gepaarten Stichproben[64]

<table>
<tr><td colspan="2" rowspan="2"></td><td colspan="2">Klassifikation der Stichproben</td></tr>
<tr><td>Unabhängige Stichproben</td><td>Gepaarte Stichproben</td></tr>
<tr><td rowspan="3">Abhängige Variable</td><td>Nominalskala</td><td>Kontingenzanalyse (Chi-Quadrat-Test)</td><td>Kontingenzanalyse (Chi-Quadrat-Test)</td></tr>
<tr><td>Ordinalskala</td><td>Kontingenzanalyse (Chi-Quadrat-Test)</td><td>Kontingenzanalyse (Chi-Quadrat-Test)</td></tr>
<tr><td>Kardinalskala</td><td>Einfaktorielle Varianzanalyse (F-Test)</td><td>Mittelwertvergleiche[65] (T-Test bei gepaarten Stichproben)</td></tr>
</table>

Der Aufbau des T-Tests bei gepaarten Stichproben weist deutliche Parallelen zum Einstichproben-T-Test auf. Auch dieses Analyseverfahren setzt ein Kardinalskalenniveau sowie eine normalverteilte Grundgesamtheit der betrachteten Variablen voraus. Zur Überprüfung der Normalverteilungsannahme wird ebenfalls der Kolmogorov-Smirnov-Test herangezogen. Bei diesem Testverfahren werden die Mittelwerte

[62] Vgl. Bamberg/Baur (2001), S. 183 ff.

[63] Vgl. Bamberg/Baur (2001), S. 186; Backhaus/Erichson/Plinke/Weiber (2005), S. 256.

[64] Eigene Darstellung.

[65] Bei unterschiedlichen Ausprägungen der abhängigen bzw. unabhängigen Variable kommt die Kontingenzanalyse (Chi-Quadrat-Test) zur Anwendung, da in einem solchen Fall die Aussagekraft des T-Tests bei gepaarten Stichproben eingeschränkt ist

zweier Variablen verglichen, deren Merkmalswerte bei der gleichen Personengruppe erhoben wurden. Der Testfunktionswert bzw. T-Wert berücksichtigt neben der durchschnittlichen Differenz der verglichenen Mittelwerte auch die Standardabweichung der Differenzen sowie die Anzahl der Merkmalswerte.[66]

Die Abhängigkeit von zwei Variablen kann mit Hilfe des Kontingenztests geprüft werden. Hierzu wird die gemeinsame Häufigkeitsverteilung von zwei Variablen in eine Kreuztabelle transformiert und die bei Unabhängigkeit erwarteten Häufigkeiten berechnet. Im Rahmen dieser Untersuchung wird eine erwartete Häufigkeit kleiner fünf in bis zu 20% der Felder akzeptiert. Sodann werden die beobachteten Häufigkeiten mit den erwarteten Häufigkeiten verglichen. Bei deutlicher Abweichung der be-obachteten von den erwarteten Häufigkeiten signalisiert dies eine Abhängigkeit der beiden Variablen. Eine große Abweichung korrespondiert auch mit einem großen Chi-Quadrat-Wert bzw. Testfunktionswert. Abhängig von der vorgegebenen Irrtumswahrscheinlichkeit liegt nun der Chi-Quadrat-Wert im Verwerfungsbereich, der sich vom Fraktilswert bis unendlich im positiven Bereich erstreckt. Zur Quantifizierung der Abhängigkeitsstärke zwischen den Variablen in der Grundgesamtheit werden je nach vorliegendem Skalenniveau die Zusammenhangmaße[67] des Chi-Quadrat-Tests herangezogen.[68]

Bei der einfaktoriellen Varianzanalyse wird getestet, ob sich mindestens zwei Erwartungswerte von drei oder mehr unabhängigen Stichproben in der Grundgesamtheit unterscheiden. Neben einer kardinalskalierten abhängigen Variablen genügt eine nominal- bzw. ordinalskalierte unabhängige Variable. Die Varianzanalye setzt eine Normalverteilung der Merkmale in der Grundgesamtheit voraus sowie eine Varianzgleichheit der betrachteten Variablen in den Fallgruppen der Grundgesamtheit. Die Varianzhomogenität wird mittels des Levene-Test überprüft, während für die Überprüfung der Normalverteilungsannahme der Kolmogorov-Smirnov-Test Anwendung findet. Der Testfunktionswert der Varianzanalyse (F-Wert) berücksichtigt neben der Streuung innerhalb und zwischen den Stichproben auch die Anzahl der Stichproben sowie Merkmalswerte.[69] Ist beispielsweise die Streuung innerhalb der Gruppen sehr gering bei gleichzeitig großer Streuung zwischen den Gruppen, deutet dies auf Mittelwertunterschiede in der Grundgesamtheit hin.

---

[66] Vgl. Brosius (2004), S. 489 ff.

[67] Zusammenhangmaße für Nominalskalen: Phi, Cramer V, Kontingenzkoeffizient; Ordinalskalen: Gamma, Kendall Tau b, Kendall Tau c; Kardinalskalen: Pearsonscher Korrelationskoeffizient, Eta; vgl. Brosius (2004), S. 432 ff.; Backhaus/Erichson/Plinke/Weiber (2005), S. 243 ff.

[68] Vgl. Bamberg/Baur (2001), S. 202 f; Backhaus/Erichson/Plinke/Weiber (2005), S. 229 ff.

[69] Vgl. Bamberg/Baur (2001), S. 196 f.; Backhaus/Erichson/Plinke/Weiber (2005), S. 119 ff.; Eckey/Kosfeld/Rengers (2002), S. 93 ff.

Im Rahmen der mulitvariaten Verfahren kommt in dieser Untersuchung zudem die multiple lineare Regressionsanalyse zur Anwendung. Mit diesem Verfahren wird der Einfluss der unabhängigen Variable auf die abhängige Variable untersucht (Ursachenanalyse). Ferner wird die Veränderung der abhängigen Variable bei Veränderung der unabhängigen Variable erfasst (Wirkungsprognose). Die Schätzung der Regressionsfunktion (Schätzung des konstanten Gliedes sowie der Regressionskoeffizienten) erfolgt mittels der Methode der kleinsten Quadrate (Kleinst-Quadrate-Schätzung). Die Gütemaße Bestimmtheitsmaß (R^2) bzw. korrigiertes Bestimmtheitsmaß sowie der F-Test werden zur Prüfung der Regressionsfunktion eingesetzt. Der T-Test wird zur Prüfung der Regressionskoeffizienten herangezogen. Zudem werden folgende Modellprämissen der linearen Regression überprüft: keine Autokorrelation der Störgrößen, keine lineare Abhängigkeit zwischen den unabhängigen Variablen, Normalverteilung und Homoskedastizität der Störgrößen. Die multiple Regressionsanalyse kommt in der vorliegenden Untersuchung zweimal zum Einsatz.[70] So wird in Kapitel 10.4.4 auf Seite 197 der Einfluss der im Fragebogen genannten Ursachen für den bisher zufrieden stellenden bzw. nicht zufrieden stellenden Absatz auf die Zufriedenheit mit dem Hedgefonds-Absatz untersucht. Ferner wird der Einfluss der im Fragebogen genannten Voraussetzungen für ein zukünftiges Angebot von Hedgefonds-Produkten auf die zukünftige Angebotwahrscheinlichkeit in Kapitel 9.2.5.1 auf Seite 125 ermittelt.

Bei Vorliegen von Signifikanzniveaus bzw. Irrtumswahrscheinlichkeiten bis zu zehn Prozent wurden die Aussagen in dieser Untersuchung als signifikant bezeichnet. Die Normalverteilungs- bzw. Varianzhomogenitätsannahme des Kolmogorov-Smirnov-Tests bzw. Levene-Tests wurde bei einem Signifikanzniveau von größer als zehn Prozent nicht zurückgewiesen. Die Aufbereitung und Auswertung des erhobenen Datenmaterials erfolgte mit Hilfe von SPSS for Windows (Statistical Product and Service Solutions) in der Programmversion 12.

[70] Vgl. Backhaus/Erichson/Plinke/Weiber (2005), S. 45 ff.; Bleymüller/Gehlert/Gülicher (1994), S. 119ff.

4 Einordnung der Befragungsteilnehmer

4.1 Bankgruppen

4.1.1 Beschreibung der Stichprobe

Für die vorliegende Befragung wurde im April 2006 ein standardisierter Fragebogen an 1.900 Kreditinstitute in Deutschland versandt. Grundlage hierfür war das von der Bundesanstalt für Finanzdienstleistungsaufsicht (BaFin) veröffentlichte „Verzeichnis der Kreditinstitute" vom 17. März 2006. Dieses Verzeichnis enthält alle 2.144 im März 2006 in Deutschland zugelassenen Kreditinstitute aus dem Sparkassen-, genossenschaftlichen und privaten Bankensektor. Nicht angeschrieben wurden Institute, die kein Wertpapiergeschäft für Privatkunden betreiben (z. B. Hypothekenbanken, Bausparkassen). Bis zum 30. Juni 2006 gingen 229 Fragebögen ein, wie aus Abbildung 4-1 hervorgeht. Dies entspricht einer Rücklaufquote von 12,05%.

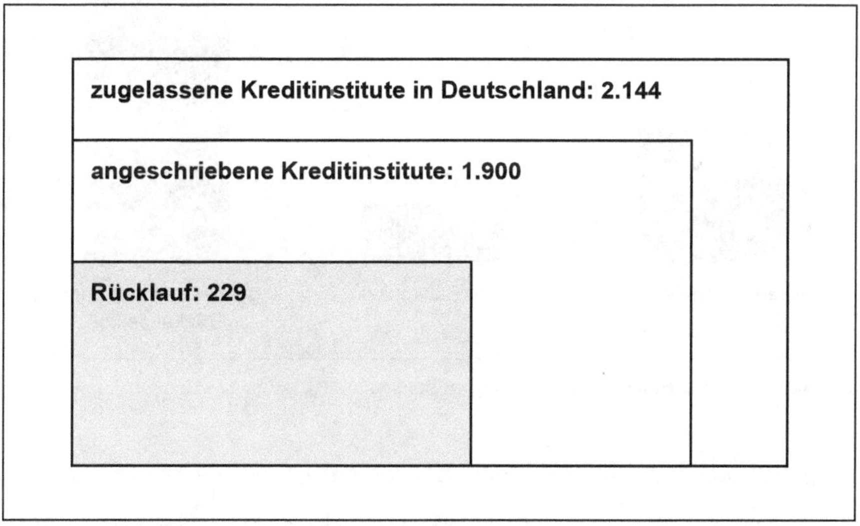

Abb. 4-1: Definition der Grundgesamtheit und Rücklaufquote[71]

[71] Eigene Darstellung.

Bei 225 der insgesamt 229 eingegangenen Fragbögen erfolgte eine Angabe zur Bankgruppe in der entsprechenden Frage. Bei vier Instituten fehlte diese Einordnung. 60 Institute können dem Sparkassen-Sektor zugeordnet werden und 26 Häuser dem privaten Bankensektor. 139 Fragebögen liegen von Volks- und Raiffeisenbanken vor. Dies ist der größte Block mit 61,8%, wie Abbildung 4-2 illuminiert. Zum 31. Dezember 2005 war die Anzahl der in Deutschland zugelassenen Kreditinstitute folgendermaßen verteilt: 475 Sparkassen und Landesbanken, 357 Privatbanken, 1.293 Genossenschaftsbanken.[72] Diese Untersuchung deckt somit 12,63% (60 dividiert durch 475) aller in Deutschland zugelassenen Sparkassen ab, 7,28% der Privatbanken sowie 10,75% der Volks- und Raiffeisenbanken. Bei relativer Betrachtung waren somit die Sparkassen sowie Landesbanken am aktivsten bei der Beantwortung der Fragebögen.

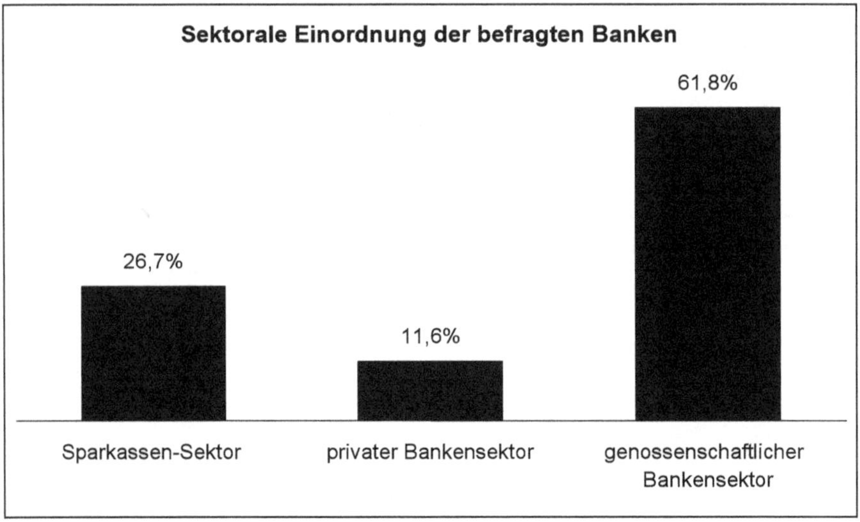

Abb. 4-2: Sektorale Einordnung der befragten Banken[73]

4.1.2 *Bankgruppen versus verwaltetes Anlagevermögen der Banken*

Mittels eines χ^2-Tests werden nun die Merkmale Bankgruppen und insgesamt betreutes Anlagevolumen (Depots plus Einlagen) der Banken im Private Banking beleuchtet. Die ordinalskalierte Variable Anlagevolumen wird hierzu von sechs auf drei Aus-

[72] Vgl. Bundesverband deutscher Banken (2006), S. 1 ff.

[73] Eigene Darstellung; Werte basieren auf eigenen Berechnungen.

prägungen verdichtet, so dass nur in zwei Zellen bzw. 22,2% aller Zellen der in Tabelle 4-1 abgebildeten Kreuztabelle eine erwartete Häufigkeit kleiner fünf vorkommt. Die Irrtumswahrscheinlichkeit des χ^2-Tests beträgt 0,000 bei einem Testfunktionswert von 77,506. Die Werte der Zusammenhangmaße weisen auf eine ausgeprägt starke Abhängigkeit der Variablen in der Grundgesamtheit hin. Die Werte für die Koeffizienten Phi, Cramer V sowie den Kontingenzkoeffizienten lauten dabei folgendermaßen: 0,616, 0,436, 0,525. 60,9% der an dieser Befragung teilnehmenden privaten Banken verwalten im Private Banking mehr als 3 Mrd. Euro. Das insgesamt betreute Anlagevolumen bei 69,8% der Sparkassen beträgt weniger als 1 Mrd. Euro, während sogar 85,2% der Genossenschaftsbanken weniger als 1 Mrd. Euro im Private Banking verwalten. Daraus kann gefolgert werden, dass private Banken in der Regel zu den großen Playern im Private Banking gehören und die Volks- und Raiffeisenbanken vorwiegend kleinere Gesamtanlagevolumina betreuen.

Tabelle 4-1: Kreuztabelle für die Variablen verwaltetes Anlagevermögen der Banken und Banksektoren[74]

		Bank-Sektoren in Deutschland			
		Sparkassen	**Private Banken**	**Genossen-schaften**	**Gesamt**
Anlagevermögen der Banken	**< 1 Mrd. Euro**	37	7	109	153
		69,8%	*30,4%*	*85,2%*	*75,0%*
	1 – 3 Mrd. Euro	13	2	15	30
		24,5%	*8,7%*	*11,7%*	*14,7%*
	> 3 Mrd. Euro	3	14	4	21
		5,7%	*60,9%*	*3,1%*	*10,3%*
	Gesamt	53	23	128	204
		100%	*100%*	*100%*	*100%*

4.1.3 Bankgruppen versus Anlagevermögen der Kunden

In einem weiteren χ^2-Test nach Pearson wird die Variable Bankgruppen in Beziehung gesetzt zur Variable durchschnittliches Anlagevolumen (Depots plus Einlagen) der Kunden im Private Banking. Hierzu wird die ordinalskalierte Variable Anlagevolu-

[74] Eigene Darstellung; Werte basieren auf eigenen Berechnungen.

men von sechs auf vier Ausprägungen aggregiert. Nun ist nur in zwei Zellen bzw. 16,7% aller Zellen der in Tabelle 4-2 dargestellten Kreuztabelle eine erwartete Häufigkeit kleiner fünf vorzufinden. Die Nullhypothese des χ^2-Tests kann mit einem Testfunktionswert von 58,144 und einem Alpha von 0,000 zum 1%-Signifikanzniveau abgelehnt werden. Es kann somit von abhängigen Variablen in der Grundgesamtheit ausgegangen werden. Die Zusammenhangmaße signalisieren überdies einen ausgeprägt starken Zusammenhang. Das Phi beträgt 0,547 bei einem Cramer V von 0,387 und einem Kontingenzkoeffizienten von 0,480. 46,7% der an dieser Befragung teilnehmenden Genossenschaftsbanken betreuen ein durchschnittliches Anlagevolumen je Kunde von <200.000 Euro, während das durchschnittliche Kunden-Anlagevolumen bei 60% der privaten Banken mehr als 600.000 Euro beträgt. Bei 34,6% der Sparkassen liegen die Anlagegelder der Kunden durchschnittlich zwischen 200.000 und 400.000 Euro. Private Banken in Deutschland betreuen vorwiegend sehr vermögende Privatkunden. Die Mehrzahl der Volks- und Raiffeisenbanken ist dagegen eher im unteren Vermögenssegment positioniert.

Tabelle 4-2: Kreuztabelle für die Variablen durchschnittliches Anlagevermögen der Kunden und Banksektoren[75]

		Bank-Sektoren in Deutschland			
		Sparkassen	**Private Banken**	**Genossen-schaften**	**Gesamt**
Ø Anlagevermögen der Kunden	**< 200 Tsd. Euro**	10	2	57	69
		19,2%	*10,0%*	*46,7%*	*35,6%*
	200 – 400 Tsd. Euro	18	3	48	69
		34,6%	*15,0%*	*39,3%*	*35,6%*
	400 – 600 Tsd. Euro	13	3	11	27
		25,0%	15,0%	9,0%	13,9%
	> 600 Tsd. Euro	11	12	6	29
		21,2%	*60,0%*	*4,9%*	*14,9%*
	Gesamt	52	20	122	194
		100%	*100%*	*100%*	*100%*

[75] Eigene Darstellung; Werte basieren auf eigenen Berechnungen.

4.1.4 Bankgruppen versus Mindestanlagevolumen für das Private Banking

Für die Merkmale Bankgruppen und Mindestanlagevolumen für das Private Banking kann ebenfalls eine Abhängigkeit in der Grundgesamtheit festgestellt werden. Die ordinalskalierte Variable Mindestanlagevolumen wird für den hierzu eingesetzten χ^2-Test nach Pearson von sechs auf drei Ausprägungen verdichtet, so dass nur in einer Zelle bzw. 11,1% aller Zellen der in Tabelle 4-3 abgebildeten Kreuztabelle eine erwartete Häufigkeit kleiner fünf vorliegt. Der Testfunktionswert des χ^2-Wertes beträgt 57,134 bei einem Signifikanzniveau von 0,000. Es liegt somit ein hoch signifikantes Ergebnis vor. Die Zusammenhangmaße signalisieren überdies einen ausgeprägt starken Zusammenhang der betrachteten Variablen in der Grundgesamtheit. Folgende Werte liegen für die diversen Maße vor: Phi (0,532), Cramer-V (0,376), Kontingenzkoeffizient (0,470). 64,3% der Genossenschaftsbanken dieser Befragung betreuen private Investoren bei einem Anlagevolumen von weniger als 200.000 Euro im Private Banking, während 46,0% der Sparkassen ihre Kunden erst bei 200.000–400.000 Euro Finanzaktiva dem Vermögenskundensegment zuordnen. Bei 56,5% der Häuser des privaten Bankensektors ist ein Anlagevolumen von mehr als 400.000 Euro für das Private Banking erforderlich. Es kann somit erneut festgestellt werden, dass private

Tabelle 4-3: Kreuztabelle für die Variablen Mindestanlagevolumen für das Private Banking und Banksektoren[76]

		Bank-Sektoren in Deutschland			
		Sparkassen	**Private Banken**	**Genossen-schaften**	**Gesamt**
Mindestanlagevolumen	**< 200 Tsd. Euro**	12	6	83	101
		24,0%	*26,1%*	*64,3%*	*50,0%*
	200 – 400 Tsd. Euro	23	4	40	67
		46,0%	*17,4%*	*31,0%*	*33,2%*
	> 400 Tsd. Euro	15	13	6	34
		30,0%	*56,5%*	*4,7%*	*16,8%*
	Gesamt	50	23	129	202
		100%	*100%*	*100%*	*100%*

[76] Eigene Darstellung; Werte basieren auf eigenen Berechnungen.

Banken in Deutschland vermögendere Privatkunden betreuen als ihre Konkurrenten aus dem Sparkassen- bzw. genossenschaftlichen Bankensektor, die auch weniger vermögenden Kunden ein gehobenes Betreuungsmodell anbieten.

4.2 Verwaltetes Anlagevermögen der Banken

4.2.1 Beschreibung der Stichprobe

206 der insgesamt 229 an dieser Studie teilnehmenden Banken beantworteten die Frage zum insgesamt im Private Banking betreuten Anlagevolumen (Depots plus Einlagen). Diese Frage spiegelt eine Ordinalskala mit sechs Ausprägungen wieder. Der Median sowie Modalwert hat den Wert eins. 74,9% der Banken dieser Stichprobe verwalten im Vermögenskundensegement weniger als 1 Mrd. Euro, wie Abbildung 4-3 verdeutlicht. Bei 14,5% der Institute liegt das betreute Volumen zwischen 1 und 3 Mrd. Euro, während 5,3% der Kreditinstitute sogar mehr als 9 Mrd. Euro unter Verwaltung haben.

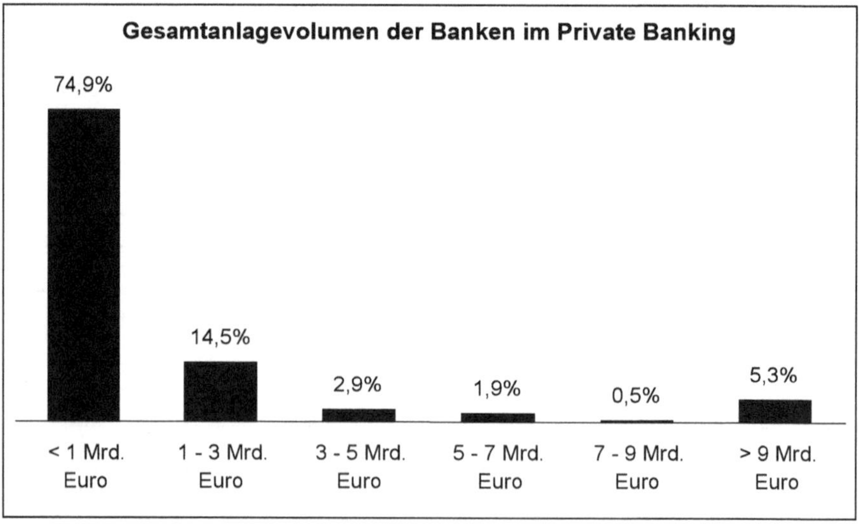

Abb. 4-3: Verwaltetes Anlagevermögen der Banken im Private Banking[77]

[77] Eigene Darstellung; Werte basieren auf eigenen Berechnungen.

4.2.2 *Verwaltetes Anlagevermögen der Banken versus Anlagevermögen der Kunden*

Im Rahmen eines χ^2-Tests kann zudem nachgewiesen werden, dass mit zunehmendem Gesamtanlagevolumen der Banken im Private Banking auch der Anteil der vermögenderen Kunden steigt. Beide ordinalskalierten Merkmale werden hierzu von sechs auf drei Antwortmöglichkeiten verdichtet, so dass nur in einer Zelle bzw. 11,1% aller Zellen der in Tabelle 4-4 dargestellten Kreuztabelle eine erwartete Häufigkeit kleiner fünf vorkommt. Die Nullhypothese des χ^2-Tests, die unabhängige Variablen in der Grundgesamtheit postuliert, kann mit einem Testfunktionswert von 16,801 und einer Irrtumswahrscheinlichkeit von 0,2% zum 1%-Signifikanznvieau zurückgewiesen werden. Die Zusammenhangmaße signalisieren eine starke Abhängigkeit der Merkmale in der Grundgesamtheit. Das Gamma hat einen Wert von 0,437 bei einem Kendall Tau b bzw. c von 0,228 sowie 0,173. Bei 42,1% der Banken dieser Befragung, die im Private Banking weniger als 1 Mrd. Euro Kundengelder betreuen, liegt das durchschnittliche Anlagevolumen je Kunde bei weniger als 200.000 Euro. Ein durchschnittliches Volumen von 200.000–400.000 Euro je Kunde betreuen hingegen 48,1% der Banken, die zwischen 1 und 3 Mrd. Euro im Vermögenskundensegment verwalten. Bei 64,7% der Häuser mit mehr als 3 Mrd. Euro Gesamtanlagevolumen beträgt das durchschnittliche Kundenvolumen sogar mehr als 400.000 Euro.

Tabelle 4-4: Kreuztabelle für die Variablen durchschnittliches Anlagevermögen der Kunden und verwaltetes Anlagevermögen der Banken[78]

		Verwaltetes Anlagevermögen der Banken im Private Banking			
		< 1 Mrd. Euro	**1 – 3 Mrd. Euro**	**> 3 Mrd. Euro**	**Gesamt**
Ø Anlagevermögen der Kunden	**< 200 Tsd. Euro**	61	6	2	69
		42,1%	*22,2%*	*11,8%*	*36,5%*
	200 – 400 Tsd. Euro	50	13	4	67
		34,5%	*48,1%*	*23,5%*	*35,4%*
	> 400 Tsd. Euro	34	8	11	53
		23,4%	*29,6%*	*64,7%*	*28,0%*
	Gesamt	145	27	17	189
		100%	*100%*	*100%*	*100%*

[78] Eigene Darstellung; Werte basieren auf eigenen Berechnungen.

Mit zunehmendem Gesamtanlagevermögen der Banken erhöht sich demzufolge auch der Anteil der vermögenderen Privatkunden. Größere Institute können häufig auf eine Vielzahl von internen Spezialabteilungen (z. B. Alternative Investments, individuell strukturierte Produkte, Immobilien-Consulting) zurückgreifen und können hiermit insbesondere vermögenderen Privatkunden einen Mehrwert liefern.

4.2.3 Verwaltetes Anlagevermögen der Banken versus Mindestanlagevolumen für das Private Banking

Unter Zuhilfenahme eines χ^2-Tests wird nun noch der Zusammenhang zwischen den Variablen verwaltetes Anlagevermögen der Banken und Mindestanlagevolumen für das Private Banking untersucht. Beide ordinalskalierten Variablen werden hierfür von sechs auf drei Antwortmöglichkeiten subsumiert. In zwei Zellen bzw. 22,2% aller Zellen der in Tabelle 4-5 dargestellten Kreuztabelle liegt eine erwartete Häufigkeit kleiner fünf vor. Die Nullhypothese des χ^2-Tests, die von unabhängigen Variablen in der Grundgesamtheit ausgeht, kann mit einem Testfunktionswert von 28,503 und einer Irrtumswahrscheinlichkeit von 0,000 zum 1%-Signifikanzniveau zurückgewiesen werden. Das Gamma hat einen Wert von 0,431 bei einem Kendall Tau b und c von 0,233 bzw. 0,172. Es kann demnach von einem starken Zusammenhang der Variablen

Tabelle 4-5: Kreuztabelle für die Variablen Mindestanlagevolumen für das Private Banking und verwaltetes Anlagevermögen der Banken[79]

		Verwaltetes Anlagevermögen der Banken im Private Banking			
		< 1 Mrd. Euro	**1 – 3 Mrd. Euro**	**> 3 Mrd. Euro**	**Gesamt**
Mindestanlagevolumen	**< 200 Tsd. Euro**	80	12	5	97
		55,2%	*41,4%*	*27,8%*	*50,5%*
	200 – 400 Tsd. Euro	52	11	3	66
		35,9%	*37,9%*	*16,7%*	*34,4%*
	> 400 Tsd. Euro	13	6	10	29
		9,0%	*20,7%*	*55,6%*	*15,1%*
	Gesamt	145	29	18	192
		100%	*100%*	*100%*	*100%*

[79] Eigene Darstellung; Werte basieren auf eigenen Berechnungen.

in der Grundgesamtheit ausgegangen werden. 55,2% der befragten Banken, die im Private Banking weniger als eine Mrd. Euro betreuen, bieten Privatkunden bereits bei weniger als 200.000 Euro liquidem Vermögen das Private Banking an. Bei 55,6% der Häuser hingegen, die mehr als drei Mrd. Euro im Private Banking verwalten, werden vermögende Privatkunden nur bei einem Anlagevolumen von mehr als 400.000 Euro dem Vermögenskundensegment zugeschlüsselt. Mit zunehmender Größe der Banken im Private Banking steigen somit auch die Anforderungen für den gehobenen Betreuungsansatz. Diese Banken können Privatkunden aufgrund ihrer Größe im Gegensatz zu Häusern mit weniger Anlagevolumen im Private Banking feiner segmentieren und können somit auch für sehr vermögende Privatkunden eine originäre Betreuungseinheit unter Ertrags- bzw. Kostengesichtspunkten sinnvoll betreiben.

4.3 Anlagevermögen der Kunden

202 der insgesamt 229 an dieser Befragung teilnehmenden Banken beantworteten die Frage zum durchschnittlichen Anlagevermögen der Kunden im Private Banking. Diese Frage repräsentiert eine Ordinalskala mit sechs Ausprägungen, die Abbildung 4-4 entnommen werden können. Der Median ergibt sich für die Antwortmöglichkeit

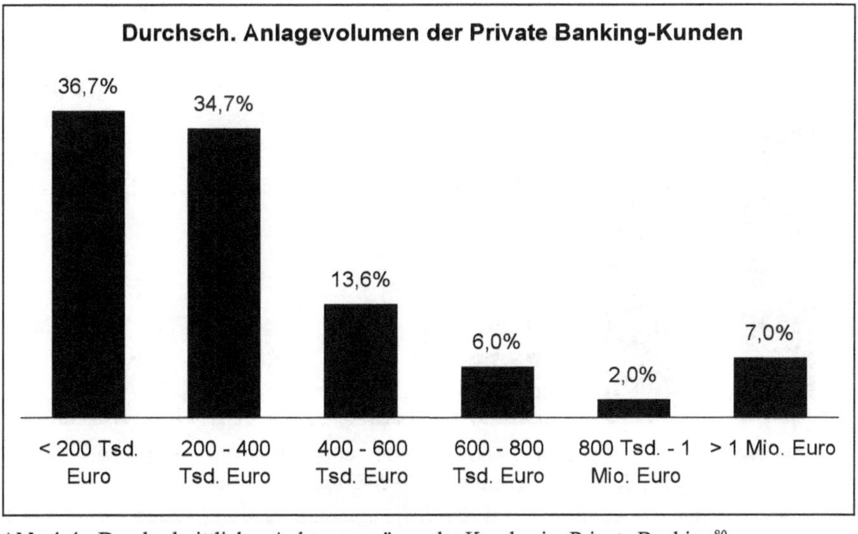

Abb. 4-4: Durchschnittliches Anlagevermögen der Kunden im Private Banking[80]

[80] Eigene Darstellung; Werte basieren auf eigenen Berechnungen.

200.000–400.000 Euro, während die Ausprägung <200.000 Euro am häufigsten vorkommt. Das durchschnittliche Anlagevolumen (Depots plus Einlagen) je Kunde liegt bei 36,7% der Befragungsteilnehmer bei weniger als 200.000 Euro, während 34,7% der Institute 200.000–400.000 Euro je Kunde verwalten. Bei 7% der befragten Institute beträgt das durchschnittliche Anlagevolumen sogar mehr als 1 Mio. Euro. Die Mehrzahl der befragten Banken betreut somit vorwiegend sog. Affluent Investors mit einem liquiden Geldvermögen von 100–500 Tsd. Euro (zur Segmentierung von vermögenden Privatkunden siehe auch Kapitel 2.1 auf Seite 5).

4.4 Mindestanlagevolumen für das Private Banking

Bei 50% aller Häuser dieser Befragung werden vermögende Privatkunden ab einem liquiden Geldvermögen (Depots plus Bankeinlagen) von 200 Tsd. Euro oder weniger im Private Banking betreut, wie Abbildung 4-5 entnommen werden kann. Die Kunden von 33% der Banken gehören bei einem Anlagevermögen von 200–400 Tsd. Euro zu den vermögenden Investoren. Bei 3,9% der Häuser liegt das Mindestvolumen für das Private Banking bzw. Private Wealth Management sogar bei mehr als einer Million Euro. Die Frage zum Mindestanlagevolumen für das Private Banking wurde

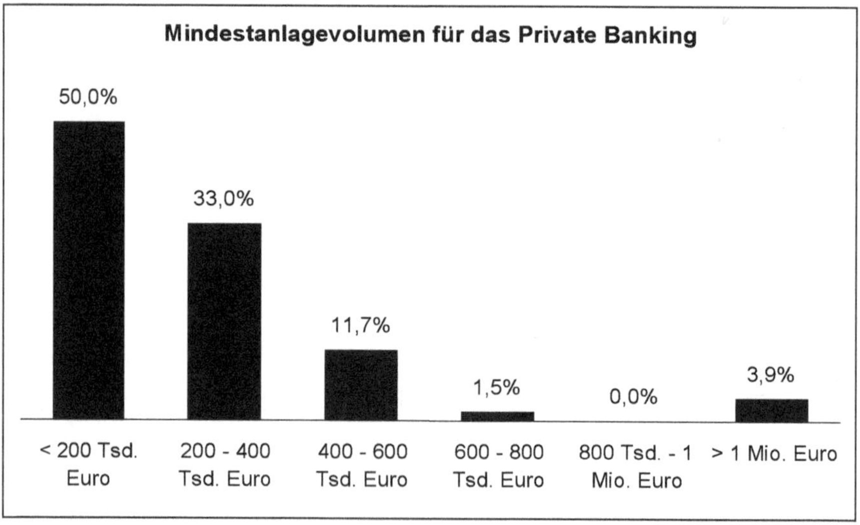

Abb. 4-5: Mindestanlagevolumen für das Private Banking bei den befragten Banken[81]

[81] Eigene Darstellung; Werte basieren auf eigenen Berechnungen.

von 206 der insgesamt 229 an dieser Befragung teilnehmenden Banken beantwortet. Am häufigsten kommt die Ausprägung <200.000 Euro in der Urliste vor.

4.5 Funktion der an dieser Befragung teilnehmenden Personen

Der dieser Studie zugrunde liegende Fragebogen wurde in erster Linie von Anlagespezialisten und Kundenbetreuern beantwortet, wie Abbildung 4-6 illustriert. Auf Platz drei folgen Mitarbeiter des Product Managements. Das Product Management ist für die Auswahl bzw. Konzipierung der Anlageprodukte verantwortlich. Bei dieser Frage waren auch Mehrfachnennungen erlaubt, da beispielsweise bei einigen Banken Anlagespezialisten gleichzeitig auch Betreuer der Kunden sind. Insbesondere bei Häusern jedoch, die vermögendere Privatkunden betreuen, hat ein Kunde mindestens zwei Ansprechpartner. Der Kundenbetreuer bzw. Relationship Manager fungiert als Hauptansprechpartner, der bei Bedarf diverse Spezialeinheiten (z. B. Schenkung- und Erbschaftsteuer-Team, Immobilien-Consulting, Kunstberatung) hinzuziehen kann. Der Anlagespezialist indessen ist für alle Investment- bzw. Depot-relevanten Themen zuständig.

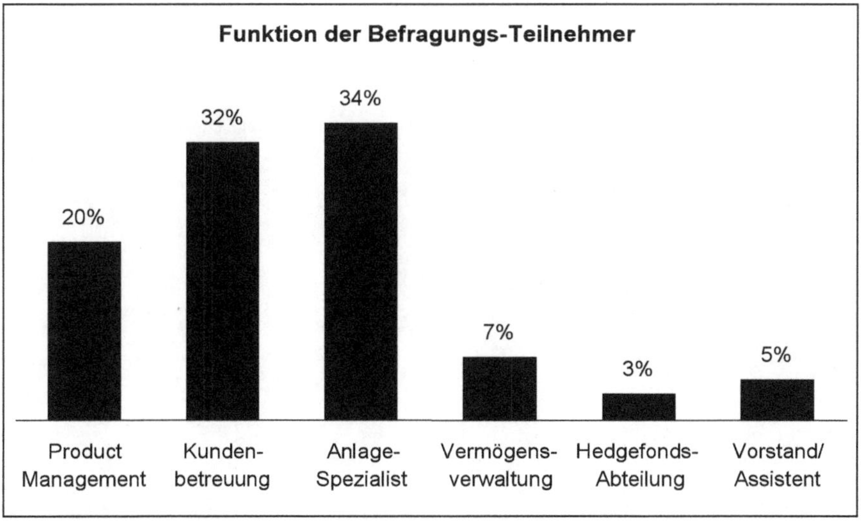

Abb. 4-6: Funktion der Befragungsteilnehmer[82]

[82] Eigene Darstellung; Werte basieren auf eigenen Berechnungen.

5 Rahmenbedingungen für Hedgefonds in Deutschland

5.1 Auflegung von Hedgefonds

5.1.1 Theoretischer Hintergrund und Beschreibung der Stichprobe

Mit Inkrafttreten des Investmentmodernisierungsgesetzes[83] am 1. Januar 2004 können Hedgefonds auch in Deutschland als sog. Sondervermögen mit zusätzlichen Risiken aufgelegt werden.[84] Das Investmentmodernisierungsgesetz löst das bis dato geltende Auslandinvestmentgesetz sowie das Gesetz über Kapitalanlagegesellschaften ab. Mit dieser gesetzlichen Neuregelung wurden die europäischen Änderungsrichtlinien zur OGAW (Organismen für die gemeinsame Anlage in Wertpapiere) aus dem Jahr 1985 in Deutschland umgesetzt. In diesem Zuge wurden das Gesetz über Kapitalanlagegesellschaften und das Auslandinvestmentgesetz überarbeitet und zum Investmentmodernisierungsgesetz zusammengefasst, das sich in Investmentgesetz und Investmentsteuergesetz untergliedert.[85] Unter dem Gesetz über Kapitalanlagegesellschaften konnten Hedgefonds nur sehr eingeschränkt aufgelegt werden. So durften keine Leerverkäufe eingegangen werden sowie nicht mehr als 10% des Anlagevolumens als Fremdkapital aufgenommen werden.[86] Mit der gesetzlichen Neugestaltung können Hedgefonds in Deutschland in unbeschränkter Höhe Fremdkapital aufnehmen, Derivate einsetzen (Leverage) und Leerverkäufe tätigen.[87] Als Anlageinstrumente kommen für Hedgefonds neben Wertpapieren, Geldmarktinstrumenten, Derivaten und Bankguthaben auch stille Beteiligungen in Betracht, soweit deren Verkehrswert festgesetzt werden kann.[88] Maximal 30% des Sondervermögens dürfen zudem in nicht-börsennotierten Unternehmensbeteiligungen (Private Equity) angelegt sein.[89] Zulässig sind darüber hinaus auch Edelmetalle und Warenterminkontrakte, die an einem organisierten Markt gehandelt werden. Eine direkte bzw. physische Anlage in Rohstoffe ist hingegen nicht erlaubt.[90]

---

[83] Gesetz zur Modernisierung des Investmentwesens und zur Besteuerung von Investmentvermögen (Investmentmodernisierungsgesetz) vom 15.12.2003.

[84] Siehe § 112 Investmentgesetz – InvG.

[85] Vgl. Schultz (2003), S. 37.

[86] Siehe § 8 ff. Gesetz über Kapitalanlagegesellschaften – KAGG.

[87] Siehe § 112 Abs. 1 InvG.

[88] Siehe § 2 Abs. 4 InvG.

[89] Siehe § 112 Abs. 1 InvG.

[90] Siehe § 2 Abs. 4 Satz 9 InvG.

Bis zum September 2007 wurden in Deutschland 23 Single-Hedgefonds aufgelegt. Das insgesamt verwaltete Anlagevolumen betrug dabei 974 Mio. Euro.[91] Weltweit lagen die in Hedgefonds allokierten Anlagevolumina per Ende 2006 laut Schätzungen bei 1.400 Mrd. USD, die sich auf 9.400 Single- bzw. Dach-Hedgefonds verteilen. Zu diesem Zeitpunkt waren weltweit 7.200 Single-Hedgefonds und 2.200 Dach-Hedgefonds tätig.[92] Mehr als zwei Drittel der existierenden Hedgefonds haben dabei ihren gesellschafts- und steuerrechtlichen Sitz in Offshore-Lokationen. So sind beispielsweise 43% der Hedgefonds auf den Cayman Islands niedergelassen. Verwaltet werden die Anlagegelder jedoch überwiegend in internationalen Finanzzentren wie New York und London.[93]

Die Studienteilnehmer wurden im Rahmen dieser statistischen Erhebung in der ersten Frage gebeten, die seit dem 1. Januar 2004 in Deutschland zulässige Auflegung von Hedgefonds für den deutschen Finanzplatz zu beurteilen. Die vorgegebene Antwortskala weist vier Kategorien auf, die sich von 1 (nicht wichtig) bis 4 (sehr wichtig) erstreckt. 225 der insgesamt 229 Studienteilnehmer beantworteten diese Frage. Wie Abbildung 5-1 verdeutlicht, bewerten die meisten Finanzhäuser das Auflegungs-

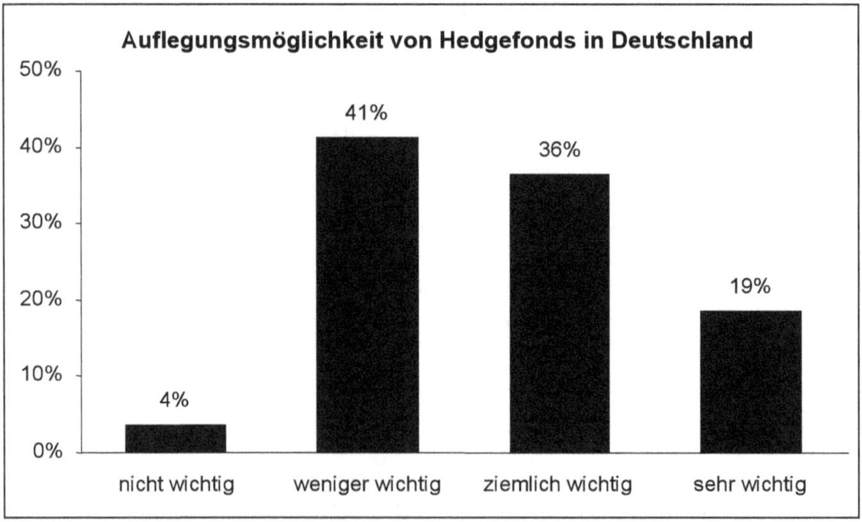

Abb. 5-1: Auflegungsmöglichkeit von Hedgefonds in Deutschland[94]

[91] Vgl. BAI (2007), S. 3 f.

[92] Vgl. o. V. (2007b), S. 6.

[93] Vgl. Busack (2006), S. 142 ff.

[94] Eigene Darstellung; Werte basieren auf eigenen Berechnungen.

recht von Hedgefonds für Deutschland mit weniger wichtig. 55% der befragten Unternehmen halten diese gesetzliche Liberalisierung hingegen für sehr oder ziemlich wichtig. Der Mittelwert beträgt 2,70 bei einem Median von 3,00. Dabei kommt die Ausprägung 2 (weniger wichtig) am häufigsten vor. Die Standardabweichung hat einen Wert von 0,810. Hierzu ist festzuhalten, dass die Auflegung von Hedgefonds durchaus zu einer Stärkung des Finanzplatzes Deutschland führen kann. Für eine diversifizierte Anlage in Hedgefonds ist jedoch eine Berücksichtigung von im Ausland domizilierten Fonds unerlässlich, da in Deutschland bisher erst 23 Single-Hedgefonds aufgelegt wurden.

5.1.2 Auflegung von Hedgefonds versus Bankgruppe

Unter Zuhilfenahme einer einfaktoriellen Varianzanalyse wird im nun Folgenden untersucht, welche Bedeutung bzw. Wichtigkeit die diversen Bankengruppen (Sparkassen-Sektor, privater Bankensektor, genossenschaftlicher Bankensektor) der seit 2004 erlaubten Auflegung von Hedgefonds in Deutschland beimessen. Die Skala der abhängigen Variable, auf der die Wichtigkeit der Hedgefonds-Auflegung gemessen wird, ist intervallskaliert und erstreckt sich von 1 (nicht wichtig) bis 4 (sehr wichtig). Die Einordnung der Befragungsteilnehmer in die diversen Bank-Sektoren hingegen gibt nominalskalierte Daten wieder. Die Normalverteilungsannahme, die mittels des Kolmogorov-Smirnov-Anpassungstests gemessen wird, kann bei allen drei Bankengruppen nicht verworfen werden. So beträgt die Signifikanz der Gruppe privater Bankensektor 0,288 bei einem Z-Wert von 0,983, wie aus Tabelle 5-1 hervorgeht. Bei den Genossenschaftsbanken und Sparkassen liegen die Signifikanzen zwar nur bei 0,000 bzw. 0,003. Es kann jedoch auch in diesen Gruppen von einer Normalverteilung ausgegangen werden, da die Anzahl der Teilnehmer in beiden Gruppen jeweils

Tabelle 5-1: Normalverteilungstest und deskriptive Daten der Stichproben Auflegung von Hedgefonds und Banksektoren[95]

	Z-Wert	**Signifikanz**	**Anzahl (n)**	**Mittelwert**
Sparkassen-Sektor	1,816	0,003	59	2,83
Privater Bankensektor	0,983	0,288	24	2,92
Genossenschaftlicher Sektor	3,412	0,000	136	2,60
Gesamt			**219**	**2,69**

[95] Eigene Darstellung; Werte basieren auf eigenen Berechnungen.

größer 30 ist und der zentrale Grenzwertsatz bei einer solchen Voraussetzung die Normalverteilungsannahme postuliert. Zudem liegt in Grundgesamtheit Varianzhomogenität vor, da das Signifikanzniveau des Levene-Tests 0,440 beträgt und die Nullhypothese (Varianzhomogenität) somit nicht abgelehnt werden kann. Die Varianzanalyse liefert ein Alpha von 0,060 bei einem F-Wert von 2,845. Somit kann die Nullhypothese zum 10%-Niveau abgelehnt werden und die Forschungshypothese, die von verschiedenen Mittelwerten in den diversen unabhängigen Fallgruppen ausgeht, bestätigt werden. Daraus kann induziert werden, dass die verschiedenen Bankengruppen die Auflegungsmöglichkeit von Hedgefonds in Deutschland unterschiedlich bewerten. Die privaten Banken stufen die Auflegungsmöglichkeit von Hedgefonds in Deutschland deutlich bedeutender bzw. wichtiger ein als Genossenschaftsbanken und Sparkassen, wie sich bei Betrachtung der Mittelwerte in Tabelle 5-1 erschließen lässt.

5.1.3 Auflegung von Hedgefonds versus Anlagevolumen der Kunden

Bewerten Banken, die hinsichtlich des durchschnittlichen Anlagevolumens (Depots plus Einlagen) je Kunde klassifiziert werden, die Auflegungsmöglichkeit von Hedgefonds für den Finanzplatz Deutschland unterschiedlich? Diese Fragestellung wird im folgenden Kapitel untersucht. Die unabhängige Variable, die das durchschnittliche Anlagevolumen der Kunden im Private Banking misst, weist Ordinalskalenniveau auf. Da zwei Ausprägungen in der Stichprobe nur relativ schwach besetzt sind, wird die Skala von sechs auf vier Antwortvorgaben reduziert. Die verdichteten Antwortklassen sind in Tabelle 5-2 dargestellt. Von einer Normalverteilung kann in der Klasse 400.000–600.000 Euro durchschnittliches Anlagevolumen je Kunde ausgegangen

Tabelle 5-2: Normalverteilungstest und deskriptive Daten der Stichproben Auflegung von Hedgefonds und Anlagevermögen der Kunden[96]

	Z-Wert	Signifikanz	Anzahl (n)	Mittelwert
< 200.000 Euro	2,621	0,000	72	2,63
200.000 – 400.000 Euro	2,308	0,000	69	2,70
400.000 – 600.000 Euro	1,161	0,135	27	3,04
> 600.000 Euro	1,402	0,039	30	2,57
Gesamt			**198**	**2,70**

[96] Eigene Darstellung; Werte basieren auf eigenen Berechnungen.

werden mit einer Signifikanz von 0,135 und einem Z-Wert von 1,161. Die Normalverteilungsannahme kann jedoch auch in den übrigen Klassen nicht verworfen werden, da diese jeweils 30 oder mehr Merkmalswerte aufweisen und der zentrale Grenzwertsatz bei einer derartigen Konstellation Normalverteilung unterstellt.

Der Levene-Test, der die Wahrscheinlichkeit der Varianzgleichheit für alle Fallgruppen der Grundgesamtheit überprüft, weist eine Signifikanz von 0,79 auf.[97] Demzufolge kann mit einer Wahrscheinlichkeit von 79% Varianzhomogenität impliziert werden. Die Varianzanalyse liefert eine Irrtumswahrscheinlichkeit von 10,7% bei einem F-Wert von 2,058. Daraus kann gefolgert werden, dass nur mit einer Wahrscheinlichkeit von 10,7% der sog. Alpha-Fehler begangen wird. Beim Alpha-Fehler bzw. Fehler erster Art wird die Nullhypothese mit der Wahrscheinlichkeit des Wertes Alpha verworfen, obwohl sie de facto zutreffend ist.[98] Es kann demnach von unterschiedlichen Mittelwerten in der Grundgesamtheit ausgegangen werden, d. h. Banken klassifiziert nach Durchschnittsanlagevolumen je Kunde bewerten das Auflegungsrecht von Hedgefonds in Deutschland unterschiedlich. Banken mit vermögenderen Kunden bewerten die Auflegungsmöglichkeit von Hedgefonds für den Finanzplatz Deutschland somit positiver, wie die Mittelwerte in Tabelle 5-2 verdeutlichen. Diese Tendenz kann allerdings nicht fortgeschrieben werden für Banken, die durchschnittlich 600.000 Euro oder mehr je Kunde betreuen. Gerade Banken mit hoch vermögenden Privatkunden sind von dieser gesetzlichen Neuregelung wesentlich weniger überzeugt wie die Mitstreiter mit geringerem Anlagevermögen je Kunde.

Beim Vergleich der Variablen Auflegung von Hedgefonds und verwaltetes Anlagevermögen der Banken kann kein signifikanter Zusammenhang festgestellt werden. Zudem kann nicht von homogenen Varianzen in den betrachteten Fallgruppen ausgegangen werden.

5.2 Anlage in Dach-Hedgefonds

5.2.1 Theoretischer Hintergrund und Beschreibung der Stichprobe

Finanzdienstleister dürfen seit Inkrafttreten des Investmentmodernisierungsgesetzes Dach-Hedgefonds-Anteile (Dach-Sondervermögen mit zusätzlichen Risiken) an Privatanleger in Deutschland öffentlich vertreiben.[99] Single-Hedgefonds hingegen können von privaten Investoren nur im Rahmen von Privatplatzierungen erworben wer-

[97] Vgl. Brosisus (2004), S. 405 f.

[98] Vgl. Bamberg/Baur (2001), S. 180 f.

[99] Siehe § 113 InvG.

den (siehe hierzu auch Kapitel 5.1.1 auf Seite 33).[100] Die nach dem deutschen Recht zugelassenen Dach-Hedgefonds dürfen die ihnen anvertrauten Gelder in aus- bzw. inländische Zielfonds, Bankguthaben, Geldmarktinstrumente und Derivate zur Währungsabsicherung anlegen. Kreditaufnahmen und Leerverkäufe sind jedoch für die in Deutschland registrierten Dach-Hedgefonds nicht erlaubt. Zudem dürfen maximal 20% des Nettoinventarwertes eines Dach-Hedgefonds in einem Zielfonds investiert sein. Des Weiteren dürfen alle Zielfonds eines Dach-Hedgefonds vom gleichen Anbieter stammen, wenn zumindest nicht mehr als zwei Zielfonds vom gleichen Fondsmanager verwaltet werden. Ferner erlaubt das neue Gesetz auch die Auflegung von Single-Style-Dachfonds.[101] Sowohl für Single-Hedgefonds als auch für Dach-Hedgefonds müssen Verkaufsprospekte erstellt werden und Jahres- bzw. Halbjahresberichte veröffentlicht werden.[102] Die Fondsgesellschaft muss mindestens einmal im Quartal die Anteile der Anleger zurücknehmen.[103] Außerdem müssen die Ausgabe- bzw. Rücknahmepreise mindestens zweimal im Monat veröffentlicht werden.[104] Nunmehr dürfen auch ausländische Dach-Hedgefonds in Deutschland öffentlich vertrieben werden, soweit sie die gesetzlich verankerten Vorgaben erfüllen.[105] Auch in steuerlicher Hinsicht werden inländische und ausländische Dach-Hedgefonds gleichbehandelt.[106] Allerdings müssen die Zielfonds sowohl inländischer als auch ausländischer Dach-Hedgefonds bei jeder Ausschüttung bzw. innerhalb von vier Monaten nach Ablauf des Geschäftsjahres bei thesaurierenden Zielfonds die steuerliche Herkunft der Erträge (Veräußerungsgewinne aus Wertpapieren und Termingeschäften, Dividendeneinkünfte, Zinsen, ausländische Einkünfte etc.) ermitteln und veröffentlichen.[107] Darüber hinaus müssen Fondsgesellschaften bei jeder Nettoinventarwert-Ermittlung den Zwischengewinn berechnen und veröffentlichen. Als Zwischengewinn werden die im Laufe eines Geschäftsjahres vereinnahmten und noch nicht ausgeschütteten Zinsen sowie zinsähnliche Erträge bezeichnet.[108] Das Investmentsteuerrecht differenziert hierbei zwischen drei verschiedenen Typen von Hedgefonds, die unterschiedliche Besteuerungsfolgen nach sich ziehen.[109] Transparente Hedgefonds erbringen jeglichen Nachweis und erlangen deswegen sog. Steuerprivilegien. So sind beispiels-

[100] Siehe § 112 Abs. 2 InvG.

[101] Siehe § 113 InvG.

[102] Siehe §§ 42, 117, 44, 45, 114 InvG.

[103] Siehe § 116 InvG.

[104] Siehe §§ 36 Abs. 6 InvG.

[105] Siehe §§ 135, 136 InvG.

[106] Siehe § 1 Abs. 1 Investmentsteuergesetz – InvStG.

[107] Siehe § 5 InvStG.

[108] Siehe § 5 Abs. 3 InvStG.

[109] Vgl. Schultz (2004), S. 44 ff.

weise Gewinne, die ein Hedgefonds aus Termingeschäften erzielt, auch dann steuerfrei, wenn sie innerhalb von zwölf Monaten realisiert werden. Ähnliches gilt für Leerverkäufe.[110] Semi-transparente Fonds erfüllen die gesetzlich verankerten Veröffentlichungspflichten nur teilweise und können deshalb die beschriebenen Steuerprivilegien nicht beanspruchen.[111] Bei intransparenten Fonds fehlt jeglicher steuerlicher Nachweis. Derartigen Fonds droht eine Strafbesteuerung, bei der 70% der Kurssteigerungen der Hedgefonds, mindestens jedoch 6% der letzten im Kalenderjahr ermittelten Rücknahmewerte steuerpflichtig sind.[112] Innerhalb eines Dach-Hedgefonds gilt die Strafbesteuerung nur für die jeweils intransparenten Zielfonds. Eine komplette Infizierung des Dachfonds tritt hierbei jedoch nicht ein.[113] Da der geforderte Nachweis einen enormen administrativen Aufwand für die einzelnen Hedgefonds darstellt, sind gerade ausländische Hedgefonds mit überzeugendem Track Record nicht bereit, diese steuerliche Transparenz zu erbringen.[114]

Momentan sind 20 Dach-Hedgefonds mit einem Gesamtvolumen von 1,35 Mrd.[115] Euro zum öffentlichen Vertrieb in Deutschland zugelassen.[116] 13 der 20 Dachfonds wurden in Deutschland aufgelegt, die übrigen 7 Produkte sind in Luxemburg domiziliert.[117] In den vergangenen Monaten wurden bereits sechs der in Deutschland zugelassenen Dach-Hedgefonds[118] aufgrund geringer Fondsvolumina wieder geschlossen. Zurückzuführen sind die geringen Volumina u. a. auf die unterdurchschnittliche Performance dieser Produkte sowie die strikten steuerlichen Transparenzvorschriften, die die Zugänglichkeit zu vielen ausländischen Zielfonds erschweren.[119] Demgegenüber wird das in Hedgefonds-Zertifikaten investierte Vermögen in Deutschland auf ca. 24 Mrd. Euro geschätzt.[120]

Hedgefonds-Zertifikate sind Inhaberschuldverschreibungen, deren Wert bzw. Kurs von der Entwicklung eines Hedgefonds-Index abhängt.[121] Die Wertentwicklung des

---

[110] Siehe § 2 Abs. 3 Nr. 1 InvStG.

[111] Siehe § 5 Abs. 1 Satz 2 InvStG.

[112] Siehe § 6 InvStG.

[113] Siehe § 10 Satz 2 InvStG.

[114] Vgl. Pütz/von Sonntag/Fock (2003), S. 33 ff.; Stamm/von Livonius (2003), S. 50 ff.

[115] Vgl. BAI (2007), S. 1 ff.

[116] Vgl. BaFin (2007a), S. 1 f.; BaFin (2007b), S. 1 f.

[117] Vgl. BaFin (2007a), S. 1 f.; BaFin (2007b), S. 1 f.

[118] Aufgelöst wurden die Dach-Hedgefonds von Merck Finck, ABN Amro, Pioneer, UBS und die beiden Dachfonds der Cominvest. Vgl. Schulte (2007), S. 2; o. V. (2007a), S. 3; o. V. (2007c) S. 29.

[119] Vgl. o. V. (2007a) S. 3; Schulte (2007), S. 2 (Börsenzeitung 5. 1. 07 und 23. 1. 07).

[120] Vgl. Busack (2007), S. 27.

[121] Vgl. Stamm/von Livonius (2002), S. 41.

Index wird wiederum unter Zuhilfenahme eines Total Return Swaps an die Performance eine Hedgefonds-Portfolios gekoppelt.[122] Auf diese Weise verbriefen Hedgefonds-Zertifikate keine Beteiligung an einem Hedgefonds-Portfolio und müssen somit auch nicht die steuerlichen Transparenzvorschriften des Investmentsteuergesetzes erfüllen.[123] Zertifikate sind deshalb sowohl für semi-transparente als auch für intransparente Hedgefonds in steuerlicher Hinsicht die günstigere Lösung für Privatanleger in Deutschland.[124] Die Gewinne von nicht kapitalgarantierten Zertifikaten, die im Privatvermögen gehalten werden, können nämlich nach Ablauf von zwölf Monaten steuerfrei vereinnahmt werden.[125] Zertifikate bieten jedoch auch bei transparenten Fonds für Privatanleger steuerliche Vorteile. Zins- bzw. Dividendeneinkünfte transparenter Hedgefonds sowie der bei der Veräußerung anfallende Zwischengewinn[126] sind steuerpflichtig, während derartige Erträge bei Zertifikaten überhaupt nicht erfasst werden und somit nach Ablauf der Spekulationsfrist steuerfrei sind.[127] Hedgefonds-Zertifikate werden bereits seit dem Jahre 1999/2000 von diversen Kreditinstituten in Deutschland emittiert.[128] So war es denn auch vor der Einführung des Investmentmodernisierungsgesetzes praktikabel, Investitionen in Dach-Hedgefonds aufgrund der steuerlichen Restriktionen des damals geltenden Auslandinvestmentgesetzes[129] nur mittels Hedgefonds-Zertifikaten abzubilden.[130]

Bei Zertifikaten sind Anleger allerdings dem sog. Emittentenrisiko ausgesetzt, da Zertifikate Inhaberschuldverschreibungen sind und der Anleger zum Gläubiger der Emissionsbank wird. Anlagen in Zertifikaten werden bei einer Insolvenz nicht vom

---

[122] Vgl. Pütz (2001), S. 24 f.

[123] Vgl. Stamm/von Livonius (2003), S. 49 ff.

[124] Vgl. Schultz (2004), S. 44 ff.

[125] Siehe § 23 Einkommensteuergesetz – EstG.

[126] Siehe § 1 Abs. 4 InvStG.

[127] Vgl. Schultz (2004), S. 44 ff. Mit Inkrafttreten der Abgeltungssteuer am 1. Januar 2009 werden realisierte Kursgewinne, Zinsen sowie Dividenden unabhängig von einer Haltefrist mit einem pauschalen Steuersatz von 25 Prozent zuzüglich Solidaritätszuschlag belastet. Mit Einführung der Abgeltungssteuer werden somit Dach-Hedgefonds-Zertifikate bzw. Dach-Hedgefonds, die (semi)-transparente Single-Hedgefonds enthalten, steuerlich gleich behandelt. Der steuerliche Vorteil von Zertifikaten bei intransparenten Single-Hedgefonds bleibt hingegen weiterhin bestehen. Die Transparenzvorschriften des Investmentsteuergesetzes und die damit verbunden Strafbesteuerungsmechanismen sind nicht für (Dach)-Hedgefonds-Zertifikate zutreffend. S. Artikel 1 u. 8 Unternehmenssteuerreformgesetz.

[128] Vgl. Mader/Echter (2004), S. 613.

[129] Hedgefonds, die gewisse Vorgaben (Vertriebs- oder Börsenzulassung in Deutschland, steuerlicher Vertreter mit Sitz in Deutschland, Veröffentlichung der Ausschüttungen bzw. ausschüttungsgleichen Erträgen) nicht erfüllten, wurden einer Strafbesteuerung unterzogen. Siehe §§ 17,18 Auslandinvestmentgesetz – AIG.

[130] Vgl. Pütz (2001), S. 23.

übrigen Vermögen des Emittenten getrennt.[131] Bei Fondskonstrukten hingegen handelt es sich um sog. Sondervermögen, d. h. bei Zahlungsunfähigkeit des Emittenten fallen diese Anlagen nicht in die Insolvenzmasse und stehen weiterhin den Investoren zur Verfügung.[132] Fondsanlagen bieten im Gegensatz zu Zertifikaten überdies eine tiefere Transparenz. In Deutschland zugelassene (Dach)-Hedgefonds müssen Jahres- sowie Halbjahresberichte veröffentlichen, in denen die aktuell gehaltenen Wertpapier- bzw. Fondspositionen aufgelistet sind.[133]

Auf einer Antwortskala von 1 (nicht wichtig) bis 4 (sehr wichtig) wurde die Meinung der Studienteilnehmer zu der seit dem 1. Januar 2004 erlaubten Anlage in Dach-Hedgefonds für deutsche Privatanleger erfasst. 224 der insgesamt 229 Kreditinstitute dieser Stichprobe bewerteten diese Frage. 58% der befragten Banken sehen die Direktanlage in Dach-Hedgefonds für Privatkunden als weniger wichtig an, wie Abbildung 5-2 verdeutlicht. Der Median sowie Modalwert für dieses Sample hat einen Wert von 2 bei einem Mittelwert von 2,40. Die Standardabweichung beträgt 0,745.

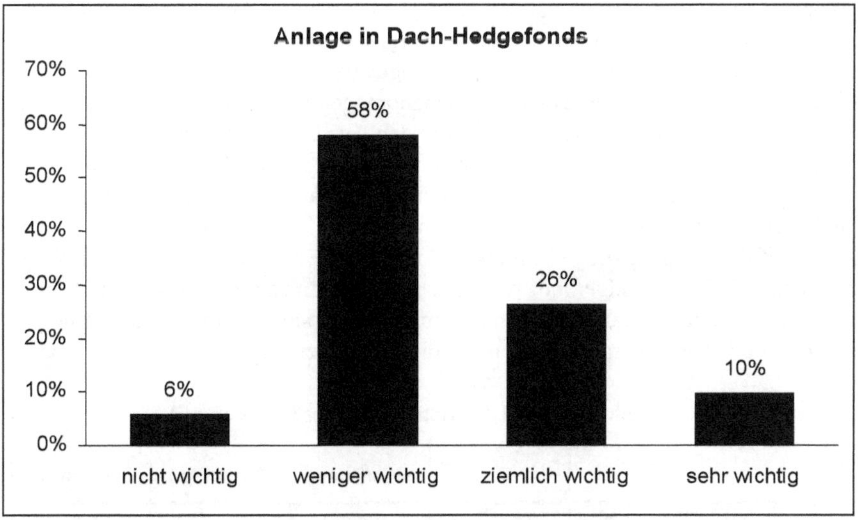

Abb. 5-2: Erlaubte Anlage in Dach-Hedgefonds für deutsche Privatanleger[134]

[131] Vgl. Brechmann/Schneider/Seewaldt (2002), S. 88; Röhl/Heussinger (2004), S. 139 ff.; Wohlwend (2001), S. 256 ff.

[132] Siehe § 30 Abs. 1 InvG.

[133] Siehe §§ 44, 45, 114 InvG.

[134] Eigene Darstellung; Werte basieren auf eigenen Berechnungen.

Im nun Folgenden ist hierbei zu untersuchen, inwieweit diese Einstellung eine generelle Ablehnung zu Hedgefonds-Anlagen bei Privatkunden widerspiegelt oder nur die Direktanlage in Dach-Hedgefonds im Gegensatz zu Hedgefonds-Zertifikaten negiert.

5.2.2 Anlage in Dach-Hedgefonds versus Bankgruppe

Die Existenz signifikanter Unterschiede zwischen den diversen Banksektoren hinsichtlich der Bedeutung der Anlagemöglichkeit in Dach-Hedgefonds für deutsche Privatanleger wird nun mittels einer einfaktoriellen Varianzanalyse untersucht. Die abhängige Variable, die die Wichtigkeit der Anlagemöglichkeit in Dach-Hedgefonds misst, ist intervallskaliert, während bei der unabhängigen Variable eine Nominalskala vorliegt. Die Signifikanzen des Kolmogorov-Smirnov-Normalverteilungstests sind in allen drei Sektoren kleiner als 5%, wie in Tabelle 5-3 ersichtlich wird. Da jedoch sowohl bei den Sparkassen als auch bei den Genossenschaftsbanken die absolute Häufigkeit größer als 30 ist, kann laut zentralem Grenzwertsatz in diesen beiden Gruppen von einer Normalverteilung ausgegangen werden. Diese Schlussfolgerung kann hingegen bei den privaten Banken aufgrund der zu geringen Anzahl dieser Merkmalswerte in der Urliste nicht herangezogen werden. Die Signifikanz des Levene-Tests beträgt 0,130, d. h. es kann Varianzhomogenität angenommen werden. Die Nullhypothese, die von Varianzgleichheit in den verschiedenen Gruppen der Grundgesamtheit ausgeht, kann nicht zum 10%-Signifikanzniveau abgelehnt werden. Darüber hinaus lässt die Irrtumswahrscheinlichkeit der Varianzanalyse mit einem Alpha von 2% (F-Wert: 6,610) auf hoch signifikante Unterschiede bei den Bankgruppen in Bezug auf die Ausgangsfrage schließen. So sehen die privaten Banken die Anlagemöglichkeit in Dach-Hedgefonds wesentlich wichtiger an als Sparkassen und Genossenschaftsbanken, wie Tabelle 5-3 entnommen werden kann. Gerade letztere sind von dieser gesetzlichen Liberalisierung am wenigsten überzeugt.

Tabelle 5-3: Normalverteilungstest und deskriptive Daten der Stichproben[135]

	Z-Wert	Signifikanz	Anzahl (n)	Mittelwert
Sparkassen-Sektor	2,399	0,000	59	2,58
Privater Bankensektor	1,427	0,034	23	2,74
Genossenschaftlicher Sektor	4,348	0,000	136	2,26
Gesamt			**218**	**2,40**

[135] Eigene Darstellung, Werte basieren auf eigenen Berechnungen.

5.2.3 Anlage in Dach-Hedgefonds versus verwaltetes Anlagevolumen der Banken

Banken klassifiziert nach der Höhe der insgesamt im Private Banking verwalteten Kundenvermögen bewerten die seit 2004 erlaubte Anlage in Dach-Hedgefonds für Privatanleger möglicherweise unterschiedlich. Diese Hypothese wird im nun Folgenden mittels einer einfaktoriellen Varianzanalyse untersucht. Insbesondere in der Klasse < 1 Mrd. Euro und > 7 Mrd. Euro kann von einer Normalverteilung ausgegangen werden, da diese Annahme in der ersten Klasse durch eine hohe absolute Häufigkeit untermauert wird und in der Klasse > 7 Mrd. Euro ein hohes Signifikanzniveau vorliegt, wie Tabelle 5-4 verdeutlicht. In den anderen beiden Gruppen kann die Normalverteilungsannahme nicht zweifelsfrei bestätigt werden. Darüber hinaus kann mit einem Signifikanzniveau von 2,2% nicht von Varianzgleichheit in den betrachten Stichproben ausgegangen werden. Der F-Wert der Varianzanalyse beträgt 3,440 (Alpha: 0,018). Somit bewerten Banken je nach Assets under Management im Private Banking die Anlagemöglichkeit in Dach-Hedgefonds unterschiedlich. So sind in erster Linie Banken mit mehr als 7 Mrd. Euro Anlagevolumen bei vermögenden Privatkunden deutlich überzeugter von der Anlage in Dach-Hedgefonds als Banken mit 3–7 Mrd. Euro Assets under Management, wie Tabelle 5-4 entnommen werden kann. Letztlich kann festgehalten werden, dass sehr große Häuser (> 7 Mrd. Euro) die Anlage in Dach-Hedgefonds vorteilhafter beurteilen als ihre kleineren Konkurrenten. Gerade die sehr großen Häuser im Private Banking sind aufgrund ihrer Ressourcenausstattung in der Lage, sich mit einer für den deutschen Markt noch relativ unbedeutenden Assetklasse zu beschäftigen und diese zu implementieren. Aufgrund der nicht vorliegenden Varianzhomogenität und der nur teilweisen Normalverteilung in den Stichproben gilt dieser Zusammenhang indessen nur unter Einschränkungen.

Tabelle 5-4: Normalverteilungstest und deskriptive Daten der Stichproben[136]

	Z-Wert	**Signifikanz**	**Anzahl (n)**	**Mittelwert**
< 1 Mrd. Euro	4,411	0,000	153	2,34
1- 3 Mrd. Euro	1,756	0,004	29	2,55
3 – 7 Mrd. Euro	1,265	0,082	10	2,00
> 7 Mrd. Euro	0,925	0,359	11	2,91
Gesamt			**203**	**2,38**

[136] Eigene Darstellung; Werte basieren auf eigenen Berechnungen.

5.2.4 Anlage in Dach-Hedgefonds versus Anlagevolumen der Kunden

Mittels einer einfaktoriellen Varianzanalyse wird nun überprüft, inwieweit Banken je nach der Höhe des durchschnittlichen Anlagevolumens (Depots plus Einlagen) ihrer Kunden die seit dem 1. Januar 2004 zulässige Anlage in Dach-Hedgefonds bewerten. Die Antwortkategorien für das durchschnittliche Anlagevolumen der Kunden sind in Tabelle 5-5 abgebildet. Überdies sind hier auch die Ergebnisse des Kolmogorov-Smirnov-Normalverteilungstests zu finden. Unter Heranziehung der Z-Werte bzw. des Signifikanzniveaus kann die Normalverteilungsannahme für die Stichprobenvariablen nicht ohne weiteres bestätigt werden. In den drei Klassen, bei denen die Anzahl der Merkmalsträger 30 oder mehr beträgt, liegt jedoch laut zentralem Grenzwertsatz eine Normalverteilung in den Stichproben vor. In der Klasse 400.000–600.000 Euro trifft dieser Zusammenhang nicht zu. Der Levene-Test generiert ein Alpha von 0,343, so dass mit einer Wahrscheinlichkeit von 34,3% Varianzhomogenität in den betrachteten Gruppen vorliegt. Die Nullhypothese der Varianzanalyse kann mit einem F-Wert in Höhe von 2,250 und einer Irrtumswahrscheinlichkeit von 0,084 zum 10%-Signifikanzniveau abgelehnt werden. Demnach unterscheiden sich die Erwartungswerte der diversen Klassen signifikant voneinander. Die Mittelwerte in Tabelle 5-5 verdeutlichen, dass Banken mit vermögenderen Kunden die Anlage in Dach-Hedgefonds tendenziell positiver beurteilen. Insbesondere hoch vermögende Privatkunden verlangen eine möglichst professionelle Beratung im Hinblick auf eine effiziente Portfoliodiversifikation, die auch alternative Anlageformen mit einschließt.

Tabelle 5-5: Normalverteilungstest und deskriptive Daten der Stichproben[137]

	Z-Wert	**Signifikanz**	**Anzahl (n)**	**Mittelwert**
< 200.000 Euro	3,110	0,000	71	2,30
200.000 – 400.000 Euro	2,825	0,000	69	2,38
400.000 – 600.000 Euro	1,416	0,036	27	2,70
> 600.000 Euro	1,916	0,001	30	2,53
Gesamt			**197**	**2,42**

5.2.5 Direktanlage in Dach-Hedgefonds versus Anlage in Hedgefonds-Zertifikate

Die seit dem 1. Januar 2004 zulässige Direktanlage in Dach-Hedgefonds ist im Gegensatz zu Hedgefonds-Zertifikaten mit einigen steuerlichen Nachteilen behaftet (siehe hierzu auch Kapitel 5.2.1 auf Seite 37). Hierbei soll nun eruiert werden, inwie-

[137] Eigene Darstellung; Werte basieren auf eigenen Berechnungen.

weit die festgestellte geringe Zustimmung für Dach-Hedgefonds in Deutschland eine generelle Ablehnung zu Hedgefonds-Anlagen bei Privatkunden widerspiegelt oder nur die immanenten steuerlichen Hindernisse der Dach-Hedgefonds zum Ausdruck kommen. Dazu wird nun in einer ersten Untersuchung der T-Test bei gepaarten Stichproben für die Frage nach der Wichtigkeit der Anlage in Dach-Hedgefonds sowie der Beurteilung der Liberalität des gesetzlichen Rahmens für Dach-Hedgefonds in Deutschland angewandt. Die intervallskalierte Antwortskala der Frage Liberalität des gesetzlichen Rahmens erstreckt sich von 1 (nicht liberal) bis 4 (sehr liberal). Für beide Stichprobenvariablen kann mit einem Signifikanzniveau von 0,000 eine Normalverteilung laut Kolmogorov-Smirnov-Test nicht bestätigt werden. Die dazugehörigen Z-Werte haben einen Wert von 5,141 für die Stichprobe Anlage in Dach-Hedgefonds und 5,261 für die Stichprobe Liberalität des gesetzlichen Rahmens. Da jedoch in beiden Stichproben mehr als 200 Merkmalsträger enthalten sind, kann laut dem zentralen Grenzwertsatz von einer Normalverteilung ausgegangen werden. Für den T-Test ergibt sich eine Irrtumswahrscheinlichkeit von 0,002 und ein T-Wert von 3,079. Somit unterscheiden sich die Mittelwerte der betrachteten Stichproben signifikant voneinander. Der Mittelwert der Variable Anlage in Dach-Hedgefonds beträgt 2,41, der der Variable Liberalität des gesetzlichen Rahmens beläuft sich nur auf 2,21. Demnach wird der gesetzliche Rahmen für Dach-Hedgefonds in Deutschland als weniger liberal eingestuft und erfährt zugleich eine negativere Beurteilung als die seit 2004 gesetzlich verankerte Anlage in Dach-Hedgefonds. Dies ist u. a. ein erstes Indiz, dass die Marktteilnehmer die Vorschriften des Investmentgesetzes bzw. Investmentsteuergesetzes als zu rigide ansehen und demzufolge auch die Direkt-Anlage in Dach-Hedgefonds mit einem Mittelwert von 2,41 als weniger wichtig eingestuft wird.

In einer weiteren Untersuchung wird nun ein T-Test für die verbundenen Stichproben Anlage in Dach-Hedgefonds versus Sinnhaftigkeit einer 0%-Hedgefonds-Quote für ein ausgewogenes Depot durchgeführt. Die Studienteilnehmer konnten für verschiedene Hedgefonds-Quoten (0% Gewichtung, <10%, 10–20%, 20–30%, >30%) auf einer Intervallskala von 1 (nicht sinnvoll) bis 4 (sehr sinnvoll) ihre Einstellung hierzu eintragen. Auch für die Stichprobe 0%-Hedgefonds-Quote ist eine Normalverteilung gegeben. Für die Stichprobe Anlage in Dach-Hedgefonds wurde die Normalverteilung bereits im vorigen Abschnitt festgestellt. Die Z-Werte bzw. Alphas für die Variable 0%-Hedgefonds-Quote haben einen Wert von 5,886 bzw. 0,000 bei einer Stichprobengröße von 200 Merkmalswerten. Die Nullhypothese des T-Tests, die von gleichen Erwartungswerten in der Grundgesamtheit ausgeht, kann zum 1% Signifikanzniveau mit einem T-Wert von 12,546 abgelehnt werden. Der Mittelwert der Stichprobe Anlage in Dach-Hedgefonds beträgt 2,43, während der Erwartungswert für die Stichprobe 0%-Hedgefonds-Gewichtung bei 1,41 liegt. Banken empfehlen somit eine Beimischung von Hedgefonds-Anlagen für ein ausgewogenes Depot (sie halten eine 0%-Gewichtung für nicht sinnvoll), während eine Direkt-Anlage in Dach-Hedgefonds als weniger wichtig eingestuft wird. Dies ist ein weiterer Beleg für die teilweise Ablehnung von Dach-Hedgefonds im Gegensatz zu Hedgefonds-Anlagen im Allgemeinen aufgrund der Restriktionen des Investmentmodernisierungsgesetzes.

Die Studienteilnehmer wurden ferner auf einer Intervallskala mit vier Antwortkategorien von 1 (keinesfalls) bis 4 (ziemlich wahrscheinlich) gefragt, ob sie ihren Kunden zukünftig Hedgefonds-Produkte anbieten werden. Für den Kolmogorov-Smirnov-Test ergibt sich ein Alpha von 0,000 und ein Z-Wert von 3,727. Da diese Stichprobe jedoch aus 222 Merkmalsträgern besteht, kann unter Heranziehung des zentralen Grenzwertsatzes eine Normalverteilung angenommen werden. Der T-Test der verbundenen Stichproben Anlage in Dach-Hedgefonds sowie zukünftiges Angebot von Hedgefonds-Produkten generiert eine Irrtumswahrscheinlichkeit von 0,000 bei einem T-Wert von –6,518. Die Mittelwerte der beiden Stichproben unterscheiden sich signifikant voneinander. Kreditinstitute werden ihren vermögenden Privatkunden ziemlich wahrscheinlich zukünftig Hedgefonds-Produkte offerieren, während eine Direkt-Anlage in Dach-Hedgefonds als weniger wichtig betrachtet wird. Die deutschen Banken sind demnach für Hedgefonds-Investments wesentlich optimistischer gestimmt, als der Mittelwert zu der Frage nach der Wichtigkeit der gesetzlich verankerten Anlage in Dach-Hedgefonds suggeriert. Daraus kann gefolgert werden, dass ein nicht unerheblicher Teil der Banken Direktanlagen in Dach-Hedgefonds aufgrund der steuerlichen Restriktionen des Investmentmodernisierungsgesetzes ablehnt.

5.3 Zusammenfassung und Ableitung von Gestaltungsempfehlungen

Die Mehrzahl der im Rahmen dieser Studie befragten Banken befürwortet das im Investmentmodernisierungsgesetz verankerte *Auflegungsrecht von Single-Hedgefonds* in Deutschland und sieht darin eine Öffnung des Finanzplatzes Deutschland für innovative und prosperierende Anlagethemen. Aktuell sind 23 Singlefonds in Deutschland zugelassen, während es weltweit ca. 7.200 Hedgefonds gibt. Demnach ist eine Berücksichtigung ausländischer Single-Hedgefonds bei der Zusammenstellung eines breit diversifizierten Multi-Strategie Dach-Hedgefonds unabdingbar.

Banken in Deutschland stufen die seit dem ersten Januar 2004 erlaubte *Direktanlage in Dach-Hedgefonds* mehrheitlich mit weniger wichtig ein. Dies darf jedoch nicht als generelle Ablehnung gegenüber Dach-Hedgefonds-Investments gewertet werden. Hierbei kommen in erster Linie die vergleichsweise strengen Vorschriften des Investmentmodernisierungsgesetzes zum Ausdruck, die die Portfoliozusammenstellung bei Dach-Hedgefonds gegenüber den weniger regulierten Hedgefonds-Zertifikaten deutlich beeinträchtigen.

6 Liquiditätseigenschaften – Rücknahmefrist bei Dach-Hedgefonds

6.1 Theoretischer Hintergrund und Beschreibung der Stichprobe

Ein Charakteristikum von Hedgefonds ist die eingeschränkte Rückgabemöglichkeit der Anteile im Gegensatz zu Investmentfonds, die in der Regel börsentäglich zum Nettoinventarwert bei der zugehörigen Fondsgesellschaft eingelöst werden können. (Dach)-Hedgefonds-Anlagen hingegen können von Investoren nur zu den in den Wertpapierverkaufsprospekten festgelegten Terminen zurückgeben werden, ein permanentes Einlösungsrecht ist nicht gegeben. 46% der im Rahmen einer Studie untersuchten Single-Hedgefonds sind laut einer empirischen Untersuchung mit einer monatlichen Rücknahmefrequenz ausgestattet. Die Anteile von 36% der Einzelfonds können vierteljährlich eingelöst werden. Bei Dach-Hedgefonds können ähnliche Liquiditätsmodalitäten festgestellt werden. 49% der untersuchten Dach-Hedgefonds haben eine monatliche Rücknahmefrequenz. Bei 36% der Dachfonds können Investoren vierteljährlich aussteigen. Ein wöchentlicher Ausstieg ist nur bei 1% der berücksichtigten Produkte möglich, während 5% der Dachfonds ihren Investoren gar nur eine jährliche Rücknahmemöglichkeit einräumen. Die übrigen Produkte (9%) weisen andere Liquiditätsfenster auf. Bei (Dach)-Hedgefonds existieren zudem in den meisten Fällen sog. Ankündigungsfristen (Notice Periods). So kann ein Investor beispielsweise bei einem Produkt mit einer monatlichen Rücknahmefrequenz und einer Notice Period von 20 Kalendertagen seine Anteile nur zurückgeben, wenn er der Hedgefondsgesellschaft spätestens 20 Kalendertage vor Monatsende den Rücknahmewunsch mitteilt.[138] Da die Rücknahmeeigenschaften der Dachfonds mit denen der zugrunde liegenden Hedgefonds korrespondieren müssen, können Dach-Hedgefonds mit hoher Liquidität überwiegend nur in Zielfonds mit häufigen Rücknahmemöglichkeiten investieren. Bei der Beurteilung der Liquiditätseigenschaften von Hedgefonds darf jedoch nicht außer Acht gelassen werden, dass hohe Liquidität nicht nur von Vorteil für Investoren sein kann. Wie eine wissenschaftliche Studie nachweist, haben Hedgefonds mit geringeren Rücknahmemöglichkeiten eine höhere Performance, da sie sowohl den Cash-Anteil als auch den administrativen Aufwand für Rücknahmen verringern können. Zudem können Hedgefonds-Manager vermehrt auf illiquideren Märkten (z.B. Distressed Securities, Mortgage-Backed Securities

[138] Vgl. Kaiser, Kisling (2005), S. 27ff.

Arbitrage, Emerging Markets) tätig werden.[139] Insbesondere bei illiquiden Instrumenten kann in einer angespannten Marktlage ein plötzlicher Verkauf hervorgerufen durch Anteilverkäufe der Investoren zu Verlusten führen, da derartige Positionen am Sekundärmarkt nur mit Abschlägen veräußert werden können. Durch das Eingehen von illiquiden Positionen generieren Hedgefonds-Manager somit für Ihre Investoren eine Liquiditätsprämie.[140]

In einer ordinalskalierten Frage mit vier Ausprägungen wurde erfasst, welche Rücknahmefrist (wöchentlich, monatlich, vierteljährlich oder halbjährlich) deutsche Banken bei Dach-Hedgefonds für sinnvoll erachten. 217 der insgesamt 229 an dieser Studie teilnehmenden Banken gaben hierzu ihre Einschätzung ab. Der Mittelwert dieser Stichprobe hat dabei einen Wert von 1,50. Sowohl Median als auch Modalwert liegen bei 1,00. Für die Standardabweichung ergibt sich ein Wert von 0,617. 56% der befragten Kreditinstitute präferieren für vermögende Privatkunden eine wöchentliche Rücknahmefrist, wie Abbildung 6-1 illustriert. Nur 38% der Banken votieren für eine monatliche Rücknahmemöglichkeit. Dies ist bemerkenswert, da bei Dach-Hedgefonds eine monatliche bzw. vierteljährliche Frequenz vorherrschend ist, wie im einführenden Abschnitt zu diesem Kapitel aufgezeigt wird.

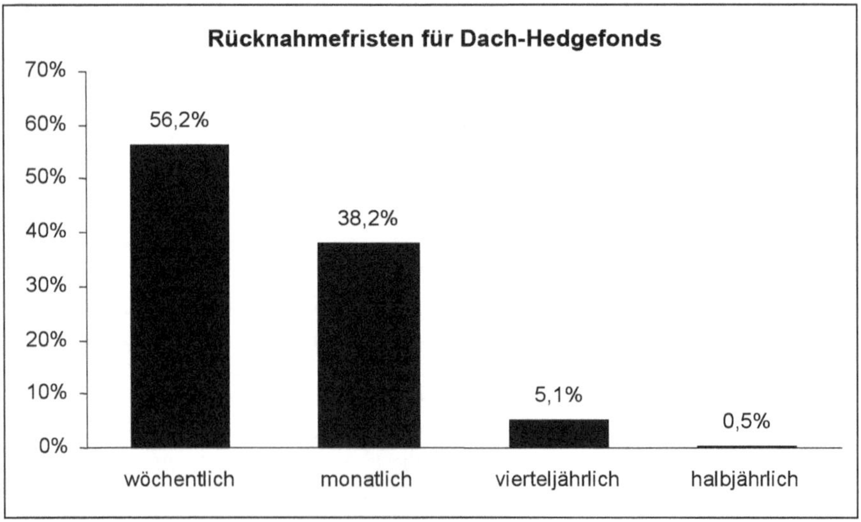

Abb. 6-1: Von den befragten Banken präferierte Rücknahmefristen für Dach-Hedgefonds[141]

[139] Vgl. Cottier (1997), S. 188 f.

[140] Vgl. Cottier (1997), S. 41 ff.

[141] Eigene Darstellung; Werte basieren auf eigenen Berechnungen.

6.2 Rücknahmefrist versus Bankgruppe

Der Zusammenhang zwischen der ordinalskalierten Variable Rücknahmefrist und der nominalskalierten Variable Bankgruppe wird mittels des χ^2-Tests untersucht. Für die Durchführung dieser Untersuchung wird die Variable Rücknahmefrist von vier auf zwei Antwortkategorien verdichtet, da ansonsten mehr als 20% der Felder eine erwartete Häufigkeit unter fünf haben und somit die Zuverlässigkeit der Ergebnisse in Frage gestellt werden muss. Für diese Variable existiert nun die Ausprägung wöchentlich und monatlich oder länger. In der Antwortkategorie monatlich oder länger werden die Merkmalswerte der ursprünglichen Ausprägungen monatlich, vierteljährlich und halbjährlich zusammengefasst. Die beiden kreuztabellierten Variablen bilden die in Tabelle 6-1 dargestellte 3 × 2-Tabelle. In keiner Zelle ist zudem die erwartete Häufigkeit kleiner fünf. Für den Pearsonschen-Test ergibt sich ein χ^2 von 5,618. Die zugehörige Signifikanz hat einen Wert von 6%. Die Nullhypothese, die von unabhängigen Variablen ausgeht, kann somit zum 10%-Signifikanzniveau abgelehnt werden. Demnach sind die betrachteten Variablen abhängig voneinander. Die Maße Phi und Cramer V mit einem Wert von jeweils 0,163 und der Kontingenzkoeffizient mit einem Wert von 0,161 lassen jedoch eher auf einen schwächeren Zusammenhang zwischen Bankgruppe und bevorzugter Rücknahmefrist schließen. Bei Betrachtung von Tabelle 6-1 wird deutlich, dass insbesondere genossenschaftliche Banken wöchentliche Rücknahmefristen bevorzugen, während Sparkassen für monatliche oder längere Liquidität votieren. 56,1% der Sparkassen halten monatliche oder längere Rücknahmefrequenzen bei Dach-Hedgefonds für vermögende Privatkunden am sinnvollsten. Bei

Tabelle 6-1: Kreuztabelle für die Variablen Rücknahmefristen und Banksektoren[142]

		Banksektoren			
		Sparkassen	**Privatbanken**	**Genossenschaften**	**Gesamt**
Rücknahmefristen	**Wöchentlich**	25	10	83	118
		43,9%	*50,0%*	*61,9%*	*55,9%*
	Monatlich oder länger	32	10	51	93
		56,1%	*50,0%*	*38,1%*	*44,1%*
	Gesamt	57	20	134	211
		100%	*100%*	*100%*	*100%*

142 Eigene Darstellung; Werte basieren auf eigenen Berechnungen.

den privaten Banken hingegen ergibt sich ein indifferentes Bild. Keine Ausprägung weist einen Überhang auf. Zusammenfassend kann konstatiert werden, dass Genossenschaftsbanken im Gegensatz zu den Sparkassen bei den Liquiditätserfordernissen eine konservative Vorgehensweise bevorzugen.

6.3 Rücknahmefrist versus verwaltetes Anlagevermögen der Banken

Für die Untersuchung der Abhängigkeit zwischen der Variable Rücknahmefrequenz und der Variable Anlagevermögen der Banken wird ebenfalls der χ^2-Test eingesetzt. Da bei Berücksichtigung der ordinalskalierten Variable Anlagevermögen der Banken mit den ursprünglich sechs Ausprägungen mehr als 20% der Felder eine erwartete Häufigkeit unter fünf haben, werden die Kategorien hierzu auf drei reduziert. Die drei neuen Antwortkategorien lauten dabei wie folgt: <1 Mrd. Euro, 1–3 Mrd. Euro und >3 Mrd. Euro insgesamt im Private Banking betreutes Anlagevermögen (Depots plus Einlagen). Für die Variable Rücknahmefrequenz gilt die bereits in Kapitel 6.2 auf Seite 49 eingeführte Verdichtung von vier zu zwei Ausprägungen. Daraus ergibt sich eine Kreuztabelle mit drei Spalten und zwei Zeilen. Null Zellen haben nun eine erwartete Häufigkeit kleiner fünf. Der χ^2-Test nach Pearson generiert einen Testfunktionswert von 0,193 bei einer Irrtumswahrscheinlichkeit von 0,908. Demnach besteht in der Grundgesamtheit kein Zusammenhang zwischen der Variable Rücknahmefrist und Anlagevermögen der Banken. Es kann somit keine Abhängigkeit nachgewiesen werden.

6.4 Rücknahmefrist versus Anlagevermögen der Kunden

Für die Variable Rücknahmefrequenz und die Variable durchschnittliches Anlagevolumen der Kunden im Private Banking kann unter Verwendung des χ^2-Tests ebenfalls keine Abhängigkeit in der Grundgesamtheit nachgewiesen werden. Die Variable Anlagevermögen der Kunden wird von sechs auf vier Ausprägungen reduziert, wie Tabelle 6-2 entnommen werden kann. Aufgrund der Verdichtung zu einer 4 × 2-Tabelle hat die erwartete Häufigkeit nun in jeder Zelle einen Wert von mindestens fünf.

Der χ^2-Wert beträgt 3,081 bei einer Irrtumswahrscheinlichkeit von 37,9%. Demnach besteht keine signifikante Abhängigkeit zwischen den betrachteten Merkmalen in der Grundgesamtheit. Nichtsdestotrotz kann für diese Stichprobe eine Tendenz festgestellt werden. Banken, die größere Vermögen betreuen, präferieren eher monatliche oder längere Rücknahmefrequenzen.

Tabelle 6-2: Kreuztabelle für die Variablen Rücknahmefristen und Anlagevermögen der Kunden[143]

		Ø Anlagevermögen der Kunden (EUR)				
		< 200.000	**200.000 – 400.000**	**400.000 – 600.000**	**> 600.000**	**Gesamt**
Rücknahmefristen	**Wöchentlich**	44	34	14	13	105
		62,9%	*50,7%*	*53,8%*	*46,4%*	*55,0%*
	Monatlich oder länger	26	33	12	15	86
		37,1%	*49,3%*	*46,2%*	*53,6%*	*45,0%*
	Gesamt	70	67	26	28	191
		100%	*100%*	*100%*	*100%*	*100%*

6.5 Rücknahmefrist versus Anlagehorizont für Dach-Hedgefonds

In dieser Untersuchung wird die ordinalskalierte Variable empfohlener Anlagehorizont bei Dach-Hedgefonds in Beziehung gesetzt zu der Variable Rücknahmefrist. Die vier Antwortkategorien der Frage empfohlener Anlagehorizont können Tabelle 6-3 entnommen werden. Für die Eruierung einer eventuell vorhandenen Abhängigkeit zwischen diesen beiden Merkmalen in der Grundgesamtheit wird der χ^2-Test nach Pearson verwendet. Die entsprechende Kreuztabelle besteht aus vier Spalten und zwei Zeilen, wie Tabelle 6-3 verdeutlicht. In 12,5% der Felder (1 Feld) ist die erwartete Häufigkeit kleiner fünf. Der χ^2-Wert beträgt 8,352. Die Nullhypothese, die von unabhängigen Variablen in der Grundgesamtheit ausgeht, kann zum 5%-Signifikanzniveau abgelehnt werden mit einer Irrtumswahrscheinlichkeit von 3,9%. Demnach liegt bei den vorliegenden Merkmalen ein Zusammenhang in der Grundgesamtheit vor. Bei Betrachtung der Kreuztabelle fällt auf, dass mit zunehmendem Anlagehorizont auch längere Rücknahmefristen für Dach-Hedgefonds präferiert werden. Einzig die Antwortkategorie 5–7 Jahre weicht von dieser Entwicklung ab. Die Zusammenhangmaße Phi und Cramer V haben einen Wert von 0,197, während der Kontigenzkoeffizient bei 0,193 liegt. Die Werte für die Zusammenhangmaße lassen auf einen moderaten Zusammenhang zwischen den Variablen schließen. Dem wäre noch hinzuzufügen, dass trotz dieser Tendenz hin zu längeren Rücknahmefristen bei längeren

[143] Eigene Darstellung; Werte basieren auf eigenen Berechnungen.

Anlagehorizonten in keiner Antwortklasse mehr als 50% der Banken eine monatliche oder längere Rücknahmefrist bevorzugen.

Tabelle 6-3: Kreuztabelle für die Variablen Rücknahmefristen und Anlagehorizont für Dachfonds[144]

		Empfohlener Anlagehorizont für Dach-Hedgefonds (in Jahren)				
		Kürzer als 3 J.	**3 – 5 Jahre**	**5 – 7 Jahre**	**Länger als 7 J.**	**Gesamt**
Rücknahmefristen	**Wöchentlich**	9	34	53	25	121
		100%	*52,3%*	*58,2%*	*50,0%*	*56,3%*
	Monatlich oder länger	0	31	38	25	94
		0%	*47,7%*	*41,8%*	*50,0%*	*43,7%*
	Gesamt	9	65	91	50	215
		100%	*100%*	*100%*	*100%*	*100%*

6.6 Rücknahmefrist versus Risikoeinstufung von Dach-Hedgefonds

Die Teilnehmer dieser Studie konnten in einer kardinalskalierten Frage mit vier Ausprägungen das Risiko von breit diversifizierten Multi-Strategy Dach-Hedgefonds einschätzen. Die Antwortskala dieser Frage besteht dabei aus den folgenden vier Kategorien: nicht riskant, weniger riskant, ziemlich riskant und sehr riskant. Für die Ermittlung des Zusammenhangs zwischen den Merkmalen Rücknahmefristen und Risiko von Multi-Strategy Dach-Hedgefonds werden die Ausprägungen der Variable Risiko auf drei Antwortkategorien verdichtet, da ansonsten mehr als 20% der Zellen eine erwartete Häufigkeit von kleiner fünf aufweisen. Nach der Verdichtung ist in keiner Zelle eine erwartete Häufigkeit von kleiner fünf vorzufinden. Die in Tabelle 6-4 dargestellte Matrix repräsentiert eine 3 × 2-Tabelle. Das Alpha des χ^2-Tests hat einen Wert von 4,6% bei einem Testfunktionswert von 6,143. Demzufolge besteht zwischen den betrachteten Merkmalen dieser Untersuchung ein signifikanter Zusammenhang in der Grundgesamtheit. Das Phi und das Cramer V zeigen mit einem Wert von jeweils 0,169 eine schwachen bis moderaten Zusammenhang auf. Ähnliches gilt für den Kontingenzkoeffizient mit einem Wert von 0,167. Kreditinstitute,

[144] Eigene Darstellung; Werte basieren auf eigenen Berechnungen.

die breit diversifizierte Multi-Strategy Dach-Hedgefonds für ziemlich oder sehr riskant halten, bevorzugen wöchentliche Rücknahmefristen, wie Tabelle 6-4 verdeutlicht. Insbesondere Häuser hingegen, die diese Anlagen mit weniger riskant einstufen, votieren häufiger für monatliche oder längere Rücknahmefrequenzen. Bei höherer Risikoeinstufung werden somit kürzere Rücknahmefristen bevorzugt.

Tabelle 6-4: Kreuztabelle für die Variablen Rücknahmefristen und Risiko von Dach-Hedgefonds[145]

		Risiko von Multi-Strategy Dach-Hedgefonds			
		Nicht riskant	**Weniger riskant**	**Ziemlich o. sehr riskant**	**Gesamt**
Rücknahmefristen	**Wöchentlich**	11	83	27	121
		64,7%	*51,6%*	*73,0%*	*56,3%*
	Monatlich oder länger	6	78	10	94
		35,3%	*48,4%*	*27,0%*	*43,7%*
	Gesamt	17	161	37	215
		100%	*100%*	*100%*	*100%*

6.7 Rücknahmefrist versus Anzahl der bisher angebotenen Hedgefonds-Produkte

Der nun folgende χ^2-Test versucht herauszufinden, inwieweit die Anzahl der bisher angebotenen Hedgefonds-Produkte im Private Banking einen Einfluss auf die bevorzugte Rücknahmefrequenz bei Dach-Hedgefonds-Investments hat. Die Studienteilnehmer wurden im Rahmen des Fragebogens gebeten, die konkrete Anzahl der bisher angebotenen Produkte einzutragen. Dieser Fragetypus stellt eine Kardinalskala bzw. Absolutskala dar.[146] Da bei Darstellung dieser Daten in einer Kreuztabelle nur sehr schwach besetzte Fallgruppen vorkommen, wird die vorliegende Variable zu den in Tabelle 6-5 dargestellten drei Kategorien subsumiert. In keiner Zelle ist die erwartete Häufigkeit kleiner fünf. Der χ^2-Wert beträgt 7,208 bei einem Signifikanzniveau von 2,7%. Dies führt zu einer Ablehnung der Nullhypothese zum 5%-Signifikanzniveau und somit zur Bestätigung der Forschungshypothese. Die Maße Phi und Cramer V deuten mit Werten von jeweils 0,185 auf einen moderaten Zusammenhang hin. Der

[145] Eigene Darstellung; Werte basieren auf eigenen Berechnungen.

[146] Vgl. Bamberg/Baur (2001), S. 7.

Kontingenzkoeffizient liegt bei 0,182. Die Anzahl der bisher angebotenen Produkte bedingt demnach die bevorzugte Rücknahmefrequenz. Finanzinstitute, die ihren vermögenden Privatkunden bisher zwei oder mehr Hedgefonds-Produkte offeriert haben, präferieren monatliche oder längere Rücknahmefristen. Mehr als zwei Drittel der Häuser mit nur einem Hedgefonds-Produkt bevorzugen hingegen wöchentliche Liquidität. Demnach bewerten Banken mit zunehmender Hedgefonds-Erfahrung längere Rücknahmefristen positiver.

Tabelle 6-5: Kreuztabelle für die Variablen Rücknahmefristen und Anzahl der bisher angeboten Hedgefonds-Produkte[147]

		Anzahl der bisher angebotenen Hedgefonds-Produkte			
		0 Produkte	**1 Produkt**	**2 oder mehr Produkte**	**Gesamt**
Rücknahmefristen	**Wöchentlich**	38	43	37	118
		55,1%	*69,4%*	*46,8%*	*56,2%*
	Monatlich oder länger	31	19	42	92
		44,9%	*30,6%*	*53,2%*	*43,8%*
	Gesamt	69	62	79	210
		100%	*100%*	*100%*	*100%*

6.8 Zusammenfassung und Ableitung von Gestaltungsempfehlungen

Die Mehrzahl der deutschen Banken präferiert bei Dach-Hedgefonds eine wöchentliche Rücknahmefrist, obgleich bei Single- wie auch bei Dach-Hedgefonds eine monatliche bzw. vierteljährliche Rücknahmefrequenz vorherrschend ist. Banken hingegen, die bisher bereits Hedgefonds-Produkte im Private Banking offeriert haben oder Multi-Strategy Dach-Hedgefonds mit weniger oder nicht riskant einstufen, bevorzugen längere Liquiditätsfristen. Ein monatlicher oder vierteljährlicher Rücknahmezyklus sollte bei Dach-Hedgefonds bevorzugt werden, da hierbei sowohl illiquidere Strategien (Distressed Securities etc.) implementiert werden können auch als auch der Cash-Anteil sowie administrative Aufwand für Rücknahmen reduziert werden kann.

[147] Eigene Darstellung; Werte basieren auf eigenen Berechnungen.

7 Portfoliotheoretische Aspekte

7.1 Beachtung der Rendite/Risikoparamter bei einer Anlageentscheidung

7.1.1 Theoretischer Hintergrund und Beschreibung der Stichprobe

Ein traditionelles Wertpapierportfolio bestehend aus Aktien und Anleihen kann durch die Beimischung eines breit diversifizierten Multi-Strategy Dach-Hedgefonds unter Rendite/Risiko-Aspekten optimiert werden. Da Hedgefonds niedrige Korrelationen zu den konventionellen Assetklassen aufweisen sowie höhere risikoadjustierte Renditen als Aktien bzw. Anleihen erwirtschaften, kann die Rendite des gesamten Portfolios bei gleichem Risiko erhöht werden bzw. bei gleicher Rendite die Volatilität des Portfolios vermindert werden. Dies führt zu einer Linksverschiebung der Effizienzkurve in einem Mittelwert/Varianz-Diagramm.[148] Hierbei darf jedoch nicht außer Acht gelassen werden, dass Hedgefonds-Renditen zumeist nicht der Normalverteilung entsprechen.[149] Die Verteilung der Renditen ist vielfach negativ schief[150] und hat eine positive Excess Kurtosis[151]. Bei einer negativ schiefen Verteilung liegen die meisten Renditen unterhalb des Mittelwertes. Eine hohe Kurtosis hat zur Folge, dass extrem negative bzw. positive Renditen häufiger auftreten. Zurückzuführen sind diese Erscheinungen auf den Einsatz von Leverage und die Anwendung dynamischer Handelsstrategien bei Hedgefonds. Investoren präferieren indessen Renditeverteilungen mit positiver Schiefe und geringer Kurtosis. Diese Effekte bleiben bei der Standardabweichung unberücksichtigt. Daraus kann impliziert werden, dass die durch Beifügung von Hedgefonds-Investments auftretenden Diversifikationseffekte nur unter Berücksichtung der ersten beiden Momente einer Renditeverteilung (erwartete Renditen und Varianzen bzw. Volatilitäten) überschätzt werden.[152] Die Renditezeitreihen von Hedgefonds weisen zudem oftmals eine hohe positive Autokorrelation erster Ordnung auf. Ein Grund hierfür ist der Anreiz der Hedgefonds-Manager die erwirtschafteten Wertzuwächse zu nivellieren (Performance Smoothing), um somit

---

[148] Vgl. Signer (2002), S. 9 ff.; Ineichen (2003), S. 140 f.

[149] Vgl. Fung/Hsieh (1997), S. 2 ff.; Ineichen (2001), S. 121 ff.; Amin/Kat (2002), S. 7 f.

[150] Die Schiefe beschreibt die Asymmetrie im Vergleich zur Normalverteilung. Bei einer Normalverteilung hat die Schiefe den Wert null.

[151] Die Kurtosis (Wölbung) zeigt, wie flach bzw. spitzgipfelig eine Verteilung ist. Im Fall einer Normalverteilung beträgt die Kurtosis drei. Die Excess Kurtosis ergibt sich aus der Subtraktion der Kurtosis und der Zahl drei (Excess Kurtosis = Kurtosis – 3).

[152] Vgl. Jaeger (2003), S. 30; Signer (2002), S. 9 ff.

weder extrem positive noch extrem negative Rendite vorweisen zu müssen. Zudem können illiquide Positionen häufig nicht zeitnah bewertet werden (z. B. Distressed Securities). Die Nicht-Berücksichtigung von Autokorrelation führt zu einer Unterschätzung der Volatilität von Hedgefonds-Investments.[153] Hedgefonds liefern jedoch auch bei Verwendung von Modellen[154], die die oben beschriebenen Effekte berücksichtigen, einen positiven Wertbeitrag und tragen somit zur Effizienzsteigerung eines Portfolios bei, obgleich das Verbesserungspotential niedriger ist als bei Nicht-Berücksichtigung der beschriebenen Charakteristika der Hedgefonds-Renditen.[155]

Die an dieser Studie teilnehmenden Banken wurden befragt, wie wichtig ihren Private Banking-Kunden bei einer Neuanlage-Entscheidung die Performance, Volatilität und Korrelation einer potentiellen Anlage zu anderen Assetklassen ist. In drei Kardinalskalen mit jeweils vier Antwortkategorien von 1 (nicht wichtig) bis 4 (sehr wichtig) konnten die befragten Häuser ihre Einschätzung abgeben. 226 der insgesamt 229 Studienteilnehmer beantworteten dabei die drei Teilfragen. Der Mittelwert für die Frage Performance einer potentiellen Anlage hat einen Wert von 3,54. Sowohl Median als auch Modus liegen jeweils bei 4,0. Insbesondere die Performance einer potentiellen Anlage wird von den Kreditinstituten dieser Stichprobe am wichtigsten eingeschätzt, wie Abbildung 7-1 illuminiert. Für die Standardabweichung ergibt sich ein Wert von 0,737. Der Mittelwert der Teilfrage Korrelation zu anderen Assetklassen beträgt hingegen nur 2,54 bei einem Median und Modalwert von 2,0. Die Standardabweichung liegt mit einem Wert von 0,833 deutlich über den ermittelten Werten für die Teilfragen Performance und Volatilität. Die Korrelation findet demnach bei einer Neuanlage-Entscheidung weit weniger Beachtung als die Performance. Der Mittelwert für die Stichprobe Volatilität beträgt indessen 2,89 bei einem Median und Modalwert von 3,0. Die Standardabweichung für die Stichprobe Volatilität hat einen Wert von 0,761. Die Anzahl der Banken, die die Korrelation einer potentiellen Anlage zu anderen Assetklassen mit sehr wichtig einstufen, ist zwar größer als bei der Teilfrage Volatilität, nichtsdestotrotz wird aber unter Heranziehung der Mittelwerte die Korrelation bei einer Neuanlage-Entscheidung weniger beachtet als die Volatilität. Dies belegen auch die Signifikanzniveaus der durchgeführten T-Tests bei gepaarten Stichproben. Die Mittelwerte der Stichproben Performance, Volatilität und Korrelation unterscheiden sich in der Grundgesamtheit jeweils mit einer Irrtumswahrscheinlichkeit von 0,000. Es kann zudem von Normalverteilung für die drei Variablen in der Grundgesamtheit ausgegangen werden, da sich alle drei Stichproben aus 226 Merkmalsträgern zusammensetzen. Der wichtigste Faktor bei einer Anlageentscheidung für vermögende Privatkunden in Deutschland ist somit die Perfor-

[153] Vgl. Hafner/Brunner (2004), S. 2 ff.

[154] Z. B. Cornish-Fisher Valute at Risk; Performance Omega.

[155] Vgl. Hafner/Brunner (2004), S. 2 ff; Signer (2002), S. 11 ff.

mance. Volatilität und Korrelation einer potentiellen Anlage werden hingegen im Vergleich zur Performance als weniger bedeutend eingestuft. Die eigentlichen Stärken von breit diversifizierten Multi-Strategie Dach-Hedgefonds – niedrige Korrelationen und Volatilitäten – werden demzufolge von Privatanlegern nicht goutiert.

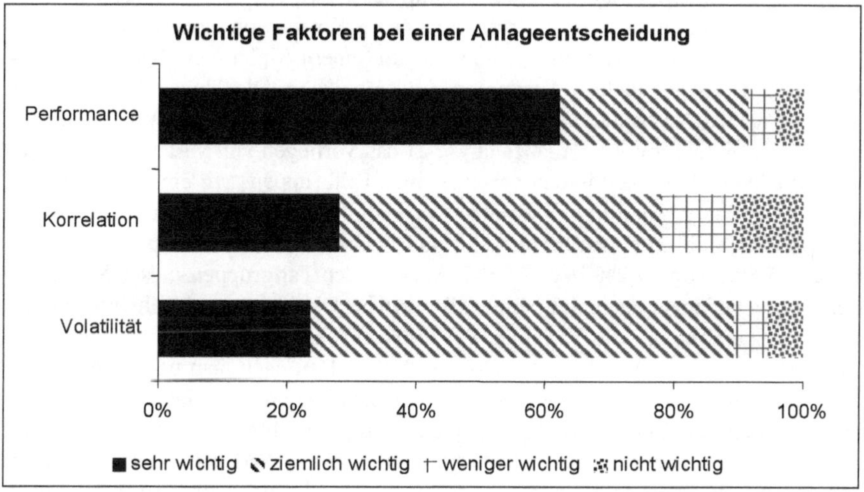

Abb. 7-1: Wichtigkeit von Performance, Korrelation und Volatilität bei einer potentiellen Anlage[156]

7.1.2 Wichtige Faktoren bei einer Anlageentscheidung versus Bankgruppe

Der Zusammenhang zwischen den Merkmalen Performance, Volatilität und Korrelation einer potentiellen Anlage zu anderen Assetklassen und der Variable Banksektoren wird im nun Folgenden unter Verwendung einer einfaktoriellen Varianzanalyse untersucht. Die Antwortkategorien der drei abhängigen Variablen sind intervallskaliert und erstrecken sich von 1 (nicht wichtig) bis 4 (sehr wichtig). Die unabhängige Variable Banksektoren repräsentiert wiederum eine Nominalskala mit den in Tabelle 7-1 dargestellten Ausprägungen. Der Kolmogorov-Smirnov-Test, der zur Überprüfung der Normalverteilungsannahme der betrachteten Variablen in der Grundgesamtheit herangezogen wird, liefert bei den Sparkassen für die drei Merkmale Performance, Volatilität und Korrelation jeweils ein Alpha von 0,000. Da jedoch die absolute Häufigkeit bei den drei Variablen 59 beträgt, kann unter Bezugnahme auf den zentralen Grenz-

[156] Eigene Darstellung; Werte basieren auf eigenen Berechnungen.

wertsatz von einer Normalverteilung der Variable Sparkasse ausgegangen werden. Ähnliches gilt für die Variable Genossenschaftlicher Bankensektor mit einem Alpha von jeweils 0,000 und einer absoluten Häufigkeit von jeweils 137 Instituten für die drei abhängigen Merkmale. Die Variable privater Bankensektor indessen setzt sich nur aus 25 Instituten zusammen. Eine Anwendung des zentralen Grenzwertsatzes ist hierbei somit nicht möglich. Einzig für die Stichprobe Korrelation des privaten Bankensektors kann die Normalverteilungsannahme mit einem Alpha von 16,9% nicht verworfen werden, wie Tabelle 7-1 entnommen werden kann. Die Alphas der Merkmale Performance und Volatilität hingegen betragen 0,000 bzw. 0,022. Eine weitere Voraussetzung der einfaktoriellen Varianzanalyse ist das Vorliegen von Varianzhomogenität der betrachteten Variablen in den verschiedenen Fallgruppen. Mit einer Wahrscheinlichkeit von 44,1% kann in der Variable Korrelation Varianzgleichheit angenommen werden. Bei den Merkmalen Performance und Volatilität haben die Alphas des Levene-Tests Werte von 17,2% bzw. 11,8%. Auch in den Fallgruppen dieser Merkmale kann somit Varianzhomogenität unterstellt werden. Die Irrtumswahrscheinlichkeiten der Varianzanalyse für die Variablen Performance und Volatilität haben Werte von 46,7% (F-Wert: 0,764) und 76,5% (F-Wert: 0,268). Demnach liegt bei diesen Merkmalen kein signifikanter Zusammenhang in der Grundgesamtheit hinsichtlich der drei Banksektoren vor. Ein solcher kann jedoch für die Variable Korrelation konstatiert werden. Die Irrtumswahrscheinlichkeit hat hierbei einen Wert von 12,4% bei einem F-Wert von 2,105. Insbesondere die vermögenden Kunden des privaten Sektors halten die Berücksichtigung der Korrelation bei einer potentiellen Anlage für ziemlich wichtig, während bei den Genossenschaftsbanken die Korrelation zu anderen Assetklassen am wenigsten Beachtung findet, wie Tabelle 7-1 verdeutlicht. Infolge dessen kann den Kunden der privaten Bankhäuser eine weitaus progressivere Vorgehensweise bei der strategischen Asset Allokation unterstellt werden und somit auch eine größere Empfänglichkeit für breit diversifizierte Multi-Strategie Dach-Hedgefonds.

Tabelle 7-1: Normalverteilungstest und deskriptive Daten der Stichproben Korrelation und Banksektoren[157]

Korrelation	**Z-Wert**	**Signifikanz**	**Anzahl (n)**	**Mittelwert**
Sparkassen-Sektor	2,308	0,000	59	2,61
Privater Bankensektor	1,111	0,169	25	2,80
Genossenschaftlicher Sektor	3,710	0,000	137	2,46
Gesamt			**221**	**2,54**

[157] Eigene Darstellung; Werte basieren auf eigenen Berechnungen.

7.1.3 Wichtige Faktoren bei einer Anlageentscheidung versus verwaltetes Anlagevermögen der Banken

Die Mittelwerte für den Grad der Wichtigkeit von Performance, Volatilität und Korrelation einer potentiellen Anlage zu anderen Assetklassen unterscheiden sich nicht bei Klassifizierung der deutschen Banken nach dem insgesamt im Private Banking betreutem Anlagevolumen (Depots plus Einlagen). Es kann demnach nicht festgestellt werden, dass die Kunden von Banken mit unterschiedlichen hohen Gesamtanlagevolumen im Private Banking die Performance, Volatilität sowie Korrelation bei einer Neuanlage-Entscheidung unterschiedlich bewerten. Die Irrtumswahrscheinlichkeiten der einfaktoriellen Varianzanalyse liegen jeweils deutlich über 50%. Für die abhängigen Variablen (Performance, Volatilität, Korrelation) kann unter Verwendung des Levene-Tests von Varianzhomogenität in der Grundgesamtheit ausgegangen werden mit Wahrscheinlichkeiten von 28,8%, 96,6% und 70,5%. Die Signifikanzniveaus des Kolmogorov-Smirnov-Tests, der die Normalverteilung der betrachteten Variablen in der Grundgesamtheit überprüft, sind für die diversen Stichproben kleiner als 10%. Da sich jedoch alle Klassen, außer der Gruppe der Banken mit eine Gesamtanlagevolumen von >3 Mrd. Euro, aus mindestens 30 Instituten zusammensetzen, kann für diese Gruppen laut zentralem Grenzwertsatz die Normalverteilungsannahme nicht verworfen werden.

7.1.4 Wichtige Faktoren bei einer Anlageentscheidung versus Anlagevermögen der Kunden

Bewerten die Kunden von Banken, klassifiziert nach dem durchschnittlichen Anlagevolumen (Depots plus Einlagen) ihrer Kunden, die Performance, Volatilität sowie Korrelation einer potentiellen Wertpapieranlage unterschiedlich? Diese Frage soll im nun Folgenden mittels einer einfaktoriellen Varianzanalyse untersucht werden. Die Ordinalskala der unabhängigen Variable, die das durchschnittliche Anlagevolumen der Kunden einer Bank erfasst, wurde aus Vereinfachungsgründen von sechs auf vier Antwortkategorien verdichtet. Die Normalverteilungsannahme kann unter Verweis auf das Alpha des Kolmogorov-Smirnov-Tests für die verschiedenen Stichproben nicht bestätigt werden, da die Signifikanzniveaus jeweils unter 5% liegen. Es sind jedoch in allen Antwortklassen, außer der Klasse 400.000–600.000 Euro durchschnittliches Kundenanlagevolumen, mindestens 30 Kreditinstitute vertreten, so dass laut zentralem Grenzwertsatz bei diesen Stichproben von einer Normalverteilung ausgegangen werden kann. Die Annahme der Varianzhomogenität kann insbesondere für die Variablen Volatilität und Korrelation mit Signifikanzniveaus von 38,3% und 44,5% nicht verworfen werden. Dies gilt indessen nicht für das Merkmal Performance mit einem Alpha von 0,000. Die Signifikanzniveaus der Varianzanalyse für die Variablen Volatilität und Korrelation lassen mit Werten von 55,1% und 44,8% nicht auf signifikante Zusammenhänge in der Grundgesamtheit schließen. Die Nullhypothese der Variablen Performance kann hingegen mit einem Alpha von 8,5% zum 10%-Signifikanzniveau abgelehnt werden. Privatkunden schätzen demnach die Bedeutung der Performance bei einer Neuanlage-Entscheidung je nach Gesamtvermögen unterschiedlich ein. Gerade die Kunden von Banken mit >600.000 Euro durchschnittlichem Kundenanlagevolumen schätzen die Performance einer potentiellen Wertpapieranlage weitaus geringer als die weniger vermögenden Privatkunden, wie Tabelle 7-2 verdeutlicht. Demnach steht bei größeren Vermögen in erster Linie der Vermögenserhalt und nicht der Vermögenszuwachs im Vordergrund. Dieser Zusammenhang gilt jedoch nur unter Abstrichen aufgrund der nicht nachweisbaren Varianzhomogenität für die Variable Performance.

Tabelle 7-2: Normalverteilungstest und deskriptive Daten der Stichproben Performance und Anlagevolumen der Kunden[158]

Performance	Z-Wert	Signifikanz	Anzahl (n)	Mittelwert
< 200.000 Euro	3,272	0,000	71	3,61
200.000 – 400.000 Euro	3,209	0,000	69	3,59
400.000 – 600.000 Euro	2,390	0,000	27	3,74
> 600.000 Euro	1,897	0,001	30	3,30
Gesamt			**197**	**3,57**

7.1.5 Beachtung der Korrelation bei einer Anlageentscheidung versus Eignung von Dach-Hedgefonds für Anleger mit unterschiedlichem Risikoprofil

Banken in Deutschland empfehlen sicherheitsorientierten und begrenzt risikobereiten Investoren eine Anlage in Multi-Strategie Dach-Hedgefonds, wenn deren Kunden die Korrelation einer potentiellen Anlage zu anderen Assetklassen für wichtig erachten. Für diese Untersuchung wird die Variable Wichtigkeit der Korrelation einer potentiellen Anlage in Beziehung gesetzt zu den intervallskalierten Variablen Eignung von Dach-Hedgefonds für sicherheitsorientierte Anleger bzw. begrenzt risikobereite Anleger. Die vier Ausprägungen der unabhängigen Merkmale können Tabelle 7-3 und 7-4 entnommen werden. Für die Feststellung des Zusammenhangs wird der χ^2-

[158] Eigene Darstellung; Werte basieren auf eigenen Berechnungen.

Test nach Pearson verwendet. Die Variable Korrelation wird von vier auf drei Antwortkategorien verdichtet, da ansonsten in mehr als 20% der Zellen die erwartete Häufigkeit unter fünf liegt. Nach der Umkodierung ist in jeweils zwei Feldern bzw. 16,7% aller Felder der beiden Kreuztabellen eine erwartete Häufigkeit kleiner fünf vorzufinden. Für den Zusammenhang zwischen der Korrelation und der Eignung von Dach-Hedgefonds für sicherheitsorientierte Anleger ergibt sich ein χ^2-Wert von 10,36 bei einem Alpha von 11%. Demnach kann nur knapp zum 10%-Signifikanzniveau nicht mehr von einer Abhängigkeit der beiden Variablen ausgegangen werden. Bei Betrachtung von Tabelle 7-3 wird deutlich, dass bei 53,3% (33,3% plus 20,0%) der befragten Banken, von denen Dach-Hedgefonds für sicherheitsorientierte Anleger als ziemlich geeignetes Anlageinstrument eingestuft werden, die Korrelation bei einer Anlageentscheidung von den vermögenden Privatkunden als ziemlich oder sehr wichtig erachtet wird. Nur die Kunden von 30,1% (20,5% plus 9,6%) der Banken hingegen, die diese Produkte bei sicherheitsorientierten Anleger für nicht geeignet halten, berücksichtigen die Korrelation zu anderen Anlageklassen bei einer Neuanlage. Die Maße Kendall Tau b und Tau c lassen mit Werten von 0,163 und 0,153 auf einen positiven Zusammenhang zwischen den beiden Merkmalen schließen. Das Zusammenhangmaß Gamma deutet mit einem Wert von 0,256 auf einen starken Zusammenhang hin.

Tabelle 7-3: Kreuztabelle für die Variablen Wichtigkeit der Korrelation bei einer Anlageentscheidung und Eignung von Dach-Hedgefonds für sicherheitsorientierte Anleger[159]

		Eignung von Dach-Hedgefonds für sicherheitsorientierte Anleger				
		Nicht geeignet	**Weniger geeignet**	**Ziemlich geeignet**	**Sehr geeignet**	**Gesamt**
Korrelation bei einer Neuanlage	**Nicht oder weniger wichtig**	58	43	14	11	126
		69,9%	*47,8%*	*46,7%*	*52,4%*	*56,3%*
	Ziemlich wichtig	17	30	10	6	63
		20,5%	*33,3%*	*33,3%*	*28,6%*	*28,1%*
	Sehr wichtig	8	17	6	4	35
		9,6%	*18,9%*	*20,0%*	*19,0%*	*15,6%*
	Gesamt	83	90	30	21	224
		100,0%	*100,0%*	*100,0%*	*100,0%*	*100,0%*

159 Eigene Darstellung; Werte basieren auf eigenen Berechnungen.

Tabelle 7-4: Kreuztabelle für die Variablen Wichtigkeit der Korrelation bei einer Anlageentscheidung und Eignung von Dach-Hedgefonds für begrenzt risikobereite Anleger[160]

		Eignung von Dach-Hedgefonds für risikobereite Anleger				
		Nicht geeignet	**Weniger geeignet**	**Ziemlich geeignet**	**Sehr geeignet**	**Gesamt**
Korrelation bei einer Neuanlage	**Nicht oder weniger wichtig**	9	37	55	23	124
		81,8%	*68,5%*	*51,4%*	*47,9%*	*56,4%*
	Ziemlich wichtig	2	10	37	12	61
		18,2%	*18,5%*	*34,6%*	*25,0%*	*27,7%*
	Sehr wichtig	0	7	15	13	35
		0,0%	*13,0%*	*14,0%*	*27,1%*	*15,9%*
	Gesamt	11	54	107	48	220
		100,0%	*100,0%*	*100,0%*	*100,0%*	*100,0%*

Beim Vergleich der Korrelation mit der Eignung von Dach-Hedgefonds für begrenzt risikobereite Anleger ergibt sich ein Alpha von 3,2% bei einem χ^2-Wert von 13,761. Es kann demzufolge für die in Tabelle 7-4 dargestellten Variablen von einer signifikanten Abhängigkeit in der Grundgesamtheit ausgegangen werden. Die Kunden von 52,1% (25,0% plus 27,1%) der Studienteilnehmer, die Dach-Hedgefonds für begrenzt risikobereite Anleger mit sehr geeignet bewerten, achten bei einer potentiellen Anlage auf die Korrelation dieses Investments zu anderen Assetklassen. Bei Häusern, die Dach-Hedgefonds für begrenzt risikobereite Anleger mit weniger geeignet bzw. nicht geeignet einstufen, beträgt diese Ziffer indessen nur 31,5% (18,5% plus 13%) bzw. 18,2% (18,2% plus 0%). Die Zusammenhangmaße Kendall Tau b und Tau c haben Werte von 0,176 und 0,163. Mit einem Gamma von 0,286 kann ein starker Zusammenhang angenommen werden. Allgemein kann festgehalten werden, dass Banken bzw. Anleger in Deutschland mit zunehmender Wichtigkeit der Korrelation bei einer Neu-Anlageentscheidung auch eine verstärkte Beimischung von Dach-Hedgefonds für sicherheitsorientierte und begrenzt risikobereite Anleger empfehlen. Demnach werden die auf Seite 55 beschriebenen niedrigen Korrelationen der (Dach)-Hedgefonds zu traditionellen Assetklassen insbesondere von diesen Akteuren goutiert, denen die Diversifikationseffekte von gering korrelierenden Anlageinstrumenten in einem Portfolio bewusst sind.

[160] Eigene Darstellung; Werte basieren auf eigenen Berechnungen.

7.1.6 Beachtung der Korrelation bei einer Anlageentscheidung versus zukünftiges Angebot von Hedgefonds-Produkten

Der Zusammenhang zwischen den Variablen Wichtigkeit der Korrelation bei einer Neuanlage und zukünftiges Angebot von Hedgefonds-Produkten wird im nun Folgenden mittels des χ^2-Tests nach Pearson untersucht. Die Teilnehmer dieser Studie wurden befragt, ob sie ihren Kunden zukünftig Hedgefonds-Produkte anbieten werden. Die Antwortskala setzt sich aus folgenden vier Ausprägungen zusammen: keinesfalls, wahrscheinlich nicht, ziemlich wahrscheinlich und ganz sicher. Im Rahmen dieses Versuchs wird die Antwortskala von vier auf drei Ausprägungen verdichtet, wie Tabelle 7-5 entnommen werden kann. Sodann ist nur noch in 16,7% der Felder dieser Kontingenztabelle eine erwartete Häufigkeit von kleiner fünf vorzufinden. Die Nullhypothese, die von unabhängigen Variablen in der Grundgesamtheit ausgeht, kann mit einer Irrtumswahrscheinlichkeit von 0,00% zum 1%-Signifikanzniveau abgelehnt werden. Der χ^2-Wert beträgt 25,698. Die Zusammenhangmaße signalisieren

Tabelle 7-5: Kreuztabelle für die Variablen Wichtigkeit der Korrelation bei einer Anlageentscheidung und zukünftiges Angebot von Hedgefonds-Produkten[161]

		Zukünftiges Angebot von Hedgefonds-Produkten			
		Wahrscheinlich nicht[162]	**Ziemlich wahrscheinlich**	**Ganz sicher**	**Gesamt**
Korrelation bei einer Neuanlage	**Nicht wichtig**	4	5	4	13
		4,2%	*7,4%*	*7,0%*	*5,9%*
	Weniger wichtig	60	28	20	108
		63,2%	*41,2%*	*35,1%*	*49,1%*
	Ziemlich wichtig	22	27	14	63
		23,2%	*39,7%*	*24,6%*	*28,6%*
	Sehr wichtig	9	8	19	36
		9,5%	*11,8%*	*33,3%*	*16,4%*
	Gesamt	95	68	57	220
		100%	100%	100%	100%

[161] Eigene Darstellung; Werte basieren auf eigenen Berechnungen.

[162] Verdichtete Antwortkategorie für die ursprünglichen Ausprägungen: keinesfalls und wahrscheinlich nicht.

mit folgenden Werten einen starken Zusammenhang: Gamma (0,293), Kendall Tau b (0,197), Kendall Tau c (0,192). Die Kunden von 57,9% (24,6% plus 33,3%) der Banken, die zukünftig im Private Banking ganz sicher Hedgefonds-Produkte anbieten werden, halten die Beachtung der Korrelation bei einer Neu-Anlageentscheidung für ziemlich oder sehr wichtig. Bei den Häusern, die in Zukunft ziemlich wahrscheinlich Hedgefonds-Investments in ihre Produktpalette aufnehmen werden, achten indessen nur die Kunden von 51,5% (39,7% plus 11,8%) der Kreditinstitute in besonderem Maße auf die Korrelation einer Wertpapieranlage zu anderen Assetklassen. Nur 32,7% (23,2% plus 9,5%) der Banken hingegen, die zukünftig wahrscheinlich keine Hedgefonds-Investments anbieten werden, geben an, dass ihre vermögenden Privatkunden der Korrelation einer potentiellen Anlage zu anderen Assetklassen Beachtung schenken. Demnach werden insbesondere diese Banken, die bei einer Neu-Anlageentscheidung die Korrelationseigenschaften berücksichtigen, ihren Kunden zukünftig Hedgefonds-Produkte offerieren.

7.1.7 Beachtung der Korrelation bei einer Anlageentscheidung versus Anteil der Kunden mit Hedgefonds-Investments im Depot

Den an dieser Studie teilnehmenden Banken wurde u. a. die Frage gestellt, wie viele der von ihnen betreuten Kunden Hedgefonds-Investments in ihren Depots allokiert haben. Hierbei soll nun mittels eines χ^2-Tests eruiert werden, inwieweit die Kunden von Banken mit einem größeren Anteil von Hedgefonds-Depots der Korrelation einer potentiellen Anlage zu anderen Assetklassen Beachtung schenken. Die Ordinalskala zu dieser Frage wird hierzu von sechs auf drei Ausprägungen subsumiert, so dass nur in zwei Zellen der in Tabelle 7-6 abgebildeten Kreuztabelle eine erwartete Häufigkeit von kleiner fünf vorzufinden ist. Dies repräsentiert 22,2% aller Felder und liegt somit geringfügig über der gemeinhin geforderten 20%-Grenze.

Mit einer Irrtumswahrscheinlichkeit von 4% und einem χ^2-Wert von 10,027 muss die Annahme der Unabhängigkeit dieser beiden Variablen in der Grundgesamtheit verworfen werden. Für die Zusammenhangmaße Kendall Tau b und Tau c ergeben sich Werte von 0,123 und 0,091. Der Koeffizient Gamma liegt bei 0,239 und weist somit auf einen starken Zusammenhang hin. 40,9% (31,8% plus 9,1%) der Banken, bei denen kein Privatkunde in Hedgefonds investiert ist, stufen die Berücksichtigung der Korrelation bei einer Anlageentscheidung mit ziemlich wichtig bzw. sehr wichtig ein. Für den gleichen Sachverhalt ergibt sich indessen für die Banken, bei denen mehr als 5% aller vermögenden Privatkunden Hedgefonds-Investments in ihren Depots beigemischt haben, eine Ziffer von 75% (37,5% plus 37,5%). Zusammenfassend kann konstatiert werden, dass Banken, bei denen Kunden die Beachtung der Korrelation

Tabelle 7-6: Kreuztabelle für die Variablen Wichtigkeit der Korrelation bei einer Anlageentscheidung und Anteil der Kunden mit Hedgefonds-Investments im Depot[163]

		Anteil der Kunden mit Hedgefonds-Investments im Depot			
		0%	**< 5%**	**> 5%**	**Gesamt**
Korrelation bei einer Neuanlage	**Nicht oder weniger wichtig**	26	94	4	124
		59,1%	*58,4%*	*25,0%*	*56,1%*
	Ziemlich wichtig	14	43	6	63
		31,8%	*26,7%*	*37,5%*	*28,5%*
	Sehr wichtig	4	24	6	34
		9,1%	*14,9%*	*37,5%*	*15,4%*
	Gesamt	44	161	16	221
		100%	*100%*	*100%*	*100%*

dringlicher einstufen, auch ein größerer Anteil der Kunden Hedgefonds-Produkte in ihren Depots allokiert haben.

7.2 Eignung von Multi-Strategie Dach-Hedgefonds für Anleger mit unterschiedlichem Risikoprofil

7.2.1 Theoretischer Hintergrund und Beschreibung der Stichprobe

Multi-Strategie Dach-Hedgefonds tragen aufgrund ihrer niedrigen Korrelationen zu den Aktien- bzw. Rentenmärkten sowie den überdurchschnittlichen risikoadjustierten Renditen zur Effizienzsteigerung eines Wertpapierportfolios bei, wie in Kapitel 7.1.1 auf Seite 55 dargelegt wird. Durch ihre Beimischung kann entweder das Risiko bzw. die Volatilität eines Depots verringert werden bei gleichem Renditeerwartungswert oder der Renditeerwartungswert gesteigert werden bei gleichem Risiko. Unter Berücksichtigung portfoliotheoretischer Aspekte ist somit eine Allokation von breit diversifizierten Multi-Strategy Dach-Hedgefonds für jeden Investor unabhängig von seiner Risikoneigung empfehlenswert.[164] Die Teilnehmer dieser Studie wurden u. a. befragt, inwieweit Multi-Strategie Dach-Hedgefonds geeignete Investments für

[163] Eigene Darstellung; Werte basieren auf eigenen Berechnungen.

[164] Vgl. Ineichen (2003), S. 140 f.; Signer (2002), S. 9 ff.

sicherheitsorientierte, begrenzt risikobereite und spekulative Anleger sind. Die Kardinalskala für diese drei Teilfragen mit jeweils vier Ausprägungen erstreckt sich von 1 (nicht geeignet) bis 4 (sehr geeignet). 224 der insgesamt 229 an dieser Befragung teilnehmenden Banken beantworteten die erste Teilfrage, die die Eignung von Dach-Hedgefonds für sicherheitsorientierte Anleger erfasst. Die beiden übrigen Fragen wurden jeweils von 220 Häusern bewertet. Der Mittelwert für die Teilfrage Eignung für spekulative Anleger hat einen Wert von 2,99 bei einem Median und Modalwert von 3. Für die Standardabweichung dieser Stichprobe ergibt sich ein Wert von 0,931. 72% der Befragungsteilnehmer empfehlen Multi-Strategie Dach-Hedgefonds für spekulative Anleger, wie Abbildung 7-2 illustriert. Für die Teilfrage Eignung für begrenzt risikobereite Anleger liegt ein Mittelwert von 2,87 vor bei einer Standardabweichung von 0,806. Der Median und Modalwert beträgt 3. Der Median und Modalwert für die Teilfrage Eignung für sicherheitsorientierte Anleger liegt hingegen nur bei 2. Der Mittelwert beträgt 1,95 bei einer Volatilität von 0,939. Nur 23% der Studienteilnehmer bewerten Dach-Hedgefonds für sicherheitsorientierte Anleger mit ziemlich geeignet oder sehr geeignet. Die Mittelwerte der Teilfragen für sicherheitsorientierte Anleger versus begrenzt risikobereite Anleger und sicherheitsorientierte Anleger versus spekulative Anleger unterscheiden sich signifikant voneinander in der Grundgesamtheit mit einem Alpha von jeweils 0,000. Dies ist jedoch nicht zutref-

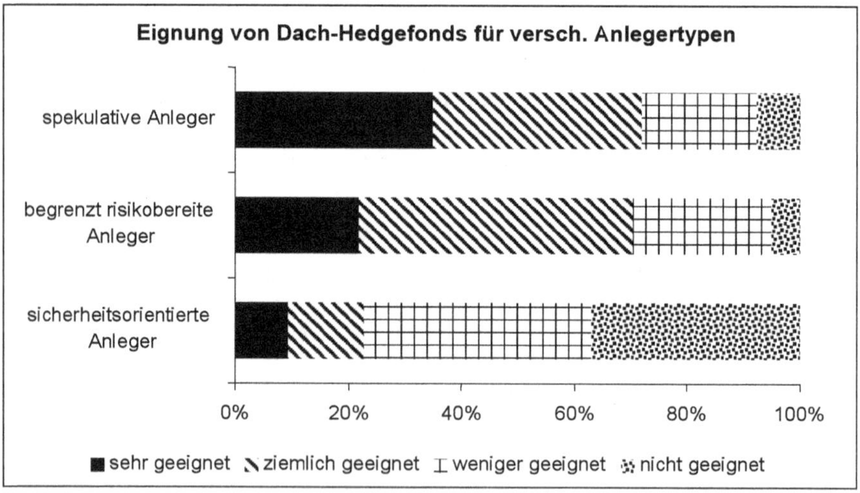

Abb. 7-2: Eignung von Dach-Hedgefonds für Anleger mit unterschiedlicher Risikoneigung[165]

[165] Eigene Darstellung; Werte basieren auf eigenen Berechnungen.

fend für die Mittelwerte der Teilfragen für begrenzt risikobereite Anleger versus spekulative Anleger. Die Annahme von identischen Mittelwerten kann hierbei mit einer Irrtumswahrscheinlichkeit von 19,8% nicht zum 10%-Signifikanzniveau abgelehnt werden. Es kann zudem von Normalverteilung für die drei Variablen in der Grundgesamtheit ausgegangen werden, da in den drei Stichproben jeweils mindestens 220 Merkmalsträger enthalten sind und der zentrale Grenzwertsatz bei einer Stichprobe von 30 oder mehr Merkmalsträgern eine Normalverteilung postuliert. Banken in Deutschland empfehlen demnach Dach-Hedgefonds in erster Linie spekulativen und begrenzt risikobereiten Investoren. Für sicherheitsorientierte Investoren jedoch wird dieses Anlageinstrument mehrheitlich abgelehnt, obgleich Dach-Hedgefonds aufgrund der beschriebenen Portfolioeigenschaften für jeden Anleger unabhängig von der Risikoneigung wertsteigernd sein können.

7.2.2 Eignung von Dach-Hedgefonds für Anleger mit unterschiedlichem Risikoprofil versus Bankgruppe

Im Rahmen der nun folgenden einfaktoriellen Varianzanalysen wird untersucht, inwieweit die diversen Bankinstitutionen in Deutschland (privater Bankensektor, genossenschaftlicher Bankensektor, Sparkassensektor) die Eignung von Multi-Strategie Dach-Hedgefonds für vermögenden Privatanleger in Deutschland bewerten. Die drei abhängigen Merkmale, die die Eignung dieses Anlageinstruments für sicherheitsorientierte, begrenzt risikobereite und spekulative Anleger messen, repräsentieren Intervallskalenniveau. Die vier Antwortkategorien erstrecken sich von 1 (nicht geeignet) bis 4 (sehr geeignet). Die Einordnung der Befragungsteilnehmer in die drei Banksektoren gibt indessen nominalskalierte Daten wieder. Im ersten Versuch wird der Zusammenhang zwischen den diversen Bankgruppen in Deutschland und der Eignung von Dach-Hedgefonds für sicherheitsorientierte Anleger erfasst. Die hierbei relevanten Stichproben werden einer normalverteilten Grundgesamtheit entnommen. So kann unter Verwendung des Kolmogorov-Smirnov-Tests mit einem Signifikanzniveau von 16,5% und einem Z-Wert von 1,117 die Normalverteilungsannahme für den privaten Bankensektor nicht verworfen werden. Für die beiden anderen Sektoren sind dagegen die Alphas kleiner als 1%, wie Tabelle 7-7 entnommen werden kann. Da jedoch jeweils mehr als 30 Befragungsteilnehmer diesen Gruppen zugeordnet werden können, kann auch hierfür von einer Normalverteilung in der Grundgesamtheit ausgegangen werden. Der Levene-Test, der die Varianzgleichheit für alle Gruppen in der Grundgesamtheit überprüft, generiert ein Alpha von 8% und einen F-Wert von 2,558. Die Annahme der Varianzhomogenität kann somit nicht zweifelsfrei be-stätigt werden. Die Nullhypothese der Varianzanalyse, die von gleichen Mittelwerten in allen drei Fallgruppen ausgeht, kann mit einem Alpha von 0,000 und einem F-Wert von 17,084 zum 1%-Signifikanzniveau abgelehnt werden. Aufgrund dessen unterscheiden sich die Mittelwerte hoch signifikant voneinander in der Grundgesamtheit. Bei der Interpretation der Ergebnisse muss jedoch berücksichtigt werden, dass die für die Varianzanalyse erforderliche Varianzgleichheit nicht gegeben ist. Private Banken in Deutschland stufen Multi-Strategie Dach-Hedgefonds durchschnittlich mit ziemlich geeignet ein für Private Banking-Kunden, wie in Tabelle 7-7 dargestellt ist. Sparkassen und Genossenschaften hingegen bewerten diese Anlageinstrumente mit weniger geeignet. Demnach sind private Institute für die durch Beimischung von Dach-Hedgefonds hervorgerufenen Portfolioeffekte wesentlich aufgeschlossener als ihre Mitbewerber aus dem Sparkassen- bzw. Genossenschafts-Sektor.

Tabelle 7-7: Normalverteilungstest und deskriptive Daten der Stichproben Eignung von Dach-Hedgefonds für sicherheitsorientierte Anleger und Banksektoren[166]

Sicherheitsorientierte Anleger	Z-Wert	Signifikanz	Anzahl (n)	Mittelwert
Sparkassen-Sektor	1,908	0,001	59	2,14
Privater Bankensektor	1,117	0,165	25	2,76
Genossenschaftlicher Sektor	3,196	0,000	135	1,71
Gesamt			**219**	**1,95**

Die befragten Institute dieser Studie stufen die Eignung von Multi-Strategie Dach-Hedgefonds für begrenzt risikobereite Anleger mit ziemlich geeignet ein, wie der Gesamtmittelwert von Tabelle 7-8 verdeutlicht. Für die Stichproben des Sparkassen- sowie Genossenschafts-Sektors kann von einer Normalverteilung in der Grundgesamtheit ausgegangen werden, da sich beide Gruppen aus mehr als 30 Merkmalsträgern zusammensetzen. Die Stichprobe privater Bankensektor hingegen besteht nur aus 24 Instituten. Ferner liefert der Normalverteilungstest nur ein Alpha von 3,4%. Es liegt somit für diese Stichprobe keine Normalverteilung in der Grundgesamtheit vor. Die Varianz in den verschiedenen Fallgruppen kann als gleich groß angenommen werden mit einem Signifikanzniveau von 18,3% und einem Testfunktionswert von 1,710. Mit einer Irrtumswahrscheinlichkeit von 0,2% und einem F-Wert von 6,431 kann zudem von unterschiedlichen Mittelwerten in der Grundgesamtheit ausgegangen werden. Deutsche Banken mit unterschiedlichem institutionellen Hintergrund bewerten somit die Eignung von Dach-Hedgefonds für begrenzt risikobereite Anleger unterschiedlich. Private Banken sind hierbei wiederum wesentlich progressiver als Sparkassen und Genossenschaftsbanken, wie die Mittelwerte von Tabelle 7-8 nahe legen.

---

[166] Eigene Darstellung; Werte basieren auf eigenen Berechnungen.

Tabelle 7-8: Normalverteilungstest und deskriptive Daten der Stichproben Eignung von Dach-Hedgefonds für begrenzt risikobereite Anleger und Banksektoren[167]

Begrenzt risikobereite Anleger	Z-Wert	Signifikanz	Anzahl (n)	Mittelwert
Sparkassen-Sektor	2,499	0,000	58	2,90
Privater Bankensektor	1,427	0,034	24	3,38
Genossenschaftlicher Sektor	2,817	0,000	133	2,75
Gesamt			**215**	**2,86**

Die an dieser Befragung teilnehmenden Banken empfehlen Dach-Hedgefonds in erster Linie für risikofreudigere Anleger. Der Gesamtmittelwert von Tabelle 7-9 liegt bei 3,00, während der Gesamtmittelwert für sicherheitsorientierte Anleger nur einen Wert von 1,95 hat. Der Kolmogorov-Smirnov-Test liefert für die Stichprobe privater Bankensektor das in Tabelle 7-9 dargestellte Signifikanzniveau von 29,9%. Somit kann für diese Stichprobe die Normalverteilungsannahme nicht verworfen werden. Für die anderen beiden Stichproben kann unter Verweis auf den zentralen Grenzwertsatz ebenfalls eine normalverteilte Grundgesamtheit unterstellt werden. Für den Levene-Test ergibt sich ein F-Wert von 0,829 und ein Signifikanzniveau von 43,8%. Die Varianzen der Variable Eignung von Multi-Strategie Dach-Hedgefonds sind somit in den verschiedenen Fallgruppen identisch. Der F-Wert und die Irrtumswahrscheinlichkeit der einfaktoriellen Varianzanalyse haben einen Wert von 6,783 bzw. 0,1% und deuten somit für diese Variable auf unterschiedliche Mittelwerte in der Grundgesamtheit hin. Dach-Hedgefonds werden erstaunlicherweise von den Genossenschaftsbanken am geeignetestem eingestuft für spekulative Anleger im Vergleich

Tabelle 7-9: Normalverteilungstest und deskriptive Daten der Stichproben Eignung von Dach-Hedgefonds für spekulative Anleger und Banksektoren[168]

Spekulative Anleger	Z-Wert	Signifikanz	Anzahl (n)	Mittelwert
Sparkassen-Sektor	1,707	0,006	58	3,00
Privater Bankensektor	0,974	0,299	24	2,38
Genossenschaftlicher Sektor	2,808	0,000	133	3,11
Gesamt			**215**	**3,00**

[167] Eigene Darstellung; Werte basieren auf eigenen Berechnungen.

[168] Eigene Darstellung; Werte basieren auf eigenen Berechnungen.

zu den privaten Banken und Sparkassen. Bei den sicherheitsorientierten und begrenzt risikobereiten Anlegern liegt ihre Einschätzung hingegen deutlich hinter den Privatbanken und Sparkassen. Private Banken stufen Dach-Hedgefonds für spekulative Anleger mit weniger geeignet ein, während sie diese für sicherheitsorientierte und begrenz risikobereite Anleger mit ziemlich geeignet bewerten. Banken des genossenschaftlichen Sektors assoziieren indessen Dach-Hedgefonds mit Risikoinvestments und empfehlen diese deshalb auch nur spekulativen Investoren.

7.2.3 Eignung von Dach-Hedgefonds für Anleger mit unterschiedlichem Risikoprofil versus verwaltetes Anlagevermögen der Banken

Bewerten Banken in Deutschland, eingeteilt nach der Höhe der insgesamt im Private Banking verwalteten Assets, die Eignung von Dach-Hedgefonds für sicherheitsorientierte, begrenzt risikobereite und spekulative Anleger unterschiedlich? Diese Frage wird nun unter Verwendung einer einfaktoriellen Varianzanalyse erforscht. Die vier intervallskalierten Ausprägungen der abhängigen Variablen erstrecken sich 1 (nicht geeignet) bis vier (sehr geeignet). Die ordinalskalierte, unabhängige Variable, die das Gesamtanlagevolumen der befragten Banken erfasst, wird von sechs auf vier Antwortkategorien reduziert. Der erste Test versucht herauszufinden, inwieweit unterschiedlich große Institute die Eignung von Multi-Strategie Dach-Hedgefonds für sicherheitsorientierte Anleger bewerten. Für alle vier Stichproben kann eine normalverteilte Grundgesamtheit angenommen werden. Für die Stichproben 3–7 Mrd. Euro und >7 Mrd. Euro sind die Signifikanzen größer als 20%, für die anderen beiden Stichproben kann der zentrale Grenzwertsatz herangezogen werden, wie die Werte aus Tabelle 7-9 verdeutlichen. Zudem sind die Varianzen der diversen Gruppen mit einer Wahrscheinlichkeit von 47,5% gleich groß. Die Mittelwerte der Variablen Eignung von Dach-Hedgefonds für sicherheitsorientierte Anleger unterscheiden sich in der Grundgesamtheit mit einer Wahrscheinlichkeit von 99,6% (Konfidenzniveau) und einem F-Wert von 4,551 hoch signifikant voneinander. Bei Betrachtung des Gesamtmittelwertes von Tabelle 7-10 fällt auf, dass die befragten Banken unabhängig von ihrem institutionellen Hintergrund Dach-Hedgefonds für sicherheitsorientierte Anleger mit weniger geeignet einstufen. Banken mit einem Gesamtanlagevolumen von >7 Mrd. Euro im Private Banking hingegen empfehlen die Beimischung dieser alternativen Produktgattung, während kleinere Häuser hierzu eher abraten. Allgemein kann festgehalten werden, dass Institute mit steigenden Kundengeldern auch Hedgefonds-Investments für sicherheitsorientierte Anleger positiver beurteilen. Es hat den Anschein, dass sich größere Häuser bereits intensiver mit dieser Assetklasse beschäftigt haben und somit in den immanenten Rendite/Risiko-Eigenschaften von Dach-Hedgefonds kundig sind.

Tabelle 7-10: Normalverteilungstest und deskriptive Daten der Stichproben Eignung von Dach-Hedgefonds für sicherheitsorientierte Anleger und verwaltetes Anlagevermögen der Banken[169]

Sicherheitsorientierte Anleger	Z-Wert	Signifikanz	Anzahl (n)	Mittelwert
< 1 Mrd. Euro	3,110	0,000	151	1,79
1- 3 Mrd. Euro	1,463	0,028	30	2,17
3 - 7 Mrd. Euro	0,852	0,463	9	2,33
> 7 Mrd. Euro	1,054	0,217	12	2,58
Gesamt			**202**	**1,92**

Laut Beurteilung der befragten Institute dieser Studie sind Multi-Strategie Dach-Hedgefonds ein ziemlich geeignetes Investment für begrenzt risikobereite Anleger, wie der Gesamtmittelwert von Tabelle 7-11 verdeutlicht. Für alle vier Stichproben kann wiederum eine normalverteilte Grundgesamtheit unterstellt werden. Die Stichproben der Ausprägungen <1 Mrd. Euro und 1–3 Mrd. Euro verwaltetes Anlagevolumen setzen sich aus jeweils mindestens 30 Banken zusammen und sind somit unter Verweis auf den zentralen Grenzwertsatz normalverteilt. Bei den übrigen beiden Stichproben deuten die Signifikanzniveaus des Kolmogorov-Smirnov-Tests auf eine normalverteilte Grundgesamtheit hin. Für die diversen Fallgruppen hingegen kann nicht von gleichen Varianzen in der Grundgesamtheit ausgegangen werden mit einem Alpha von 4,7%. Die Irrtumswahrscheinlichkeit der Varianzanalyse hat einen Wert

Tabelle 7-11: Normalverteilungstest und deskriptive Daten der Stichproben Eignung von Dach-Hedgefonds für begrenzt risikobereite Anleger und verwaltetes Anlagevermögen der Banken[170]

Begrenzt risikobereite Anleger	Z-Wert	Signifikanz	Anzahl (n)	Mittelwert
< 1 Mrd. Euro	3,381	0,000	147	2,77
1- 3 Mrd. Euro	1,321	0,061	30	3,17
3 – 7 Mrd. Euro	1,167	0,131	9	3,00
> 7 Mrd. Euro	1,146	0,145	12	3,50
Gesamt			**198**	**2,88**

[169] Eigene Darstellung; Werte basieren auf eigenen Berechnungen.

[170] Eigene Darstellung; Werte basieren auf eigenen Berechnungen.

von 3% bei einem F-Wert von 4,812. Auch unter Berücksichtigung der nicht vorhandenen Varianzgleichheit können somit unterschiedliche Mittelwerte in der Grundgesamtheit angenommen werden. Institute mit weniger Gesamtanlagevolumen im Private Banking empfehlen Dach-Hedgefonds für begrenzt risikobereite Anleger in geringerem Maße als ihre größeren Konkurrenten.

Die Befragungsteilnehmer sehen Dach-Hedgefonds in erster Linie für spekulative Anleger vor, wie die Gesamtmittelwerte der Tabellen 7-10 bis 7-12 aufzeigen. Für alle vier Stichproben kann die Normalverteilungsannahme nicht verworfen werden. Die Stichproben < 1 Mrd. Euro und 1–3 Mrd. Euro sind entsprechend groß, während bei den übrigen Stichproben die Signifikanzniveaus des Normalverteilungstests auf eine normalverteilte Grundgesamtheit hindeuten. Mit einer Wahrscheinlichkeit von 24,3% kann von gleichen Varianzen in den Fallgruppen der Grundgesamtheit ausgegangen werden. Die Wahrscheinlichkeit für den Fehler erster Art (Alpha-Fehler) liegt bei nur 5% bei einem F-Wert von 2,645. Somit bewerten Banken in Deutschland die Eignung von Multi-Strategie Dach-Hedgefonds für spekulative Investoren unterschiedlich. Insbesondere Häuser mit weniger als 1 Mrd. Euro Gesamtanlagevolumen im Private Banking empfehlen Dach-Hedgefonds für spekulative Investoren. Mit zunehmendem Gesamtvolumen hingegen votieren Banken in Deutschland weniger für dieses Instrument. Multi-Strategie Dach-Hedgefonds werden von kleineren Häusern als risikoreiche Investments eingestuft, die somit auch nur spekulativen Anlegern offeriert werden. Größere Häuser indessen empfehlen Dach-Hedgefonds aufgrund der nachgewiesenen geringen Korrelationen zu traditionellen Assetklassen und des günstigen Rendite/Risiko-Verhältnisses von Hedgefonds insbesondere für sicherheitsorientierte und begrenzt risikobereite Privatanleger zur Effizienzsteigerung eines Portfolios.

Tabelle 7-12: Normalverteilungstest und deskriptive Daten der Stichproben Eignung von Dach-Hedgefonds für spekulative Anleger und verwaltetes Anlagevermögen der Banken[171]

Spekulative Anleger	**Z-Wert**	**Signifikanz**	**Anzahl (n)**	**Mittelwert**
< 1 Mrd. Euro	2,819	0,000	147	3,12
1- 3 Mrd. Euro	1,366	0,048	30	2,97
3 – 7 Mrd. Euro	0,625	0,829	9	2,56
> 7 Mrd. Euro	0,663	0,771	12	2,50
Gesamt			**198**	**3,03**

[171] Eigene Darstellung; Werte basieren auf eigenen Berechnungen.

7.2.4 Eignung von Dach-Hedgefonds für Anleger mit unterschiedlichem Risikoprofil versus Anlagevermögen der Kunden

In den nun folgenden Testreihen soll unter Verwendung der einfaktoriellen Varianzanalyse eruiert werden, inwieweit Banken, eingeteilt nach dem durchschnittlichen Anlagevolumen (Depots plus Einlagen) je Kunde, die Eignung von Multi-Strategie Dach-Hedgefonds für Anleger mit unterschiedlichem Risikoprofil bewerten. Die abhängige Variable, die die Eignung von Multi-Strategie Dach-Hedgefonds für Anleger mit unterschiedlichem Risikoprofil misst, erstreckt sich von 1 (nicht geeignet) bis 4 (sehr geeignet). Der ordinalskalierte Faktor wurde von sechs auf vier Antwortkategorien verdichtet. Dieser erfasst das durchschnittliche Anlagevolumen der Kunden im Private Banking. Der erste Test beschäftigt sich mit der Eignung von Dach-Hedgefonds für sicherheitsorientierte Anleger. Unter Verweis auf den zentralen Grenzwertsatz kann in allen Stichproben, außer der Auswahl für durchschnittliche Kundenvermögen von 400.000–600.000 Euro, von ein einer normalverteilten Grundgesamtheit ausgegangen werden. Diese Stichproben setzen sich jeweils aus mindestens 30 Merkmalsträgern zusammen, wie Tabelle 7-13 verdeutlicht. Zudem liegt mit einer Wahrscheinlichkeit von 29,4% Varianzhomogenität in den diversen Fallgruppen der Grundgesamtheit vor. Die Irrtumswahrscheinlichkeit der Varianzanalyse liegt bei nur 5,7% (F-Wert: 2,551) und lässt somit auf unterschiedliche Mittelwerte in der Grundgesamtheit schließen. Institute, die vermögendere Privatkunden betreuen, empfehlen Dach-Hedgefonds häufiger für sicherheitsorientierte Anleger im Vergleich zu ihren Konkurrenten mit weniger vermögenden Kunden. Bei isolierter Betrachtung der Mittelwerte wird allerdings auch deutlich, dass Banken mit sehr vermö-

Tabelle 7-13: Normalverteilungstest und deskriptive Daten der Stichproben Eignung von Dach-Hedgefonds für sicherheitsorientierte Anleger und Anlagevermögen der Kunden[172]

Sicherheitsorientierte Anleger	Z-Wert	Signifikanz	Anzahl (n)	Mittelwert
< 200.000 Euro	2,046	0,000	70	1,76
200.000 – 400.000 Euro	2,063	0,000	68	1,90
400.000 – 600.000 Euro	1,399	0,040	27	2,07
> 600.000 Euro	1,317	0,062	30	2,27
Gesamt			**195**	**1,93**

[172] Eigene Darstellung; Werte basieren auf eigenen Berechnungen.

genden Privatkunden (>600.000 Euro Anlagevolumen) Dachfonds ebenfalls nur mit weniger geeignet bewerten.

Ein vergleichbares Ergebnis generiert die Varianzanalyse für begrenzt risikobereite Anleger. Die Nullhypothese kann mit einem Alpha von 3,2% und einem F-Wert von 3,002 zum 5%-Signfikanzniveau abgelehnt werden. Das Signifikanzniveau des Levene Tests beträgt 73,1%. Eine normalverteilte Grundgesamtheit kann wiederum nicht für die Stichprobe 400.000–600.000 Euro durchschnittliches Anlagevermögen unterstellt werden. Bei Betrachtung von Tabelle 7-14 fällt auf, dass Banken mit einem durchschnittlichen Anlagevolumen ihrer Kunden von >600.000 Euro die Eignung von Dach-Hedgefonds positiver beurteilen als Häuser mit einem Volumen von <200.000 Euro bzw. 200.000–400.000 Euro. Somit sind insbesondere Häuser mit sehr vermögenden Kunden vertrauter mit den Eigenheiten von (Dach)-Hedgefonds und schätzen demnach deren Portfolioeigenschaften.

Tabelle 7-14: Normalverteilungstest und deskriptive Daten der Stichproben Eignung von Dach-Hedgefonds für begrenzt risikobereite Anleger und Anlagevermögen der Kunden[173]

Begrenzt risikobereite Anleger	Z-Wert	Signifikanz	Anzahl (n)	Mittelwert
< 200.000 Euro	2,230	0,000	66	2,79
200.000 – 400.000 Euro	2,373	0,000	69	2,78
400.000 – 600.000 Euro	1,388	0,042	26	3,27
> 600.000 Euro	1,643	0,009	30	3,00
Gesamt			**191**	**2,88**

Insbesondere Häuser mit weniger vermögenden Anlegern empfehlen spekulativen Investoren Multi-Strategie Dach-Hedgefonds, während Häuser mit sehr vermögenden Kunden bei spekulativen Investoren eher zurückhaltend sind, wie die diversen Mittelwerte von Tabelle 7-15 verdeutlichen. Das Alpha der Varianzanalyse beträgt 0,6% bei einem F-Wert von 4,262. Mit einer Wahrscheinlichkeit von 93,6% sind die Varianzen der verschiedenen Fallgruppen in der Grundgesamtheit identisch. Für alle vier Stichproben kann überdies eine normalverteilte Grundgesamtheit unterstellt werden. Der Umfang der Stichproben <200.000 Euro, 200.000–400.000 Euro und >600.000 Euro liegt jeweils bei mindestens 30 Instituten, für die Stichprobe 400.000–6000.000 Euro liefert der Normalverteilungstest ein Alpha von 20,9%. Institute mit weniger vermögenden Kunden assoziieren Multi-Strategie Dach-Hedge-

[173] Eigene Darstellung; Werte basieren auf eigenen Berechnungen.

fonds fälschlicherweise mit sehr hohen Renditen bzw. Risiken und offerieren demzufolge diese Anlageinstrumente nur spekulativen Anlegern.

Tabelle 7-15: Normalverteilungstest und deskriptive Daten der Stichproben Eignung von Dach-Hedgefonds für spekulative Anleger und Anlagevermögen der Kunden[174]

Spekulative Anleger	Z-Wert	Signifikanz	Anzahl (n)	Mittelwert
< 200.000 Euro	1,964	0,001	67	3,01
200.000 – 400.000 Euro	2,221	0,000	68	3,21
400.000 – 600.000 Euro	1,062	0,209	26	2,96
> 600.000 Euro	1,154	0,139	30	2,50
Gesamt			**191**	**2,99**

7.2.5 Eignung von Dach-Hedgefonds für Anleger mit unterschiedlichem Risikoprofil versus Risikobeurteilung von Dach-Hedgefonds

Für die Feststellung des Zusammenhanges zwischen den Merkmalen Risikobeurteilung von Multi-Strategie Dach-Hedgefonds und der Eignung dieses Anlageinstruments für sicherheitsorientierte, begrenz risikobereite und spekulative Anleger wird der χ^2-Test nach Pearson verwendet. Die Skalen beider Variablen werden von vier auf drei Ausprägungen verdichtet. Der erste Test wird für die Stichprobe Eignung von Dach-Hedgefonds für sicherheitsorientierte Anleger durchgeführt. Durch die teilweise Aggregation der Skalen ist nunmehr die erwartete Häufigkeit nur in einer Zelle bzw. 11,1% der Zellen kleiner fünf. Die verdichteten Skalen sind in Tabelle 7-16 dargestellt. Der Testfunktionswert beträgt 32,476 bei einer Irrtumswahrscheinlichkeit von 0,000. Somit sind die betrachteten Merkmale abhängig voneinander in der Grundgesamtheit. Die Zusammenhangmaße Kendall Tau b und Tau c haben Werte von 0,319 und 0,242. Das Maß Gamma lässt mit einem Wert von 0,605 auf einen ausgeprägt starken Zusammenhang schließen. 64,7% der befragten Häuser, die Dach-Hedgefonds als nicht riskant beurteilen, empfehlen sicherheitsorientierten Anlegern die Beimischung von Dach-Hedgefonds. Nur 8,1% der Banken hingegen, die Dachfonds mit ziemlich oder sehr riskant bewerten, sind der Meinung, dass diese Produkte für sicherheitsorientierte Anleger ziemlich geeignet oder sehr geeignet sind. Die Eignung von Dach-Hedgefonds für sicherheitsorientierte Anleger hängt somit von der Risikobeurteilung dieser Produktgattung ab.

---

174 Eigene Darstellung; Werte basieren auf eigenen Berechnungen.

Tabelle 7-16: Kreuztabelle für die Variablen Eignung von Dach-Hedgefonds für sicherheitsorientierte Anleger und Risikobeurteilung von Dach-Hedgefonds[175]

		Risikobeurteilung von Multi-Strategie Dach-Hedgefonds			
		Nicht riskant	**Weniger riskant**	**Ziemlich o. sehr riskant**	**Gesamt**
Sicherheitsorientierte Anleger	**Nicht Geeignet**	1	57	24	82
		5,9%	*34,3%*	*64,9%*	*37,3%*
	Weniger geeignet	5	74	10	89
		29,4%	*44,6%*	*27,0%*	*40,5%*
	Ziemlich oder sehr geeignet	11	35	3	49
		64,7%	*21,1%*	*8,1%*	*22,3%*
	Gesamt	17	166	37	220
		100%	*100%*	*100%*	*100%*

Tabelle 7-17: Kreuztabelle für die Variablen Eignung von Dach-Hedgefonds für begrenzt risikobereite Anleger und Risikobeurteilung von Dach-Hedgefonds[176]

		Risikobeurteilung von Multi-Strategie Dach-Hedgefonds			
		Nicht riskant	**Weniger riskant**	**Ziemlich o. sehr riskant**	**Gesamt**
Begrenzt risikobereite Anleger	**Nicht oder weniger geeignet**	0	38	27	65
		0%	*23,2%*	*75,0%*	*30,1%*
	Ziemlich geeignet	9	88	8	105
		56,3%	*53,7%*	*22,2%*	*48,6%*
	Sehr geeignet	7	38	1	46
		43,8%	*23,2%*	*2,8%*	*21,3%*
	Gesamt	16	164	36	216
		100%	*100%*	*100%*	*100%*

[175] Eigene Darstellung; Werte basieren auf eigenen Berechnungen.

[176] Eigene Darstellung; Werte basieren auf eigenen Berechnungen.

Für die in Tabelle 7-17 dargestellte Kreuztabelle wird die Variable Eignung von Dach-Hedgefonds für risikobereite Anleger ebenfalls von vier auf drei Ausprägungen subsumiert. Die erste Ausprägung heißt nun nicht oder weniger geeignet, während beim χ^2-Test für sicherheitsorientierte Anleger die dritte sowie vierte Ausprägung zusammengefasst wird. In zwei Zellen bzw. 22,2% aller Felder ist die erwartete Häufigkeit kleiner fünf. Die Nullhypothese kann mit einem Testfunktionswert von 47,616 und einem Alpha von 0,000 zum 1%-Signifikanzniveau zurückgewiesen werden. Sowohl die Werte des Kendall Tau b und Tau c deuten mit Werten von 0,402 und 0,298 auf einen starken Zusammenhang hin als auch ein Gamma von 0,748. Alle Häuser dieser Befragung, die Dach-Hedgefonds als nicht riskant ansehen, stufen diese Produkte für sicherheitsorientierte Investoren mit ziemlich geeignet oder sehr geeignet ein. Für die Häuser, die Dach-Hedgefonds mit weniger riskant beurteilen, beträgt diese Ziffer 76,9% (53,7% plus 23,2%). Demgegenüber empfehlen nur 25% (22,2% plus 2,8%) der Studienteilnehmer, die ziemlich oder sehr riskant angekreuzt haben, eine Dach-Hedgefonds-Beimischung für begrenzt risikobereite Anleger. Auch bei begrenzt risikobereiten Anlegern bedingt die Risikobeurteilung von Dach-Hedgefonds ihre Eignung.

Die betrachteten Variablen sind auch für spekulative Anleger abhängig voneinander in der Grundgesamtheit. Die Irrtumswahrscheinlichkeit hat einen Wert von 0,2%, der

Tabelle 7-18: Kreuztabelle für die Variablen Eignung von Dach-Hedgefonds für spekulative Anleger und Risikobeurteilung von Dach-Hedgefonds[177]

		Risikobeurteilung von Multi-Strategie Dach-Hedgefonds			
		Nicht riskant	**Weniger riskant**	**Ziemlich o. sehr riskant**	**Gesamt**
Spekulative Anleger	**Nicht oder weniger geeignet**	10	47	3	60
		62,5%	*28,8%*	*8,1%*	*27,8%*
	Ziemlich geeignet	2	60	19	81
		12,5%	*36,8%*	*51,4%*	*37,5%*
	Sehr geeignet	4	56	15	75
		25,0%	*34,4%*	*40,5%*	*34,7%*
	Gesamt	16	163	37	216
		100%	*100%*	*100%*	*100%*

[177] Eigene Darstellung; Werte basieren auf eigenen Berechnungen.

χ^2-Wert beträgt 17,546. In 11,1% der Felder ist eine erwartete Häufigkeit von kleiner fünf vorzufinden. Für das Kendall Tau b und c ergeben sich Werte von 0,177 und 0,136. Das Gamma beträgt 0,342. Somit kann ein starker Zusammenhang angenommen werden. Nur 37,5% (12,5% plus 25%) der Häuser, die Dach-Hedgefonds mit nicht riskant bewerten, empfehlen Dach-Hedgefonds für spekulative Anleger, während 91,9% (51,4% plus 40,5) der Häuser, in deren Augen diese Anlageinstrumente ziemlich riskant oder sehr riskant sind, spekulativen Investoren eine Beimischung nahe legen. Dies deutet wiederum darauf hin, dass Multi-Strategie Dach-Hedgefonds von vielen Banken in Deutschland mit hohen Renditen/Risiken relativ zu Aktien bzw. Anleihen in Verbindung gebracht werden und demzufolge auch vielfach nur spekulativen Investoren zur Beimischung empfohlen werden.

7.2.6 Eignung von Dach-Hedgefonds für Anleger mit unterschiedlichem Risikoprofil versus 0%-Hedgefonds-Quote für ein Depot

Der Zusammenhang zwischen den Merkmalen Eignung von Dach-Hedgefonds für Anleger mit unterschiedlichem Risikoprofil und Sinnhaftigkeit einer 0%-Hedgefonds-Quote für ein ausgewogenes Depot wird nun unter Zuhilfenahme des χ^2-Tests nach Pearson untersucht. Das intervallskalierte Merkmal 0%-Hedgefonds-Quote wird von vier auf drei Ausprägungen zusammengefasst. Die Variable Eignung von Dach-Hedgefonds für Anleger mit unterschiedlichem Risikoprofil wird ebenfalls von vier auf drei Ausprägungen verdichtet. Im ersten Versuch wird die Stichprobe für sicherheitsorientierte Anleger berücksichtigt. Nach der Verdichtung ist nur in einer Zelle bzw. 11,1% aller Zelle die erwartete Häufigkeit kleiner fünf. Die diversen Ausprägungen der beiden Merkmale können Tabelle 7-19 entnommen werden. Mit einem Signifikanzniveau von 1,6% und einem χ^2-Wert von 12,231 kann von abhängigen Variablen in der Grundgesamtheit ausgegangen werden. Das Kendall Tau b und c hat einen Wert von 0,218 und 0,178. Das Maß Gamma hat einen Wert von 0,397. Somit liegt ein sehr starker Zusammenhang zwischen den beiden Variablen vor. 29,5% der befragten Banken, die eine 0%-Hedgefonds-Quote mit nicht sinnvoll bewerten, empfehlen eine Beimischung von Multi-Strategie Dach-Hedgefonds für sicherheitsorientierte Anleger. Wird eine 0%-Hedgefonds-Quote mit nicht sinnvoll eingestuft, wird somit eine Beimischung von (Dach)-Hedgefonds für sinnvoll erachtet. Nur 17,6% der Häuser hingegen, die eine 0%-Allokation mit ziemlich oder sehr sinnvoll bewerten bzw. eine Beimischung von (Dach)-Hedgefonds ablehnen, legen sicherheitsorientierten Investoren eine Anlage in Hedgefonds nahe. Daraus kann gefolgert werden, dass Banken, die eine Beimischung von Dach-Hedgefonds für sinnvoll erachten, dieses Instrument auch vermehrt sicherheitsorientierten Anlegern offerieren.

Tabelle 7-19: Kreuztabelle für die Variablen Eignung von Dach-Hedgefonds für sicherheitsorientierte Anleger und Sinnhaftigkeit einer 0%-Hedgefonds-Quote für ein ausgewogenes Depot[178]

		Sinnhaftigkeit einer 0%-Hedgefonds-Quote für ein Depot			
		Nicht Sinnvoll	**Weniger sinnvoll**	**Ziemlich o. sehr sinnvoll**	**Gesamt**
Sicherheitsorientierte Anleger	**Nicht geeignet**	41	22	9	72
		29,5%	*52,4%*	*52,9%*	*36,4%*
	Weniger geeignet	57	16	5	78
		41,0%	*38,1%*	*29,4%*	*39,4%*
	Ziemlich oder sehr geeignet	41	4	3	48
		29,5%	*9,5%*	*17,6%*	*24,2%*
	Gesamt	139	42	17	198
		100%	*100%*	*100%*	*100%*

Der nun folgende χ^2-Test ermittelt den Zusammenhang zwischen den Merkmalen Eignung von Dach-Hedgefonds für begrenzt risikobereite Anleger und Sinnhaftigkeit einer 0%-Hedgefonds-Quote. Hierzu werden die betrachteten Variablen ebenfalls von vier auf drei Ausprägungen zusammengefasst. Bei der Variable Eignung von Dach-Hedgefonds werden allerdings die Antwortkategorien eins und zwei verdichtet zur Ausprägung nicht oder weniger geeignet, wie in Tabelle 7-20 dargestellt ist. Auch nach der Subsumierung der Ausprägungen sind jedoch in 22,2% der Zellen die erwarteten Häufigkeiten kleiner fünf. Der Sicherheitsgrad bzw. das Konfidenzniveau des χ^2-Tests hat einen Wert von 99,9%. Für das Kendall Tau b und Tau c ergeben sich Werte von 0,290 und 0,232. Das Gamma deutet mit 0,525 auf einen ausgeprägt starken Zusammenhang zwischen den beiden Merkmalen hin. 79,6% (51,1% plus 28,5%) der befragten Kreditinstitute, die eine 0%-Hedgefonds-Quote ablehnen bzw. für eine Beimischung von Hedgefonds votieren, sehen in Dach-Hedgefonds ein geeignetes Investment für begrenzt risikobereite Anleger. Bei den Banken, die eine 0%-Beimischung von Hedgefonds mit ziemlich oder sehr sinnvoll bewerten, beträgt der Eignungsgrad hingegen nur 41,2% (35,3% plus 5,9%).

Die Eignung von Dach-Hedgefonds für spekulative Investoren wird jedoch in erster Linie von diesen Häusern abgelehnt, die eine 0%-Hedgefonds-Quote für ein ausge-

[178] Eigene Darstellung; Werte basieren auf eigenen Berechnungen.

Tabelle 7-20: Kreuztabelle für die Variablen Eignung von Dach-Hedgefonds für begrenzt risikobereite Anleger und Sinnhaftigkeit einer 0%-Hedgefonds-Quote für ein ausgewogenes Depot[179]

		Sinnhaftigkeit einer 0%-Hedgefonds-Quote für ein Depot			
		Nicht Sinnvoll	**Weniger sinnvoll**	**Ziemlich o. sehr sinnvoll**	**Gesamt**
Begrenzt risikobereite Anleger	**Nicht oder weniger geeignet**	28	18	10	56
		20,4%	*43,9%*	*58,8%*	*28,7%*
	Ziemlich geeignet	70	19	6	95
		51,1%	*46,3%*	*35,3%*	*48,7%*
	Sehr geeignet	39	4	1	44
		28,5%	*9,8%*	*5,9%*	*22,6%*
	Gesamt	137	41	17	195
		100%	*100%*	*100%*	*100%*

Tabelle 7-21: Kreuztabelle für die Variablen Eignung von Dach-Hedgefonds für spekulative Anleger und Sinnhaftigkeit einer 0%-Hedgefonds-Quote für ein ausgewogenes Depot[180]

		Sinnhaftigkeit einer 0%-Hedgefonds-Quote für ein Depot			
		Nicht Sinnvoll	**Weniger sinnvoll**	**Ziemlich o. sehr sinnvoll**	**Gesamt**
Spekulative Anleger	**Nicht oder weniger geeignet**	47	5	3	55
		34,3%	*12,5%*	*17,6%*	*28,4%*
	Ziemlich geeignet	45	20	7	72
		32,8%	*50,0%*	*41,2%*	*37,1%*
	Sehr geeignet	45	15	7	67
		32,8%	*37,5%*	*41,2%*	*34,5%*
	Gesamt	137	40	17	194
		100%	*100%*	*100%*	*100%*

179 Eigene Darstellung; Werte basieren auf eigenen Berechnungen.

180 Eigene Darstellung; Werte basieren auf eigenen Berechnungen.

wogenes Depot mit nicht sinnvoll bewerten und somit eine generelle Beimischung von (Dach)-Hedgefonds befürworten, wie Tabelle 7-21 verdeutlicht. Die Irrtumswahrscheinlichkeit für diesen Signifikanztest beträgt 6,3% (χ^2-Wert: 8,915). Nur in 11,1% der Zellen der vorliegenden Kreuztabelle ergibt sich eine erwartete Häufigkeit, die kleiner fünf ist. Die Zusammenhangmaße Kendall Tau b und c liegen bei 0,132 bzw. 0,108. Mit einem Gamma von 0,240 kann ein durchaus starker Zusammenhang unterstellt werden, der aber deutlich niedriger ist als bei den Tests für sicherheitsorientierte und begrenzt risikobereite Anleger. Zusammenfassend kann festgehalten werden, dass Banken, die eine grundsätzliche Beimischung von (Dach)-Hedgefonds für sinnvoll erachten, diese alternative Anlageklasse vorwiegend für begrenzt risikobereite Investoren empfehlen. 82,4% (41,2% plus 41,2%) der Banken, die (Dach)-Hedgefonds für ein ausgewogenes Depot eher ablehnen, empfehlen indessen derartige Investments für spekulative Investoren.

7.2.7 Eignung von Dach-Hedgefonds für Anleger mit unterschiedlichem Risikoprofil versus Anteil der Kunden mit Hedgefonds-Investments im Depot

In einer weiteren Testreihe wird nun noch untersucht, inwieweit Banken, unterteilt nach dem Anteil der Kunden mit Hedgefonds-Investments im Depot, die Eignung für sicherheitsorientierte, begrenzt risikobereite und spekulative Investoren beurteilen. Für die Durchführung der χ^2-Tests werden zuallererst die Skalen der beiden Variablen verdichtet. Die Ordinalskala für den Prozentanteil aller Kunden mit Hedgefonds-Investments im Depot wird von sechs auf drei Ausprägungen reduziert. Die Skala, die die Eignung von Dach-Hedgefonds erfasst, wird von vier auf drei Antworten aggregiert. Im ersten Signifikanztest wird der oben beschriebene Sachverhalt für sicherheitsorientierte Investoren untersucht. Die zusammengefassten Skalen der beiden Merkmale sind dabei in Tabelle 7-22 dargestellt. Aufgrund der Verdichtung ist nur in einem Feld (11,1% aller Felder) der Kreuztabelle die erwartete Häufigkeit kleiner fünf. Die Irrtumswahrscheinlichkeit des Signifikanztest hat einen Wert von 0,000 bei einem Testfunktionswert von 22,647. Das Zusammenhangmaß Gamma lässt mit einem Wert von 0,534 auf einen sehr starken Zusammenhang schließen. Die Zusammenhangmaße Kendall Tau b und c betragen 0,284 und 0,223. Insbesondere Banken, bei denen mehr als 5% aller Kunden in Hedgefonds-Produkten investiert sind, empfehlen sicherheitsorientierten Anlegern eine Anlage in Multi-Strategie Dach-Hedgefonds. Diese Meinung vertreten indessen nur 7% der Banken, die ihren Kunden bisher noch keine Hedgefonds-Investments angeboten haben. Mit zunehmender Hedgefonds-Erfahrung sind sich Banken der immanenten Diversifikationseigenschaften dieser Assetklasse bewusst und empfehlen auch sicherheitsorientierten Investoren eine Hedgefonds-Beimischung.

Tabelle 7-22: Kreuztabelle für die Variablen Eignung von Dach-Hedgefonds für sicherheitsorientierte Anleger und Anteil der Kunden mit Hedgefonds-Investments im Depot[181]

		Anteil der Kunden mit Hedgefonds-Investments im Depot			
		0%	**< 5%**	**> 5%**	**Gesamt**
Sicherheitsorientierte Anleger	**Nicht Geeignet**	25	55	1	81
		58,1%	*34,4%*	*6,3%*	*37,0%*
	Weniger geeignet	15	67	6	88
		34,9%	*41,9%*	*37,5%*	*40,2%*
	Ziemlich oder sehr geeignet	3	38	9	50
		7,0%	*23,8%*	*56,3%*	*22,8%*
	Gesamt	43	160	16	219
		100%	*100%*	*100%*	*100%*

Zur Durchführung des χ^2-Tests für die Stichprobe begrenzt risikobereite Anleger wird nun die erste und zweite Ausprägung der Variablen Eignung von Dach-Hedgefonds zur Ausprägung nicht oder weniger geeignet zusammengefasst. Die verdichtete Antwortskala kann in Tabelle 7-23 eingesehen werden. Zwei der neun Zellen haben eine erwartete Häufigkeit kleiner fünf. Das Signifikanzniveau liegt bei 0,000 bei einem χ^2-Wert von 29,858. Das Gamma beträgt 0,567, während das Kendall Tau b und c Werte von 0,307 bzw. 0,238 haben. Alle Banken der Stichprobe mit mehr als 5% Kundendepots, die in (Dach)-Hedgefonds investiert sind, beurteilen Dach-Hedgefonds für begrenzt risikobereite Investoren mit ziemlich geeignet oder sehr geeignet. 51,2% der Banken hingegen, bei denen kein Kunde Hedgefonds-Investments beigemischt hat, lehnen diese Anlagekategorie für begrenzt risikobereite Privatkunden ab.

Für spekulative Investoren hingegen empfehlen 86,3% (54,5% plus 31,8%) der in Hedgefonds unerfahrenen Häuser eine Beimischung, während 62,5% der Banken mit mehr als 5% Hedgefonds-Depots im Bestand von einer Anlage in Dach-Hedgefonds abraten. In einer Zelle der Kreuztabelle ist eine erwartete Häufigkeit kleiner fünf vorzufinden. Der Sicherheitsgrad des Tests liegt bei 99,9% (Testfunktionswert: 17,783). Die Zusammenhangmaße heben deutlich niedrigere Werte als bei den Tests für sicherheitsorientierte bzw. begrenzt risikobereite Investoren. Folgende Werte können

[181] Eigene Darstellung; Werte basieren auf eigenen Berechnungen.

Tabelle 7-23: Kreuztabelle für die Variablen Eignung von Dach-Hedgefonds für begrenzt risikobereite Anleger und Anteil der Kunden mit Hedgefonds-Investments im Depot[182]

		Anteil der Kunden mit Hedefonds-Investments im Depot			
		0%	**< 5%**	**> 5%**	**Gesamt**
Begrenzt risikobereite Anleger	**Nicht oder weniger Geeignet**	22	41	0	63
		51,2%	*26,1%*	*0,0%*	*29,2%*
	Ziemlich geeignet	17	84	6	107
		39,5%	*53,5%*	*37,5%*	*49,5%*
	Sehr geeignet	4	32	10	46
		9,3%	*20,4%*	*62,5%*	*21,3%*
	Gesamt	43	157	16	216
		100%	*100%*	*100%*	*100%*

Tabelle 7-24: Kreuztabelle für die Variablen Eignung von Dach-Hedgefonds für spekulative Anleger und Anteil der Kunden mit Hedgefonds-Investments im Depot[183]

		Anteil der Kunden mit Hedefonds-Investments im Depot			
		0%	**< 5%**	**> 5%**	**Gesamt**
Spekulative Anleger	**Nicht oder weniger Geeignet**	6	45	10	61
		13,6%	*28,8%*	*62,5%*	*28,2%*
	Ziemlich geeignet	24	51	3	78
		54,5%	*32,7%*	*18,8%*	*36,1%*
	Sehr geeignet	14	60	3	77
		31,8%	*38,5%*	*18,8%*	*35,6%*
	Gesamt	44	156	16	216
		100%	*100%*	*100%*	*100%*

[182] Eigene Darstellung; Werte basieren auf eigenen Berechnungen.

[183] Eigene Darstellung; Werte basieren auf eigenen Berechnungen..

hierbei für die drei Maße festgehalten werden: Kendall Tau b (0,120), Kendall Tau c (0,096), Gamma (0,221). In Hedgefonds erfahrene Banken schätzen demnach die stabilen Renditen von Multi-Strategie Dach-Hedgefonds und deren günstige Portfolioeigenschaften. Aus diesem Grunde empfehlen sie Dachfonds auch nicht für die auf Rendite-Maximierung ausgerichteten spekulativen Anleger.

7.3 Hedgefonds-Quoten für ein ausgewogenes Depot

7.3.1 Theoretischer Hintergrund und Beschreibung der Stichprobe

Hedgefonds können trotz ihrer Rendite/Risiko-Eigenheiten (nicht-normalverteilte Renditen, Auftreten von Autokorrelation in den Hedgefonds-Renditezeitreihen) zur Effizienzsteigerung eines Wertpapierportfolios beitragen, wie in Kapitel 7.1.1 aufgezeigt wird. In einer wissenschaftlichen Untersuchung wird für ein Modellportfolio bestehend aus 30% Aktien und 70% Renten eine optimale Hedgefonds-Allokation ermittelt. Der Aktienanteil wird über den MSCI Europe abgebildet, die Renten werden durch den Lehman Brothers Euro-Aggregate Index repräsentiert. Für die Hedgefonds-Allokation wird der HFRI Fund of Fund Index des Indexanbieters Hedge Fund Research, Inc. (HFRI) verwendet. Bei diesem Index werden die Renditen einer Vielzahl von weltweit existierenden Dach-Hedgefonds unterschiedlicher Stilrichtungen berücksichtigt. Da die Hedgefonds-Indexdaten häufig mit Verzerrungen behaftet sind, wird ein Abschlag auf die historische Hedgefonds-Rendite vorgenommen. So werden in den Indexdaten vielfach nur die Renditen von aktuell existierenden Singlefonds berücksichtigt. Hedgefonds hingegen, die insolvent werden aufgrund von Fehlspekulationen bzw. Betrug oder die Übermittlung der Renditen an die diversen Hedgefonds-Datenbanken einstellen, werden nicht mehr im jeweiligen Hedgefonds-Index miteinbezogen. Dieser sog. Survivorship Bias führt dabei häufig zu einer Überschätzung der Indexrenditen. Ähnlich verhält es sich mit dem Backfill Bias bzw. Instant History Bias. Neue Hedgefonds werden in der Regel mit der gesamten Rendite-Zeitreihe in einer Datenbank aufgenommen. Da Hedgefonds-Manager nur bei überzeugendem Track Record eine Veröffentlichung anstreben, führt dieser Effekt ebenfalls zu einer Überschätzung der tatsächlichen Performance von Hedgefonds. Für die Ermittlung der optimalen Hedgefonds-Quote wird u. a. das risikoadjustierte Performancemaß Omega[184] herangezogen. Das Omega erfasst die gesamte Portfolioverteilung und somit neben dem Mittelwert und der Standardabweichung auch die

[184] Das Omega-Maß ergibt sich aus der Division der Wahrscheinlichkeit für ein Übertreffen einer vorgegebenen Mindestrendite mit der Wahrscheinlichkeit für ein Verfehlen der Mindestrendite. Ein höherer Omega-Wert für eine vorgegebene Mindestrendite deutet dabei auf eine höhere Investmentqualität hin. Vgl. Keating/Shadwick (2002), S. 59ff.

Momente Schiefe und Wölbung (Kurtosis). Bei einem Anlagehorizont von fünf Jahren liegt die optimale Hedgefonds-Quote für das Modellportfolio bei 19%. Dieses mit Dach-Hedgefonds optimierte Portfolio weist nun gegenüber dem Ausgangsportfolio eine höhere mittlere Rendite sowie niedrigere Volatilität auf.[185]

Eine Frage des zu dieser Studie gehörenden Bogens erfasst die Sinnhaftigkeit von den in Abbildung 7-3 illustrierten Hedgefonds-Quoten für ein ausgewogenes Depot. Die Kardinalskala für die fünf Teilfragen erstreckt sich von 1 (nicht sinnvoll) bis 4 (sehr sinnvoll). Mindestens 200 der 229 an dieser Befragung teilnehmenden Banken haben jeweils die diversen Unterfragen beantwortet. Der Mittelwert für die Stichprobe 0%-Hedgefonds-Gewichtung hat einen Wert von 1,41 bei einem Median und Modalwert von eins. 91,50% der befragten Institute lehnen eine 0%-Hedgefonds-Quote ab. Daraus kann gefolgert werden, dass 91,50% der Banken dieser Stichprobe eine Beimischung von Hedgefonds grundsätzlich empfehlen. Für die Variable <10%-Gewichtung beträgt der Mittelwert 2,93 (Median und Modalwert: drei). 70,30% der Studienteilnehmer bewerten eine Quote von <10% mit sehr oder ziemlich sinnvoll. Bei einer Quote von 10–20% in einem Depot beträgt die Zustimmung 67,09%. Der Mittelwert liegt bei 2,79. Median und Modalwert haben einen Wert von drei. Ein Mittelwert von 1,89 ergibt sich für die Variable 20–30% Hedgefonds-Beimischung

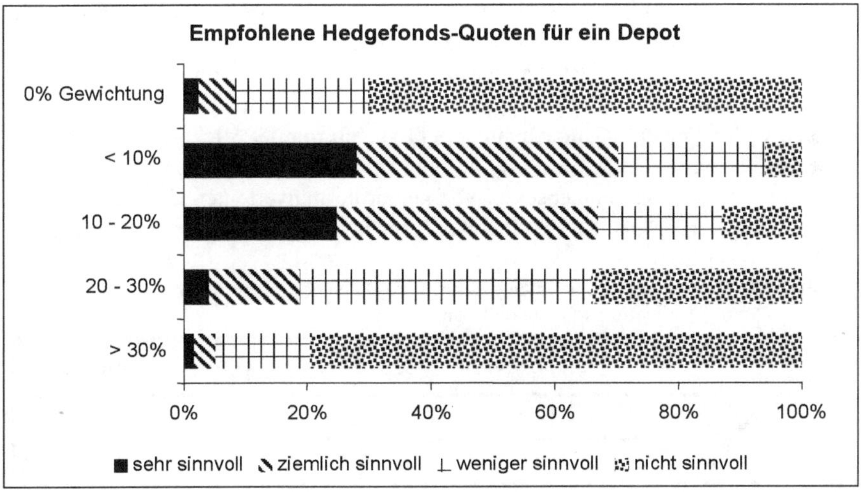

Abb. 7-3: Empfohlene Hedgefonds-Quoten für ein Depot[186]

[185] Vgl. Hafner/Brunner (2004), S. 4 ff.

[186] Eigene Darstellung; Werte basieren auf eigenen Berechnungen.

bei einem Median und Modus von drei. Der Median und Modus der Stichprobe <30%-Gewichtung hingegen liegt nur bei eins mit einem Mittelwert von 1,27. Nur die Mittelwerte der Merkmale <10% und 10–20%-Gewichtung unterscheiden sich mit einer Irrtumswahrscheinlichkeit von 19% nicht signifikant voneinander in der Grundgesamtheit. Für den T-Test der Merkmale 0% und >30%-Hedgefonds-Beimischung ergibt sich ein Signifikanzniveau von 4,2%. Für alle übrigen Tests haben die Signifikanzniveaus einen Wert von 0,000. Es kann zudem von normalverteilten Grundgesamtheiten für die fünf Merkmale ausgegangen werden, da die Teilfragen von jeweils mindestens 200 Instituten beantwortet wurden. Demzufolge lehnen Banken in Deutschland eine 0%-Hedgefonds-Gewichtung ab und raten somit zu einer Hedgefonds-Beimischung. Überdies empfehlen die meisten Häuser eine Hedgefonds-Allokation von bis zu zehn Prozent für ein ausgewogenes Depot.

7.3.2 Hedgefonds-Quoten für ein ausgewogenes Depot versus Bankgruppe

Für die in diesem Kapitel verwendeten Untersuchungen wird die einfaktorielle Varianzanalyse verwendet. Hierbei soll herausgefunden werden, inwieweit die drei Bank-Institutionen (Sparkassen, Privatbanken, Genossenschaftsbanken) in Deutschland die vorgegebenen Hedgefonds-Quoten bewerten. Die abhängigen Variablen, die die Eignung der Hedgefonds-Quoten (0%, <10%, 10–20%, 20–30%, >30%) erfassen, repräsentieren Intervallskalenniveau und erstrecken sich von 1 (nicht sinnvoll) bis 4 (sehr sinnvoll). Die drei Banksektoren in Deutschland spiegeln nominalskalierte Daten wider. Die erste Untersuchung befasst sich mit der Stichprobe 0%-Hedgefonds-Beimischung. Unter Berufung auf den zentralen Grenzwertsatz kann nur für die Stichprobe privater Bankensektor von keiner normalverteilten Grundgesamtheit ausgegangen werden, da sie sich aus weniger als 30 Merkmalsträgern zusammen-

Tabelle 7-25: Normalverteilungstest und deskriptive Daten der Stichproben 0%-Hedgefonds-Quote und Banksektoren[187]

0%-Hedgefonds-Beimischung	**Z-Wert**	**Signifikanz**	**Anzahl (n)**	**Mittelwert**
Sparkassen-Sektor	3,193	0,000	56	1,41
Privater Bankensektor	2,528	0,000	22	1,05
Genossenschaftlicher Sektor	4,131	0,000	119	1,49
Gesamt			**197**	**1,42**

[187] Eigene Darstellung; Werte basieren auf eigenen Berechnungen.

setzt, wie Tabelle 7-25 entnommen werden kann. Für den Levene-Test ergibt sich ein Signifikanzniveau von 0,000. Es kann somit für die diversen Fallgruppen dieser Stichprobe keine Varianzgleichheit in der Grundgesamtheit angenommen werden. Das Konfidenzniveau der Varianzanalyse indessen hat einen Wert von 97% bei einem F-Wert von 3,583. Trotz der nicht vorhandenen Varianzhomogenität können somit unterschiedliche Mittelwerte in der Grundgesamtheit unterstellt werden. Bei Betrachtung der Mittelwerte wird erkennbar, dass grundsätzlich alle drei Banksektoren eine 0%-Hedgefonds-Quote für nicht-empfehlenswert erachten. Insbesondere private Banken lehnen jedoch im Vergleich zu den anderen Institutionen eine 0%-Hedgefonds-Gewichtung am deutlichsten ab.

Für die Variable 10–20%-Hedgefonds-Quote ergibt sich ein vergleichbares Bild, wie die Mittelwerte von Tabelle 7-26 verdeutlichen. Die privaten Banken sehen diese Quote für sinnvoller an als die Sparkassen bzw. Genossenschaften. Unabhängig vom institutionellen Hintergrund bewerten Banken in Deutschland eine 10–20% Gewichtung mit ziemlich sinnvoll. Die Irrtumswahrscheinlichkeit der Varianzanalyse beträgt 2,7% bei einem F-Wert von 3,673. Mit einem Signifikanzniveau von 19,9% für den Levene-Test kann zudem Varianzgleichheit angenommen werden. Normalverteilung kann erneut nur für die Variablen Sparkassen und Genossenschaftsbanken unterstellt werden.

Tabelle 7-26: Normalverteilungstest und deskriptive Daten der Stichproben 10–20%-Hedgefonds-Quote und Banksektoren[188]

10 – 20%-Hedgefonds-Beimischung	**Z-Wert**	**Signifikanz**	**Anzahl (n)**	**Mittelwert**
Sparkassen-Sektor	1,817	0,003	57	3,00
Privater Bankensektor	1,255	0,086	23	3,04
Genossenschaftlicher Sektor	3,076	0,000	122	2,64
Gesamt			**202**	**2,79**

Für alle übrigen Variablen ergeben sich keine signifikanten Unterschiede der Mittelwerte in der Grundgesamtheit. Die Irrtumswahrscheinlichkeiten der Signifikanztests für die übrigen Variablen haben jeweils einen Wert von mindestens 34%. Demnach können bei der Beurteilung der <10%, 20–30% und >30%-Hedgefonds-Quote keine signifikanten Unterschiede bei den betrachteten Banksektoren festgestellt werden.

188 Eigene Darstellung; Werte basieren auf eigenen Berechnungen.

7.3.3 Hedgefonds-Quoten für ein ausgewogenes Depot versus verwaltetes Anlagevermögen der Banken

Im nun Folgenden wird mittels der einfaktoriellen Varianzanalyse eruiert, ob sich Banken in Deutschland, aufgeteilt nach dem im Private Banking insgesamt betreuten Anlagevolumen (Depots plus Einlagen), bei der Beurteilung der diversen Hedgefonds-Quoten unterscheiden. Die Intervallskala der abhängigen Variablen für die Hedgefonds-Gewichtungen erstreckt sich von 1 (nicht sinnvoll) bis 4 (sehr sinnvoll). Die Ordinalskala des Merkmals Anlagevermögen der Banken wurde von sechs auf vier Antwortkategorien reduziert. Nach der Aggregation lauten die Ausprägungen wie folgt: <1 Mrd. Euro, 1–3 Mrd. Euro, 3–7 Mrd. Euro und >7 Mrd. Euro. Für keine der fünf Teilfragen zu den Hedgefonds-Quoten kann die Varianzanalyse einen signifikanten Unterschied bei den Mittelwerten feststellen. Die Irrtumswahrscheinlichkeiten liegen bei 23% oder darüber. Demnach kann nicht nachgewiesen werden, dass Banken mit verschiedenen Gesamtanlagevolumina im Private Banking die vorgegebenen Hedgefonds-Allokationen unterschiedlich beurteilen.

7.3.4 Hedgefonds-Quoten für ein ausgewogenes Depot versus Anlagevermögen der Kunden

Für die Ermittlung des Zusammenhangs zwischen den Merkmalen sinnvolle Hedgefonds-Quoten für ein ausgewogenes Depot und Banken klassifiziert nach dem durchschnittlichen Anlagevermögen (Depots plus Einlagen) der Kunden im Private Banking kommt ebenfalls die einfaktorielle Varianzanalyse zur Anwendung. Die un abhängige Variable durchschnittliches Anlagevermögen der Kunden wird von sechs auf vier Antwortkategorien verdichtet. Die verdichtete Skala kann Tabelle 7-27 entnommen werden. Die abhängige Variable Hedgefonds-Quoten erstreckt sich von 1 (nicht sinnvoll) bis 4 (sehr sinnvoll). Der erste Test berücksichtigt die Stichprobe 0%-Gewichtung. Unter Verweis auf den zentralen Grenzwertsatz kann nur für Antwortklassen <200.000 Euro und 200.000–400.000 Euro von einer normalverteilten Grundgesamtheit ausgegangen werden. Zudem kann mit einem Signifikanzniveau von 0,000 für den Levene-Test keine Varianzhomogenität in der Grundgesamtheit angenommen werden. Die Nullhypothese der Varianzanalyse, die gleiche Mittelwerte in der Grundgesamtheit annimmt, kann mit einem Alpha von 4,2% und einem F-Wert von 2,795 zum 5%-Signifikanzniveau zurückgewiesen werden. Banken, die sich im Hinblick auf das durchschnittliche Anlagevermögen ihrer Kunden differenzieren, bewerten eine 0%-Hedgefonds-Beimischung für ein ausgewogenes Depot unterschiedlich. Banken mit vermögenderen Privatkunden (400.000–600.000 Euro bzw. >600.000 Euro Anlagevolumen) halten eine 0%-Gewichtung für wesentlich weniger sinnvoll in Relation zu den Banken mit weniger als 4000.000 Euro durchschnittlichem Kundenvolumen, d.h. insbesondere Banken mit vermögenderen Kunden empfehlen eine grundsätzliche Beimischung von Hedgefonds-Investments. Dieses Ergebnis gilt jedoch nur eingeschränkt, da keine Varianzgleichheit vorliegt.

Tabelle 7-27: Normalverteilungstest und deskriptive Daten der Stichproben 0%-Hedgefonds-Quote und Anlagevermögen der Kunden[189]

0%-Hedgefonds-Beimischung	Z-Wert	Signifikanz	Anzahl (n)	Mittelwert
< 200.000 Euro	3,048	0,000	60	1,45
200.000 – 400.000 Euro	2,975	0,000	63	1,54
400.000 – 600.000 Euro	2,528	0,000	25	1,16
> 600.000 Euro	2,664	0,000	28	1,18
Gesamt			**176**	**1,40**

Die Irrtumswahrscheinlichkeiten der Varianzanalysen für die anderen vier Hedgefonds-Quoten liegen bei mindestens 29%, so dass für diese Variablen der Nachweis für unterschiedliche Mittelwerte in der Grundgesamtheit im Rahmen dieser Studie nicht erbracht werden kann.

7.3.5 0%-Hedgefonds-Quote für ein Depot versus Risikoklassifizierung von Dach-Hedgefonds

Der Zusammenhang zwischen den Merkmalen 0%-Hedgefonds-Quote und interne Risikoklassifizierung von Multi-Strategie Dach-Hedgefonds wird mittels eines χ^2-Tests nach Pearson erfasst. Hierzu wird die Intervallskala der Variablen 0%-Hedgefonds-Quote von vier auf drei Ausprägungen zusammengefasst. Durch die Verdichtung des Merkmals interne Risikoklassifizierung reduzieren sich die Antwortmöglichkeiten von fünf auf drei. Mit Hilfe dieser Frage werden die von Banken intern vergebenen Risikoklassifizierungen für Multi-Strategie Dach-Hedgefonds erfasst. Banken dürfen Privatkunden nur solche Produkte offerieren, die mit der Risikoeinstufung des Kunden korrespondieren, d.h. einem sicherheitsorientierten Kunden darf kein spekulatives Investment angeboten werden.[190] Die verdichteten Antwort-

[189] Eigene Darstellung; Werte basieren auf eigenen Berechnungen.

[190] Die Erfahrungen von Privatkunden im Wertpapiergeschäft sowie deren Anlageziele werden in einem Wertpapiererhebungsbogen festgehalten. Diese Informationen werden sodann für die Zuteilung der Kunden zu einer Wertpapier-Risikoklasse herangezogen. Siehe §§ 31 Gesetz über den Wertpapierhandel (Wertpapierhandelsgesetz – WpHG) sowie vgl. Wurm/Wolff/Ettmann (1999), S. 228 ff.

skalen können Tabelle 7-28 entnommen werden. In zwei Zellen bzw. 22,2% aller Zellen der Kreuztabelle ist die erwartete Häufigkeit kleiner fünf. Die Irrtumswahrscheinlichkeit des Signifikanztests hat einen Wert von 0,7% bei einem Testfunktionswert von 14,226. Somit liegt eine hoch signifikante Abhängigkeit der Variablen in der Grundgesamtheit vor. Für die Zusammenhangmaße Kendall Tau b und c ergeben sich Werte von 0,239 und 0,182. Zudem kann mit einem Gamma von 0,481 ein starker Zusammenhang angenommen werden. Keine Bank dieser Stichprobe, die Multi-Strategie Dach-Hedgefonds intern mit sicherheitsorientiert klassifiziert, rät zu einer 0%-Hedgefonds-Quote für ein ausgewogenes Depot bzw. lehnt eine grundsätzliche Hedgefonds-Beimischung ab. Diese Ziffer beträgt hingegen 11% bei den Banken, die Dachfonds aufgrund der internen Risikoeinstufung nur spekulativen Investoren offerieren. Hierbei darf allerdings nicht übersehen werden, dass nur 16 von 190 Banken Dach-Hedgefonds mit sicherheitsorientiert klassifizieren, während das Gros (100 Institute) dieses Anlageinstrument nur spekulativen Anlegern anbietet.

Tabelle 7-28: Kreuztabelle für die Variablen 0%-Hedgefonds-Quote und Risikoklassifizierung von Multi-Strategie Dach-Hedgefonds[191]

		Risikoklassifizierung von Multi-Strategie Dach-Hedgefonds			
		Sicherheits-orientiert	**Risikobereit**	**Spekulativ**	**Gesamt**
0%-Hedgefonds-Quote	**Nicht sinnvoll**	15	59	59	133
		93,8%	*79,7%*	*59,0%*	*70,0%*
	Weniger sinnvoll	1	9	30	40
		6,3%	*12,2%*	*30,0%*	*21,1%*
	Ziemlich o. sehr sinnvoll	0	6	11	17
		0,0%	*8,1%*	*11,0%*	*8,9%*
	Gesamt	16	74	100	190
		100%	*100%*	*100%*	*100%*

7.3.6 0%-Hedgefonds-Quote für ein Depot versus Hedgefonds als eigenständige Assetklasse bzw. momentaner Trend

Banken in Deutschland, die Hedgefonds als eigenständige Assetklasse und nicht als momentanen Trend ansehen, raten verstärkt zu einer Beimischung von Hedgefonds bzw. lehnen eine 0%-Hedgefonds-Quote ab. Für diese Untersuchung wird ebenfalls

[191] Eigene Darstellung; Werte basieren auf eigenen Berechnungen.

der χ^2-Test nach Pearson verwendet. Die Intervallskala der Variablen „Hedgefonds – eine eigenständige Assetklasse und kein momentaner Trend“ wird von vier auf drei Ausprägungen verdichtet. In 22,2% der Zellen der Kreuztabelle liegt eine erwartete Häufigkeit kleiner fünf vor. Mit einem Alpha von 0,000 und einem χ^2-Wert von 20,067 kann die Nullhypothese zum 1%-Signifikanzniveau abgelehnt werden. Das Maß Gamma hat einen Wert von 0,449. Die Werte des Kendall Tau b und c liegen bei 0,250 bzw. 0,194. 98 der 194 Institute dieser Stichprobe sind der Meinung, dass Hedgefonds eine eigene Assetklasse und kein momentaner Trend sind. Von diesen 98 Banken lehnen wiederum nur 2% eine Hedgefonds-Beimischung ab. 28,6% der Kreditinstitute hingegen, die Hedgefonds eher als momentanen Trend und nicht als Assetklasse ansehen, raten zu einer 0%-Hedgefonds-Quote.

Tabelle 7-29: Kreuztabelle für die Variablen 0%-Hedgefonds-Quote und Hedgefonds – eine eigenständige Assetklasse und kein momentaner Trend[192]

		Hedgefonds – eine eigene Assetklasse u. kein momentaner Trend			
		Stimmt nicht o. wenig	**Stimmt ziemlich**	**Stimmt sehr**	**Gesamt**
0%-Hedgefonds-Quote	**Nicht sinnvoll**	9	49	78	136
		42,9%	*65,3%*	*79,6%*	*70,1%*
	Weniger sinnvoll	6	17	18	41
		28,6%	*22,7%*	*18,4%*	*21,1%*
	Ziemlich o. sehr sinnvoll	6	9	2	17
		28,6%	*12,0%*	*2,0%*	*8,8%*
	Gesamt	21	75	98	194
		100%	*100%*	*100%*	*100%*

7.4 Zusammenfassung und Ableitung von Gestaltungsempfehlungen

Der wichtigste Faktor bei einer *Anlageentscheidung* für vermögende Privatkunden in Deutschland ist die Performance, während die Volatilität und Korrelation einer potentiellen Anlage im Vergleich zur Performance als weniger bedeutend eingestuft wird. Demzufolge werden die eigentlichen Stärken von breit diversifizierten Multi-

[192] Eigene Darstellung; Werte basieren auf eigenen Berechnungen.

Strategie Dach-Hedgefonds – niedrige Korrelationen und Volatilitäten – von Privatanlegern nicht in diesem Maße geschätzt. Wünschenswert ist hierbei zukünftig eine verstärkte Aufklärung der Privatanleger über portfoliotheoretische Zusammenhänge.

Deutsche Kreditinstitute empfehlen vorwiegend *spekulativen und begrenzt risikobereiten Anlegern* eine Beimischung von Multi-Strategie Dach-Hedgefonds. Für sicherheitsorientierte Anleger wird dieses Investmentthema mehrheitlich abgelehnt, obgleich Multi-Strategie Dach-Hedgefonds aufgrund der inhärenten Portfolioeigenschaften für jeden Anlegertyp unabhängig von der Risikoneigung effizienzsteigernd sein können. Institute mit einem höheren Anteil von Kunden mit Hedgefonds-Investments im Depot raten indessen auch bei sicherheitsorientierten Anlegern verstärkt zu einer Anlage in Dach-Hedgefonds. Daraus kann gefolgert werden, dass eine Vielzahl von Banken in Deutschland mit den Eigenheiten von Hedgefonds bzw. Dach-Hedgefonds noch nicht genügend vertraut ist.

90% der Banken dieser Stichprobe lehnen eine *0%-Hedgefonds-Quote* für ein Portfolio ab. Demnach empfehlen 90% der befragten Häuser eine Beimischung von (Dach)-Hedgefonds. Die meisten Banken raten überdies zu einer Hedgefonds-Allokation von bis zu zehn Prozent für ein ausgewogenes Depot. Insbesondere private Banken und Institute, die vermögendere Privatkunden betreuen, empfehlen verstärkt eine Beimischung von Hedgefonds-Anlagen.

8 Gebühren

8.1 Theoretischer Hintergrund und Beschreibung der Stichprobe

Auf Dach-Hedgefonds-Ebene fällt in der Regel der Ausgabeaufschlag, die Verwaltungsvergütung (Management Fee) und Gewinnbeteiligung (Performance Fee) an. Die Management Fee wird dabei für die Auswahl (Due Diligence-Prüfungen) und laufende Überwachung (Monitoring) der Single-Hedgefonds veranschlagt. Der Ausgabeaufschlag oder das Agio müssen bei Kauf bzw. Zeichnung der Anteile entrichtet werden und dienen in erster Linie der Vertriebsgesellschaft bzw. -abteilungen. Hinzu kommen hierbei noch die Management Fees und Performance Fees für die im Dachfonds enthaltenen Singlefonds, die zu einer Verminderung der erwirtschafteten Brutto-Renditen führen. Bei der Anlage in Hedgefonds werden Dachfonds keine Ausgabeaufschläge in Rechnung gestellt. Dachfonds verrechnen eine niedrigere Performance Fee als Singlefonds, wie die Daten von Tabelle 8-1 verdeutlichen. Die Gebühren von in Deutschland öffentlich vertriebenen Dach-Hedgefonds-(Zertifikaten) liegen indessen deutlich über den Sätzen von ausländischen Dach-Hedgefonds. Für Dach-Hedgefonds kann überdies statistisch nachgewiesen werden, dass höhere Verwaltungsvergütungen eine niedrigere risikobereinigte Rendite zur Folge haben. Die Höhe der Performance Fee hat hingegen eher einen positiven Einfluss auf das Sharpe Ratio der im Rahmen einer wissenschaftlichen Untersuchung berücksichtigten Dach-Hedgefonds, obgleich dieser Zusammenhang statistisch nicht signifikant ist. Einen statistisch nachweisbaren Einfluss hat jedoch die Höhe der Gewinnbeteiligung auf die risikoadjustierten Renditen von Single-Hedgefonds, d. h. höhere Performance Fees bedingen höhere risikobereinigte Renditen.[193] Performance Fees sollten demzufolge nicht nur als reiner Kostenblock gesehen werden, sondern es sollte auch der inhärente Anreiz dieser Gebührenkomponente berücksichtigt werden. Hierbei darf jedoch nicht außer Acht gelassen werden, dass eine Gewinnbeteiligung quasi eine kostenlose Kaufoption für Hedgefonds-Manager darstellt, da sie nur an Gewinnen nicht aber an Verlusten partizipieren. Demnach ist bei Anlageerfolgsgebühren eher die Gefahr gegeben, dass Hedgefonds-Manager die Risiken bewusst erhöhen, in der Hoffnung höhere Wertzuwächse zu erwirtschaften.[194]

---

[193] Vgl. Brown/Goetzmann/Liang (2006), S. 226 f.

[194] Vgl. Cottier (1997), S. 36.

Tabelle 8-1: Durchschnittliche Gebührensätze von Hedgefonds-Investments[195]

Durchschnittliche Gebührensätze	Single-Hedgefonds[196]	Dach-Hedgefonds[197]	Dach-HF-Zertifikate[198]	Dach-HF (BRD)[199]
Ausgabeaufschlag	/[200]	/[201]	3,98%	4,94%
Management Fee p.a.	1,40%	1,51%	1,98%	1,86%
Performance Fee	18,46%	9,06%	12,50%	13,53%

Die an dieser Studie teilnehmenden Institute wurden zu den angemessenen Gebührensätzen bei Dach-Hedgefonds für vermögenden Privatkunden befragt. Die Ordinalskalen der drei Teilfragen zu Ausgabeaufschlag, Management Fee p.a. und Performance Fee sind in den Abbildungen 8-1 bis 8-3 dargestellt. Die erste Frage zum angemessenen Ausgabeaufschlag wurde von 219 Banken beantwortet. Der Median beträgt vier bei einem Modus von fünf. 45% der befragten Häuser votieren für ein Agio von 4–5%. 24% empfehlen einen Aufschlag von 3–4% bei Dach-Hedgefonds für vermögende Privatkunden. 218 der insgesamt 229 Kreditinstitute äußerten sich zur Verwaltungsvergütung. Der Median und Modalwert liegt bei vier. Für die Mehrzahl der befragten Institute ist eine Management Fee p.a. auf Dachfondsebene von 1–1,5% gerechtfertigt. Dies stimmt in etwa mit der durchschnittlichen Verwaltungvergütung von nicht in Deutschland zum öffentlichen Vertrieb zugelassenen Dach-Hedgefonds überein, wie Tabelle 8-1 aufzeigt. 39% der befragten Häuser empfehlen eine Performance Fee von 5–10% für Dach-Hedgefonds. Eine Gebühr von 10–15% ist für 28% der 216 Merkmalsträger dieser Stichprobe angemessen. Sowohl Median als auch Modalwert haben einen Wert von drei. Die von den meisten Studienteilnehmern ausgesprochenen 5–10% Performance Fee korrespondieren ebenfalls mit den von ausländischen Dach-Hedgefonds veranschlagten 9,06%. Sowohl die durchschnittliche Management Fee als auch Performance Fee für die in Deutschland öffentlich vertriebenen Dach-Hedgefonds-Produkte übersteigt jedoch die von den befragten Banken geforderten Sätze.

[195] Eigene Darstellung.

[196] Vergleich von 3.439 Single-Hedgefonds; Vgl. Brown/Goetzmann/Liang (2006), S. 223.

[197] Vergleich von 862 nicht in Deutschland öffentlich vertriebenen Dach-Hedgefonds; Vgl. Brown/Goetzmann/Liang (2005), S. 223.

[198] Vergleich von 51 in Deutschland öffentlich vertriebenen Dach-Hedgefonds-Zertifikaten; Vgl. Mader/Echter (2004), S. 1 ff.

[199] Vergleich der 20 in Deutschland öffentlich vertriebenen Dach-Hedgefonds; Vgl. BAI (2007), S. 1.

[200] Der Ausgabeaufschlag wird nicht explizit ausgewiesen.

[201] Der Ausgabeaufschlag wird nicht explizit ausgewiesen.

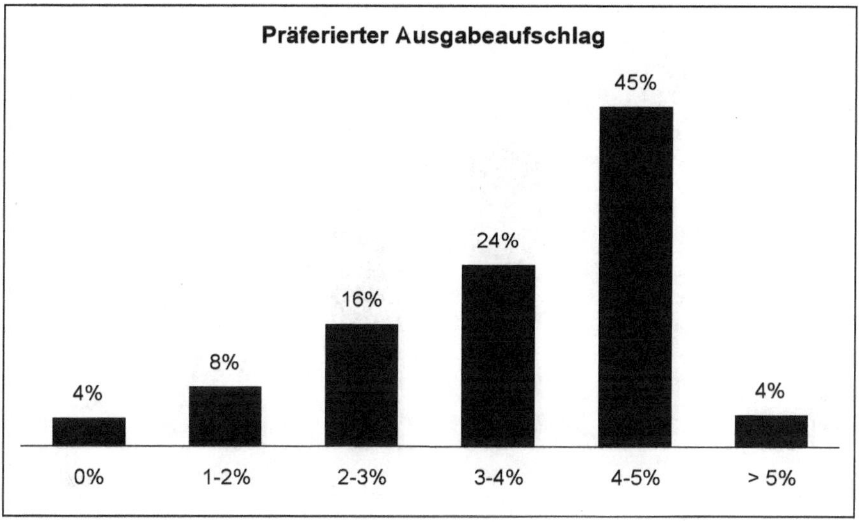

Abb. 8-1: Präferierter Ausgabeaufschlag für Dach-Hedgefonds[202]

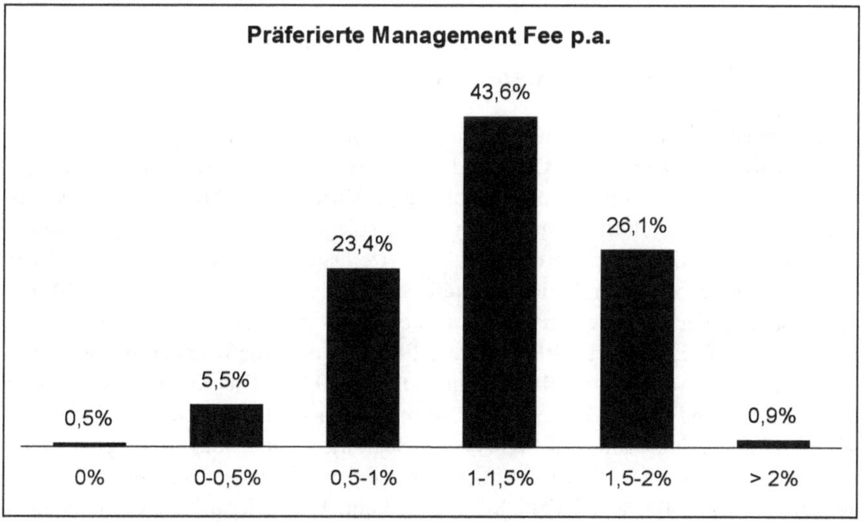

Abb. 8-2: Präferierte Management Fee für Dach-Hedgefonds[203]

[202] Eigene Darstellung; Werte basieren auf eigenen Berechnungen.

[203] Eigene Darstellung; Werte basieren auf eigenen Berechnungen.

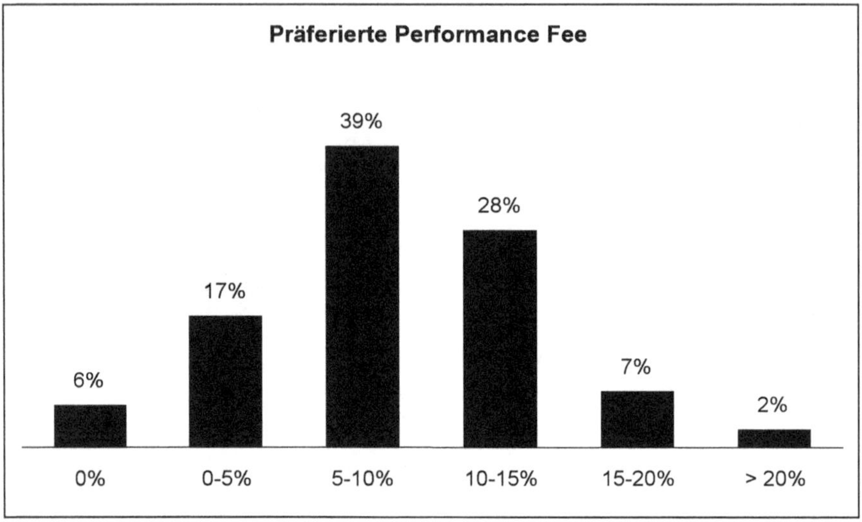

Abb. 8-3: Präferierte Performance Fee für Dach-Hedgefonds[204]

8.2 Empfehlungen für die Höhe der diversen Gebührenkomponenten versus Bankgruppe

Für die Untersuchung des Zusammenhangs zwischen den Variablen präferierter Ausgabeaufschlag für Dach-Hedgefonds und Bank-Sektoren in Deutschland wird der χ^2-Test nach Pearson verwendet, da die abhängige Variable (präferierter Ausgabeaufschlag) nur ordinalskaliertes Datenniveau widerspiegelt. Das Merkmal Bank-Sektoren in Deutschland repräsentiert nominalskalierte Daten. Aufgrund der Verdichtung der Antwortkategorien der Variablen präferierter Ausgabeaufschlag von sechs auf vier Ausprägungen ist die erwartete Häufigkeit in der zugehörigen Kreuztabelle nur in zwei Zellen (16,7% aller Zellen) kleiner fünf. Für den Signifikanztest ergibt sich ein Testfunktionswert von 45,641 und ein Alpha von 0,000. Das Kendall Tau b und c liegt bei 0,185 und 0,166. Das Gamma lässt mit einem Wert von 0,285 auf einen starken Zusammenhang schließen. 42,4% der Sparkassen und 58,0% der Genossenschaftsbanken dieser Stichprobe votieren für einen Ausgabeaufschlag bei Dach-Hedgefonds von >4%, wie Tabelle 8-2 verdeutlicht. 48,0% der privaten Banken hingegen halten ein Agio von 2–3% bei Dach-Hedgefonds für angemessen. 32,0% der befragten Privatbanken plädieren sogar für einen Ausgabeaufschlag von <2%. Dem-

[204] Eigene Darstellung; Werte basieren auf eigenen Berechnungen.

nach halten private Banken im Vergleich zu den Sparkassen und Banken des genossenschaftlichen Sektors geringere Ausgabeaufschläge für gerechtfertigt.

Tabelle 8-2: Kreuztabelle für die Variablen präferierter Ausgabeaufschlag und Banksektoren in Deutschland[205]

		Bank-Sektoren in Deutschland			
		Sparkassen	**Private Banken**	**Genossenschaften**	**Gesamt**
Präferierter Ausgabeaufschlag	**< 2%**	5	8	12	25
		8,5%	*32,0%*	*9,2%*	*11,6%*
	2-3%	13	12	10	35
		22,0%	*48,0%*	*7,6%*	*16,3%*
	3-4%	16	1	33	50
		27,1%	*4,0%*	*25,2%*	*23,3%*
	> 4%	25	4	76	105
		42,4%	*16,0%*	*58,0%*	*48,8%*
	Gesamt	59	25	131	215
		100%	*100%*	*100%*	*100%*

Für die Feststellung des Zusammenhangs zwischen den Merkmalen präferierte Performance Fee und Bank-Sektoren in Deutschland wird das erstgenannte Merkmal ebenfalls von sechs auf vier Antwortklassen reduziert. Daraufhin ist nur in einer Zelle bzw. 8,3% aller Zellen der in Tabelle 8-3 dargestellten Kreuztabelle die erwartete Häufigkeit kleiner fünf. Es kann allerdings zwischen den beiden Variablen mit einem Alpha von 15,6% (χ^2-Wert: 9,331) keine Abhängigkeit zum 10%-Signifikanznivau nachgewiesen werden. Die Werte der Maße Kendall Tau b und c sowie Gamma weisen folgende Werte auf: 0,021, 0,025 und 0,035. 44,8% der befragten Sparkassen und 40,0% der Genossenschaftsbanken halten eine Performance Fee von 5–10% bei Dach-Hedgefonds für gerechtfertigt, während 50,0% der Privatbanken dieser Stichprobe eine Gewinnbeteiligung von 10–15% empfehlen. Für private Banken hat anscheinend die Anreizkomponente der Performance Fee eine größere Bedeutung im Gegensatz zu den Sparkassen und Instituten des genossenschaftlichen Bankensektors, obgleich dieser Zusammenhang nicht signifikant ist.

[205] Eigene Darstellung; Werte basieren auf eigenen Berechnungen.

Tabelle 8-3: Kreuztabelle für die Variablen präferierte Performance Fee und Banksektoren in Deutschland[206]

Präferierte Peformance Fee		Bank-Sektoren in Deutschland: **Sparkassen**	**Private Banken**	**Genossen-schaften**	**Gesamt**
	< 5%	13	5	30	48
		22,4%	*20,8%*	*23,1%*	*22,6%*
	5-10%	26	6	52	84
		44,8%	*25,0%*	*40,0%*	*39,6%*
	10-15%	16	12	32	60
		27,6%	*50,0%*	*24,6%*	*28,3%*
	> 15%	3	1	16	20
		5,2%	*4,2%*	*12,3%*	*9,4%*
	Gesamt	58	24	130	212
		100%	*100%*	*100%*	*100%*

Der Signifikanztest für die Merkmale präferierte Management Fee und Bank-Sektoren in Deutschland erzeugt einen Testfunktionswert von 7,573 und eine Irrtumswahrscheinlichkeit von 27,1%. Somit liegt für diese beiden Variablen kein signifikanter Zusammenhang in der Grundgesamtheit vor. Es kann konstatiert werden, dass private Banken im Gegensatz zu Sparkassen und Genossenschaftsbanken niedrigere Ausgabeaufschläge und höhere Performance Fees bevorzugen.

8.3 Empfehlungen für die Höhe der diversen Gebührenkomponenten versus verwaltetes Anlagevermögen der Banken

Zur Überprüfung der Abhängigkeit der Variablen präferierter Ausgabeaufschlag und verwaltetes Anlagevermögen (Depots plus Einlagen) der Banken im Private Banking mittels des χ^2-Tests nach Pearson werden die Antwortkategorien beider Merkmale auf drei Ausprägungen verdichtet. Aufgrund der Verdichtung ist nur in einer Zelle bzw. 11,1% aller Zellen der in Tabelle 8-4 abgebildeten Kreuztabelle eine erwartete

[206] Eigene Darstellung; Werte basieren auf eigenen Berechnungen.

Häufigkeit kleiner fünf vorzufinden. Der Testfunktionswert hat einen Wert von 24,371 bei einem Alpha von 0,000. Das Kendall Tau b und c liegt bei 0,185 bzw. 0,141. Das Zusammenhangmaß Gamma deutet mit einem Wert von 0,347 auf einen ausgeprägt starken Zusammenhang der betrachteten Variablen in der Grundgesamtheit hin. 53,1% der an dieser Studie teilnehmenden Institute mit einem Gesamtanlagevermögen von <1 Mrd. Euro im Private Banking sowie 56,7% der Häuser mit einem verwalteten Volumen von 1–3 Mrd. Euro präferieren bei Dach-Hedgefonds einen Ausgabeaufschlag von >4%. 71,4% der Häuser hingegen, die einen Gesamtbestand von mehr als drei Mrd. Euro im Private Banking betreuen, votieren für einen Ausgabeaufschlag von <3%. Demzufolge halten größere Häuser geringere Ausgabeaufschläge für angemessen.

Tabelle 8-4: Kreuztabelle für die Variablen präferierter Ausgabeaufschlag und verwaltetes Anlagevermögen der Banken im Private Banking[207]

		Verwaltetes Anlagevermögen der Banken im Private Banking			
		< 1 Mrd. Euro	**1 – 3 Mrd. Euro**	**> 3 Mrd. Euro**	**Gesamt**
Präferierter Ausgabeaufschlag	**< 3%**	31	8	15	54
		21,1%	*26,7%*	*71,4%*	*27,3%*
	3 – 4%	38	5	2	45
		25,9%	*16,7%*	*9,5%*	*22,7%*
	> 4%	78	17	4	99
		53,1%	*56,7%*	*19,0%*	*50,0%*
	Gesamt	147	30	21	198
		100%	*100%*	*100%*	*100%*

Größere Häuser votieren indessen für höhere Performance Fees, wie Tabelle 8-5 zeigt. 50% der Banken dieser Stichprobe mit einem verwalteten Anlagevermögen von >3 Mrd. Euro halten eine Performance Fee von 10–15% für gerechtfertigt, während 42,1% der Häuser mit <1 Mrd. Euro Anlagevolumen eine Fee von 5–10% vorziehen. Die Nullhypothese, die unabhängige Variablen in der Grundgesamtheit annimmt, kann mit einem χ^2-Wert von 8,441 und einer Irrtumswahrscheinlichkeit von 20,8% nicht zum 10%-Signifikanzniveau zurückgewiesen werden. Die für die Stichprobe geltenden Zusammenhänge können somit nicht mit statistischer Signifikanz für die Grundgesamtheit bestätigt werden. Für diesen Test werden die Ausprägungen

[207] Eigene Darstellung; Werte basieren auf eigenen Berechnungen.

beider Variablen verdichtet. Nichtsdestotrotz ist in 25% der Zellen eine erwartete Häufigkeit kleiner fünf vorzufinden. Das Gamma hat einen Wert von 0,069. Die Maße Kendall Tau b und c liegen bei 0,038 bzw. 0,031.

Tabelle 8-5: Kreuztabelle für die Variablen präferierte Performance Fee und verwaltetes Anlagevermögen der Banken im Private Banking[208]

		Verwaltetes Anlagevermögen der Banken im Private Banking			
		< 1 Mrd. Euro	**1 – 3 Mrd. Euro**	**> 3 Mrd. Euro**	**Gesamt**
Präferierte Peformance Fee	**< 5%**	32	10	3	45
		22,1%	*33,3%*	*15,0%*	*23,1%*
	5-10%	61	9	5	75
		42,1%	*30,0%*	*25,0%*	*38,5%*
	10-15%	36	9	10	55
		24,8%	*30,0%*	*50,0%*	*28,2%*
	> 15%	16	2	2	20
		11,0%	*6,7%*	*10,0%*	*10,3%*
	Gesamt	145	30	20	195
		100%	*100%*	*100%*	*100%*

Für die Variablen präferierte Management Fee und verwaltetes Anlagevermögen der Banken kann keine Abhängigkeit in der Grundgesamtheit angenommen werden. Der Testfunktionswert dieses χ^2-Tests hat einen Wert von 5,273 bei einem Signifikanzniveau von 50,9%. Zusammenfassend kann festgehalten werden, dass größere Häuser höhere Performance Fees und geringere Ausgabeaufschläge als kleinere Kreditinstitute bevorzugen.

8.4 Empfehlungen für die Höhe der diversen Gebührenkomponenten versus Anlagevermögen der Kunden

Der Zusammenhang zwischen den diversen Gebührenkomponenten (Ausgabeaufschlag, Management Fee und Performance Fee) und den Banken, klassiert nach dem

---

[208] Eigene Darstellung; Werte basieren auf eigenen Berechnungen.

durchschnittlichen Anlagevolumen (Depots plus Einlagen) der Kunden im Private Banking, wird mittels eines χ^2-Tests nach Pearson überprüft. Im ersten Test wird untersucht, welche Höhe des Ausgabeaufschlages von Banken mit vermögenderen Kunden als angemessen eingestuft wird. Hierzu werden die Ausprägungen beider Merkmale verdichtet, so dass in keiner Zelle der in Tabelle 8-6 dargestellten Kreuztabelle eine erwartete Häufigkeit kleiner fünf vorkommt.

Tabelle 8-6: Kreuztabelle für die Variablen präferierter Ausgabeaufschlag und durchschnittliches Anlagevermögen der Kunden im Private Banking[209]

		Ø Anlagevermögen der Kunden im Private Banking			
		< 200.000 Euro	**200.000 – 400.000 Euro**	**> 400.000 Euro**	**Gesamt**
Präferierter Ausgabeaufschlag	**< 2%**	7	8	8	23
		10,3%	*11,9%*	*14,3%*	*12,0%*
	2-3%	6	5	16	27
		8,8%	*7,5%*	*28,6%*	*14,1%*
	3-4%	13	14	17	44
		19,1%	*20,9%*	*30,4%*	*23,0%*
	> 4%	42	40	15	97
		61,8%	*59,7%*	*26,8%*	*50,8%*
	Gesamt	68	67	56	191
		100%	*100%*	*100%*	*100%*

Die Nullhypothese, die unabhängige Variablen in der Grundgesamtheit annimmt, kann mit einer Irrtumswahrscheinlichkeit von 0,1% zum 1%-Signifikanzniveau abgelehnt werden. Der Testfunktionswert beträgt 23,034. Für die Maße Kendall Tau b und c liegen die Werte 0,226 und 0,223 vor. Das Gamma lässt mit einem Wert von 0,332 auf einen starken Zusammenhang schließen. 61,8% der Häuser dieser Stichprobe mit einem Anlagevermögen der Kunden von <200.000 Euro und 59,7% der Häuser mit 200.000–400.000 Euro votieren bei Dach-Hedgefonds für einen Ausgabeaufschlag von >4%. Demgegenüber sind nur 26,8% der Institute mit einem durchschnittlichen Anlagevermögen der Kunden im Private Banking von >400.000 gleicher Meinung. Häuser mit vermögenderen Kunden halten geringere Ausgabeaufschläge für gerechtfertigt.

[209] Eigene Darstellung; Werte basieren auf eigenen Berechnungen.

Tabelle 8-7: Kreuztabelle für die Variablen präferierte Management Fee und durchschnittliches Anlagevermögen der Kunden im Private Banking[210]

		Ø Anlagevermögen der Kunden im Private Banking			
		< 200.000 Euro	**200.000 – 400.000 Euro**	**> 400.000 Euro**	**Gesamt**
Präferierter Ausgabeaufschlag	**< 2%**	7	8	8	23
		10,3%	*11,9%*	*14,3%*	*12,0%*
	2-3%	6	5	16	27
		8,8%	*7,5%*	*28,6%*	*14,1%*
	3-4%	13	14	17	44
		19,1%	*20,9%*	*30,4%*	*23,0%*
	> 4%	42	40	15	97
		61,8%	*59,7%*	*26,8%*	*50,8%*
	Gesamt	68	67	56	191
		100%	*100%*	*100%*	*100%*

Mit einer Irrtumswahrscheinlichkeit von 13,5% für die Merkmale Management Fee und durchschnittliches Anlagevermögen der Kunden im Private Banking kann hingegen die Nullhypothese nicht zum 10%-Signifikanzniveau zurückgewiesen werden. Der χ^2-Wert hat einen Wert von 7,015. Aufgrund der Zusammenfassung der Ausprägungen der Merkmale ist in keiner Zelle eine erwartete Häufigkeit kleiner fünf. Für die vorliegende Stichprobe kann allerdings festgestellt werden, dass Banken mit vermögenderen Kunden höhere Management Fees vorziehen, wie Tabelle 8-7 entnommen werden kann. 34,8% der Banken mit einem durchschnittlichen Kundenanlagevolumen von 200.000–400.000 Euro empfehlen eine Management Fee von >1,5% p.a. Nur 17.6% hingegen der Banken mit <200.000 Euro Anlagevermögen halten diesen Gebührensatz für angemessen. Für die Maße Kendall Tau b bzw. c und Gamma ergeben sich folgende Werte: 0,028, 0,028, 0,043.

Banken mit vermögenderen Kunden bevorzugen bei Dach-Hedgefonds höhere Performance Fees. 25,4% (20,9% plus 4,5%) der befragten Häuser mit <200.000 Euro durchschnittlichem Anlagevolumen je Kunde halten eine Gewinnbeteiligung von >10% auf Dachfondsebene für angemessen, während 43,6% (32,7% plus 10,9%) der Banken mit >400.000 Euro Anlagevermögen für eine Performance Fee >10% stim-

[210] Eigene Darstellung; Werte basieren auf eigenen Berechnungen.

men, wie Tabelle 8-8 verdeutlicht. Der Sicherheitsgrad bzw. das Konfidenzniveau dieses χ^2-Tests beträgt 93% bei einem Testfunktionswert von 11,647. Aufgrund der Verdichtung der Antwortkategorien beider Merkmale ist in keiner Zelle der Kreuztabelle eine erwartete Häufigkeit kleiner fünf. Die Zusammenhangmaße lassen auf eine moderate Abhängigkeit der Variablen in der Grundgesamtheit schließen. Das Kendall Tau b und c beträgt 0,151 und 0,156. Das Gamma hat einen Wert von 0,219.

Tabelle 8-8: Kreuztabelle für die Variablen präferierte Performance Fee und durchschnittliches Anlagevermögen der Kunden im Private Banking[211]

		Ø Anlagevermögen der Kunden im Private Banking			
		< 200.000 Euro	**200.000 – 400.000 Euro**	**> 400.000 Euro**	**Gesamt**
Präferierter Ausgabeaufschlag	**< 2%**	7	8	8	23
		10,3%	*11,9%*	*14,3%*	*12,0%*
	2-3%	6	5	16	27
		8,8%	*7,5%*	*28,6%*	*14,1%*
	3-4%	13	14	17	44
		19,1%	*20,9%*	*30,4%*	*23,0%*
	> 4%	42	40	15	97
		61,8%	*59,7%*	*26,8%*	*50,8%*
	Gesamt	68	67	56	191
		100%	*100%*	*100%*	*100%*

8.5 Empfehlungen für die Höhe der diversen Gebührenkomponenten versus zukünftiges Angebot von Hedgefonds-Produkten

In einer weiteren Testreihe werden die Zusammenhänge zwischen den diversen Gebührenkomponenten und der Wahrscheinlichkeit für ein zukünftiges Angebot von Hedgefonds-Produkten erforscht. Hierfür wird der χ^2-Test nach Pearson verwendet. Die erste Untersuchung berücksichtigt den Ausgabeaufschlag. Die Ausprägungen beider in Tabelle 8-9 dargestellten Variablen werden zusammengefasst. Die Variable

211 Eigene Darstellung; Werte basieren auf eigenen Berechnungen.

Ausgabeaufschlag wird von sechs auf drei Ausprägungen aggregiert. Die intervallskalierte Variable zukünftiges Angebot von Hedgefonds-Produkten hat in ihrem Urzustand vier Ausprägungen und wird nun ebenfalls zu drei Antwortmöglichkeiten subsumiert. Nach der Verdichtung ergibt sich in keiner Zelle der Kreuztabelle eine erwartete Häufigkeit kleiner fünf.

Tabelle 8-9: Kreuztabelle für die Variablen präferierter Ausgabeaufschlag und zukünftiges Angebot von Hedgefonds-Produkten[212]

		Zukünftiges Angebot von Hedgefonds-Produkten			
		Wahrsch. nicht[213]	**Ziemlich wahrsch.**	**Ganz sicher**	**Gesamt**
Präferierter Ausgabeaufschlag	**< 3%**	20	17	23	60
		21,7%	*25,0%*	*40,4%*	*27,6%*
	3-4%	23	19	9	51
		25,0%	*27,9%*	*15,8%*	*23,5%*
	> 4%	49	32	25	106
		53,3%	*47,1%*	*43,9%*	*48,8%*
	Gesamt	92	68	57	217
		100%	*100%*	*100%*	*100%*

Die Nullhypothese kann mit einer Irrtumswahrscheinlichkeit von 11,3% (Testfunktionswert: 7,463) nur knapp nicht zum 10%-Signifikanzniveau abgelehnt werden. Die Zusammenhangmaße Kendall Tau b und c liegen bei 0,109 bzw. 0,105. Das Gamma deutet mit einem Wert von 0,169 auf einen schwachen Zusammenhang hin. 40,4% der Banken, die zukünftig ganz sicher Hedgefonds-Investments im Private Banking anbieten werden, votieren für einen Ausgabeaufschlag von <3%. Einen Ausgabeaufschlag von <3% halten hingegen nur 21,7% der Banken für angemessen, die zukünftig keinesfalls oder wahrscheinlich nicht (Dach)-Hedgefonds offerieren werden. Demnach empfehlen Banken, die zukünftig diese alternative Anlageklasse anbieten werden, für Dach-Hedgefonds einen niedrigeren Ausgabeaufschlag in Relation zu den Häusern, die diese Instrumente zukünftig nicht anbieten werden.

40,4% der Kreditinstitute, die ihren vermögenden Privatkunden zukünftig ganz sicher Hedgefonds-Investments anbieten werden, bevorzugen eine Management Fee

---

[212] Eigene Darstellung; Werte basieren auf eigenen Berechnungen.

[213] Wortlaut der Ausprägung: keinesfalls oder wahrscheinlich nicht.

von >1,5% p.a. auf Dachfondsebene, während nur 15,4% der Häuser, die keinesfalls oder wahrscheinlich nicht derartige Produkte offerieren, einen solchen Gebührensatz vorschlagen, wie Tabelle 8-10 entnommen werden kann. Banken, die (Dach)-Hedgefonds zukünftig sicherlich anbieten werden, votieren somit für höhere Management Fees p.a. Das Signifikanzniveau dieses Tests liegt bei 1,1% (χ^2-Wert: 13,076). Beide Variablen werden für diesen Test auf drei Ausprägungen reduziert. In jeder Zelle liegt eine erwartete Häufigkeit größer fünf vor. Das Gamma deutet mit einem Wert von 0,259 auf einen starken Zusammenhang hin. Die Werte des Kendall Tau b und c liegen bei 0,172 und 0,168.

Tabelle 8-10: Kreuztabelle für die Variablen präferierte Management Fee p.a. und zukünftiges Angebot von Hedgefonds-Produkten[214]

		Zukünftiges Angebot von Hedgefonds-Produkten			
		Wahrsch. nicht	**Ziemlich wahrsch.**	**Ganz sicher**	**Gesamt**
Präferierte Management Fee p.a.	**< 1%**	30	22	12	64
		33,0%	*32,4%*	*21,15*	*29,6%*
	1-1,5%	47	25	22	94
		51,6%	*36,8%*	*38,6%*	*43,5%*
	> 1,5%	14	21	23	58
		15,4%	*30,9%*	*40,4%*	*26,9%*
	Gesamt	91	68	57	216
		100%	*100%*	*100%*	*100%*

Für die Feststellung des Zusammenhanges zwischen der Performance Fee und der Wahrscheinlichkeit für ein zukünftiges Angebot von Hedgefonds-Produkten werden die Antwortkategorien der beiden Variablen ebenfalls auf drei Ausprägungen verdichtet. In jeder Zelle der in Tabelle 8-11 abgebildeten Kreuztabelle ist nun die erwartete Häufigkeit größer fünf. Für den χ^2-Test ergibt sich ein Signifikanzniveau von 0,000 und ein Testfunktionswert von 20,618. Somit kann die Forschungshypothese, die abhängige Variablen in der Grundgesamtheit annimmt, bestätigt werden. Die Werte der Maße Kendall Tau b und c liegen bei 0,236 und 0,231. Das Gamma hat einen Wert von 0,355. Es kann somit ein sehr starker Zusammenhang unterstellt werden. 51,8% der befragten Banken, die zukünftig ganz sicher Hedgefonds-Produkte an

[214] Eigene Darstellung; Werte basieren auf eigenen Berechnungen.

ihre vermögenden Privatkunden vertreiben werden, empfehlen eine Performance Fee auf Dachfondsebene von >10%. 45,6% Häuser dagegen, die zukünftig wahrscheinlich keine (Dach)-Hedgefonds in die Produktpalette aufnehmen werden, halten eine Gewinnbeteiligung von 5–10% für angemessen. Institute, die zukünftig Hedgefonds-Investments anbieten werden, empfehlen höhere Performance und Management Fees sowie geringere Ausgabeaufschläge im Gegensatz zu den Banken, die zukünftig höchstwahrscheinlich keine (Dach)-Hedgefonds verkaufen werden.

Tabelle 8-11: Kreuztabelle für die Variablen präferierte Performance Fee und zukünftiges Angebot von Hedgefonds-Produkten[215]

		Zukünftiges Angebot von Hedgefonds-Produkten			
		Wahrsch. nicht	**Ziemlich wahrsch.**	**Ganz sicher**	**Gesamt**
Präferierte Performance Fee	**< 5%**	29	8	11	48
		32,2%	*11,8%*	*19,6%*	*22,4%*
	5-10%	41	27	16	84
		45,6%	*39,7%*	*28,6%*	*39,3%*
	> 10%	20	33	29	82
		22,2%	*48,5%*	*51,8%*	*38,3%*
	Gesamt	90	68	56	214
		100%	*100%*	*100%*	*100%*

8.6 Empfehlungen für die Höhe des Ausgabeaufschlages versus Eignung von Dach-Hedgefonds für Anleger mit unterschiedlichem Risikoprofil

Mit den nun folgenden χ^2-Tests soll der Zusammenhang zwischen den Merkmalen angemessene Höhe für den Ausgabeaufschlag und Eignung von Multi-Strategie Dach-Hedgefonds für Anleger mit unterschiedlichem Risikoprofil ermittelt werden. Der erste Test untersucht die erwähnte Abhängigkeit für sicherheitsorientierte Anleger. Hierzu wird sowohl diese intervallskalierte Variable als auch die ordinalskalierte Variable Ausgabeaufschlag auf drei Antwortmöglichkeiten verdichtet, so dass

[215] Eigene Darstellung; Werte basieren auf eigenen Berechnungen.

letztlich alle Zellen der in Tabelle 8-12 dargestellten Kreuztabelle eine erwartete Häufigkeit größer fünf haben.

Tabelle 8-12: Kreuztabelle für die Variablen präferierter Ausgabeaufschlag und Eignung von Dach-Hedgefonds für sicherheitsorientierte Anleger[216]

		Eignung von Dach-Hedgefonds für sicherheitsorientierte Anleger			
		Nicht geeignet	**Weniger geeignet**	**Ziemlich o. sehr geeignet**	**Gesamt**
Präferierter Ausgabeaufschlag	**< 3%**	20	21	19	60
		25,0%	*24,7%*	*37,3%*	*27,8%*
	3-4%	13	22	15	50
		16,3%	*25,9%*	*29,4%*	*23,1%*
	> 4%	47	42	17	106
		58,8%	*49,4%*	*33,3%*	*49,1%*
	Gesamt	80	85	51	216
		100%	*100%*	*100%*	*100%*

Mit einem Konfidenzniveau bzw. Sicherheitsgrad von 94% (χ^2-Wert: 9,047) kann die Forschungshypothese bestätigt werden, die von abhängigen Variablen in der Grundgesamtheit ausgeht. Die Zusammenhangmaße Kendall Tau b (0,151), Kendall Tau c (0,145) und Gamma (0,232) deuten auf einen moderaten Zusammenhang hin. 58,8% der befragten Häuser, die Dach-Hedgefonds für sicherheitsorientierte Anleger ablehnen, halten einen Ausgabeaufschlag von > 4% für angemessen, während bei den Banken, die Dach-Hedgefonds sicherheitsorientierten Investoren nahe legen, nur 33,3% einen solchen Gebührensatz präferieren. Kreditinstitute, die sicherheitsorientierten Anlegern Dach-Hedgefonds empfehlen, votieren für geringere Agios. Insbesondere solche Häuser, die Dach-Hedgefonds für sicherheitsorientierte Investoren mit geeignet bewerten, halten dieses Anlageinstrument für nicht oder weniger riskant, wie in Kapitel 7.2.5 auf Seite 75 aufgezeigt wird. Hohe Ausgabeaufschläge schmälern gerade bei Multi-Strategie Dach-Hedgefonds den Performancebeitrag, da diese Investments aufgrund ihrer geringen Volatilität keine ausserordentlich hohen absoluten Renditen erwirtschaften. Dieser Sachverhalt wird somit von den genannten Banken erkannt und bei der Gebührenfestsetzung berücksichtigt.

---

216 Eigene Darstellung; Werte basieren auf eigenen Berechnungen.

Banken, die Multi-Strategie Dach-Hedgefonds in erster Linie spekulativen Anlegern anbieten, bewerten diese Produkte mit riskant bzw. erwarten hohe absolute Renditen von Dach-Hedgefonds, wie die Ausführungen von Kapitel 7.2.5 auf Seite 75 verdeutlichen. Diese Institute präferieren auch höhere Ausgabeaufschläge als Häuser, die Dach-Hedgefonds nicht als prädestiniertes Anlageinstrument für spekulative Anleger sehen. So bevorzugen 58,1% der Banken, die spekulativen Investoren Dachfonds nahe legen, ein Agio >4%. Bei den Banken, die Dachfonds für spekulative Investoren mit nicht oder weniger geeignet bewerten, beträgt diese Ziffer nur 36,7%, wie Tabelle 8-13 entnommen werden kann.

Tabelle 8-13: Kreuztabelle für die Variablen präferierter Ausgabeaufschlag und Eignung von Dach-Hedgefonds für spekulative Anleger[217]

		Eignung von Dach-Hedgefonds für spekulative Anleger			
		Nicht geeignet[218]	**Ziemlich geeignet**	**Sehr geeignet**	**Gesamt**
Präferierter Ausgabeaufschlag	**< 3%**	17	22	20	59
		28,3%	*28,2%*	*27,0%*	*27,8%*
	3-4%	21	18	11	50
		35,0%	*23,1%*	*14,9%*	*23,6%*
	> 4%	22	38	43	103
		36,7%	*48,7%*	*58,1%*	*48,6%*
	Gesamt	60	78	74	212
		100%	*100%*	*100%*	*100%*

Die Irrtumswahrscheinlichkeit des χ^2-Tests beträgt 6,4% bei einem Testfunktionswert von 8,872. Aufgrund der Reduzierung auf drei Antwortmöglichkeiten bei beiden Variablen ist in allen Feldern der Kreuztabelle die erwartete Häufigkeit größer fünf. Der Zusammenhang zwischen den Merkmalen kann allerdings mit einem Gamma von 0,163 nur als schwach interpretiert werden. Das Kendall Tau b und c beträgt 0,107 bzw. 0,104.

Für risikobereite Anleger kann indessen keine Abhängigkeit in der Grundgesamtheit für die angemessene Höhe des Ausgabeaufschlages eruiert werden. Der Testfunktionswert hat nur einen Wert von 3,280 bei einer Irrtumswahrscheinlichkeit von 51,2%.

---

[217] Eigene Darstellung; Werte basieren auf eigenen Berechnungen.

[218] Wortlaut der Ausprägung: nicht geeignet oder weniger geeignet.

8.7 Empfehlungen für die Höhe des Ausgabeaufschlages versus Beratungsaufwand von Hedgefonds-Produkten

In einer Frage dieser Studie wurde der Beratungsaufwand von Hedgefonds-Produkten erfasst. Die Ausprägung der Intervallskala erstreckt sich dabei von 1 (nicht aufwendig) bis 4 (sehr aufwendig). Nun soll die Abhängigkeit zwischen dem Beratungsaufwand und der angemessen Höhe des Ausgabeaufschlages erfasst werden. Die Skalen beider Variablen werden wiederum auf drei Ausprägungen verdichtet. Trotz dieser Zusammenfassung ist jedoch in 22,2% aller Zellen der in Tabelle 8-14 abgebildeten Kreuztabelle eine erwarte Häufigkeit kleiner fünf vorzufinden. Für den χ^2-Test ergibt sich eine Irrtumswahrscheinlichkeit von 1,9% bei einem Testfunktionswert von 11,755. Überdies kann mit einem Gamma von 0,352 ein ausgeprägt starker Zusammenhang unterstellt werden. Die Werte des Kendall Tau b und c liegen bei 0,215 bzw. 0,191. 59,8% der befragten Banken, für die der Beratungsaufwand von Hedgefonds-Produkten sehr aufwendig ist, empfehlen als Kompensation für den hohen Aufwand ein Agio bei Dach-Hedgefonds von >4%. 42,9% der Banken, die die Beratung mit weniger aufwendig bewerten, begnügen sich indessen mit einem Ausgabeaufschlag von < 3%. Bei höherem Beratungsaufwand ist somit laut Meinung der befragten Banken ein höherer Ausgabeaufschlag gerechtfertigt.

Tabelle 8-14: Kreuztabelle für die Variablen präferierter Ausgabeaufschlag und Beratungsaufwand von Hedgefonds-Produkten[219]

		Beratungsaufwand von Hedgefonds-Produkten			
		Weniger aufwendig	**Ziemlich aufwendig**	**Sehr aufwendig**	**Gesamt**
Präferierter Ausgabeaufschlag	**< 3%**	6	33	21	60
		42,9%	*35,1%*	*19,6%*	*27,9%*
	3-4%	4	24	22	50
		28,6%	*25,5%*	*20,6%*	*23,3%*
	> 4%	4	37	64	105
		28,6%	*39,4%*	*59,8%*	*48,8%*
	Gesamt	14	94	107	215
		100%	*100%*	*100%*	*100%*

219 Eigene Darstellung; Werte basieren auf eigenen Berechnungen.

8.8 Zusammenfassung und Ableitung von Gestaltungsempfehlungen

Die im Rahmen dieser Studie befragten Banken votieren bei Dach-Hedgefonds mehrheitlich für einen Ausgabeaufschlag von 4–5%, für eine Management Fee p.a. von 1–1,5% und eine Performance Fee von 5–10%. Die geforderten Sätze für die Management sowie Performance Fee entsprechen dabei den Gebühren von ausländischen Dach-Hedgefonds. Die Fees für in Deutschland zugelassene Dach-Hedgefonds bzw. Dachfonds-Zertifikate liegen jedoch vielfach deutlich darüber. Sparkassen und Genossenschaftsbanken halten im Gegensatz zu privaten Banken höhere Ausgabeaufschläge für gerechtfertigt, während Privatbanken höhere Performance Fees bevorzugen. Abschließend kann konstatiert werden, dass Dach-Hedgefonds in Deutschland nur bei einer adäquaten Gebührenstruktur einem größeren Anlegerkreis zugänglich gemacht werden können.

9 Zukünftiges Hedgefonds-Produktangebot der Banken

9.1 Zukünftiges Angebot von Hedgefonds-Produkten

9.1.1 Theoretischer Hintergrund und Beschreibung der Stichprobe

In einer Frage des auf dieser Studie basierenden Fragebogens wurden die Teilnehmer zum zukünftigen Angebot von Hedgefonds-Produkten befragt. Diese Frage richtete sich an alle Banken und damit sowohl an Häuser, die bisher bereits Hedgefonds-Investments angeboten haben, als auch an Institute, die bisher in dieser Anlageklasse noch nicht tätig waren. 222 der 229 befragten Banken gaben hierzu ihr Urteil ab. Die vier Ausprägungen der Intervallskala sind in Abbildung 9-1 dargestellt. Der Mittelwert beträgt 2,79 bei einem Median von drei und einem Modus von zwei. Die Standardabweichung der Stichprobe liegt bei 0,869. 40% der Anbieter werden ihren vermögenden Privatkunden zukünftig wahrscheinlich keine Hedgefonds-Produkte anbieten. 57% (31% plus 26%) der befragten Häuser werden hingegen zukünftig der-

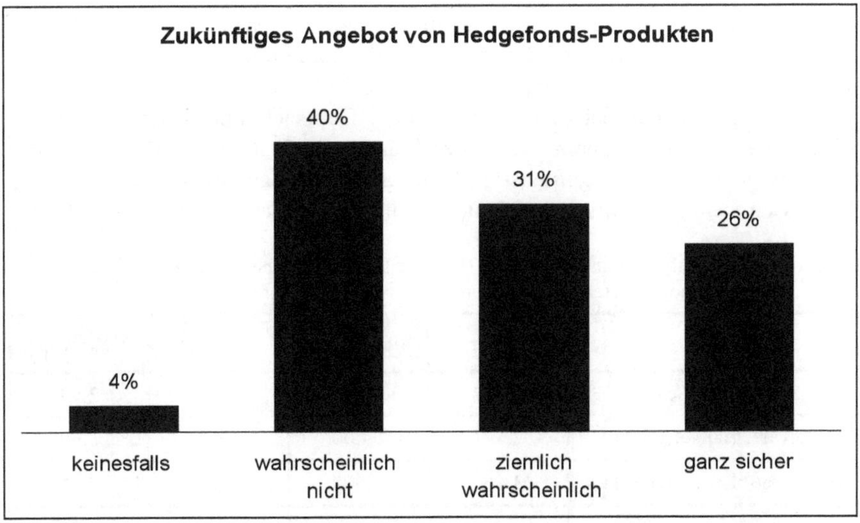

Abb. 9-1: Zukünftiges Angebot von Hedgefonds-Produkten[220]

[220] Eigene Darstellung; Werte basieren auf eigenen Berechnungen.

artige Investments offerieren. Der Mittelwert 2,79 dieser Stichprobe unterscheidet sich dabei in der Grundgesamtheit signifikant von dem vorgegebenen Wert 2,0 mit einem Signifikanzniveau von 0,000 und einem T-Wert von 13,509. Es kann für diese Stichprobe zudem eine normalverteilte Grundgesamtheit angenommen werden mit einem Stichprobenumfang von 222 Merkmalsträgern. Der Wert des Kolmogorov-Smirnov-Normalverteilungstests liefert hingegen nur ein Signifikanzniveau von 0,000.

9.1.2 Zukünftiges Angebot von Hedgefonds-Produkten versus Bankgruppe

Unterscheiden sich Sparkassen, Privatbanken und Banken des genossenschaftlichen Sektors beim zukünftigen Angebot von Hedgefonds-Produkten? Diese Frage soll nun mittels einer einfaktoriellen Varianzanalyse erforscht werden. Die Skala der abhängigen Variablen, die die Wahrscheinlichkeit für ein zukünftiges Angebot von Hedgefonds-Produkten erfasst, ist intervallskaliert und erstreckt sich von 1 (keinesfalls) bis 4 (ganz sicher). Die unabhängige Variable Banksektoren gibt indessen nominalskalierte Daten wieder. Unter Berufung auf den zentralen Grenzwertsatz kann nur für die Stichprobe Privatbanken keine normalverteilte Grundgesamtheit angenommen werden, da sich diese Gruppe aus weniger als 30 Banken zusammensetzt, wie Tabelle 9.1 entnommen werden kann. Für den Levene-Test ergibt sich ein Signifikanzniveau von 20,7%, so dass homogene Varianzen für die betrachteten Gruppen in der Grundgesamtheit unterstellt werden können. Die Nullhypothese der Varianzanalyse kann zudem mit einer Irrtumswahrscheinlichkeit von 0,000 und einem F-Wert von 18,174 zum 1%-Signifikanzniveau abgelehnt werden. Demnach unterscheiden sich die Mittelwerte signifikant voneinander in der Grundgesamtheit. Private Banken werden zukünftig ganz sicher Hedgefonds-Produkte im Private Banking anbieten, während Sparkassen ziemlich wahrscheinlich an ein Angebot denken. Der Mittelwert für die

Tabelle 9-1: Normalverteilungstest und deskriptive Daten der Stichproben zukünftiges Angebot von Hedgefonds-Produkten und Banksektoren[221]

	Z-Wert	**Signifikanz**	**Anzahl (n)**	**Mittelwert**
Sparkassen-Sektor	1,624	0,010	59	2,93
Privater Bankensektor	2,171	0,000	25	3,60
Genossenschaftlicher Sektor	3,466	0,000	134	2,58
Gesamt			**218**	**2,79**

[221] Eigene Darstellung; Werte basieren auf eigenen Berechnungen.

Genossenschaftsbanken fällt gerade noch in die Antwortkategorie ziemlich wahrscheinlich, weist aber den niedrigsten Wert von allen drei Bankgruppen auf. In erster Linie private Banken werden somit ihren vermögenden Privatkunden zukünftig Hedgefonds-Investments offerieren.

9.1.3 Zukünftiges Angebot von Hedgefonds-Produkten versus verwaltetes Anlagevermögen der Banken

Größere Banken im Hinblick auf das verwaltete Anlagevermögen im Private Banking (Depots plus Einlagen) werden zukünftig mit einer höheren Wahrscheinlichkeit Hedgefonds-Produkte anbieten als ihre kleineren Konkurrenten, wie die Ergebnisse der nun folgenden einfaktoriellen Varianzanalyse zeigen. Die Intervallskala der abhängigen Variablen zukünftiges Angebot von Hedgefonds-Investments erstreckt sich von 1 (keinesfallls) bis 4 (ganz sicher). Die Ordinalskala der abhängigen Variablen verwaltetes Anlagevermögen der Banken, wird von ursprünglich sechs auf vier Antwortklassen reduziert. Für die Stichprobe 3–7 Mrd. Euro Anlagevermögen kann unter Berufung auf den Kolmogorov-Smirnov-Test mit einer Wahrscheinlichkeit von 46,2% eine normalverteilte Grundgesamtheit angenommen werden, wie Tabelle 9-2 verdeutlicht. Für die Stichprobe < 1 Mrd. Euro kann unter Berufung auf den zentralen Grenzwertsatz mit einem Stichprobenumfang von 151 Instituten eine Normalverteilung in der Grundgesamtheit unterstellt werden. Für die Antwortkategorie 1–3 Mrd. Euro gilt dies hingegen nur eingeschränkt, da nur 29 Banken dieser Antwortkategorie zugeordnet werden können. Der zentrale Grenzwertsatz nimmt bei einem Stichprobenumfang von mehr als 30 Merkmalsträgern eine Normalverteilung an. Für die Stichprobe >7 Mrd. Euro kann hingegen nicht von einer normalverteilten Grundgesamtheit ausgegangen werden. Es liegt überdies für die betrachteten Fallgruppen

Tabelle 9-2: Normalverteilungstest und deskriptive Daten der Stichproben zukünftiges Angebot von Hedgefonds-Produkten und verwaltetes Anlagevermögen der Banken[222]

	Z-Wert	Signifikanz	Anzahl (n)	Mittelwert
< 1 Mrd. Euro	3,238	0,000	151	2,66
1 – 3 Mrd. Euro	1,308	0,065	29	3,03
3 – 7 Mrd. Euro	0,852	0,462	8	2,75
> 7 Mrd. Euro	1,837	0,002	12	3,83
Gesamt			**200**	**2,79**

[222] Eigene Darstellung; Werte basieren auf eigenen Berechnungen.

keine Varianzgleichheit in der Grundgesamtheit vor. Das Signifikanzniveau des Levene-Test hat nur einen Wert von 0,002. Der F-Wert der einfaktoriellen Varianzanalyse hat indessen einen Wert von 8,662 bei einer Irrtumswahrscheinlichkeit von 0,000. Es kann somit von unterschiedlichen Mittelwerten ausgegangen werden. Dies gilt jedoch aufgrund der nicht vorliegenden Varianzhomogenität und der teilweisen Nicht-Normalverteilung nur unter Abstrichen. Banken mit >7 Mrd. Euro Anlagevolumen im Private Banking werden ihren Kunden zukünftig ganz sicher Hedgefonds-Produkte offerieren mit einem Mittelwert von 3,83. Die Mittelwerte der übrigen Stichproben liegen deutlich darunter. Für die Banken mit <1 Mrd. Euro ergibt sich sogar nur ein Mittelwert von 2,66.

9.1.4 Zukünftiges Angebot von Hedgefonds-Produkten versus Anlagevermögen der Kunden

Unter Verwendung einer einfaktoriellen Varianzanalyse wird nun untersucht, inwieweit Banken, klassifiziert nach dem durchschnittlichen Anlagevermögen ihrer Kunden, ein zukünftiges Angebot von Hedgefonds-Produkten bewerten. Die aggregierte Ordinalskala der unabhängigen Variablen durchschnittliches Anlagevolumen der Kunden ist in Tabelle 9-3 abgebildet. Die vier Ausprägungen des abhängigen Merkmals zukünftiges Angebot von Hedgefonds-Produkten lauten wie folgt: keinesfalls, wahrscheinlich nicht, ziemlich wahrscheinlich, ganz sicher. Für die Stichproben <200.000 Euro und 200.000–400.000 Euro kann laut zentralem Grenzwertsatz eine normalverteilte Grundgesamtheit angenommen werden. Für die übrigen beiden Gruppen gilt dies hingegen nur unter Abstrichen, da sich beide Stichproben aus weniger als 30 Merkmalsträgern zusammensetzen. Mit einer Wahrscheinlichkeit von 91,6% können hingegen gleiche Varianzen für die Fallgruppen in der Grundgesamt-

Tabelle 9-3: Normalverteilungstest und deskriptive Daten der Stichproben zukünftiges Angebot von Hedgefonds-Produkten und Anlagevermögen der Kunden[223]

	Z-Wert	**Signifikanz**	**Anzahl (n)**	**Mittelwert**
< 200.000 Euro	2,581	0,000	71	2,44
200.000 – 400.000 Euro	1,927	0,001	66	2,79
400.000 – 600.000 Euro	1,343	0,054	27	3,15
> 600.000 Euro	1,724	0,005	29	3,34
Gesamt			**193**	**2,79**

[223] Eigene Darstellung; Werte basieren auf eigenen Berechnungen.

heit angenommen werden. Die Irrtumswahrscheinlichkeit der Varianzanalyse beträgt 0,000 bei einem F-Wert von 11,117. Die Mittelwerte unterscheiden sich somit hoch signifikant voneinander in der Grundgesamtheit. Bei Betrachtung der Mittelwerte kann ein eindeutiger Trend ausgemacht werden. Mit zunehmendem Anlagevermögen steigt die Wahrscheinlichkeit für ein zukünftiges Angebot von Hedgefonds-Investments. Banken mit einem durchschnittlichen Anlagevermögen je Kunde von >600.000 Euro werden ihren Kunden zukünftig ziemlich wahrscheinlich Instrumente dieser alternativen Assetklasse offerieren. Banken mit durchschnittlichen Kundendepots von <200.000 Euro hingegen werden zukünftig wahrscheinlich keine (Dach)-Hedgefonds anbieten.

9.1.5 Zukünftiges Angebot von Hedgefonds-Produkten versus Beratungsaufwand von Hedgefonds-Produkten

Der Zusammenhang zwischen den Merkmalen Beratungsaufwand von Hedgefonds-Produkten und zukünftiges Angebot von Hedgefonds-Produkten wird nun mittels eines χ^2-Tests nach Pearson untersucht. Die Ausprägungen beider Variablen werden von ursprünglich vier auf drei Antwortmöglichkeiten verdichtet, so dass nach der Verdichtung in 22,2% der Zellen der in Tabelle 9-4 dargestellten Kreuztabelle eine

Tabelle 9-4: Kreuztabelle für die Variablen zukünftiges Angebot von Hedgefonds-Produkten und Beratungsaufwand von Hedgefonds-Produkten[224]

		Beratungsaufwand von Hedgefonds-Produkten			
		Weniger aufwendig	**Ziemlich aufwendig**	**Sehr Aufwendig**	**Gesamt**
Zukünftiges Angebot von HFs	**Wahrscheinlich nicht**[225]	4	35	54	93
		28,6%	*36,5%*	*50,5%*	*42,9%*
	Ziemlich wahrscheinlich	5	30	32	67
		35,7%	*31,3%*	*29,9%*	*30,9%*
	Ganz sicher	5	31	21	57
		35,7%	*32,3%*	*19,6%*	*26,3%*
	Gesamt	14	96	107	217
		100%	*100%*	*100%*	*100%*

[224] Eigene Darstellung; Werte basieren auf eigenen Berechnungen.

[225] Wortlaut der Ausprägung: keinesfalls oder wahrscheinlich nicht.

erwartete Häufigkeit kleiner fünf vorkommt. Der Testfunktionswert des Signifikanztests beträgt 6,772 bei einer Irrtumswahrscheinlichkeit von 14,8%. Demnach kann die Nullhypothese nicht zum 10%-Signifikanzniveau abgewiesen werden. Die Zusammenhangmaße Kendall Tau b und c haben Werte von 0,161 und 0,174. Das Gamma deutet mit 0,263 auf einen starken Zusammenhang zwischen den Variablen hin. Bei Analyse der Kreuztabelle fällt auf, dass 50,5% der im Rahmen dieser Studie befragten Banken, die die Beratung von Hedgefonds-Produkten mit sehr aufwendig bewerten, zukünftig derartige Produkte wahrscheinlich nicht anbieten werden. 71,4% (35,7% plus 35,7%) der Häuser, die die Beratung als weniger aufwendig klassifizieren, werden hingegen ziemlich wahrscheinlich oder ganz sicher (Dach)-Hedgefonds im Private Banking anbieten. Banken, die Beratung von Hedgefonds-Produkten als aufwendig empfinden, sehen somit eher von einem zukünftigen Verkauf ab.

9.1.6 Zukünftiges Angebot von Hedgefonds-Produkten versus Anteil der Kunden mit Hedgefonds-Investments im Depot

Banken in Deutschland mit einem größeren Anteil von Kunden, die bereits Hedgefonds-Investments in ihrem Depot haben, werden zukünftig mit einer größeren Wahrscheinlichkeit (Dach)-Hedgefonds anbieten, wie die Ergebnisse des nun folgenden

Tabelle 9-5: Kreuztabelle für die Variablen zukünftiges Angebot von Hedgefonds-Produkten und Anteil der Kunden mit Hedgefonds-Investments im Depot[226]

		Anteil der Kunden mit Hedgefonds-Investments im Depot			
		0%	**< 5%**	**> 5%**	**Gesamt**
Zukünftiges Angebot von HFs	**Wahrscheinlich nicht**[227]	36	57	0	93
		85,7%	*35,8%*	*0,0%*	*42,9%*
	Ziemlich wahrscheinlich	4	63	1	68
		9,5%	*39,6%*	*6,3%*	*31,3%*
	Ganz sicher	2	39	15	56
		4,8%	*24,5%*	*93,8%*	*25,8%*
	Gesamt	42	159	16	217
		100%	*100%*	*100%*	*100%*

[226] Eigene Darstellung; Werte basieren auf eigenen Berechnungen.

[227] Wortlaut der Ausprägung: keinesfalls oder wahrscheinlich nicht.

χ^2-Tests verdeutlichen. Aufgrund der Reduzierung beider Variablen auf drei Ausprägungen ist nur in einer Zelle bzw. 11,1% aller Zellen der in Tabelle 9-5 dargestellten Kreuztabelle eine erwartete Häufigkeit kleiner fünf vorzufinden. Die Nullhypothese des χ^2-Tests kann mit einem Testfunktionswert von 75,683 und einer Irrtumswahrscheinlichkeit von 0,000 zum 1%-Signifikanzniveau zurückgewiesen werden. Die Werte der Zusammenhangmaße deuten auf einen sehr starken Zusammenhang hin. Die Maße Kendall Tau b und c liegen bei 0,472 bzw. 0,370. Das Gamma hat einen Wert von 0,851. Alle Banken dieser Stichprobe, bei denen mehr als 5% der Private Banking-Kunden Hedgefonds-Investments in ihren Depots allokiert haben, werden zukünftig ziemlich wahrscheinlich oder ganz sicher (Dach)-Hedgefonds anbieten. Demgegenüber werden 85,7% der Banken, die bisher noch keine Hedgefonds-Produkte verkauft haben, auch zukünftig wahrscheinlich diese Anlageklasse nicht in ihr Produktprogramm aufnehmen. Demnach haben Häuser, die Hedgefonds bereits in der Vergangenheit angeboten haben, gute Erfahrungen mit diesen Anlagen gemacht und werden sie deshalb auch zukünftig vermögenden Kunden anbieten.

9.1.7 Zukünftiges Angebot von Hedgefonds-Produkten versus Zufriedenheit mit dem bisherigen Hedgefonds-Absatz

Die Abhängigkeit der Variablen zukünftiges Angebot von Hedgefonds-Produkten und Zufriedenheit mit dem bisherigen Hedgefonds-Absatz wird nun mittels eines χ^2-Tests nach Pearson durchgeführt. Das letztgenannte Merkmal dient der Erfassung der Zufriedenheit mit dem bisherigen Hedgefonds-Absatz bei den Banken, die bisher bereits Hedgefonds-Produkte im Vermögenskundensegment verkauft haben. Eine vertiefte Analyse zu dieser Frage wird in Kapitel 10.1.6 auf Seite 158 durchgeführt. Zur Durchführung des χ^2-Tests werden wiederum beide Variablen auf drei Ausprägungen verdichtet, so dass in jeder Zelle der Kreuztabelle die erwartete Häufigkeit größer fünf ist. Die Irrtumswahrscheinlichkeit hat einen Wert von 0,5% bei einem Testfunktionswert von 15,060. Somit kann die Nullhypothese zum 1%-Signifikanzniveau zurückgewiesen werden. Es liegt eine Abhängigkeit der Variablen in der Grundgesamtheit vor. Das Kendall Tau b und c hat einen Wert von 0,266 bzw. 0,252. Das Gamma lässt mit einem Wert von 0,413 auf einen sehr starken Zusammenhang schließen. 66,7% der Banken dieser Stichprobe, die mit dem Absatz bisher ziemlich oder sehr zufrieden sind, werden zukünftig ganz sicher Hedgefonds-Produkte anbieten, wie Tabelle 9-6 entnommen werden kann. Nur 22,9% der Institute hingegen, die bisher mit dem Absatz der (Dach)-Hedgefonds nicht zufrieden sind, werden vermögenden Privatkunden in Zukunft ganz sicher diese Anlageinstrumente empfehlen. Banken in Deutschland, die mit ihrem bisherigen Hedgefonds-Absatz zufrieden sind, werden demzufolge auch zukünftig mehr Hedgefonds-Produkte anbieten als die Banken, die mit dem bisherigen Absatz nicht zufrieden sind.

Tabelle 9-6: Kreuztabelle für die Variablen zukünftiges Angebot von Hedgefonds-Produkten und Zufriedenheit mit dem bisherigen Hedgefonds-Absatz[228]

		Zufriedenheit mit dem bisherigen Hedgefonds-Absatz			
		Nicht zufrieden	**Weniger zufrieden**	**Zufrieden**[229]	**Gesamt**
Zukünftiges Angebot von HFs	**Wahrscheinlich nicht**[230]	19	18	3	40
		39,6%	*23,7%*	*12,5%*	*27,0%*
	Ziemlich wahrscheinlich	18	30	5	53
		37,5%	*39,5%*	*20,8%*	*35,8%*
	Ganz sicher	11	28	16	55
		22,9%	*36,8%*	*66,7%*	*37,2%*
	Gesamt	48	76	24	148
		100%	*100%*	*100%*	*100%*

9.2 Voraussetzungen für ein zukünftiges Angebot von Hedgefonds-Produkten

9.2.1 Theoretischer Hintergrund und Beschreibung der Stichprobe

Den angeschriebenen Banken wurde eine Fragenbatterie mit sieben Teilfragen vorgelegt, die Einflussfaktoren für ein zukünftiges Angebot von Hedgefonds-Produkten enthalten. Die Intervallskalen der Teilfragen mit jeweils vier Ausprägungen erstrecken sich dabei von 1 (keinesfalls) bis 4 (ganz sicher). Die diversen Faktoren sowie Häufigkeitsverteilungen sind in Abbildung 9-2 dargestellt. Mindestens 208 der insgesamt 229 an der Befragung teilnehmenden Häuser haben diese sieben Fragen beantwortet. Die Mittelwerte für die sieben Einflusskriterien lauten dabei wie folgt: steigendes Kundeninteresse (3,27), bessere Performance (3,20), größeres Hedgefonds-Wissen der Kunden (3,08), mehr interne Erfahrung mit Hedgefonds (2,90), Auswahl geeigneter Kooperationspartner (2,80), größere Liquidität (2,77), niedrigere Kosten (2,66). Der Median sowie Modus aller Teilfragen hat einen Wert von drei.

[228] Eigene Darstellung; Werte basieren auf eigenen Berechnungen.
[229] Wortlaut der Ausprägung: ziemlich zufrieden oder sehr zufrieden.
[230] Wortlaut der Ausprägung: keinesfalls oder wahrscheinlich nicht.

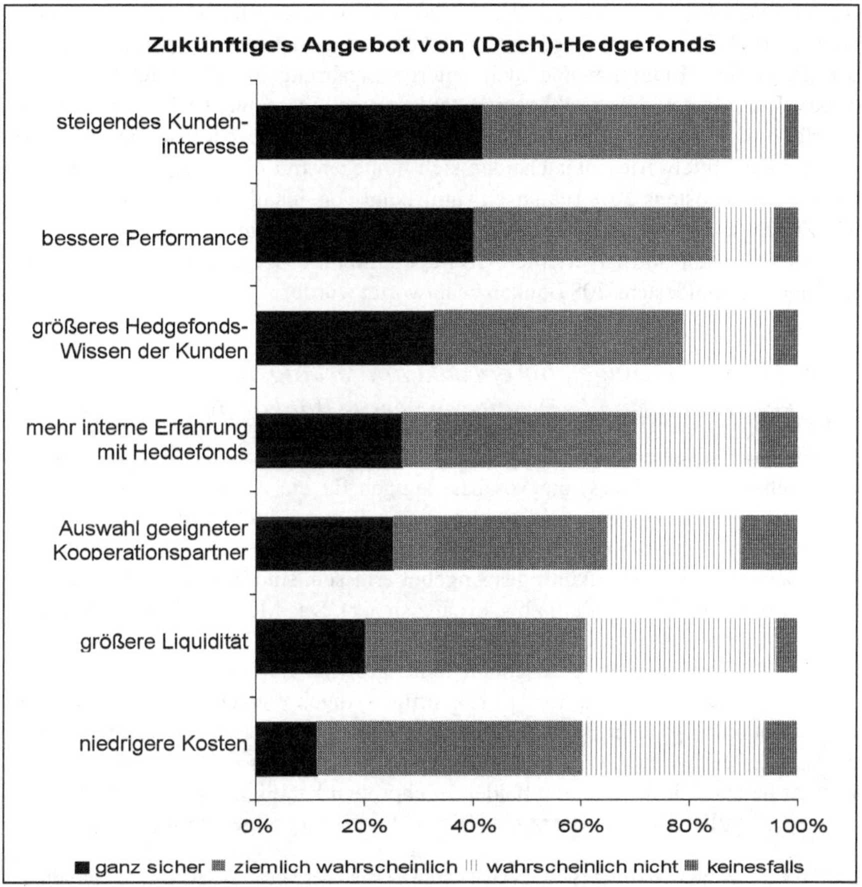

Abb. 9-2: Voraussetzungen für ein zukünftiges Angebot von Hedgefonds-Produkten[231]

Die Banken dieser Befragung werden insbesondere bei steigendem Kundeninteresse sowie besserer Performance dieser Anlageinstrumente Hedgefonds-Investments im Private Banking offerieren. Eher unbedeutend für ein zukünftiges Angebot von Hedgefonds-Produkten sind die Liquiditätseigenschaften und Kostenstrukturen dieser alternativen Assetklasse. Die Mittelwerte folgender Teilfragen unterscheiden sich nicht signifikant voneinander in der Grundgesamtheit bei Anwendung des T-Tests bei gepaarten Stichproben: bessere Performance und größeres Hedgefonds-Wissen der

[231] Eigene Darstellung; Werte basieren auf eigenen Berechnungen.

Kunden (Signifikanzniveau: 0,107), bessere Performance und steigendes Kundeninteresse (0,342), niedrigere Kosten und Auswahl geeigneter Kooperationspartner (0,112), größere Liquidität und mehr interne Erfahrung mit Hedgefonds (0,105), größere Liquidität und Auswahl geeigneter Kooperationspartner (0,949), mehr interne Erfahrung mit Hedgefonds und Auswahl geeigneter Kooperationspartner (0,176). Die übrigen Mittelwerte unterscheiden sich hingegen mit einem Signifikanzniveau von jeweils höchstens 10% statistisch signifikant voneinander in der Grundgesamtheit. Zudem kann für die sieben Stichproben unter Verweis auf den zentralen Grenzwertsatz von einer normalverteilten Grundgesamtheit ausgegangen werden, da jede Teilfrage von mindestens 208 Banken beantwortet wurde.

9.2.2 Voraussetzungen für ein zukünftiges Angebot von Hedgefonds-Produkten versus Bankgruppe

Bewerten die diversen Bankgruppen (Sparkassen, Privatbanken, Banken des genossenschaftlichen Sektors) die Voraussetzungen für ein zukünftiges Angebot von Hedgefonds-Produkten unterschiedlich? Dies soll nun mittels einer einfaktoriellen Varianzanalyse eruiert werden. Die Skala der sieben abhängigen Variablen, die die Voraussetzungen für ein zukünftiges Angebot erfassen, sind intervallskaliert und erstrecken sich von 1 (keinesfalls) bis 4 (ganz sicher). Das Merkmal Bankgruppe hingegen gibt nominalskalierte Daten wieder. Im einem ersten Test wird untersucht, ob die drei Bankgruppen in Deutschland eine größere Liquidität bei Hedgefonds-Produkten als Voraussetzung für ein zukünftiges Angebot unterschiedlich bewerten. In der Stichprobe privater Bankensektor muss eine normalverteilte Grundgesamtheit in Frage gestellt werden, da nur 23 Banken den Fragebogen zu dieser Studie beantwortet haben. Für die anderen beiden Stichproben kann hingegen unter Berufung auf den zentralen Grenzwertsatz eine Normalverteilung angenommen werden, wie

Tabelle 9-7: Normalverteilungstest und deskriptive Daten der Stichproben größere Liquidität als Voraussetzung für ein zukünftiges Angebot von Hedgefonds-Produkten und Banksektoren[232]

Größere Liquidität	Z-Wert	Signifikanz	Anzahl (n)	Mittelwert
Sparkassen-Sektor	1,795	0,003	57	2,93
Privater Bankensektor	1,339	0,055	23	3,22
Genossenschaftlicher Sektor	2,823	0,000	124	2,62
Gesamt			**204**	**2,77**

[232] Eigene Darstellung; Werte basieren auf eigenen Berechnungen.

die Stichprobenumfänge von Tabelle 9-7 verdeutlichen. Für den Levene-Test ergibt sich ein Signifikanzniveau von 10,9%. Die Annahme von identischen Varianzen in der Grundgesamtheit kann hierbei jedoch nicht zweifelsfrei bestätigt werden. Hierfür wäre ein deutlich höherer Wert erforderlich. Der Testfunktionswert der Varianzanalyse beträgt 7,093 bei einer Irrtumswahrscheinlichkeit von nur 0,001. Somit unterscheiden sich die Mittelwerte der drei Banksektoren signifikant voneinander in der Grundgesamtheit. Insbesondere private Banken in Deutschland werden bei größerer Liquidität der Hedgefonds-Produkte zukünftig ziemlich wahrscheinlich (Dach)-Hedgefonds anbieten. Für die anderen Institutionen hängt indessen ein zukünftiges Angebot von Hedgefonds-Investments weniger von den Liquiditätseigenschaften ab. Daraus kann impliziert werden, dass private Banken in Deutschland bei Hedgefonds-Produkten eine größere Liquidität wünschen.

Die drei Banksektoren in Deutschland bewerten ein steigendes Kundeninteresse als Voraussetzung für ein zukünftiges Angebot von Hedgefonds-Produkten unterschiedlich. Genossenschaftsbanken sehen das Kundeninteresse wichtiger an als Sparkassen und Privatbanken, wie die Mittelwerte von Tabelle 9-8 zeigen. Für die Banken dieser Studie ist ein steigendes Kundeninteresse der am meisten ausschlaggebende Punkt für ein zukünftiges Hedgefonds-Angebot, wie Abbildung 9-2 auf Seite 119 verdeutlicht. Es wird allerdings auch erkennbar, dass private Banken im Vergleich zu den anderen beiden Gruppen am wenigsten über zu geringes Kundeninteresse klagen. Das Signifikanzniveau dieser Varianzanalyse beträgt 7,6% bei einem F-Wert von 2,609. Mit einer Wahrscheinlichkeit von 22,2% sind zudem die Varianzen der Fallgruppen in der Grundgesamtheit identisch. Es kann überdies für alle drei Variablen eine normalverteilte Grundgesamtheit angenommen werden. Die Stichproben für die Sparkassen und Genossenschaftsbanken setzten sich jeweils aus mehr als 30 Instituten zusammen und für den privaten Bankensektor generiert der Kolmogorov-Smirnov-Normalverteilungstest ein Signifikanzniveau von 21,8%.

Tabelle 9-8: Normalverteilungstest und deskriptive Daten der Stichproben steigendes Kundeninteresse als Voraussetzung für ein zukünftiges Angebot von Hedgefonds-Produkten und Banksektoren[233]

Steigendes Kundeninteresse	Z-Wert	Signifikanz	Anzahl (n)	Mittelwert
Sparkassen-Sektor	2,208	0,000	58	3,17
Privater Bankensektor	1,052	0,218	23	3,04
Genossenschaftlicher Sektor	3,286	0,000	128	3,36
Gesamt			**209**	**3,27**

[233] Eigene Darstellung; Werte basieren auf eigenen Berechnungen.

Vor allem Sparkassen und Genossenschaftsbanken werden zukünftig bei mehr interner Erfahrung mit Hedgefonds derartige Produkte anbieten, wie die Mittelwerte von Tabelle 9-9 verdeutlichen. Private Banken haben anscheinend am meisten interne Erfahrung mit Hedgefonds, da sie diesen Einflussfaktor im Vergleich zu den anderen Bankinstitutionen am niedrigsten bewerten. Das Signifikanzniveau des Levene-Tests, der die Varianzhomogenität misst, liegt bei 46,8%. Für alle drei Stichproben kann zudem von einer normalverteilten Grundgesamtheit ausgegangen werden. Mehr als 30 Sparkassen sowie Genossenschaftsbanken haben an dieser Befragung teilgenommen. In der Stichprobe private Banken kann mit einer Wahrscheinlichkeit von 29,7% eine normalverteilte Grundgesamtheit angenommen werden. Der oben beschriebene Zusammenhang überschreitet allerdings mit einer Irrtumswahrscheinlichkeit von 14,3% das 10%-Signifikanzniveau.

Tabelle 9-9: Normalverteilungstest und deskriptive Daten der Stichproben mehr interne Erfahrung mit Hedgefonds als Voraussetzung für ein zukünftiges Angebot von Hedgefonds-Produkten und Banksektoren[234]

Mehr interne Erfahrung mit Hedgefonds	Z-Wert	Signifikanz	Anzahl (n)	Mittelwert
Sparkassen-Sektor	1,716	0,006	57	2,98
Privater Bankensektor	0,975	0,297	23	2,57
Genossenschaftlicher Sektor	2,970	0,000	128	2,92
Gesamt			**208**	**2,90**

Für die übrigen Variablen kann nicht von signifikant verschiedenen Mittelwerten in der Grundgesamtheit ausgegangen werden. Die Irrtumswahrscheinlichkeiten haben hierbei Werte von mindestens 26%.

9.2.3 Voraussetzungen für ein zukünftiges Angebot von Hedgefonds-Produkten versus verwaltetes Anlagevermögen der Banken

Im Rahmen der nun folgenden einfaktoriellen Varianzanalysen soll untersucht werden, inwieweit Banken, klassiert nach dem insgesamt im Private Banking betreuten Anlagevolumen (Depots plus Einlagen), die diversen Voraussetzungen für ein zukünftiges Angebot von Hedgefonds-Produkten bewerten. Die Ordinalskala der unabhängigen Variablen, die das Anlagevolumen der Banken erfasst, wird von ursprüng-

[234] Eigene Darstellung; Werte basieren auf eigenen Berechnungen.

lich sechs auf vier Antwortklassen reduziert. Der erste Test dient der Untersuchung der Mittelwerte des Merkmals größere Liquidität. Für alle vier Stichproben kann eine normalverteilte Grundgesamtheit angenommen werden. Bei den Variablen <1 Mrd. Euro und 1–3 Mrd. Euro sind die Stichproben entsprechend groß und bei den anderen beiden Variablen lassen die Signifikanzniveaus des Kolmogorov-Smirnov-Test auf eine Normalverteilung schließen, wie Tabelle 9-10 entnommen werden kann. Zudem liegt mit einer Wahrscheinlichkeit von 82,1% Varianzhomogenität vor. Der F-Wert der Varianzanalyse beträgt 4,634 bei einem Alpha von 0,4%. Die Mittelwerte unterscheiden sich somit hoch signifikant voneinander in der Grundgesamtheit. Bei Betrachtung der Mittelwerte fällt zudem auf, dass ein eindeutiger Zusammenhang zwischen den beiden Variablen vorliegt. Mit zunehmendem Gesamtanlagevolumen im Private Banking ist eine größere Liquidität wichtiger für ein zukünftiges Angebot von Hedgefonds-Produkten.

Tabelle 9-10: Normalverteilungstest und deskriptive Daten der Stichproben größere Liquidität als Voraussetzung für ein zukünftiges Angebot von Hedgefonds-Produkten und verwaltetes Anlagevermögen der Banken[235]

Größere Liquidität	Z-Wert	Signifikanz	Anzahl (n)	Mittelwert
< 1 Mrd. Euro	2,837	0,000	142	2,66
1- 3 Mrd. Euro	1,190	0,117	30	2,97
3 – 7 Mrd. Euro	0,852	0,462	8	3,25
> 7 Mrd. Euro	0,935	0,346	11	3,36
Gesamt			**191**	**2,77**

In einer weiteren Varianzanalyse wird der Zusammenhang zwischen den Variablen niedrigere Kosten für Kunden als Voraussetzung für ein zukünftiges Angebot von Hedgefonds-Produkten und verwaltetes Anlagevermögen der Banken ermittelt. Für die Stichproben <1 Mrd. Euro und 1–3 Mrd. Euro kann unter Verweis auf den zentralen Grenzwertsatz von einer normalverteilten Grundgesamtheit ausgegangen werden, da jeweils mindestens 30 Banken diesen Antwortklassen zugeordnet werden können, wie Tabelle 9-11 entnommen werden kann. Mit einer Wahrscheinlichkeit von 63,7% ist überdies die Stichprobe 3–7 Mrd. Euro in der Grundgesamtheit normalverteilt. Dieser Wert spiegelt das Signifikanzniveau des Kolmogorov-Smirnov-Normalverteilungstests wieder. Einzig für die Stichprobe >7 Mrd. Euro kann jedoch keine Normalverteilung angenommen werden. Es kann ferner mit einer Wahrscheinlichkeit von 44,5% von gleichen Varianzen in allen Fallgruppen der Grundgesamtheit

[235] Eigene Darstellung; Werte basieren auf eigenen Berechnungen.

ausgegangen werden. Der F-Wert der Varianzanalyse hat einen Wert von 4,037 bei einem Signifikanzniveau von 0,008. Demnach kann die Nullhypothese zum 1%-Signifikanzniveau abgelehnt werden. Die Mittelwerte unterscheiden sich in der Grundgesamtheit somit signifikant voneinander. Größere Banken sehen die aktuellen Gebühren bei (Dach)-Hedgefonds eher als Hindernis für ein zukünftiges Angebot von Hedgefonds-Produkten an als ihre kleineren Konkurrenten. Nicht berücksichtigt wird hierbei die Stichprobe >7 Mrd. Euro, da hier keine normalverteilte Grundgesamtheit angenommen werden kann. Die diversen Gebührensätze bei Hedgefonds-Investments haben insbesondere bei Häusern mit <1 Mrd. Euro Gesamtanlagevolumen im Private Banking einen geringeren Einfluss auf ein zukünftiges Angebot.

Tabelle 9-11: Normalverteilungstest und deskriptive Daten der Stichproben niedrigere Kosten als Voraussetzung für ein zukünftiges Angebot von Hedgefonds-Produkten und verwaltetes Anlagevermögen der Banken[236]

Niedrigere Kosten für Kunden	Z-Wert	Signifikanz	Anzahl (n)	Mittelwert
< 1 Mrd. Euro	3,541	0,000	144	2,59
1 – 3 Mrd. Euro	1,095	0,181	30	3,00
3 – 7 Mrd. Euro	0,744	0,637	8	3,25
> 7 Mrd. Euro	1,329	0,058	11	2,64
Gesamt			**193**	**2,68**

9.2.4 Voraussetzungen für ein zukünftiges Angebot von Hedgefonds-Produkten versus Anlagevermögen der Kunden

Zur Untersuchung des Zusammenhangs zwischen der abhängigen Variablen steigendes Kundeninteresse als Voraussetzung für ein zukünftiges Angebot von Hedgefonds-Produkten und dem Faktor durchschnittliches Anlagevermögen der Kunden wird eine einfaktorielle Varianzanalyse herangezogen. Die Ordinalskala der unabhängigen Variablen wird aus Vereinfachungsgründen von sechs auf vier Antwortklassen verdichtet. Für die Stichproben <200.000 Euro und 200.000–400.000 Euro liegt unter Berufung auf den zentralen Grenzwertsatz eine normalverteilte Grundgesamtheit vor, wie die Stichprobenumfänge von Tabelle 9-12 verdeutlichen. Für die anderen beiden Antwortklassen hingegen kann weder nach dem zentralen Grenzwertsatz noch nach dem Signifikanzniveau des Kolmogorov-Smirnov-Test eine Normalverteilung angenommen werden. Für den Levene-Test ergibt sich ein Signifikanz-

[236] Eigene Darstellung; Werte basieren auf eigenen Berechnungen.

niveau von 0,987. Somit sind die Varianzen in der Grundgesamtheit in allen Fallgruppen identisch. Allerdings kann die Nullhypothese der Varianzanalyse mit einer Irrtumswahrscheinlichkeit von 18,6% nicht zum 10%-Signifikanzniveau zurückgewiesen werden. Der F-Wert beträgt 1,619. Bei Betrachtung der Stichprobenmittelwerte fällt jedoch auf, dass insbesondere Banken mit weniger vermögenden Privatkunden bei steigendem Kundeninteresse zukünftig verstärkt Hedgefonds-Produkte anbieten werden.

Tabelle 9-12: Normalverteilungstest und deskriptive Daten der Stichproben steigendes Kundeninteresse als Voraussetzung für ein zukünftiges Angebot von Hedgefonds-Produkten und Anlagevermögen der Kunden[237]

Steigendes Kundeninteresse	Z-Wert	Signifikanz	Anzahl (n)	Mittelwert
< 200.000 Euro	2,603	0,000	69	3,43
200.000 – 400.000 Euro	2,010	0,001	65	3,25
400.000 – 600.000 Euro	1,369	0,047	26	3,15
> 600.000 Euro	1,432	0,033	27	3,15
Gesamt			**187**	**3,29**

9.2.5. *Voraussetzungen für ein zukünftiges Angebot von Hedgefonds-Produkten versus zukünftiges Angebot von Hedgefonds-Produkten*

9.2.5.1 Multiple lineare Regressionsanalyse

Mittels einer multiplen linearen Regressionsanalyse soll nun untersucht werden, inwieweit die im Fragebogen genannten Voraussetzungen für ein zukünftiges Angebot von Hedgefonds-Produkten einen Einfluss haben auf das zukünftige Angebot. Die Skala des intervallskalierten Regressanden erstreckt sich von 1 (keinesfalls) bis 4 (ganz sicher). Die diversen exogenen Merkmale (Regressoren) weisen ebenfalls eine Intervallskala auf. Die Skalen der unabhängigen Variablen werden umkodiert, da die Regressoren ansonsten einen negativen Einfluss auf die Wahrscheinlichkeit für das zukünftige Angebot von Hedgefonds-Produkten haben. Die ursprüngliche Zusammensetzung der Skala ist folgendermaßen: 1 (keinesfalls), 2 (wahrscheinlich nicht), 3 (ziemlich wahrscheinlich), 4 (ganz sicher). Die Ausprägungen aller sieben unabhängigen Variablen lauten nach der Umkodierung wie folgt: 4 (keinesfalls), 3 (wahrscheinlich nicht), 2 (ziemlich wahrscheinlich), 1 (ganz sicher). Für die Schät-

[237] Eigene Darstellung; Werte basieren auf eigenen Berechnungen.

zung der Regressionsfunktion werden zunächst alle sieben Regressoren herangezogen. Die exogenen Variablen mit der höchsten Irrtumswahrscheinlichkeit werden indessen fortan ausgeschlossen, so dass die endgültige Regressionsfunktion nur drei unabhängige Variablen besitzt. Die Regressionsfunktion kann dabei folgendermaßen spezifiziert werden:

$$\mathbf{\hat{Y}_A = 2{,}423 + 0{,}109\ X_K + 0{,}136\ X_E - 0{,}085\ X_P}$$

mit

$\hat{Y}_A$: Schätzung der abhängigen Variablen Y (zukünftiges Angebot)

Unabhängige Variablen:

X_K: niedrigere Kosten für Kunden
X_E: mehr interne Erfahrung mit Hedgefonds
X_P: Auswahl geeigneter Kooperationspartner.

Das Bestimmtheitsmaß (R^2), das die Anpassung der Regressionsfunktion an die Daten dieser Stichprobe erfasst, hat einen Wert von nur 0,030. Demzufolge können nur 3% der gesamten Streuung durch die drei Regressoren erklärt werden. Die abhängige Variable hängt somit vorwiegend von nicht in dieser Funktion berücksichtigten Merkmalen ab. Der Wert des korrigierten R^2 beträgt 0,015. Mittels eines F-Tests wird nun die Gültigkeit der Regressionsfunktion für die Grundgesamtheit überprüft. Die Nullhypothese, die Werte von null für die Regressionskoeffizienten in der Grundgesamtheit annimmt und somit von keinem Zusammenhang ausgeht, kann mit einem Testfunktionswert von 2,058 und einer Irrtumswahrscheinlichkeit von 10,7% nur knapp nicht mehr zum 10%-Signifikanzniveau verworfen werden. Die berücksichtigten Regressoren haben demnach durchaus einen signifikanten Einfluss auf das zukünftige Angebot von Hedgefonds-Produkten bei Banken in Deutschland. Im Rahmen eines T-Test werden nun die Konstante und die drei Regressionskoeffizienten einzeln überprüft. Die Forschungshypothese besagt dabei, dass der Koeffizient nicht den Wert null hat und somit eine Kausalbeziehung vorliegt. Für die Konstante liegt ein hoch signifikanter Zusammenhang vor, wie das Alpha von Tabelle 9-13 verdeutlicht.

Der Einfluss der Variablen mehr interne Erfahrung mit Hedgefonds ist ebenfalls signifikant. Banken in Deutschland, die interne Erfahrung mit Hedgefonds besitzen, werden zukünftig mit einer größeren Wahrscheinlichkeit Hedgefonds-Investments anbieten. Für diese Häuser hängt ein zukünftiges Angebot nicht mehr von der internen Erfahrung ab und somit bewerten sie die Frage mehr interne Erfahrung mit Hedgefonds als Voraussetzung für ein zukünftiges Angebot mit keinesfalls oder wahrscheinlich nicht. Der Einfluss des Regressionskoeffizienten niedrigere Kosten für Kunden ist hingegen mit einer Irrtumswahrscheinlichkeit von 16,4% nicht mehr

Tabelle 9-13: T-Test der Konstante sowie Regressionskoeffizienten[238]

	T-Wert	Signifikanz
Konstante	9,838	0,000
Niedrigere Kosten für Kunden (X_K)	1,397	0,164
Mehr interne Erfahrung mit Hedgefonds (X_E)	1,912	0,057
Auswahl geeigneter Kooperationspartner (X_P)	-1,265	0,207

signifikant zum 10%-Niveau. Banken, die niedrigere Kosten für Kunden als Voraussetzung für ein zukünftiges Angebot einstufen, werden mit einer geringeren Wahrscheinlichkeit Hedgefonds-Produkte offerieren als die Häuser, die die Kosten von (Dach)-Hedgefonds nicht als Hindernis sehen. Die Irrtumswahrscheinlichkeit des dritten Koeffizienten liegt hingegen nur bei 20,7%. Es kann demnach für die Variable Kooperationspartner kein signifikanter Zusammenhang in der Grundgesamtheit angenommen werden.

Im nun Folgenden werden die diversen Modellprämissen (keine Autokorrelation, keine Multikollinearität, Normalverteilung und Homoskedastizität der Störgrößen) der linearen Regression überprüft. So wird zum einen gefordert, dass die Residuen in der Grundgesamtheit unkorreliert sind. Zur Überprüfung der sog. Autokorrelation wird der Durbin/Watson-Test verwendet.[239] Für diesen Test ergibt sich hierbei ein empirischer Wert von 2,005. Dieser Wert kann grundsätzlich Werte zwischen null und vier annehmen. Bei einem Wert von zwei liegt keine Autokorrelation vor. Je mehr sich jedoch der empirische Wert vom Wert zwei entfernt, desto größer ist das Ausmaß der Autokorrelation.[240] Die Residuen dieses Regressionsmodells sind somit unkorreliert. Es wird überdies gefordert, dass die Regressoren nicht exakt linear abhängig sind. Hierfür wird die sog. Toleranz herangezogen, die für jeden Regressionskoeffizienten einzeln berechnet wird. Bei diesem Maß wird der Wert eins um das Bestimmtheitsmaß (R^2) jeder unabhängigen Variablen auf die übrigen unabhängigen Variablen vermindert. Hohe R^2-Werte bzw. niedrige Toleranzen deuten auf Multikollinearität hin.[241] Die Toleranz-Werte der Koeffizienten niedrigere Kosten (0,996), mehr interne Erfahrung (0,857) und Auswahl geeigneter Kooperationspartner (0,859) deuten nur auf geringe lineare Abhängigkeit zwischen den unabhängigen Variablen hin. Die geforderte Normalverteilung der Störgrößen ist nur für den im

[238] Eigene Darstellung; Werte basieren auf eigenen Berechnungen.

[239] Vgl. Backhaus/Erichson/Plinke/Weiber (2005), S. 88 f. und S. 102 f.

[240] Vgl. Brosius (2004), S. 584.

[241] Vgl. Backhaus/Erichson/Plinke/Weiber (2005), S. 89 ff.

Rahmen der Prüfung der Regressionsfunktion durchgeführten F-Test sowie T-Test von Belang.[242] Das in Abbildung 9-3 dargestellte Histogramm der Residuen verdeutlicht die Abweichung der Residuen von der Normalverteilung. Die glockenförmige Linie repräsentiert dabei eine Normalverteilung, während die Säulen die Häufigkeiten der Residuen wiedergeben. Auch bei Betrachtung von Abbildung 9-4 fällt auf, dass die Residuen (dargestellt durch die Punkte) deutlich von der kumulierten Normalverteilung (dargestellt durch die Gerade) abweichen. Bei Vorliegen von Normalverteilung der Residuen müssten alle Punkte auf der Gerade liegen.[243] Aufgrund der 205 Beobachtungswerte in dieser Stichprobe sind jedoch die Kleinst-Quadrate-Schätzer unter Verweis auf den zentralen Grenzwertsatz normalverteilt und somit sind auch die Signifikanztests (F-bzw. T-Test) gültig, obgleich die Störgrößen nicht normalverteilt sind.[244]

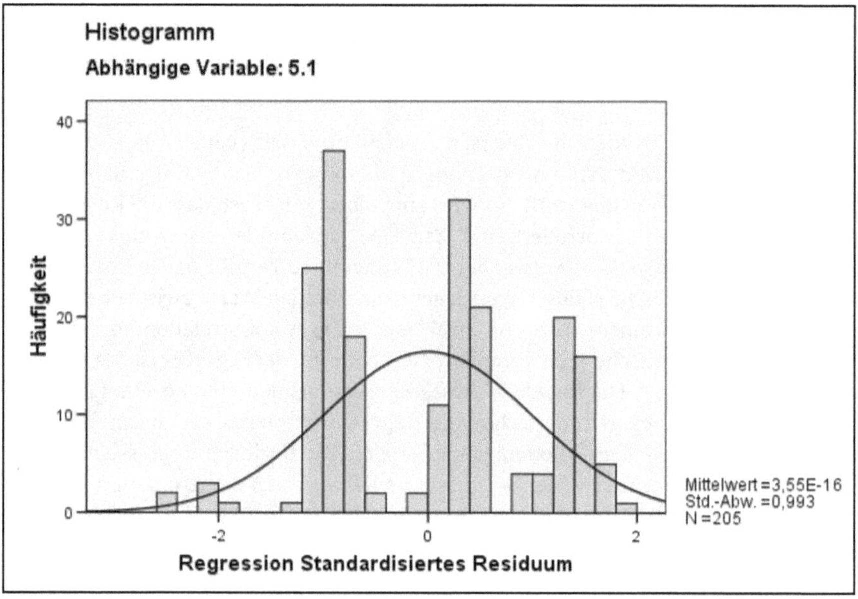

Abb. 9-3: Histogramm der Residuen[245]

[242] Vgl. Backhaus/Erichson/Plinke/Weiber (2005), S. 92 f.

[243] Vgl. Brosius (2004), S. 580 ff.

[244] Vgl. Backhaus/Erichson/Plinke/Weiber (2005), S. 92 f.

[245] Eigene Darstellung; Werte basieren auf eigenen Berechnungen.

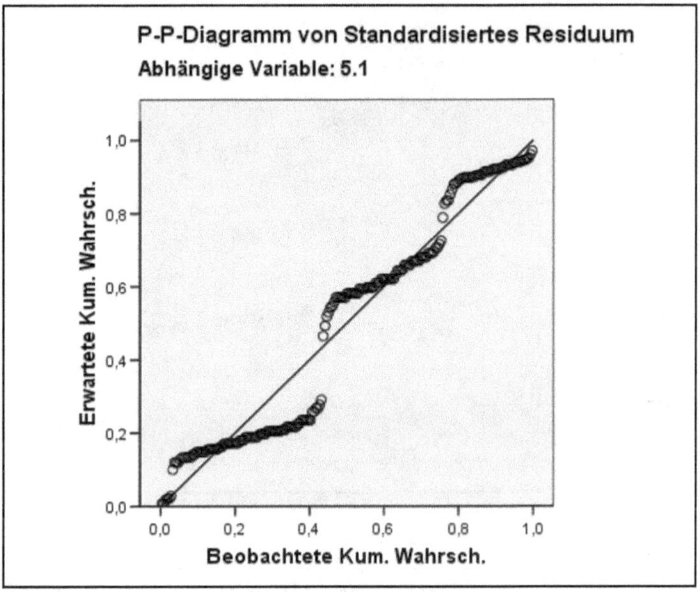

Abb. 9-4: Normalverteilungsplot der Residuen[246]

Zur Prüfung der Prämisse Homoskedastizität der Störgrößen wird das in Abbildung 9-5 (s. S. 129) illuminierte Streudiagramm verwendet. Es wird hierbei verlangt, dass die Varianzen für verschiedene Prognosewerte der abhängigen Variablen identisch sind. Für den vorliegenden Fall kann nicht zweifelsfrei von Homoskedastizität ausgegangen werden.[247]

Zusammenfassend kann festgehalten werden, dass das vorliegende Modell mit einer Irrtumswahrscheinlichkeit von 10,7% als signifikant angesehen werden kann, obgleich es nur einen geringen Teil der Wahrscheinlichkeit für ein zukünftiges Angebot von Hedgefonds-Produkten erklären kann. Hoch signifikant erweist sich wiederum der Regressor interne Erfahrung mit Hedgefonds-Produkten. Gerade Banken, die bisher intern noch kein profundes Wissen zu Hedgefonds aufgebaut haben, werden auch zukünftig höchstwahrscheinlich keine Hedgefonds-Produkte im Private Banking offerieren. Kreditinstitute mit bereits vorhandener interner Hedgefonds-Erfahrung werden indessen zukünftig bei Hedgefonds-Investments vermehrt aktiv werden.

246 Eigene Darstellung; Werte basieren auf eigenen Berechnungen.

247 Vgl. Backhaus/Erichson/Plinke/Weiber (2005), S. 85 ff.

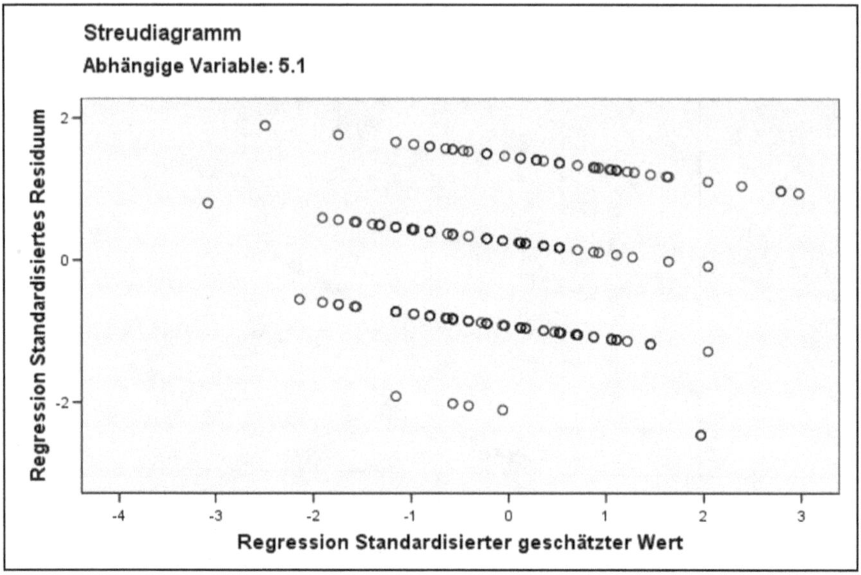

Abb. 9-5: Streudiagramm zur Überprüfung der Homoskedastizität der Residuen[248]

9.2.5.2 χ^2-Tests

Die interne Erfahrung von Hedgefonds hat einen signifikanten Einfluss auf das zukünftige Angebot von Hedgefonds-Produkten bei Banken in Deutschland, wie die Ergebnisse der multiplen linearen Regressionsanalyse von Kapitel 9.2.5.1 auf Seite 125 zeigen. Dies bestätigt auch der χ^2-Test nach Pearson für die intervallskalierten Variablen interne Erfahrung mit Hedgefonds und zukünftiges Angebot von Hedgefonds-Produkten. Die Variable zukünftiges Angebot von Hedgefonds-Produkten wird von vier auf drei Antwortmöglichkeiten verdichtet. Nun ist nur in 16,7% der Zellen der in Tabelle 9-14 dargestellten Kreuztabelle die erwartete Häufigkeit kleiner fünf.

Das Konfidenzniveau des χ^2-Tests beträgt 99,7% bei einem Testfunktionswert von 19,679. Somit liegt eine Abhängigkeit der Variablen in der Grundgesamtheit vor. Die Zusammenhangmaße Kendall Tau b und c liegen bei 0,101 bzw. 0,100. Das Gamma signalisiert mit einem Wert von 0,150 einen schwachen Zusammenhang zwischen den beiden Merkmalen. 40% der befragten Banken in Deutschland, die über interne Erfahrung mit Hedgefonds verfügen und diese Voraussetzung für ein zukünftiges Angebot mit keinesfalls bewerten, werden zukünftig ganz sicher (Dach)-Hedgefonds im

---

[248] Eigene Darstellung; Werte basieren auf eigenen Berechnungen.

Tabelle 9-14: Kreuztabelle für die Variablen zukünftiges Angebot von Hedgefonds-Produkten und mehr interne Erfahrung mit Hedgefonds als Voraussetzung für ein zukünftiges Angebot von Hedgefonds-Produkten[249]

		Mehr interne Erfahrung mit Hedgefonds als Voraussetzung				
		Keinesfalls	**Wahrsch. nicht**	**Ziemlich wahrsch.**	**Ganz sicher**	**Gesamt**
Zukünftiges Angebot von HFs	**Wahrscheinlich nicht**[250]	8	21	35	28	92
		53,3%	*44,7%*	*38,5%*	*49,1%*	*43,8%*
	Ziemlich wahrscheinlich	1	8	37	22	68
		6,7%	*17,0%*	*40,7%*	*38,6%*	*32,4%*
	Ganz sicher	6	18	19	7	50
		40,0%	*38,3%*	*20,9%*	*12,3%*	*23,8%*
	Gesamt	15	47	91	57	210
		100,0%	*100,0%*	*100,0%*	*100,0%*	*100,0%*

Private Banking offerieren. Demgegenüber werden nur 20,9% bzw. 12,3% der befragten Banken, die wenig bzw. gar keine Erfahrung zu Hedgefonds haben, zukünftig ganz sicher Hedgefonds-Investments anbieten. Somit werden zukünftig in erster Linie diese Banken (Dach)-Hedgefonds verkaufen, die sich bereits intern intensiver mit Hedgefonds beschäftigt haben und mit den diversen Hedgefonds-Produktspezifika vertraut sind.

Die Variable steigendes Kundeninteresse als Voraussetzung für ein zukünftiges Angebot von Hedgefonds-Produkten hat keinen statistisch signifikanten Einfluss auf das zukünftige Angebot von Hedgefonds-Produkten im Rahmen der multiplen linearen Regression, wie in Kapitel 9.2.5.1 auf Seite 125 erläutert wird. Aus diesem Grunde wird sie auch aus der Resgressionsfunktion ausgeschlossen. Bei Verwendung des χ^2-Tests hingegen kann ein statistisch nachweisbarer Zusammenhang festgestellt werden. Der χ^2-Test führt bei intervallskalierten Daten wie im vorliegenden Fall zu einem Informationsverlust und ist demzufolge weniger streng als beispielsweise die Regressionsanalyse. Somit kann mit einem Kontingenztest viel leichter ein signifikantes Ergebnis erzeugt werden.[251] Für den nun folgenden χ^2-Test werden die Aus-

[249] Eigene Darstellung; Werte basieren auf eigenen Berechnungen.

[250] Wortlaut der Ausprägung: keinesfalls oder wahrscheinlich nicht.

[251] Vgl. Backhaus/Erichson/Plinke/Weiber (2005), S. 231.

prägungen beider Merkmale von vier auf drei subsumiert, so dass nach der Verdichtung in keiner Zelle eine erwartete Häufigkeit kleiner fünf vorkommt. Die Irrtumswahrscheinlichkeit des Signifikanztests beträgt 3,8% bei einem Testfunktionswert von 10,151. Es kann somit von einer Abhängigkeit der betrachteten Variablen in der Grundgesamtheit ausgegangen werden. Das Zusammenhangmaß Gamma deutet mit einem Wert von 0,295 auf einen starken Zusammenhang hin. Das Kendall Tau b und c hat einen Wert von 0,186 bzw. 0,174. 36% der Banken dieser Stichprobe, bei denen die Kunden Interesse an Hedgefonds haben und steigendes Kundeninteresse nicht mehr erforderlich ist für eine zukünftige Offerte, werden im Private Banking zukünftig ganz sicher Hedgefonds-Investments anbieten, wie Tabelle 9-15 illustriert. Bei den Häusern hingegen, die sich über mangelndes Kundeninteresse beklagen, beträgt der Anteil für den gleichen Sachverhalt nur 14,6%. Bei steigendem Kundeninteresse werden somit auch vermehrt (Dach)-Hedgefonds in die Produktpalette aufgenommen. Hierbei sollte jedoch auch bedacht werden, dass gerade bei Privatkunden das Interesse für neue Anlagemöglichkeiten in erster Linie über die Anlageberater der Banken geweckt wird. Somit können die Berater direkt Einfluss auf das Anlageverhalten ihrer Kunden nehmen und sind diesem nicht passiv ausgesetzt.

Tabelle 9-15: Kreuztabelle für die Variablen zukünftiges Angebot von Hedgefonds-Produkten und steigendes Kundeninteresse als Voraussetzung für ein zukünftiges Angebot von Hedgefonds-Produkten[252]

		Steigendes Kundeninteresse als Voraussetzung			
		Wahrsch. nicht[253]	**Ziemlich wahrsch.**	**Ganz sicher**	**Gesamt**
Zukünftiges Angebot von HFs	**Wahrscheinlich nicht**[254]	9	35	48	92
		36,0%	*36,1%*	*53,9%*	*43,6%*
	Ziemlich wahrscheinlich	7	33	28	68
		28,0%	*34,0%*	*31,5%*	*32,2%*
	Ganz sicher	9	29	13	51
		36,0%	*29,9%*	*14,6%*	*24,2%*
	Gesamt	25	97	89	211
		100%	*100%*	*100%*	*100%*

[252] Eigene Darstellung; Werte basieren auf eigenen Berechnungen.
[253] Wortlaut der Ausprägung: keinesfalls oder wahrscheinlich nicht.
[254] Wortlaut der Ausprägung: keinesfalls oder wahrscheinlich nicht.

9.3 Angebot von diversen Strategievarianten

9.3.1 Angebot von Single- bzw. Multi-Manager/Strategie-Produkten

9.3.1.1 Theoretischer Hintergrund und Beschreibung der Stichprobe

Die im Rahmen dieser Studie angeschriebenen Banken wurden ferner befragt, ob sie ihren Kunden zukünftig Single-Hedgefonds, Multi-Strategie Dach-Hedgefonds sowie Dach-Hedgefonds mit nur einer Strategie offerieren werden. Die Kardinalskalen für diese drei Teilfragen mit jeweils vier Ausprägungen erstrecken sich von 1 (keinesfalls) bis vier (ganz sicher). 88% der befragten Institute werden zukünftig ganz sicher oder ziemlich wahrscheinlich Multi-Strategie Dach-Hedgefonds anbieten, wie aus Abbildung 9-6 hervorgeht. Diese Teilfrage wurde von 214 Häusern beantwortet. Der Mittelwert hierzu beträgt 3,24 bei einem Median und Modus von drei. Nur 27% der Banken dieser Studie werden zukünftig im Private Banking Dachfonds mit nur einer Strategie (Single-Strategy Dach-Hedgefonds) vertreiben. Beantwortet wurde diese Teilfrage von 207 Kreditinstituten. Für den Mittelwert ergibt sich ein Wert von 2,03 bei einem Median und Modalwert von zwei. 206 Banken haben die Frage zum Angebot von Single-Hedgefonds beantwortet. Der Mittelwert dieser Stichprobe liegt bei 1,70 bei einem Median von zwei und einem Modalwert von eins.

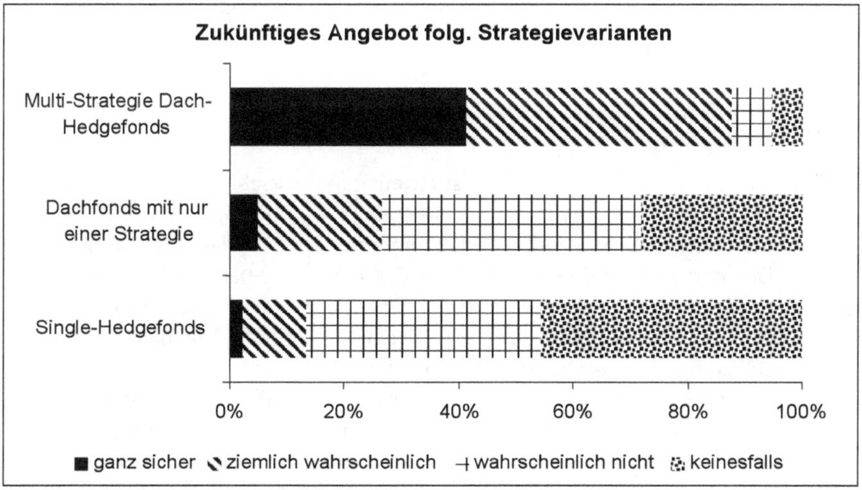

Abb. 9-6: Zukünftiges Angebot von Multi-Strategie Dach-Hedgefonds, Dachfonds mit nur einer Strategie und Single-Hedgefonds[255]

[255] Eigene Darstellung; Werte basieren auf eigenen Berechnungen.

Nur 14% der befragten Häuser werden ihren Kunden zukünftig ziemlich wahrscheinlich oder ganz sicher Single-Hedgefonds anbieten. Dieser niedrige Wert kann zum einen auf die im Gegensatz zu Dach-Hedgefonds erhöhte Risikostruktur von Single-Hedgefonds zurückgeführt werden und zum anderen auf den nicht zulässigen öffentlichen Vertrieb von Single-Hedgefonds, wie in Kapitel 5.2.1 auf Seite 37 beschrieben wird.

Die Mittelwerte für diese drei Teilfragen unterscheiden sich dabei signifikant voneinander in der Grundgesamtheit. Die Signifikanzniveaus der drei T-Tests bei gepaarten Stichproben liegen jeweils bei 0,000. Mit einem Stichprobenumfang von jeweils mindestens 206 Merkmalsträgern kann überdies für die drei Stichproben eine normalverteilte Grundgesamtheit angenommen werden. Zusammenfassend kann festgehalten werden, dass Banken in Deutschland zukünftig in erster Linie Multi-Strategie Dach-Hedgefonds im Vermögenskundensegment anbieten werden. Demnach befinden sich deutsche Banken noch in einer frühen Hedgefonds-Entwicklungsphase. Grundsätzlich können drei Hedgefonds-Entwicklungsstufen festgemacht werden. In der ersten evolutionären Phase werde erste Investments in Hedgefonds getätigt. Hierzu bedienen sich Investoren aufgrund des noch rudimentären Hedgefonds-Wissens vorwiegend Multi-Strategie Dach-Hedgefonds. In der zweiten Entwicklungsstufe werden mit zunehmendem Hedgefonds-Know how auch Single-Strategy-Dachfonds beigemischt. In der dritten und letzten Stufe investieren Anleger auch in Single-Hedgefonds.[256]

9.3.1.2 Angebot von Single- bzw. Multi-Manager/Strategie-Produkten versus Bankgruppe

Unterscheiden sich die diversen Bankinstitutionen in Deutschland beim zukünftigen Angebot von Single-Strategy bzw. Multi-Strategy Dach-Hedgefonds und Single-Hedgefonds? Dies soll nun mittels einer einfaktoriellen Varianzanalyse erforscht werden. Der nominalskalierte Faktor dient der Erfassung des Banksektors (Sparkassen, Privatbanken, Genossenschaftsbanken). Der erste Test beschäftigt sich mit dem zukünftigen Angebot von Single-Strategy Dach-Hedgefonds. Für die Stichproben Sparkassen- und genossenschaftlicher Sektor kann unter Verweis auf den zentralen Grenzwertsatz von einer normalverteilten Grundgesamtheit ausgegangen werden, wie Tabelle 9-16 verdeutlicht. Für den privaten Bankensektor ist dies hingegen nicht zutreffend. Hier muss eine Normalverteilungsannahme bezweifelt werden. Es kann überdies nicht von identischen Varianzen in den betrachteten Fallgruppen der Grundgesamtheit ausgegangen werden. Das Signifikanzniveau des Levene-Tests beträgt nur 1,1%. Die Irrtumswahrscheinlichkeit der Varianzanalyse beträgt hingegen 0,000

[256] Vgl. Gierling (2003), S. 55 f.

bei einem F-Wert von 8,397. Somit unterscheiden sich die diversen Bankinstitutionen in Deutschland im Hinblick auf ein zukünftiges Angebot von Single-Strategy Dachfonds. Private Banken werden zukünftig ihren vermögenden Privatkunden ziemlich wahrscheinlich Single-Strategy Dachfonds anbieten. Die Mittelwerte der übrigen Gruppen liegen deutlich darunter. Insbesondere Genossenschaftsbanken votieren am wenigsten für Single-Strategy Dachfonds. Aufgrund der nicht vorliegenden Varianzgleichheit und der nur teilweisen Normalverteilung müssen die Ergebnisse jedoch mit besonderer Sorgfalt bewertet werden.

Tabelle 9-16: Normalverteilungstest und deskriptive Daten der Stichproben zukünftiges Angebot von Single-Strategy Dach-Hedgefonds und Banksektoren[257]

Single-Strategy Dach-Hedgefonds	**Z-Wert**	**Signifikanz**	**Anzahl (n)**	**Mittelwert**
Sparkassen-Sektor	2,157	0,000	57	2,09
Privater Bankensektor	1,229	0,098	25	2,60
Genossenschaftlicher Sektor	2,445	0,000	121	1,89
Gesamt			**203**	**2,03**

Die drei Bankgruppen in Deutschland werden zukünftig wahrscheinlich keine Single-Hedgefonds anbieten, wie die Mittelwerte von Tabelle 9-17 zeigen. Es ist aber wiederum deutlich erkennbar, dass private Banken wesentlich aufgeschlossener für Einzelfonds sind als ihre Konkurrenten aus dem Sparkassen-Lager bzw. genossenschaftlichem Bankensektor. Für alle drei Stichproben kann eine normalverteilte Grundgesamtheit unterstellt werden. Die Stichprobe zu den Sparkassen und den Ge-

Tabelle 9-17: Normalverteilungstest und deskriptive Daten der Stichproben zukünftiges Angebot von Single-Hedgefonds und Banksektoren[258]

Single-Hedgefonds	**Z-Wert**	**Signifikanz**	**Anzahl (n)**	**Mittelwert**
Sparkassen-Sektor	2,304	0,000	56	1,57
Privater Bankensektor	0,987	0,284	23	2,13
Genossenschaftlicher Sektor	3,212	0,000	123	1,67
Gesamt			**202**	**1,70**

[257] Eigene Darstellung; Werte basieren auf eigenen Berechnungen.

[258] Eigene Darstellung; Werte basieren auf eigenen Berechnungen.

nossenschaftsbanken setzt sich aus jeweils mehr als 30 Häusern zusammen. Für den privaten Bankensektor generiert der Kolmogorov-Smirnov-Test ein Signifikanzniveau von 28,4%. Es kann nicht von identischen Varianzen in der Grundgesamtheit ausgegangen werden. Das Alpha des Levene-Tests hat nur einen Wert von 7,7%. Die Irrtumswahrscheinlichkeit der Varianzanalyse beträgt 0,9% bei einem Testfunktionswert von 4,881. Die Mittelwerte unterscheiden sich signifikant voneinander in der Grundgesamtheit, wobei die geforderte Varianzhomogenität nicht vorliegt.

Für Multi-Strategie Dach-Hedgefonds können hingegen keine signifikanten Unterschiede in der Grundgesamtheit ausgemacht werden. Die zugehörige Nullhypothese kann mit einem Alpha von 13,9% nicht zum 10%-Signifikanzniveu zurückgewiesen werden.

9.3.1.3 Angebot von Single- bzw. Multi-Manager/Strategie-Produkten versus verwaltetes Anlagevermögen der Banken

Mit einer einfaktoriellen Varianzanalyse soll nun festgestellt werden, ob sich Banken, klassiert nach dem insgesamt im Private Banking betreuten Anlagevolumen (Depots plus Einlagen), im Hinblick auf das zukünftige Angebot der diversen Strategievarianten unterscheiden. Der ordinalskalierte Faktor, der das Anlagevolumen misst, wird hierzu von sechs auf vier Antwortklassen reduziert. In einer ersten Untersuchung werden die Sinlge-Strategy Dach-Hedgefonds beleuchtet. In allen Klassen kann von einer normalverteilten Grundgesamtheit ausgegangen werden. Entweder sind die Stichproben entsprechend groß oder die Signifikanzniveaus des Kolmogorov-Smirnov-Tests signalisieren eine Normalverteilung, wie aus Tabelle 9-18 hervorgeht.

Tabelle 9-18: Normalverteilungstest und deskriptive Daten der Stichproben zukünftiges Angebot von Single-Strategy Dach-Hedgefonds und verwaltetes Anlagevermögen der Banken[259]

Single-Strategy Dach-Hedgefonds	Z-Wert	Signifikanz	Anzahl (n)	Mittelwert
< 1 Mrd. Euro	3,003	0,000	139	1,97
1 – 3 Mrd. Euro	1,190	0,117	30	1,97
3 – 7 Mrd. Euro	0,847	0,469	8	2,38
> 7 Mrd. Euro	0,857	0,454	12	3,00
Gesamt			**189**	**2,05**

[259] Eigene Darstellung; Werte basieren auf eigenen Berechnungen.

Für den Levene-Test ergibt sich überdies ein Signifikanzniveau von 26,1%. Demnach sind die Varianzen der betrachteten Fallgruppen in der Grundgesamtheit identisch. Der F-Wert der Varianzanalyse beträgt 6,850 bei einem Signifikanzniveau von 0,000. Banken mit unterschiedlichen Anlagevolumina im Private Banking unterscheiden sich somit hoch signifikant voneinander in der Grundgesamtheit hinsichtlich des zukünftigen Angebots von Single-Strategy Dachfonds. Mit zunehmendem Anlagevolumen steigen auch die Mittelwerte und somit die Wahrscheinlichkeit für ein zukünftiges Angebot. Banken mit >7 Mrd. Euro Anlagevolumen werden zukünftig ziemlich wahrscheinlich Dachfonds mit nur einer Strategie offerieren, während kleinere Häuser in diesem Sektor wahrscheinlich nicht aktiv werden.

Größere Häuser werden im Vergleich zu ihren kleineren Konkurrenten zukünftig häufiger Single-Hedgefonds in die Produktpalette aufnehmen, wie die Mittelwerte von Tabelle 9-19 belegen. Für alle vier Stichproben kann eine Normalverteilung in der Grundgesamtheit angenommen werden. Bei den Stichproben 3–7 Mrd. Euro und >7 Mrd. Euro sind die Alphas der Kolmogorov-Smirnov-Tests entsprechend groß, die anderen beiden Stichproben weisen entsprechend große Stichprobenumfänge aus. Mit einer Wahrscheinlichkeit von 80,4% sind zudem die Varianzen in der Grundgesamtheit identisch. Die Irrtumswahrscheinlichkeit der Varianzanalyse beträgt 11,5% (F-Wert: 2,005) und ist somit nicht zum 10%-Signifikanzniveau gültig.

Tabelle 9-19: Normalverteilungstest und deskriptive Daten der Stichproben zukünftiges Angebot von Single-Hedgefonds und verwaltetes Anlagevermögen der Banken[260]

Single-Hedgefonds	Z-Wert	Signifikanz	Anzahl (n)	Mittelwert
< 1 Mrd. Euro	3,618	0,000	142	1,65
1 – 3 Mrd. Euro	1,615	0,011	30	1,63
3 – 7 Mrd. Euro	1,021	0,248	8	2,25
> 7 Mrd. Euro	0,784	0,570	10	1,90
Gesamt			**190**	**1,68**

Für die Multi-Strategy Dach-Hedgefonds liefert die Varianzanalyse ein Signifikanzniveau von 24,6%. Demzufolge unterscheiden sich die Mittelwerte nicht signifikant voneinander in der Grundgesamtheit. Banken in Deutschland bewerten ein zukünftiges Angebot von Multi-Strategy Dachfonds nicht unterschiedlich.

[260] Eigene Darstellung; Werte basieren auf eigenen Berechnungen.

9.3.1.4 Angebot von Single- bzw. Multi-Manager/Strategie-Produkten versus Anlagevermögen der Kunden

Banken in Deutschland, aufgeteilt nach dem durchschnittlichen Anlagevolumen (Depots plus Einlagen) der Kunden im Private Banking, bewerten ein zukünftiges Angebot von Single-Strategy und Multi-Strategy Dach-Hedgefonds unterschiedlich, wie die nun folgenden einfaktoriellen Varianzanalysen zeigen. Die unabhängige Variable mit Ordinalskalenniveau, die das durchschnittliche Anlagevolumen erfasst, wird für die Varianzanalyse von sechs auf vier Ausprägungen verdichtet, da ansonsten zwei Klassen nur schwach besetzt sind. In einem ersten Test wird der Zusammenhang für die Variable Single-Strategy Dachfonds erfasst. Für die Stichprobe 400.000–600.000 Euro Anlagevolumen kann keine normalverteilte Grundgesamtheit angenommen werden. Für alle anderen Klassen hingegen liegt eine solche vor, wie aus den Werten von Tabelle 9-20 hervorgeht. Ferner liegt laut Levene-Test mit einem Alpha von 0,9% keine Varianzgleichheit vor. Der F-Wert der Varianzanalyse beträgt hingegen 2,994 bei einer Irrtumswahrscheinlichkeit von nur 3,2%. Es kann demzufolge von signifikant verschiedenen Mittelwerten in der Grundgesamtheit ausgegangen werden, wobei die nicht vorhandene Varianzhomogenität die Aussagekraft der Varianzanalyse schmälert. Banken mit vermögenderen Privatkunden werden zukünftig verstärkt Single-Strategy Dach-Hedgefonds im Private Banking offerieren. Der höchste Mittelwert und somit die höchste Angebotswahrscheinlichkeit kann bei Banken mit >600.000 Euro durchschnittliches Kunden-Anlagevolumen festgestellt werden.

Tabelle 9-20: Normalverteilungstest und deskriptive Daten der Stichproben zukünftiges Angebot von Single-Strategy Dach-Hedgefonds und Anlagevermögen der Kunden[261]

Single-Strategy Dach-Hedgefonds	**Z-Wert**	**Signifikanz**	**Anzahl (n)**	**Mittelwert**
< 200.000 Euro	1,994	0,001	64	2,03
200.000 – 400.000 Euro	2,003	0,001	64	1,86
400.000 – 600.000 Euro	1,267	0,081	26	2,12
> 600.000 Euro	1,078	0,196	29	2,41
Gesamt			**183**	**2,04**

Multi-Strategy Dach-Hedgefonds werden zukünftig verstärkt bei Banken mit einem durchschnittlichem Kundenanlagevolumen von >200.000 Euro angeboten werden, wie die Mittelwerte von Tabelle 9-21 verdeutlichen. Insbesondere Häuser mit weniger vermögenden Privatkunden (<200.000 Euro durchschnittliches Anlagevolumen)

[261] Eigene Darstellung; Werte basieren auf eigenen Berechnungen.

werden hierbei zukünftig zurückhaltender vorgehen. Banken präferieren bei weniger vermögenden Privatkunden häufig standardisierte Lösungen und leichter erklärbare Produkte, so dass Dach-Hedgefonds bei diesen Häusern aufgrund ihrer Komplexität nicht ohne weiteres in den Kernanlagefokus rücken werden. Für die Stichprobe 400.000–600.000 Euro kann nicht zweifelsfrei von einer normalverteilten Grundgesamtheit ausgegangen werden. Sowohl die Signifikanz des Normalverteilungstests mit 0,7% als auch der Stichprobenumfang mit nur 27 Banken erfüllen nicht die entsprechenden Vorgaben. Für die anderen Antwortklassen kann jedoch eine normalverteilte Grundgesamtheit unter Verweis auf den zentralen Grenzwertsatz angenommen werden. Überdies sind mit einer Wahrscheinlichkeit von 98,7% die Varianzen in den betrachteten Fallgruppen der Grundgesamtheit identisch. Für den Testfunktionswert der Varianzanalyse ergibt sich ein Wert von 5,426 bei einer Irrtumswahrscheinlichkeit von nur 0,1%. Demnach differieren die Mittelwerte in der Grundgesamtheit.

Tabelle 9-21: Normalverteilungstest und deskriptive Daten der Stichproben zukünftiges Angebot von Multi-Strategy Dach-Hedgefonds und Anlagevermögen der Kunden[262]

Multi-Strategy Dach-Hedgefonds	Z-Wert	Signifikanz	Anzahl (n)	Mittelwert
< 200.000 Euro	2,617	0,000	66	2,92
200.000 – 400.000 Euro	2,505	0,000	66	3,41
400.000 – 600.000 Euro	1,692	0,007	27	3,44
> 600.000 Euro	1,518	0,020	30	3,33
Gesamt			**189**	**3,23**

Für die Variable Single-Hedgefonds liegt hingegen keine statistische Signifikanz vor. Der F-Wert der Varianzanalyse beträgt 1,210 bei einer Irrtumswahrscheinlichkeit von 30,7%. Die Mittelwerte unterscheiden sich somit nicht signifikant voneinander in der Grundgesamtheit.

9.3.1.5 Angebot von Single-Strategy Dach-Hedgefonds versus Eignung von Dach-Hedgefonds für sicherheitsorientierte Anleger

Mittels eines χ^2-Tests nach Pearson wird nun der Zusammenhang zwischen den Variablen zukünftiges Angebot von Single-Strategy Dachfonds und Eignung von Multi-Strategy Dachfonds für sicherheitsorientierte Anleger untersucht. Die Ausprägungen beider Merkmale sind dabei intervallskaliert und werden von vier auf drei Antwort-

262 Eigene Darstellung; Werte basieren auf eigenen Berechnungen.

möglichkeiten subsumiert, so dass nach der Verdichtung in keiner Zelle der in Tabelle 9-22 dargestellten Kreuztabelle eine erwartete Häufigkeit kleiner fünf vorzufinden ist. Der Testfunktionswert des Signifikanztests hat einen Wert von 8,752 bei einem Alpha von 6,8%. Die Nullhypothese, die von keinem Zusammenhang zwischen den beiden Merkmalen ausgeht, kann somit zum 10%-Signifikanzniveau zurückgewiesen werden. Für die Zusammenhangmaße Kendall Tau b und c ergeben sich Werte von 0,148 und 0,145. Das Gamma deutet mit einem Wert von 0,226 auf einen starken Zusammenhang zwischen den beiden Merkmalen hin. 42% der Banken dieser Stichprobe, die Multi-Strategie Dach-Hedgefonds für sicherheitsorientierte Anleger empfehlen, werden zukünftig ziemlich wahrscheinlich oder ganz sicher Single-Strategy-Produkte im Private Banking anbieten. Nur 18,6% der Häuser hingegen, die Multi-Strategy Dach-Hedgefonds mit nicht geeignet bewerten, werden zukünftig Single-Strategy Dachfonds an vermögende Privatkunden verkaufen. Gerade diese Häuser, die die niedrigen Volatilitäten und günstigen Diversifikationseigenschaften von Multi-Strategie Dachfonds schätzen und sie deshalb auch sicherheitsorientierten Anlegern empfehlen, werden zukünftig verstärkt Single-Strategie Produkte offerieren.

Tabelle 9-22: Kreuztabelle für die Variablen zukünftiges Angebot von Single-Strategy Dach-Hedgefonds und Eignung von Multi-Strategy Dach-Hedgefonds für sicherheitsorientierte Anleger[263]

		Multi-Strategie FoFs[264] für sicherheitsorientierte Anleger			
		Nicht Geeignet	**Weniger geeignet**	**Ziemlich o. sehr geeignet**	**Gesamt**
Angebot von Single-Strategy FoFs	**Keinesfalls**	22	26	10	58
		31,4%	*31,0%*	*20,0%*	*28,4%*
	Wahrsch. nicht	35	37	19	91
		50,0%	*44,0%*	*38,0%*	*44,6%*
	Ziemlich wahrsch.[265]	13	21	21	55
		18,6%	*25,0%*	*42,0%*	*27,0%*
	Gesamt	70	84	50	204
		100%	*100%*	*100%*	*100%*

[263] Eigene Darstellung; Werte basieren auf eigenen Berechnungen.

[264] FoFs: Fund of (Hedge) Funds (= Dach-Hedgefonds).

[265] Wortlaut der Ausprägung: ziemlich wahrscheinlich oder ganz sicher.

9.3.1.6 Zukünftiges versus bisheriges Angebot von Single-Strategy Dach-Hedgefonds und Single-Hedgefonds

Zur Untersuchung des Zusammenhangs zwischen den Variablen zukünftiges Angebot sowie bisheriges Angebot von Single-Strategy Dachfonds bzw. Single-Hedgefonds wird der χ^2-Test herangezogen. Die Variable zukünftiges Angebot ist intervallskaliert, während die Variable bisheriges Angebot eine Binärkodierung (ja/nein) aufweist. Aus Vereinfachungsgründen wird die Variable zukünftiges Angebot von vier auf drei Ausprägungen verdichtet. In einem ersten Test wird untersucht, ob Banken, die bereits bisher Single-Strategy Dachfonds angeboten haben, diese auch zukünftig anbieten werden. Aufgrund der Verdichtung der Ausprägungen der Variable zukünftiges Angebot ist in keiner Zelle der in Tabelle 9-23 dargestellten Kreuztabelle die erwartete Häufigkeit kleiner fünf.

Tabelle 9-23: Kreuztabelle für die Variablen zukünftiges versus bisheriges Angebot von Single-Strategy Dach-Hedgefonds[266]

		Bisheriges Angebot von Single-Strategy FoFs		
		Nein	**Ja**	**Gesamt**
Zukünftiges Angebot von Single-Strategy Dachfonds	**Keinesfalls**	35	0	35
		29,7%	*0,0%*	*25,0%*
	Wahrsch. nicht	59	7	66
		50,0%	*31,8%*	*47,1%*
	Ziemlich wahrsch.[267]	24	15	39
		20,3%	*68,2%*	*27,9%*
	Gesamt	118	22	140
		100%	*100%*	*100%*

Für den Signifikanztest ergibt sich ein χ^2-Wert von 23,062 und ein Alpha von 0,000. Die Zusammenhangmaße deuten auf einen ausgeprägt starken Zusammenhang hin. Das Kendall Tau b und c sowie das Gamma haben dabei folgende Werte: 0,369, 0,303, 0,816. 68,2% der Banken dieser Stichprobe, die bisher Single-Strategy Dach-Hedgefonds an vermögende Kunden verkauft haben, werden diese auch zukünftig ziemlich wahrscheinlich oder ganz sicher anbieten. Demgegenüber werden nur

---

[266] Eigene Darstellung; Werte basieren auf eigenen Berechnungen.

[267] Wortlaut der Ausprägung: ziemlich wahrscheinlich oder ganz sicher.

20,3% der Häuser, die bisher keine Single-Strategy-Produkte offeriert haben, zukünftig in diesem Bereich aktiv werden. Es liegt somit ein eindeutiger Zusammenhang vor. Banken, die bisher Single-Strategy Dach-Hedgefonds angeboten haben, werden dies auch zukünftig mit hoher Wahrscheinlichkeit tun.

In einem weiteren Test wird der Zusammenhang zwischen den Variablen zukünftiges versus bisheriges Angebot von Single-Hedgefonds festgestellt. Trotz der Verdichtung der Antwortskala der Variablen zukünftiges Angebot ergibt sich in drei Zellen (50% aller Zellen) der in Tabelle 9-24 abgebildeten Kreuztabelle eine erwartete Häufigkeit kleiner fünf. Damit ist die Aussagekraft dieses Tests stark eingeschränkt. Der χ^2-Wert beträgt 22,653 bei einem Signifikanzniveau von 0,000. Für die Zusammenhangmaße können folgende Werte festgestellt werden: Kendall Tau b (0,220), Kendall Tau c (0,114), Gamma (0,660). 75% der Banken dieser Befragung mit bisherigem Single-Hedgefonds-Angebot werden auch zukünftig Einzelfonds vertreiben, während nur 12,3% der Banken, die bisher keine Singlefonds angeboten haben, diese zukünftig offerieren werden. Aufgrund der hohen Anzahl von Zellen mit einer erwarteten Häufigkeit kleiner fünf kann jedoch die vorliegende Signifikanz dieses Tests nicht zweifelsfrei angenommen werden.

Tabelle 9-24: Kreuztabelle für die Variablen zukünftiges versus bisheriges Angebot von Single-Hedgefonds[268]

		Bisheriges Angebot von Single-Hedgefonds		
		Nein	**Ja**	**Gesamt**
Zukünftiges Angebot von Single-Hedgefonds	**Keinesfalls**	60	2	62
		46,2%	*25,0%*	*44,9%*
	Wahrsch. nicht	54	0	54
		41,5%	*0,0%*	*39,1%*
	Ziemlich wahrsch.[269]	16	6	22
		12,3%	*75,0%*	*15,9%*
	Gesamt	130	8	138
		100%	*100%*	*100%*

[268] Eigene Darstellung; Werte basieren auf eigenen Berechnungen.

[269] Wortlaut der Ausprägung: ziemlich wahrscheinlich oder ganz sicher.

45,5% der Banken, die bisher Single-Strategy Dach-Hedgefonds angeboten haben, werden zukünftig höchstwahrscheinlich Single-Hedgefonds im Private Banking offerieren, wie Tabelle 9-25 entnommen werden kann. Im Gegensatz dazu werden nur 10,3% der Häuser mit keinem bisherigen Single-Strategy Dachfonds-Angebot zukünftig ziemlich wahrscheinlich oder ganz sicher Singlefonds vertreiben. Gerade Banken also, die sich in einem späteren evolutionären Hedgefonds-Stadium befinden, werden zukünftig Single-Hedgefonds ins Produktprogramm aufnehmen. In einer Zelle bzw. 16,7% aller Zellen der Kreuztabelle ist die erwartete Häufigkeit kleiner fünf. Für den Signifikanztest ergibt sich ein Testfunktionswert von 17,528 und eine Irrtumswahrscheinlichkeit von 0,000. Das Kendall Tau b und c beträgt 0,273 bzw. 0,223. Das Gamma deutet mit einem Wert von 0,583 auf einen sehr starken Zusammenhang hin.

Tabelle 9-25: Kreuztabelle für die Variablen zukünftiges Angebot von Single-Hedgefonds versus bisheriges Angebot von Single-Strategy Dach-Hedgefonds[270]

		Bisheriges Angebot von Single-Strategy FoFs		
		Nein	**Ja**	**Gesamt**
Zukünftiges Angebot von Single-Hedgefonds	**Keinesfalls**	57	5	62
		49,1%	*22,7%*	*44,9%*
	Wahrsch. nicht	47	7	54
		40,5%	*31,8%*	*39,1%*
	Ziemlich wahrsch.[271]	12	10	22
		10,3%	*45,5%*	*15,9%*
	Gesamt	116	22	138
		100%	*100%*	*100%*

9.3.1.7 Angebot von Single-Strategy Dach-Hedgefonds bzw. Single-Hedgefonds versus Anteil der Kunden mit Hedgefonds-Investments im Depot

In der nun folgenden Testreihe wird untersucht, ob Banken mit einem höheren Anteil von Kunden, die Hedgefonds-Investments in ihren Depots allokiert haben, auch zukünftig vermehrt Single-Strategy Dachfonds bzw. Single-Hedgefonds anbieten wer-

[270] Eigene Darstellung; Werte basieren auf eigenen Berechnungen.

[271] Wortlaut der Ausprägung: ziemlich wahrscheinlich oder ganz sicher.

den. Die Variable zukünftiges Angebot ist intervallskaliert und wird für diesen χ^2-Test von vier auf drei Ausprägungen reduziert. Die ordinalskalierte Variable Anteil der Kunden mit Hedgfonds-Investments im Depot wird von sechs auf drei Antwortklassen aggregiert. Der erste Signifikanztest ermittelt den Zusammenhang zwischen den Variablen zukünftiges Angebot von Single-Strategy Dach-Hedgefonds und Anteil der Kunden mit Hedgefonds-Investments im Depot. In zwei Zellen bzw. 22,2% aller Zellen der in Tabelle 9-26 dargestellten Kreuztabelle ist die erwartete Häufigkeit kleiner fünf.

Tabelle 9-26: Kreuztabelle für die Variablen zukünftiges Angebot von Single-Strategy Dach-Hedgefonds und Anteil der Kunden mit Hedgefonds-Investments im Depot[272]

		Anteil der Kunden mit Hedgefonds-Investments im Depot			
		0%	**< 5%**	**> 5%**	**Gesamt**
Angebot von Single-Strategy FoFs	**Keinesfalls**	16	38	4	58
		44,4%	*25,0%*	*25,0%*	*28,4%*
	Wahrsch. nicht	15	73	5	93
		41,7%	*48,0%*	*31,3%*	*45,6%*
	Ziemlich wahrsch.[273]	5	41	7	53
		13,9%	*27,0%*	*43,8%*	*26,0%*
	Gesamt	36	152	16	204
		100%	*100%*	*100%*	*100%*

Die Nullhypothese kann mit einer Irrtumswahrscheinlichkeit von 6,1% zum 10%-Signifikanzniveau zurückgewiesen werden. Der χ^2-Wert beträgt 9,012. Demnach liegt zwischen den betrachteten Variablen eine Abhängigkeit in der Grundgesamtheit vor. Das Kendall Tau b und c hat einen Wert von 0,170 und 0,131. Das Gamma beträgt 0,324. 43,8% der befragten Banken, bei denen mehr als 5% aller vermögenden Privatkunden in (Dach)-Hedgefonds investiert sind, werden zukünftig ziemlich wahrscheinlich oder ganz sicher Single-Strategy Dach-Hedgefonds anbieten. Bei den Häusern mit weniger als 5% Hedgefonds-Kunden beträgt diese Ziffer 27,0% und nur 13,9% der Häuser, bei denen kein Kunde bisher in Hedgefonds investiert ist, werden

272 Eigene Darstellung; Werte basieren auf eigenen Berechnungen.

273 Wortlaut der Ausprägung: ziemlich wahrscheinlich oder ganz sicher.

zukünftig Single-Strategy Dachfonds im Private Banking offerieren. Diese Banken in Deutschland, die bisher Hedgefonds-Produkte bei ihren Kunden erfolgreich platzieren konnten, werden zukünftig auch verstärkt Single-Strategy Dach-Hedgefonds verkaufen.

Ein ähnlicher Zusammenhang kann auch für das zukünftige Angebot von Single-Hedgefonds festgestellt werden. 33,3% der Banken dieser Stichprobe, bei denen mehr als 5% der Kunden Hedgefonds-Produkte beigemischt haben, werden zukünftig Single-Hedgefonds anbieten, wie aus Tabelle 9-27 hervorgeht. Nur 5,6% der Häuser, die bisher keine (Dach)-Hedgefonds angeboten haben, werden indessen zukünftig bei Single-Hedgefonds aktiv werden. Mit zunehmender Erfahrung in dieser Assetklasse wird somit auch das auf Seite 133 beschriebene Hedgefonds-Produktspektrum erweitert.

Tabelle 9-27: Kreuztabelle für die Variablen zukünftiges Angebot von Single-Hedgefonds und Anteil der Kunden mit Hedgefonds-Investments im Depot[274]

		Anteil der Kunden mit Hedgefonds-Investments im Depot			
		0%	**< 5%**	**> 5%**	**Gesamt**
Angebot von Single-Hedgefonds	**Keinesfalls**	19	67	8	94
		52,8%	*44,1%*	*53,3%*	*46,3%*
	Wahrsch. nicht	15	66	2	83
		41,7%	*43,4%*	*13,3%*	*40,9%*
	Ziemlich wahrsch.[275]	2	19	5	26
		5,6%	*12,5%*	*33,3%*	*12,8%*
	Gesamt	36	152	15	203
		100%	*100%*	*100%*	*100%*

In 22,2% der Zellen dieser Kreuztabelle ist die erwartete Häufigkeit kleiner fünf. Das Signifikanzniveau des χ^2-Tests beträgt 3,9% bei einem Testfunktionswert von 10,101. Das Kendall Tau b und c liegt bei 0,077 bzw. 0,057. Das Gamma beträgt 0,154. Die Werte der Zusammenhangmaße lassen dabei allerdings eher auf einen schwachen Zusammenhang zwischen den beiden Merkmalen schließen.

[274] Eigene Darstellung; Werte basieren auf eigenen Berechnungen.

[275] Wortlaut der Ausprägung: ziemlich wahrscheinlich oder ganz sicher.

9.3.2 Strategieaufteilung der Single-Strategy Dach-Hedgefonds

9.3.2.1 Theoretischer Hintergrund und Beschreibung der Stichprobe

Diese Befragungsteilnehmer, die zukünftig Single-Strategy Dachfonds ziemlich wahrscheinlich oder ganz sicher anbieten werden, wurden ferner nach den bevorzugten Strategien für die Single-Strategy Dachfonds befragt. Für die in Abbildung 9-7 dargestellten fünf Hedgefonds-Strategien konnten die Banken ihr Votum abgeben. Die Intervallskalen für diese fünf Teilfragen erstrecken sich dabei von 1 (keinesfalls) bis 4 (ganz sicher). Die fünf Teilfragen wurden jeweils von 55 bis 58 Unternehmen beantwortet. Für die fünf Stichproben ergeben sich dabei folgende Mittelwerte: Long-Short Equity[276] (3,03), Global Macro[277] (2,84), Relative Value[278] (2,71), Managed

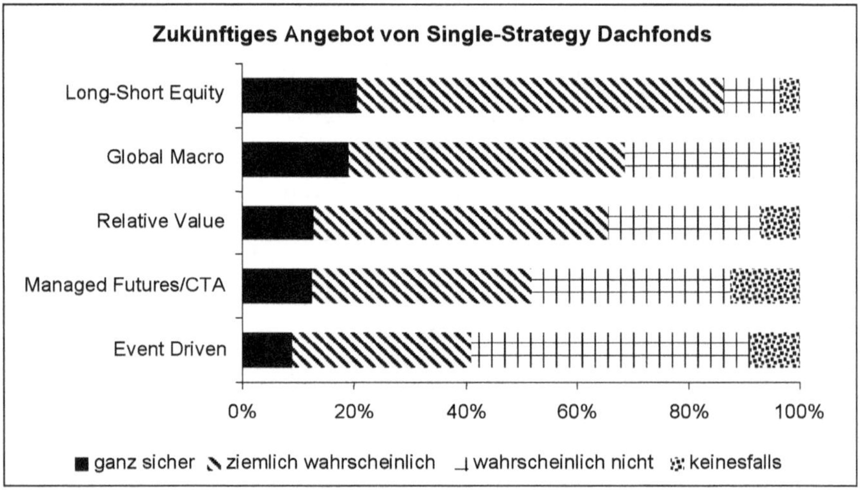

Abb. 9-7: Zukünftiges Angebot von Single-Strategy Dachfonds für die fünf Hedgefonds-Strategien[279]

[276] **Long/Short Equity**-Funds nehmen sowohl Kauf- als auch Leerverkaufspositionen in Aktien ein. Der Saldo aus Kauf- und Leerverkaufspositionen schwankt je nach Markteinschätzung des Managers.

[277] **Global Macro** Manager konzentrieren sich auf makroökonomische Chancen in den globalen Aktien-, Renten-, Devisen- und Rohstoffmärkten.

[278] **Relative Value** Manager verfolgen eine Arbitrage- oder Markt-neutrale Strategie. Dabei wird ein unterbewertetes Wertpapier gekauft und ein überbewertetes leerverkauft (Convertible Bond Arbitrage, Fixed Income Arbitrage, Statistical Arbitrage etc.).

[279] Eigene Darstellung; Werte basieren auf eigenen Berechnungen.

Futures/CTA[280] (2,52) und Event Driven[281] (2,41). Der Median sowie Modalwert für die Strategie Event Driven beträgt zwei. Für alle übrigen Strategien liegt der Median sowie Modus bei drei. Da alle fünf Teilfragen von mindestens 55 Banken beantwortet wurden, kann unter Verweis auf den zentralen Grenzwertsatz von einer normalverteilten Grundgesamtheit ausgegangen werden. Die Mittelwerte folgender Strategien unterscheiden sich dabei nicht signifikant voneinander mit Irrtumswahrscheinlichkeiten von mindestens 21,9%: Relative Value und CTA, Relative Value und Global Macro, Event Driven und CTA. Für alle übrigen Mittelwertvergleiche ergeben sich Signifikanzniveaus von 3,3% oder geringer. Die befragten Banken, die ihren Kunden zukünftig Single Strategy Dach-Hedgefonds anbieten werden, bevorzugen für diese Produkte die Strategien Long-Short Equity und Global Macro. Auf geringes Interesse stoßen hingegen Managed Futures/CTA und Event Driven.

9.3.2.2 Strategieaufteilung der Single-Strategy Dach-Hedgefonds versus Bankgruppe

Mittels einer einfaktoriellen Varianzanalyse wird nun untersucht, ob die drei Bankinstitutionen in Deutschland unterschiedliche Strategien für Single-Strategy Dachfonds bevorzugen. Die abhängige Variable spiegelt die Präferenzen für die fünf Hedgefondsstrategien wieder. Die unabhängige Variable ordnet die drei Bankgruppen in die Sektoren Sparkassen, Privatbanken und Genossenschaftsbanken ein. In einem ersten Test wird die Strategie Long-Short Equity beleuchtet. Für die Stichprobe Sparkassen-Sektor kann von einer normalverteilten Grundgesamtheit ausgegangen werden mit einem Signifikanzniveau des Kolmogorov-Smirnov-Tests von 14,1%, wie aus Tabelle 9-28 hervorgeht. Für die Stichprobe Genossenschaftsbanken kann unter Berufung auf den zentralen Grenzwertsatz eine Normalverteilung angenommen werden. Für die Stichprobe Privatbanken hingegen kann nicht von einer normalverteilten Grundgesamtheit ausgegangen werden. Für den Levene-Test ergibt sich ein Signifikanzniveau von 43,2%. Somit können identische Varianzen in den Fallgruppen der Grundgesamtheit angenommen werden. Der F-Wert der Varianzanalyse beträgt 2,686 bei einer Irrtumswahrscheinlichkeit von 7,7%. Somit kann die Nullhypothese zum 10%-Signifikanzniveau abgelehnt werden und es kann von unterschiedlichen Mittelwerten in der Grundgesamtheit ausgegangen werden. Alle drei Bankgruppen werden in Deutschland zukünftig ziemlich wahrscheinlich Long-

[280] **CTA** (Commodity Trading Advisors) Funds bzw. **Managed-Futures**-Funds handeln mit Derivaten. Es werden sowohl Long- als auch Short-Positionen eingegangen. Kauf- bzw. Verkaufentscheidungen basieren vielfach auf computergestützen Trendfolgesystemen.

[281] **Event Driven** Manager investieren in den erwarteten Ausgang von unternehmens- oder geschäftsspezifischen Situationen wie Fusionen, Akquisitionen oder Entlassung aus dem Konkursverfahren (Merger Arbitrage, Distressed Debt etc.).

Tabelle 9-28: Normalverteilungstest und deskriptive Daten der Stichproben Long-Short Equity Dach-Hedgefonds und Banksektoren[282]

Long-Short Equity	Z-Wert	Signifikanz	Anzahl (n)	Mittelwert
Sparkassen-Sektor	1,151	0,141	12	2,67
Privater Bankensektor	1,485	0,024	11	3,27
Genossenschaftlicher Sektor	1,923	0,001	34	3,09
Gesamt			**57**	**3,04**

Short Equity Dachfonds anbieten. Private Banken werden zukünftig am wahrscheinlichsten ein solches Single-Strategy-Produkt offerieren. Bei den Sparkassen hingegen fällt die Angebotswahrscheinlichkeit am geringsten aus.

Für alle übrigen Strategien können keine signifikanten Unterschiede bei den Mittelwerten in der Grundgesamtheit ausgemacht werden. Die Irrtumswahrscheinlichkeiten der Varianzanalysen haben Werte von deutlich über 10%. Zudem liegen vielfach keine Varianzhomogenitäten vor. Es können ferner keine signifikanten Unterschiede festgestellt werden beim Vergleich der Variablen verwaltetes Anlagevermögen der Banken und Anlagevermögen der Kunden mit der Variable bevorzugte Hedgefonds-Strategien für Single-Strategy-Produkte. Banken in Deutschland aufgeteilt nach dem insgesamt im Private Banking betreuten Anlagevolumen unterscheiden sich somit nicht bei den Strategie-Präferenzen. Das gleiche gilt für Banken, die unterschiedlich vermögende Privatkunden im Private Banking betreuen. Es kann nicht festgestellt werden, dass Banken mit reicheren Kunden andere Strategien bevorzugen als Institute mit weniger vermögenden Privatkunden.

9.4 Zusammenfassung und Ableitung von Gestaltungsempfehlungen

57% der befragten Banken werden zukünftig im Private Banking höchstwahrscheinlich *Hedgefonds-Investments offerieren*. Eine überdurchschnittliche Bereitschaft zu einem zukünftigem Angebot kann bei privaten Banken, größeren Banken hinsichtlich des betreuten Anlagevolumens im Private Banking sowie bei Instituten, die vermögendere Kunden beraten, festgestellt werden. Darüber hinaus werden insbesondere solche Häuser, die bereits in der Vergangenheit vermehrt Hedgefonds-Anlagen offeriert haben, zukünftig erneut (Dach)-Hedgefonds im Private Banking verkaufen.

[282] Eigene Darstellung; Werte basieren auf eigenen Berechnungen.

Voraussetzungen für ein zukünftiges Angebot von Hedgefonds-Produkten sind bei den befragten Banken steigendes Kundeninteresse, bessere Performance der Produkte sowie größeres Hedgefonds-Wissen der Kunden. Als zentraler Faktor erweist sich zudem die interne Erfahrung der Banken mit Hedgefonds. Insbesondere Sparkassen und Genossenschaftsbanken haben in dieser Hinsicht gegenüber den privaten Banken Nachholbedarf.

88% der Banken dieser Stichprobe mit einem zukünftigen Hedgefonds-Angebot werden ihren Vermögenskunden *Multi-Strategie Dach-Hedgefonds* anbieten. Nur 27% der Befragungsteilnehmer werden im Private Banking höchstwahrscheinlich Single-Strategie Dachfonds offerieren. Single-Strategie-Investments werden dabei insbesondere von Privatbanken, größeren Instituten sowie Häusern mit einem höheren Anteil von Kunden mit Hedgefonds-Investments im Depot favorisiert. Diese Banken bevorzugen hierfür die Strategien Long-Short Equity sowie Global Macro. Single-Hedgefonds werden zukünftig nur von 14% der befragten Institute mit großer Sicherheit angeboten werden. Dies ist sicherlich auch damit zu erklären, dass Single-Hedgefonds an Privatanleger in Deutschland nicht öffentlich vertrieben werden dürfen.

10 Bisheriges Hedgefonds-Produktangebot der Banken

10.1 Bisheriges Angebot von Hedgefonds-Produkten

10.1.1 Theoretischer Hintergrund und Beschreibung der Stichprobe

Die an dieser Studie teilnehmenden Banken wurden auch zur Anzahl der bisher angebotenen Hedgefonds-Produkte befragt. Hierfür wurden die Institute gebeten, die entsprechende Anzahl der angebotenen Produkte in ein vorgesehenes Feld einzutragen. Diese Daten repräsentieren somit eine Absolutskala. 222 der insgesamt 229 an dieser Studie teilnehmenden Häuser beantworteten diese Frage. 67% der Studienteilnehmer bzw. 149 Banken haben ihren Kunden bisher Hedgefonds-Investments offeriert, wie Abbildung 10-1 illustriert. Nur bei 33% (73 Banken) konnten vermögende Privatkunden bisher kein Hedgefonds-Produkt erwerben. Die befragten Banken haben durchschnittlich 1,68 Produkte angeboten, wie Tabelle 10-1 verdeutlicht. Am häufigsten

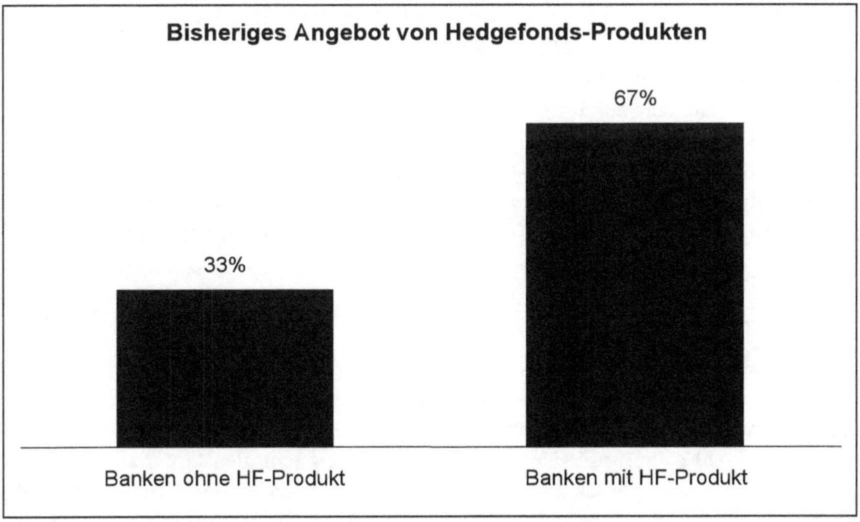

Abb. 10-1: Bisheriges Angebot von Hedgefonds-Produkten[284]

[283] Bei Nichtablehnung der Nullhypothese kann in Ausnahmefällen auch eine Bestätigung von H_0 angenommen werden. Vgl. Bamberg/Baur (2001), S. 182.

[284] Eigene Darstellung; Werte basieren auf eigenen Berechnungen.

Tabelle 10-1: Lageparameter zur Urliste Anzahl der bisher angebotenen Produkte[285]

Anzahl der Produkte	Mittelwert	Median	Modalwert	Maximum	Minimum
Alle Studienteilnehmer	1,68	1	0	15	0
Banken mit Produkt	2,50	2	1	15	1

kommt allerdings der Wert null vor (Modalwert). Werden indessen nur die 149 Banken mit einem bisherigen Hedgefonds-Angebot berücksichtigt, ergibt sich ein Mittelwert von 2,50 und ein Modalwert von eins. Nun wird noch in zwei T-Tests für eine Stichprobe überprüft, ob die Mittelwerte in der Grundgesamtheit signifikant von den vorgegebenen Werten abweichen. Als Testwert wird jeweils der für die Stichprobe ermittelte Wert (1,68 bzw. 2,50) vorgegeben. Die Irrtumswahrscheinlichkeit für den Test mit dem vorgegebenen Wert 1,68 beträgt 97,6% und für den Mittelwert 2,50 liegt sie bei 98,5%. Demnach kann angenommen werden, dass die Mittelwerte der Grundgesamtheit nicht signifikant von den Testwerten abweichen.[283] Es kann zudem unter Verweis auf den zentralen Grenzwertsatz von einer normalverteilten Grundgesamtheit ausgegangen werden, da sich die Stichproben aus 222 bzw. 149 Unternehmen zusammensetzen. Zusammenfassend kann festgehalten werden, dass vermögende Privatkunden bisher bereits bei ca. zwei Drittel der befragten Banken Hedgefonds-Produkte erwerben konnten. Die meisten Häuser haben ihren Kunden in der Vergangenheit jedoch nur ein Produkt angeboten. 57% der befragten Häuser werden ihren vermögenden Kunden zukünftig Hedgefonds-Produkte anbieten, wie Kapitel 9.1.1 auf Seite 111 entnommen werden kann. 40% der Institute hingegen werden in Zukunft wahrscheinlich keine Hedgefonds-Investments verkaufen. In Relation zu den 67% der Kreditinstitute, die bisher Hedgefonds-Anlagen im Private Banking angeboten haben, werden demnach 10% zukünftig höchstwahrscheinlich nicht mehr aktiv werden.

10.1.2 Bisheriges Angebot von Hedgefonds-Produkten versus Bankgruppe

Die durchschnittlich von den drei Bankgruppen bisher angebotenen Hedgefonds-Produkte werden nun im Rahmen einer einfaktoriellen Varianzanalyse auf statistische Signifikanz überprüft. Unter Berufung auf den zentralen Grenzwertsatz sind die Stichproben Sparkassen und Genossenschaftsbanken in der Grundgesamtheit normalverteilt, wie aus Tabelle 10-2 hervorgeht. Für den privaten Bankensektor kann mit einer Wahrscheinlichkeit von 83,8% ebenfalls von einer normalverteilten Grundgesamtheit ausgegangen werden. Dies spiegelt das Signifikanzniveau des Kolmo-

[285] Eigene Darstellung; Werte basieren auf eigenen Berechnungen.

Tabelle 10-2: Normalverteilungstest und deskriptive Daten der Stichproben Anzahl der bisher angebotenen Hedgefonds-Produkte und Banksektoren[286]

	Z-Wert	**Signifikanz**	**Anzahl (n)**	**Mittelwert**
Sparkassen-Sektor	1,222	0,101	60	1,97
Privater Bankensektor	0,619	0,838	24	3,67
Genossenschaftlicher Sektor	3,548	0,000	135	1,11
Gesamt			**219**	**1,63**

gorov-Smirnov-Normalverteilungstests wieder. Das Signifikanzniveau des Levene-Tests liegt hingegen bei 0,000. Demnach sind die Varianzen in den betrachteten Fallgruppen der Grundgesamtheit nicht identisch. Der F-Wert der Varianzanalyse hat einen Wert von 22,060 und eine Irrtumswahrscheinlichkeit von 0,000. Somit unterscheiden sich die Mittelwerte signifikant voneinander in der Grundgesamtheit. Hierbei muss jedoch auch berücksichtigt werden, dass die Vorgabe Varianzgleichheit nicht erfüllt ist. Private Banken haben deutlich mehr Produkte angeboten als Sparkassen und Genossenschaftsbanken. Es bestätigt sich nun wiederum der bereits bei vorherigen Tests festgestellte Zusammenhang, dass Privatbanken im Gegensatz zu den

Tabelle 10-3: Kreuztabelle für die Variablen Anzahl der bisher angebotenen Hedgefonds-Produkte und Banksektoren[287]

		Bank-Sektoren in Deutschland			
		Sparkassen	**Private Banken**	**Genossen-schaften**	**Gesamt**
Anzahl der bisherigen Produkte	**Null Produkte**	13	5	54	72
		21,7%	*20,8%*	*40,0%*	*32,9%*
	Ein Produkt	9	2	51	62
		15,0%	*8,3%*	*37,8%*	*28,3%*
	Zwei oder mehr Produkte	38	17	30	85
		63,3%	*70,8%*	*22,2%*	*38,8%*
	Gesamt	60	24	135	219
		100%	*100%*	*100%*	*100%*

286 Eigene Darstellung; Werte basieren auf eigenen Berechnungen.

287 Eigene Darstellung; Werte basieren auf eigenen Berechnungen.

anderen Banksektoren eine deutlich progressivere Vorgehensweise bei der Assetklasse Hedgfonds verfolgen.

Mittels einer Kreuztabelle und eines χ^2-Tests soll nun noch der Anteil der Banken mit keinem bisherigen Hedgefonds-Angebot festgestellt werden. Hierzu wird die Variable Anzahl der bisher angebotenen Produkte zu drei Antwortklassen (null Produkte, ein Produkt, zwei oder mehr Produkte) verdichtet. In keiner Zelle der in Tabelle 10-3 dargestellten Kreuztabelle ist die erwartete Häufigkeit kleiner fünf. Der χ^2-Wert beträgt 42,056 bei einer Irrtumswahrscheinlichkeit von 0,000. Für die Zusammenhangmaße Kendall Tau b und c sowie Gamma ergeben sich folgende Werte: 0,316, 0,281, 0,507. Bei den Genossenschaftsbanken ist der Anteil der Häuser mit keinem bisherigen Angebot am größten. 70,8% der Privatbanken und 63,3% der Sparkassen haben sogar zwei oder mehr Produkte in der Vergangenheit offeriert.

10.1.3 Bisheriges Angebot von Hedgefonds-Produkten versus verwaltetes Anlagevermögen der Banken

Mittels einer weiteren einfaktoriellen Varianzanalyse wird nun untersucht, inwieweit sich die Anzahl der bisher angebotenen Hedgefonds-Produkte bei Banken mit unterschiedlichen Anlagevolumina (Depots plus Einlagen) im Private Banking unterscheidet. Der ordinalskalierte Faktor Gesamtanlagevolumen im Private Banking wird hierzu von sechs auf vier Antwortklassen reduziert. Für alle vier Stichproben kann eine normalverteilte Grundgesamtheit angenommen werden. Bei den Antwortklassen < 1 Mrd. Euro und 1–3 Mrd. Euro sind die Stichproben entsprechend groß und bei den anderen beiden Klassen deuten die hohen Signifikanzniveaus des Normalverteilungs-

Tabelle 10-4: Normalverteilungstest und deskriptive Daten der Stichproben Anzahl der bisher angebotenen Hedgefonds-Produkte und verwaltetes Anlagevermögen der Banken[288]

	Z-Wert	**Signifikanz**	**Anzahl (n)**	**Mittelwert**
< 1 Mrd. Euro	3,086	0,000	151	1,42
1 – 3 Mrd. Euro	1,137	0,151	29	1,17
3 – 7 Mrd. Euro	0,714	0,687	9	2,56
> 7 Mrd. Euro	0,707	0,699	11	4,91
Gesamt			**200**	**1,63**

288 Eigene Darstellung; Werte basieren auf eigenen Berechnungen.

test auf eine Normalverteilung hin, wie Tabelle 10-4 entnommen werden kann. Die Varianzen der Fallgruppen in der Grundgesamtheit sind jedoch mit einem Alpha von 2,8% des Levene-Tests nicht identisch. Die Nullhypothese der Varianzanalyse kann indessen mit einem F-Wert von 14,358 und einer Irrtumswahrscheinlichkeit von 0,000 zum 1%-Signifikanzniveau zurückgewiesen werden. Banken mit einem Gesamtanlagevolumen von mehr als 3 Mrd. Euro im Private Banking haben bisher deutlich mehr Produkte angeboten als ihre kleineren Konkurrenten. Somit können die großen Häuser im Private Banking auch als Protagonisten des deutschen Hedgefonds-Marktes bezeichnet werden können. Dieser Zusammenhang gilt jedoch nur unter Abstrichen, da die geforderte Varianzhomogenität nicht erfüllt ist.

Für den nun folgenden χ^2-Test wird die Variable Gesamtanlagevolumen von sechs auf drei Antwortklassen aggregiert. In allen Zellen der in Tabelle 10-5 dargestellten Kreuztabelle ist die erwartete Häufigkeit größer fünf. Der χ^2-Wert beträgt 15,714 bei einer Irrtumswahrscheinlichkeit von 0,3%. Die Masse Kendall Tau b und c liegen bei 0,163 sowie 0,126. Das Gamma hat einen Wert von 0,317. Nur 10% der Banken mit >3 Mrd. Euro Gesamtanlagevolumen im Private Banking haben bisher keine Hedgefonds-Produkte offeriert, während die Kunden von ca. 35% der kleineren Häuser bisher keine solchen Investments erwerben konnten.

Tabelle 10-5: Kreuztabelle für die Variablen Anzahl der bisher angebotenen Hedgefonds-Produkte und verwaltetes Anlagevermögen der Banken[289]

		Verwaltetes Anlagevermögen der Banken im Private Banking			
		< 1 Mrd. Euro	**1 – 3 Mrd. Euro**	**> 3 Mrd. Euro**	**Gesamt**
Anzahl der bisherigen Produkte	**Null Produkte**	53	10	2	65
		35,1%	*34,5%*	*10,0%*	*32,5%*
	Ein Produkt	46	9	2	57
		30,5%	*31,0%*	*10,0%*	*28,5%*
	Zwei oder mehr Produkte	52	10	16	78
		34,4%	*34,5%*	*80,0%*	*39,0%*
	Gesamt	151	29	20	200
		100%	*100%*	*100%*	*100%*

[289] Eigene Darstellung; Werte basieren auf eigenen Berechnungen.

10.1.4 Bisheriges Angebot von Hedgefonds-Produkten versus Anlagevermögen der Kunden

Banken mit vermögenderen Privatkunden haben bisher durchschnittlich signifikant mehr Produkte angeboten, wie die Mittelwerte von Tabelle 10-6 verdeutlichen. Für diese Untersuchung wird eine einfaktorielle Varianzanalyse verwendet. Der ordinalskalierte Faktor durchschnittliches Anlagevolumen (Depots plus Einlagen) der Kunden im Private Banking wird von sechs auf vier Antwortkategorien reduziert. Für alle vier Stichproben kann von einer normalverteilten Grundgesamtheit ausgegangen werden. Die Antwortklassen <200.000 Euro und 200.000–400.000 weisen einen entsprechend großen Stichprobenumfang aus, bei den anderen beiden Kategorien liegen die Signifikanzniveaus des Normalverteilungstest über 10%. Es können überdies identische Varianzen in den betrachteten Fallgruppen der Grundgesamtheit angenommen werden. Das Signifikanzniveau des Levene-Tests beträgt 52,6%. Für die Varianzanalyse ergibt sich ein F-Wert von 4,081 und eine Irrtumswahrscheinlichkeit von nur 0,8%. Die Nullhypothese, die von identischen Mittelwerten in der Grundgesamtheit ausgeht, kann somit zum 1%-Signifikanzniveau zurückgewiesen werden. Somit unterscheiden sich die Mittelwerte signifikant voneinander in der Grundgesamtheit. Banken mit vermögenderen Privatinvestoren haben bisher deutlich mehr Hedgefonds-Produkte angeboten. Hedgefonds-Investments sind somit bisher in Deutschland insbesondere bei hoch vermögenden Privatanlegern vorherrschend.

Tabelle 10-6: Normalverteilungstest und deskriptive Daten der Stichproben Anzahl der bisher angebotenen Hedgefonds-Produkte und Anlagevermögen der Kunden[290]

	Z-Wert	**Signifikanz**	**Anzahl (n)**	**Mittelwert**
< 200.000 Euro	2,473	0,000	69	1,25
200.000 – 400.000 Euro	2,266	0,000	68	1,50
400.000 – 600.000 Euro	1,153	0,140	27	1,93
> 600.000 Euro	0,973	0,300	29	2,76
Gesamt			**193**	**1,66**

Darüber hinaus kann mit einem χ^2-Test für die beiden Variablen nachgewiesen werden, dass der Anteil der Häuser, die bisher keine Hedgefonds-Produkte offeriert haben, bei Banken mit weniger vermögenden Privatkunden größer ist als bei Instituten mit hoch vermögenden Anlegern, wie Tabelle 10-7 entnommen werden kann. Für diesen Test wird die Variable durchschnittliches Kundenanlagevermögen von sechs

[290] Eigene Darstellung; Werte basieren auf eigenen Berechnungen.

auf vier Ausprägungen zusammengefasst. Dadurch ist in jeder Zelle der Kreuztabelle die erwartete Häufigkeit größer fünf. Der χ^2-Wert beträgt 29,234 bei einem Signifikanzniveau von 0,000. Die Zusammenhangmaße Kendall Tau b, c und Gamma deuten mit Werten von 0,302, 0,308 und 0,433 auf einen ausgeprägt starken Zusammenhang hin.

Tabelle 10-7: Kreuztabelle für die Variablen Anzahl der bisher angebotenen Hedgefonds-Produkte und Anlagevermögen der Kunden[291]

		Ø Anlagevermögen der Kunden im Private Banking				
		< 200 Tsd. Euro	**200 – 400 Tsd. Euro**	**400 – 600 Tsd. Euro**	**> 600 Tsd. Euro**	**Gesamt**
Anzahl der bisherigen Produkte	**Null Produkte**	33	20	5	5	63
		47,8%	*29,4%*	*18,5%*	*17,2%*	*32,6%*
	Ein Produkt	19	25	6	3	53
		27,5%	*36,8%*	*22,2%*	*10,3%*	*27,5%*
	Zwei oder mehr Produkte	17	23	16	21	77
		24,6%	*33,8%*	*59,3%*	*72,4%*	*39,9%*
	Gesamt	69	68	27	29	193
		100,0%	*100,0%*	*100,0%*	*100,0%*	*100,0%*

10.1.5 Bisheriges Angebot von Hedgefonds-Produkten versus Risikoklassifizierung von Dach-Hedgefonds

Im Rahmen eines χ^2-Tests nach Pearson wird nun der Zusammenhang zwischen den Merkmalen Anzahl der bisher angebotenen Hedgefonds-Produkte und Risikoklassifizierung von Multi-Strategie Dach-Hedgefonds erforscht. Hierzu wird die Variable Risikoklassifizierung von fünf auf drei Antwortmöglichkeiten reduziert. Die absolutskalierte Variable Anzahl der bisher angebotenen Hedgefonds-Produkte wird in folgende drei Antwortklassen umgewandelt: null Produkte, ein Produkt, zwei oder mehr Produkte. Aufgrund der Aggregation der Skalen ist in keiner Zelle der in Tabelle 10-8 dargestellten Kreuztabelle eine erwartete Häufigkeit kleiner fünf vorzufinden. Für den Signifikanztest ergibt sich ein Alpha von 4,9% und ein Testfunktionswert von 9,517. Das Kendall Tau b und c hat einen Wert von 0,168 bzw. 0,153. Das Gamma beträgt 0,273. Diese Werte deuten eher auf einen moderaten Zusammenhang

[291] Eigene Darstellung; Werte basieren auf eigenen Berechnungen.

hin. 63,2% der Banken dieser Stichprobe, die Multi-Strategie Dach-Hedgefonds intern mit sicherheitsorientiert klassifizieren, haben bisher zwei oder mehr Hedgefonds-Produkte im Private Banking angeboten. Bei Instituten dagegen, die Multi-Strategie Dachfonds intern nur an spekulative Anleger verkaufen, beträgt dieser Anteil nur 32,2%. Gerade solche Häuser, die sich der tatsächlichen Rendite/Risiko-Eigenschaften von Multi-Strategie Dachfonds bewusst sind und diese intern demzufolge mit sicherheitsorientiert klassifizieren, sind bisher in besonderem Maße bei Hedgefonds-Produkten aktiv gewesen.

Tabelle 10-8: Kreuztabelle für die Variablen Anzahl der bisher angebotenen Hedgefonds-Produkte und Risikoklassifizierung von Multi-Strategie Dach-Hedgefonds[292]

		Risikoklassifizierung von Multi-Strategie Dach-Hedgefonds			
		Sicherheits-orientiert	**Risikobereit**	**Spekulativ**	**Gesamt**
Anzahl der bisherigen Produkte	**Null Produkte**	2	21	45	68
		10,5%	*28,0%*	*39,1%*	*32,5%*
	Ein Produkt	5	25	33	63
		26,3%	*33,3%*	*28,7%*	*30,1%*
	Zwei oder mehr Produkte	12	29	37	78
		63,2%	*38,7%*	*32,2%*	*37,3%*
	Gesamt	19	75	115	209
		100%	*100%*	*100%*	*100%*

10.1.6 Bisheriges Angebot von Hedgefonds-Produkten versus Zufriedenheit mit dem bisherigen Hedgefonds-Absatz

Institute, die bisher bereits Hedgefonds-Produkte im Private Banking angeboten haben und mit dem Absatz dieser Instrumente zufrieden waren, haben bis dato auch eine größere Anzahl von Hedgefonds-Investments offeriert als Banken, die mit dem bisherigen Absatz eher unzufrieden waren. Durch die Verdichtung der Variable Zufriedenheit mit dem bisherigen Hedgefonds-Absatz von vier auf drei Ausprägungen für den nun folgenden χ^2-Test, ist in jeder Zelle der dazugehörigen Kreuztabelle die erwartete Häufigkeit größer fünf. Die Nullhypothese des Signifikanztests kann mit einem χ^2-Wert von 7,904 und einer Irrtumswahrscheinlichkeit von 1,9% zurückge-

[292] Eigene Darstellung; Werte basieren auf eigenen Berechnungen.

wiesen werden, so dass von einer Abhängigkeit der Variablen in der Grundgesamtheit ausgegangen werden können. Die Zusammenhangmaße signalisieren dabei eine starke Abhängigkeit. So beträgt das Gamma 0,392. Das Kendall Tau b und c hat einen Wert von 0,216 und 0,234. Bei 80% der Institute dieser Stichprobe, die bisher mit dem Hedgefonds-Absatz ziemlich oder sehr zufrieden waren, konnten vermögende Privatkunden in der Vergangenheit zwei oder mehr Hedgefonds-Produkte erwerben, wie aus Tabelle 10-9 hervorgeht. 54,3% der Institute, die mit dem bisherigen Absatz nicht zufrieden waren, haben bis heute hingegen nur ein Produkt angeboten.

Tabelle 10-9: Kreuztabelle für die Variablen Anzahl der bisher angebotenen Hedgefonds-Produkte und Zufriedenheit mit dem bisherigen Hedgefonds-Absatz[293]

		Zufriedenheit mit dem bisherigen Hedgefonds-Absatz			
		Nicht zufrieden	**Weniger zufrieden**	**Ziemlich zufrieden**[294]	**Gesamt**
Anzahl der Produkte	**Ein Produkt**	25	31	5	61
		54,3%	*40,8%*	*20,0%*	*41,5%*
	Zwei oder mehr Produkte	21	45	20	86
		45,7%	*59,2%*	*80,0%*	*58,5%*
	Gesamt	46	76	25	147
		100%	*100%*	*100%*	*100%*

10.1.7 Bisheriges Angebot versus zukünftiges Angebot von Hedgefonds-Produkten

In einem weiteren χ^2-Test wird nun überprüft, mit welcher Wahrscheinlichkeit Banken, die bisher bereits zwei oder mehr Hedgefonds-Investments offeriert haben, auch zukünftig (Dach)-Hedgefonds verkaufen werden. Hierzu wird die intervallskalierte Variable zukünftiges Angebot von Hedgefonds-Produkten von vier auf drei Antwortmöglichkeiten verdichtet. Nun ist in allen Zellen der in Tabelle 10-10 dargestellten Kreuztabelle die erwartete Häufigkeit größer fünf. Die Irrtumswahrscheinlichkeit beträgt 0,000 bei einem Testfunktionswert von 52,243. Die diversen Zusammenhangmaße deuten auf einen ausgeprägt starken Zusammenhang hin. So beträgt das Gamma 0,613 und das Kendall Tau b bzw. c hat einen Wert von 0,428 und 0,421. 64,3% der Banken dieser Stichprobe, die zukünftig ganz sicher (Dach)-Hedgefonds im Pri-

293 Eigene Darstellung; Werte basieren auf eigenen Berechnungen.

294 Wortlaut der Ausprägung: ziemlich oder sehr zufrieden.

vate Banking anbieten werden, haben auch bisher bereits zwei oder mehr Hedgefonds-Produkte offeriert. Demgegenüber haben nur 18,3% der Banken, die zukünftig keinesfalls oder wahrscheinlich nicht derartige Produkte verkaufen werden, bisher zwei oder mehr Hedgefonds-Produkte in ihr Produktprogramm aufgenommen. Gerade diese Häuser also, die bisher bereits sehr aktiv waren, werden auch zukünftig mit hoher Wahrscheinlichkeit Hedgefonds-Investments anbieten. Mit zunehmender Hedgefonds-Erfahrung schätzen Banken in Deutschland somit die Vorzüge von (Dach)-Hedgefonds und möchten sie deshalb auch zukünftig verstärkt anbieten.

Tabelle 10-10: Kreuztabelle für die Variablen Anzahl der bisher angebotenen Hedgefonds-Produkte und zukünftiges Angebot von Hedgefonds-Produkten[295]

		Zukünftiges Angebot von Hedgefonds-Produkten			
		Wahrsch. nicht[296]	**Ziemlich wahrsch.**	**Ganz sicher**	**Gesamt**
Anzahl der bisherigen Produkte	**Null Produkte**	52	17	2	71
		55,9%	*24,6%*	*3,6%*	*32,6%*
	Ein Produkt	24	20	18	62
		25,8%	*29,0%*	*32,1%*	*28,4%*
	Zwei oder mehr Produkte	17	32	36	85
		18,3%	*46,4%*	*64,3%*	*39,0%*
	Gesamt	93	69	56	218
		100%	*100%*	*100%*	*100%*

10.2 Ursachen für ein bisher nicht erfolgtes Angebot

10.2.1 Theoretischer Hintergrund und Beschreibung der Stichprobe

73 der an dieser Studie teilnehmenden Banken haben ihren Kunden bisher keine Hedgefonds-Produkte angeboten, wie in Kapitel 10.1.1 auf Seite 151 eingehend erläutert wird. In einer eigenen Frage wurden diese Banken zu den Ursachen für das bisher nicht erfolgte Angebot befragt. Diese wurde als Fragenbatterie mit neun Teilfragen konzipiert. Die Intervallskala der neun Teilfragen weist dabei folgende Ausprägungen auf: trifft überhaupt nicht zu (1), trifft nicht zu (2), trifft zu (3), trifft stark zu (4).

[295] Eigene Darstellung; Werte basieren auf eigenen Berechnungen.

[296] Wortlaut der Ausprägung: keinesfalls oder wahrscheinlich nicht.

Beantwortet wurden die neun Teilfragen von jeweils mindestens 61 Banken. Die Lageparameter der diversen Stichproben können Tabelle 10-11 entnommen werden. Mittels eines T-Tests bei gepaarten Stichproben werden zudem die Mittewerte der Stichproben untersucht. Die Mittewerte folgender Stichproben unterscheiden sich dabei nicht signifikant voneinander in der Grundgesamtheit: Kosten versus Liquidität (Signifikanzniveau: 0,252), Kosten versus Partner (0,222), Liquidität versus Partner (0,587), interne Erfahrung versus Erklärungsbedarf (0,854), interne Erfahrung versus Interesse Kunden (0,124), Erklärungsbedarf versus Interesse Kunden (0,115), Wissen Kunden versus Interesse Kunden (0,837). Für alle übrigen Mittelwertvergleiche liegen die Irrtumswahrscheinlichkeiten deutlich unter 10%. Mit einem Stichprobenumfang von jeweils mindestens 61 Banken sind die Stichproben laut zentralem Grenzwertsatz normalverteilt in der Grundgesamtheit.

Tabelle 10-11: Lageparameter zur Urliste Ursachen für ein bisher nicht erfolgtes Angebot[297]

	Mittelwert	Median	Modalwert
Geringes Wissen der Kunden	3,41	4	4
Geringes Kundeninteresse	3,40	4	4
Noch zu wenig interne Hedgefonds-Erfahrung	3,27	3	3
Hoher Erklärungsbedarf	3,25	3	3
Unbefriedigende Performance	2,82	3	3
Hohe Kosten für Kunden	2,59	2	2
Geringe Liquidität	2,44	2	3
Fehlende Kooperationspartner	2,41	2	2
Ungeeignetes Diversifikationsinstrument	1,80	2	2

Hauptgründe für das bisher noch nicht erfolgte Angebot von Hedgefonds-Produkten sind laut Aussage der befragten Banken das geringe Wissen der Kunden zu Hedgefonds sowie das geringe Kundeninteresse. Aber auch die noch teilweise fehlende interne Erfahrung wird vielfach als Ursache genannt, wie Tabelle 10-11 und Abbildung 10-2 entnommen werden kann.

[297] Eigene Darstellung; Werte basieren auf eigenen Berechnungen.

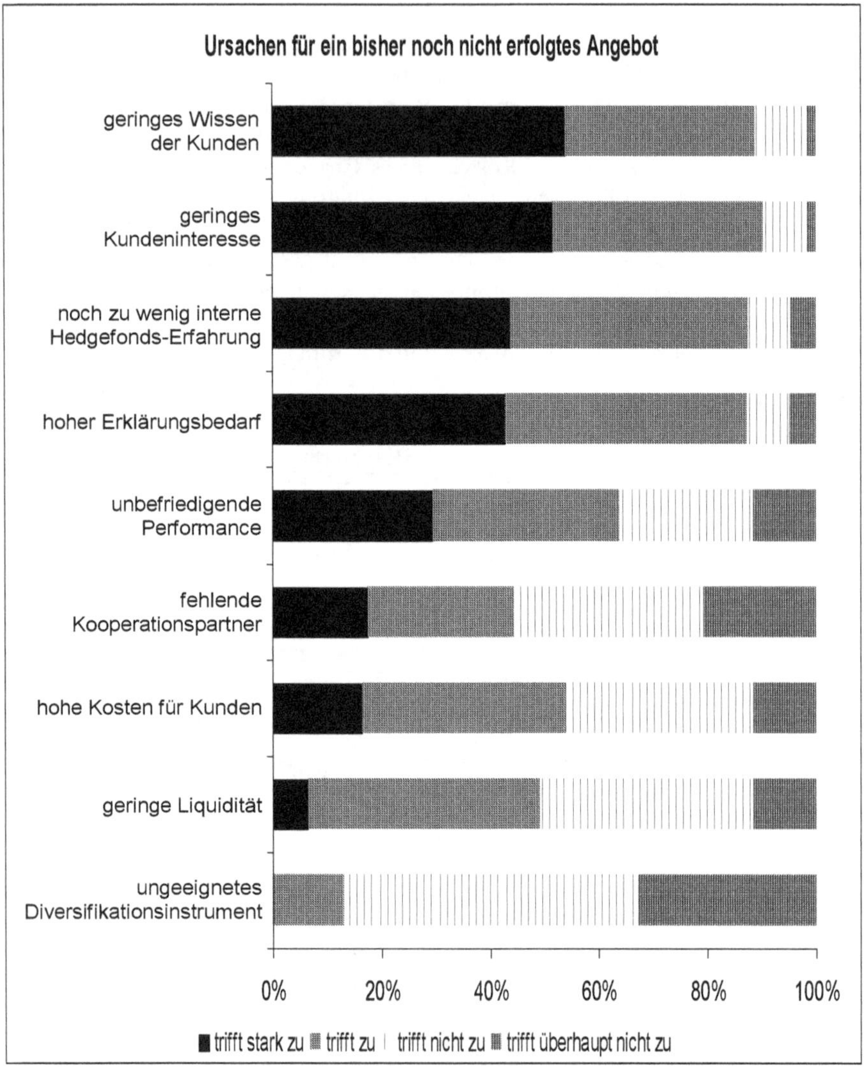

Abb. 10-2: Ursachen für ein bisher noch nicht erfolgtes Angebot von Hedgefonds-Produkten[298]

[298] Eigene Darstellung; Werte basieren auf eigenen Berechnungen.

Es ist überraschend, dass die befragten Banken insbesondere das geringe Wissen sowie das geringe Interesse der Kunden als Hauptgründe für ein noch nicht erfolgtes Angebot nennen, da gerade im Privatkundengeschäft die Wertpapierberater vielfach das Interesse für neue Anlageinstrumente wecken sowie ihren Kunden die Wirkungsweise von solchen Produkten erklären. Beachtenswert ist zudem, dass 87% der Banken, die bisher keine Hedgefonds-Produkte angeboten haben, Hedgefonds für ein geeignetes Diversifikationsinstrument bzw. nicht für ein ungeeignetes Diversifikationsinstrument halten. Dieses Argument (Hedgefonds – ein ungeeignetes Diversifikationsinstrument) hatte somit den geringsten Einfluss auf ein bisher nicht erfolgtes Hedgefonds-Angebot.

10.2.2 Ursachen für ein bisher nicht erfolgtes Angebot versus Bankgruppe

Im Rahmen von einfaktoriellen Varianzanalysen wird nun untersucht, bei welchen der neun im Fragebogen genannten möglichen Ursachen für ein bisher noch nicht erfolgtes Angebot signifikante Unterschiede bei den drei Banksektoren in Deutschland festgestellt werden können. In einem ersten Test wird die Teilfrage geringes Kundeninteresse als Ursache für ein bisher noch nicht erfolgtes Angebot beleuchtet. Für alle drei Stichproben kann eine normalverteilte Grundgesamtheit unterstellt werden. Die Stichprobe Genossenschaftsbanken weist einen entsprechend großen Stichprobenumfang auf, während bei den anderen beiden die Signifikanzniveaus des Kolmogorov-Smirnov-Tests eine Normalverteilung signalisieren, wie aus Tabelle 10-12 hervorgeht.

Tabelle 10-12: Normalverteilungstest und deskriptive Daten der Stichproben geringes Kundeninteresse und Banksektoren[299]

Geringes Kundeninteresse	Z-Wert	Signifikanz	Anzahl (n)	Mittelwert
Sparkassen-Sektor	1,170	0,130	10	3,10
Privater Bankensektor	0,822	0,510	5	2,40
Genossenschaftlicher Sektor	2,557	0,000	46	3,57
Gesamt			**61**	**3,39**

Mit einer Wahrscheinlichkeit von 30,7% sind zudem die Varianzen in den betrachteten Fallgruppen der Grundgesamtheit identisch. Für die Varianzanalyse wiederum

[299] Eigene Darstellung; Werte basieren auf eigenen Berechnungen.

kann ein F-Wert von 8,863 und eine Irrtumswahrscheinlichkeit von 0,000 festgestellt werden. Somit liegen signifikant unterschiedliche Mittelwerte in der Grundgesamtheit vor. Insbesondere die Genossenschaftsbanken bemängeln das fehlende Interesse der Kunden zu Hedgefonds. Für die privaten Banken hingegen hat dieses Argument den geringsten Einfluss im Vergleich zu den anderen Bankinstitutionen.

In einem weiteren Test wird untersucht, inwieweit sich bei den Mittelwerten für die Variable unbefriedigende Performance signifikante Unterschiede bei Banken in Deutschland feststellen lassen. Es kann erneut für alle drei Stichproben von einer normalverteilten Grundgesamtheit ausgegangen werden. Bei den Privatbanken und Sparkassen liegen die Signifikanzniveaus des Normalverteilungstest über 40%, bei den Genossenschaftsbanken setzt sich die Stichprobe aus mehr als 30 Instituten zusammen, wie Tabelle 10-13 entnommen werden kann. Das Signifikanzniveau des Levene-Test beträgt 17,6%. Es kann damit Varianzhomogenität angenommen werden. Die Nullhypothese der Varianzanalyse kann mit einem F-Wert von 2,096 und einer Irrtumswahrscheinlichkeit von 13,2% nur knapp nicht zum 10%-Signifikanzniveau zurückgewiesen werden. Insbesondere private Banken in Deutschland haben aufgrund unbefriedigender Performance bisher keine Hedgefonds-Produkte im Private Banking offeriert.

Tabelle 10-13: Normalverteilungstest und deskriptive Daten der Stichproben unbefriedigende Performance und Banksektoren[300]

Unbefriedigende Performance	**Z-Wert**	**Signifikanz**	**Anzahl (n)**	**Mittelwert**
Sparkassen-Sektor	0,848	0,468	11	2,55
Privater Bankensektor	0,822	0,510	5	3,60
Genossenschaftlicher Sektor	1,332	0,057	44	2,77
Gesamt			**60**	**2,80**

Private Banken haben überdies Hedgefonds-Produkte bisher aufgrund der hohen Kosten für Kunden nicht in ihr Produktprogramm aufgenommen, wie die Mittelwerte von Tabelle 10-14 verdeutlichen. Es hat somit den Anschein, dass die Kunden der Privatbanken wesentlich preis- bzw. gebührensensitiver sind als die Kunden von Sparkassen und Genossenschaftsbanken. Für alle drei Stichproben liegt eine normalverteilte Grundgesamtheit vor. Bei den Stichproben Sparkassen und Privatbanken sind die Signifikanzniveaus des Normalverteilungstests entsprechend hoch, während

300 Eigene Darstellung; Werte basieren auf eigenen Berechnungen.

bei den Genossenschaftsbanken unter Verweis auf den zentralen Grenzwertsatz eine Normalverteilung angenommen werden kann. Es kann überdies von identischen Varianzen ausgegangen werden. Der Levene-Test generiert ein Alpha von 14,7%. Das Signifikanzniveau der Varianzanalyse beträgt 0,4% bei einem Testfunktionswert von 6,178.

Tabelle 10-14: Normalverteilungstest und deskriptive Daten der Stichproben hohe Kosten für Kunden und Banksektoren[301]

Hohe Kosten für Kunden	Z-Wert	Signifikanz	Anzahl (n)	Mittelwert
Sparkassen-Sektor	0,845	0,473	11	2,73
Privater Bankensektor	1,057	0,214	5	3,80
Genossenschaftlicher Sektor	1,501	0,022	44	2,43
Gesamt			**60**	**2,60**

Für die Variable noch zu wenig interne Hedgefonds-Erfahrung kann ebenfalls ein hoch signifikanter Unterschied der Mittelwerte in der Grundgesamtheit für die drei Banksektoren festgestellt werden. Für alle drei Variablen kann eine normalverteilte Grundgesamtheit angenommen werden. Bei den Sparkassen und Privatbanken liegen die Signifikanzniveaus des Normalverteilungstests bei 11% bzw. 95,3%, wie Tabelle 10-15 verdeutlicht. Der Stichprobenumfang bei den Genossenschaftsbanken beträgt 48 Institute. Der Levene-Test signalisiert mit einem Alpha von 49,9% Varianzhomogenität. Die Irrtumswahrscheinlichkeit der Varianzanalyse hat einen Wert von nur 0,7% bei einem F-Wert von 5,471. Insbesondere Sparkassen und Banken des genossenschaftlichen Sektors haben bisher aufgrund der noch fehlenden internen Erfah-

Tabelle 10-15: Normalverteilungstest und deskriptive Daten der Stichproben noch zu wenig interne Hedgefonds-Erfahrung und Banksektoren[302]

Noch zu wenig interne Hedgefonds-Erfahrung	Z-Wert	Signifikanz	Anzahl (n)	Mittelwert
Sparkassen-Sektor	1,204	0,110	10	3,40
Privater Bankensektor	0,515	0,953	5	2,20
Genossenschaftlicher Sektor	2,041	0,000	48	3,35
Gesamt			**63**	**3,27**

[301] Eigene Darstellung; Werte basieren auf eigenen Berechnungen.

[302] Eigene Darstellung; Werte basieren auf eigenen Berechnungen.

rung auf ein Hedgefonds-Angebot im Private Banking verzichtet. Für private Banken indessen spielt dieser Aspekt eine untergeordnete Rolle.

Für alle übrigen Teilfragen liegen die Irrtumswahrscheinlichkeiten der Varianzanalysen deutlich über 20%. Aus diesem Grunde werden sie im Rahmen dieser Arbeit auch nicht eingehender behandelt.

10.2.3 Ursachen für ein bisher nicht erfolgtes Angebot versus verwaltetes Anlagevermögen der Banken

In einer weiteren Testreihe wird nun untersucht, inwieweit Banken klassifiziert nach dem insgesamt im Private Banking betreuten Anlagevolumen (Depots plus Einlagen) die vorgegebenen neun Ursachen für ein bisher noch nicht erfolgtes Angebot unterschiedlich bewerten. Hierbei wird ebenfalls auf die einfaktorielle Varianzanalyse zurückgegriffen. Der erste Test beschäftigt sich mit der Variablen geringes Kundeninteresse. Da diese Teilfrage jedoch nur von Banken mit einem betreuten Anlagevolumen von 7 Mrd. Euro oder weniger beantwortet wurde, können nur die Mittelwerte der in Tabelle 10-16 dargestellten Antwortklassen verglichen werden.

Tabelle 10-16: Normalverteilungstest und deskriptive Daten der Stichproben geringes Kundeninteresse und verwaltetes Anlagevermögen der Banken[303]

Geringes Kundeninteresse	Z-Wert	Signifikanz	Anzahl (n)	Mittelwert
< 1 Mrd. Euro	2,408	0,000	45	3,49
1 – 3 Mrd. Euro	1,053	0,217	9	3,11
3 – 7 Mrd. Euro	0,368	0,999	2	2,50
Gesamt			**56**	**3,39**

Für diese drei Stichproben liegt eine normalverteilte Grundgesamtheit vor. Für die Stichprobe <1 Mrd. Euro kann unter Verweis auf den zentralen Grenzwertsatz eine Normalverteilungsannahme getroffen werden. Für die übrigen Stichproben signalisieren die Signifikanzniveaus des Kolmogorov-Smirnov-Tests eine normalverteilte Grundgesamtheit. Mit einer Wahrscheinlichkeit von 29,4% sind überdies die Varianzen in den Fallgruppen der Grundgesamtheit identisch. Für die Varianzanalyse liegt ein F-Wert von 2,710 und eine Irrtumswahrscheinlichkeit von 7,6% vor. Vorwiegend kleinere Banken mit weniger betreutem Anlagevermögen haben bisher aufgrund des fehlenden Kundeninteresses von einem Hedgefonds-Angebot abgesehen.

---

303 Eigene Darstellung; Werte basieren auf eigenen Berechnungen.

Im Rahmen dieser Analyse kann zudem festgestellt werden, dass größere Banken die hohen Kosten für Kunden bei Hedgefonds-Produkten bemängeln und deshalb bisher in dieser Anlageklasse noch nicht aktiv geworden sind. Für die Variable < 1 Mrd. Euro kann unter Verweis auf den zentralen Grenzwertsatz von einer Normalverteilung ausgegangen werden, während bei der Variablen 1–3 Mrd. Euro das Signifikanzniveau des Kolmogorov-Smirnov-Tests eine Normalverteilung signalisiert, wie Tabelle 10-17 entnommen werden kann. Bei dem Merkmal 3–7 Mrd. Euro jedoch muss die Normalverteilungsannahme aufgrund des geringen Stichprobenumfangs stark bezweifelt werden. Es kann überdies wegen der nicht vorliegenden Varianz bei dieser Stichprobe auch kein Normalverteilungstest durchgeführt werden. Das Signifikanzniveau des Levene-Test beläuft sich auf 10,6%. Aufgrund dieses relativ geringen Wertes kann nicht zweifelsfrei von identischen Varianzen in den betrachteten Fallgruppen der Grundgesamtheit ausgegangen werden. Die Nullhypothese der Varianzanalyse kann hingegen mit einem F-Wert von 5,115 und einer Irrtumswahrscheinlichkeit von 0,9% abgelehnt werden. Es kann somit von unterschiedlichen Mittelwerten in der Grundgesamtheit ausgegangen werden. Gerade Häuser in Deutschland mit einem größeren Anlagevermögen im Private Banking sehen die hohen Kosten der (Dach)-Hedgefonds als Angebotshindernis an. Bei der Interpretation der Testergebnisse muss jedoch die nicht zweifelsfrei vorliegende Varianzhomogenität und Normalverteilung der Stichprobe 3–7 Mrd. Euro berücksichtigt werden.

Tabelle 10-17: Normalverteilungstest und deskriptive Daten der Stichproben hohe Kosten für Kunden und verwaltetes Anlagevermögen der Banken[304]

Hohe Kosten für Kunden	Z-Wert	Signifikanz	Anzahl (n)	Mittelwert
< 1 Mrd. Euro	1,501	0,022	44	2,43
1 – 3 Mrd. Euro	0,822	0,509	10	3,10
3 – 7 Mrd. Euro	/[305]	/	2	4,00
Gesamt			**56**	**2,61**

Für alle übrigen Teilfragen können keine signifikanten Zusammenhänge festgestellt werden. Die Werte der Irrtumswahrscheinlichkeiten für die einfaktoriellen Varianzanalyse erstrecken sich von 17,9% bis 80,8%.

[304] Eigene Darstellung; Werte basieren auf eigenen Berechnungen.

[305] Es kann kein Normalverteilungstest für diese Stichprobe durchgeführt werden, da die Verteilung keine Varianz aufweist.

10.2.4 Ursachen für ein bisher nicht erfolgtes Angebot versus Anlagevermögen der Kunden

Bewerten Banken in Deutschland, unterteilt nach dem durchschnittlichen Anlagevermögen der Kunden im Private Banking, die vorgegebenen neun Ursachen für ein bisher noch nicht erfolgtes Angebot unterschiedlich? Dies soll nun mittels einer einfaktoriellen Varianzanalyse erforscht werden. Hierzu wird die Skala der unabhängigen Variable durchschnittliches Anlagevermögen der Kunden im Private Banking von sechs auf vier Antwortklassen verdichtet. Nur für die Teilfrage geringe Liquidität als Ursache für ein bisher nicht erfolgtes Angebot liegt für die Varianzanalyse ein signifikantes Ergebnis vor. Für die Stichprobe 200.000–400.000 Euro bzw. 400.000–600.000 Euro kann mit einem Signifikanzniveau des Kolmogorov-Smirnov-Tests von 19,6% bzw. 51,0% eine normalverteilte Grundgesamtheit angenommen werden, wie Tabelle 10-18 entnommen werden kann. Für die anderen beiden Stichproben muss hingegen eine Normalverteilung in Frage gestellt werden. Darüber hinaus kann mit einem Alpha von 2,4% für den Levene-Test nicht von homogenen Varianzen ausgegangen werden. Die Irrtumswahrscheinlichkeit der Varianzanalyse hat hingegen einen Wert von 4,2% bei einem F-Wert von 2,944. Demnach kann die Nullhypothese, die identische Mittelwerte in der Grundgesamtheit unterstellt, zum 5%-Signifikanzniveau zurückgewiesen werden. Banken mit einem durchschnittlichen Anlagevermögen je Kunde von 200.000–400.000 Euro bzw. >600.000 Euro haben bisher aufgrund der geringen Liquidität von (Dach)-Hedgefonds derartige Anlageinstrumente im Private Banking nicht offeriert, während für die übrigen Banken andere Ursachen für ein bisher nicht erfolgtes Angebot zutreffend sind. Wegen der nicht vorliegenden Varianzhomogenität und nur teilweisen Normalverteilungsannahme haben diese Schlussfolgerungen jedoch nur unter Abstrichen Gültigkeit.

Tabelle 10-18: Normalverteilungstest und deskriptive Daten der Stichproben geringe Liquidität und Anlagevermögen der Kunden[306]

Geringe Liquidität	Z-Wert	Signifikanz	Anzahl (n)	Mittelwert
< 200.000 Euro	1,478	0,025	27	2,07
200.000 – 400.000 Euro	1,077	0,196	18	2,56
400.000 – 600.000 Euro	0,822	0,510	5	2,40
> 600.000 Euro	/[307]	/	4	3,00
Gesamt			**54**	**2,33**

[306] Eigene Darstellung; Werte basieren auf eigenen Berechnungen.

[307] Es kann kein Normalverteilungstest für diese Stichprobe durchgeführt werden, da die Verteilung keine Varianz aufweist.

Für alle anderen Teilfragen liegen die Signifikanzniveaus der Varianzanalyse deutlich über 15%. Es können somit für diese Variablen keine unterschiedlichen Mittelwerte in der Grundgesamtheit festgestellt werden.

10.3 Angebot von Single- bzw. Multi-Manager/ Strategie-Produkten

10.3.1 Theoretischer Hintergrund und Beschreibung der Stichprobe

Banken, die bisher Hedgefonds-Produkte im Private Banking angeboten haben, wurden in einer gesonderten Frage zum bisherigen Produktangebot befragt. Hierbei wurde ein bisheriges Angebot von Single-Hedgefonds, Multi-Strategy bzw. Single-Strategy Dach-Hedgefonds erfasst. Für jeden Produkttyp war ein eigenes Feld vorhanden, das bei einem bisherigen Angebot angekreuzt werden konnte. Mehrfachnennungen waren bei dieser Frage demzufolge zulässig. 82% der bisherigen Produkte sind Multi-Strategie Dach-Hedgefonds, wie Abbildung 10-3 illustriert. Der Anteil der Single-Strategy-Dachfonds beträgt 14%. Demgegenüber sind gerade einmal 5% aller bisher angebotenen Produkte Single-Hedgefonds. Auch zukünftig werden sich

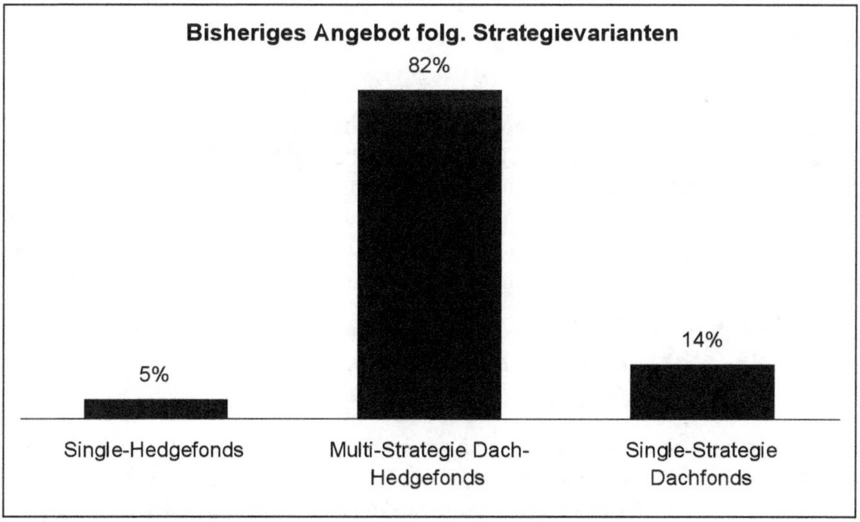

Abb. 10-3: Bisheriges Angebot von Single-Hedgefonds, Multi-Strategie Dach-Hedgefonds und Single-Strategie Dachfonds[308]

[308] Eigene Darstellung; Werte basieren auf eigenen Berechnungen.

deutsche Banken in erster Linie auf Multi-Strategie Dach-Hedgefonds fokussieren, wie aus Kapitel 9.3.1.1 auf Seite 133 hervorgeht. Single-Strategy Dachfonds bzw. Single-Hegefonds werden erneut nur vereinzelt offeriert werden.

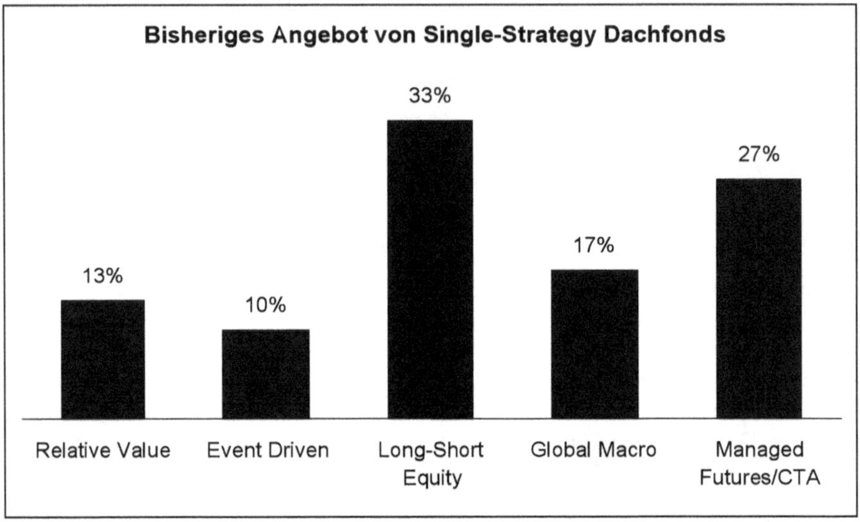

Abb. 10-4: Bisheriges Angebot von Single-Strategie Dachfonds[309]

33% der bereits bei deutschen Banken angebotenen Single-Strategie Dach-Hedgefonds bilden die Strategie Long-Short Equity ab, wie aus Abbildung 10-4 hervorgeht. Der Anteil der Managed Futures/CTA Dachfonds beträgt 27%. Auf Platz drei folgen Global Macro Dachfonds. Für zukünftige Dachfonds bevorzugen die befragten Banken die Strategien Long-Short Equity und Global Macro, wie Kapitel 9.3.2.1 auf Seite 146 entnommen werden kann. Managed Futures/CTA Dachfonds nehmen den vorletzten Platz ein und werden demzufolge von vielen Häusern nicht mehr präferiert.

10.3.2 Angebot von Single- bzw. Multi-Manager/ Strategie-Produkten versus Bankgruppe

Im Rahmen eines χ^2-Tests nach Pearson wird nun der Zusammenhang zwischen den Variablen bisheriges Angebot von Single-Hedgefonds, Multi-Strategy bzw. Single-Strategy Dach-Hedgefonds und dem nominalskalierten Merkmal Banksektor (Sparkassen, Privatbanken, Genossenschaftsbanken) untersucht. In einem ersten Test werden die Single-Hedgefonds beleuchtet. 50% der Zellen der in Tabelle 10-19 darge-

[309] Eigene Darstellung; Werte basieren auf eigenen Berechnungen.

Tabelle 10-19: Kreuztabelle für die Variablen bisheriges Angebot von Single-Hedgefonds und Banksektoren[310]

		Bank-Sektoren in Deutschland			
		Sparkassen	**Private Banken**	**Genossen-schaften**	**Gesamt**
Angebot von Single-HFs	**Nein**	43	14	77	134
		97,7%	*77,8%*	*97,5%*	*95,0%*
	Ja	1	4	2	7
		2,3%	*22,2%*	*2,5%*	*5,0%*
	Gesamt	44	18	79	141
		100%	*100%*	*100%*	*100%*

stellten Kreuztabelle haben eine erwartete Häufigkeit kleiner fünf. Der Testfunktionswert beträgt 13,029 bei einer Irrtumswahrscheinlichkeit von 0,1%. Zwischen diesen beiden Variablen liegt somit eine Abhängigkeit in der Grundgesamtheit vor. Die Zusammenhangmaße Phi und Cramer V haben Werte von 0,304. Der Kontigenzkoeffizient liegt bei 0,291. Diese Werte deuten auf einen starken Zusammenhang zwischen den betrachteten Variablen hin. 22,2% der Privatbanken dieser Stichprobe haben bisher Single-Hedgefonds angeboten, während dieser Anteil bei den Sparkassen bzw. Genossenschaftsbanken nur 2,3% bzw. 2,5% beträgt.

Ein vergleichbarer Zusammenhang kann für Single-Strategy Dach-Hedgefonds festgestellt werden. Nur in einer Zelle bzw. 16,7% aller Felder der in Tabelle 10-20 (s. S. 172) dargestellten Kreuztabelle ist die erwartete Häufigkeit kleiner fünf. Die Nullhypothese kann mit einem Testfunktionswert von 13,279 und einem Alpha von 0,1% zum 1%-Signifikanzniveau zurückgewiesen werden. Die Maße Phi (Wert: 0,303), Cramer V (0,303) und Kontingenzkoeffizient (0,290) deuten erneut auf einen starken Zusammenhang hin. 40% der Privatbanken dieser Befragung haben bisher bereits Single-Strategy Dach-Hedgefonds im Private Banking angeboten. Vermögende Privatkunden konnten hingegen nur bei 17,4% der Sparkassen und 7,6% der Genossenschaftsbanken in diese Produktklasse investieren. Private Banken verfolgen im Gegensatz zu ihren Konkurrenten aus dem öffentlich-rechtlichen bzw. genossenschaftlichen Bankensektor eine progressivere Vorgehensweise bei Hedgefonds-Investments, wie an mehreren Stellen im Rahmen der vorliegenden Arbeit nachgewiesen wird.

[310] Eigene Darstellung; Werte basieren auf eigenen Berechnungen.

Tabelle 10-20: Kreuztabelle für die Variablen bisheriges Angebot von Single-Strategy Dach-Hedgefonds und Banksektoren[311]

		Bank-Sektoren in Deutschland			
		Sparkassen	**Private Banken**	**Genossen-schaften**	**Gesamt**
Single-Strategy FoFs	**Nein**	38	12	37	123
		82,6%	*60,0%*	*92,4%*	*84,8%*
	Ja	8	8	6	22
		17,4%	*40,0%*	*7,6%*	*15,2%*
	Gesamt	46	20	79	145
		100%	*100%*	*100%*	*100%*

Für Multi-Strategie Dach-Hedgefonds kann hingegen keine Abhängigkeit nachgewiesen werden. Die Irrtumswahrscheinlichkeit des χ^2-Tests hat hier einen Wert von 45,1%.

10.3.3 Angebot von Single- bzw. Multi-Manager/Strategie-Produkten versus verwaltetes Anlagevermögen der Banken

Single-Strategy Dach-Hedgefonds wurden bisher vermehrt von Banken mit einem größeren Anlagevolumen (Depots plus Einlagen) im Private Banking angeboten. Für diese Untersuchung wird der χ^2-Test nach Pearson verwendet. Die ordinalskalierte Variable betreutes Anlagevolumen wird für diese Analyse von sechs auf drei Antwortklassen subsumiert. Trotz dieser Subsumierung der Antwortmöglichkeiten ist bei 33,3% der Zellen der in Tabelle 10-21 dargestellten Kreuztabelle eine erwartete Häufigkeit kleiner fünf vorzufinden. Für den Signifikanztest ergibt sich ein χ^2-Wert von 17,121 und ein Signifikanzniveau von 0,000. Die Zusammenhangmaße deuten auf einen ausgeprägt starken Zusammenhang hin. Das Phi bzw. Cramer V hat einen Wert von 0,359. Der Kontingenzkoeffizient beträgt 0,338. Mit zunehmendem Anlagevolumen haben Banken in Deutschland auch verstärkt Single-Strategy Dachfonds offeriert.

Für Multi-Strategy Dach-Hedgefonds und Single-Hedgefonds hingegen können keine signifikanten Zusammenhänge festgestellt werden. Die Signifikanzniveaus haben hierbei Werte von 0,429 bzw. 0,254.

---

311 Eigene Darstellung; Werte basieren auf eigenen Berechnungen.

Tabelle 10-21: Kreuztabelle für die Variablen bisheriges Angebot von Single-Strategy Dach-Hedgefonds und verwaltetes Anlagevermögen der Banken[312]

		Verwaltetes Anlagevermögen der Banken im Private Banking			
		< 1 Mrd. Euro	**1 – 3 Mrd. Euro**	**> 3 Mrd. Euro**	**Gesamt**
Single-Strategy FoFs	**Nein**	85	17	9	111
		89,5%	*85,0%*	*50,0%*	*83,5%*
	Ja	10	3	9	22
		10,5%	*15,0%*	*50,0%*	*16,5%*
	Gesamt	95	20	18	133
		100%	*100%*	*100%*	*100%*

10.3.4 Angebot von Single- bzw. Multi-Manager/Strategie-Produkten versus Anlagevermögen der Kunden

In einem weiteren χ^2-Test wird der Zusammenhang zwischen den Merkmalen Angebot von Single-Hedgefonds, Single-Strategy bzw. Multi-Strategie Dach-Hedgefonds und Banken aufgeteilt nach dem Anlagevermögen der Kunden untersucht. Die Variable Anlagevermögen der Kunden wird aus Vereinfachungsgründen von sechs auf drei Ausprägungen verdichtet. Der erste Test untersucht den Zusammenhang für Single-Strategy Dachfonds. In allen Zellen der Kreuztabelle ist die erwartete Häufigkeit größer fünf. Der χ^2-Wert liegt bei 4,407. Die Nullhypothese kann mit einem Alpha von 11% nur knapp nicht zum 10%-Signifikanzniveau zurückgewiesen werden. Die Zusammenhangmaße deuten auf einen eher schwachen Zusammenhang hin. Für das Phi und Cramer V ergibt sich ein Wert von 0,185. Der Kontingenzkoeffizient beträgt 0,182. Bei Betrachtung von Tabelle 10-22 (s. S. 174) fällt auf, dass bei Banken mit einem durchschnittlichen Kundenvolumen von >400.000 Euro die meisten Häuser bisher Single-Strategy Dachfonds angeboten haben. Banken mit vermögenderen Privatkunden haben sich somit bisher intensiver mit Hedgefonds-Investments beschäftigt.

Für Multi-Strategy Dachfonds und Single-Hedgefonds können wiederum keine signifikanten Zusammenhänge nachgewiesen werden. Für die Variable Single-Hedgefonds liegt eine Irrtumswahrscheinlichkeit von 40,8% vor. Bei den Multi-Strategie Dachfonds indessen ist in 50% aller Zellen der Kreuztabelle eine erwartete Häufigkeit kleiner fünf vorzufinden.

---

[312] Eigene Darstellung; Werte basieren auf eigenen Berechnungen.

Tabelle 10-22: Kreuztabelle für die Variablen bisheriges Angebot von Single-Strategy Dach-Hedgefonds und Anlagevermögen der Kunden[313]

		Ø Anlagevermögen der Kunden im Private Banking			
		< 200 Tsd. Euro	**200 – 400 Tsd. Euro**	**> 400 Tsd. Euro**	**Gesamt**
Single-Strategy FoFs	**Nein**	30	44	35	109
		85,7%	*91,7%*	*76,1%*	*84,5%*
	Ja	5	4	11	20
		14,3%	*8,3%*	*23,9%*	*15,5%*
	Gesamt	35	48	46	129
		100%	*100%*	*100%*	*100%*

10.3.5 Angebot von Single-Strategy Dach-Hedgefonds versus Risikoklassifizierung von Dach-Hedgefonds

In einem weiteren χ^2-Test wird nun untersucht, in welchem Umfang Banken in Deutschland bisher Single-Strategie Dachfonds angeboten haben, die Multi-Strategie Dach-Hedgefonds bei ihrer internen Risikoklassifizierung unterschiedlich bewerten. Die ordinalskalierte Variable Risikoklassifizierung wird hierzu von fünf auf drei

Tabelle 10-23: Kreuztabelle für die Variablen bisheriges Angebot von Single-Strategy Dach-Hedgefonds und Risikoklassifizierung von Multi-Strategie Dach-Hedgefonds[314]

		Risikoklassifizierung von Multi-Strategie Dach-Hedgefonds			
		Sicherheits-orientiert	**Risikobereit**	**Spekulativ**	**Gesamt**
Single-Strategy FoFs	**Nein**	12	43	65	120
		70,6%	*82,7%*	*92,9%*	*86,3%*
	Ja	5	9	5	19
		29,4%	*17,3%*	*7,1%*	*13,7%*
	Gesamt	17	52	70	139
		100%	*100%*	*100%*	*100%*

313 Eigene Darstellung; Werte basieren auf eigenen Berechnungen.

314 Eigene Darstellung; Werte basieren auf eigenen Berechnungen.

Ausprägungen verdichtet. Nun ist nur in einer Zelle bzw. 16,7% aller Zellen der in Tabelle 10-23 dargestellten Kreuztabelle die erwartete Häufigkeit kleiner fünf. Für den Signifikanztest ergibt sich ein Testfunktionswert von 6,680 und eine Irrtumswahrscheinlichkeit von 3,5%. Für das Phi und Cramer V liegt ein Wert von 0,219 vor. Der Kontingenzkoeffizient beträgt 0,214. Diese Maße deuten somit auf einen starken Zusammenhang zwischen den betrachteten Variablen hin. 29,4% der Banken dieser Stichprobe, die Multi-Strategy Dachfonds auch an sicherheitsorientiere Anleger verkaufen, haben ihren Kunden bisher auch Single-Strategy Dachfonds angeboten. Bei den Häusern hingegen, bei denen Multi-Strategie-Produkte nur für spekulative Anleger vorgesehen sind, beträgt dieser Anteil nur 7,1%. Gerade diese Häuser, die sich bisher bereits intensiver mit Hedgefonds-Investments auseinandergesetzt haben und Multi-Strategie Dachfonds aufgrund ihrer niedrigen Volatilitäten richtigerweise auch für sicherheitsorientierte Anleger empfehlen, haben in der Vergangenheit auch schon verstärkt Single-Strategy-Investments in ihr Produktprogramm aufgenommen.

10.3.6 Angebot von Single-Strategy Dach-Hedgefonds versus Zufriedenheit mit dem bisherigen Hedgefonds-Absatz

Banken, die mit dem bisherigen Hedgefonds-Absatz zufrieden waren, haben in der Vergangenheit verstärkt Single-Strategy Dachfonds angeboten. Für diesen χ^2-Test wird die intervallskalierte Variable Zufriedenheit mit dem bisherigen Hedgefonds-Absatz von vier auf drei Ausprägungen verdichtet. Nur in 16,7% der in Tabelle 10-24

Tabelle 10-24: Kreuztabelle für die Variablen bisheriges Angebot von Single-Strategy Dach-Hedgefonds und Zufriedenheit mit dem bisherigen Hedgefonds-Absatz[315]

		Zufriedenheit mit dem bisherigen Hedgefonds-Absatz			
		Nicht zufrieden	**Weniger zufrieden**	**Zufrieden**[316]	**Gesamt**
Single-Strategy FoFs	**Nein**	43	64	17	124
		93,5%	*84,2%*	*68,0%*	*84,4%*
	Ja	3	12	8	23
		6,5%	*15,8%*	*32,0%*	*15,6%*
	Gesamt	46	76	25	147
		100%	*100%*	*100%*	*100%*

[315] Eigene Darstellung; Werte basieren auf eigenen Berechnungen.

[316] Wortlaut der Ausprägung: ziemlich zufrieden oder sehr zufrieden.

abgebildeten Kreuztabelle ist nun die erwartete Häufigkeit kleiner fünf. Mit einem Testfunktionwert von 7,969 und einem Alpha von 1,9% kann die Nullhypothese, die von unabhängigen Variablen ausgeht, zum 5%-Niveau abgelehnt werden. Die Zusammenhangmaße signalisieren eine starke Abhängigkeit. Für das Phi und Cramer V liegt ein Wert von 0,233 vor. Der Kontingenzkoeffizient beträgt 0,227. 32% der Banken dieser Stichprobe, die mit dem bisherigen Hedgefonds-Absatz ziemlich oder sehr zufrieden waren, haben ihren Kunden bereits Single-Strategy Dachfonds angeboten. Bei den Häusern, die mit dem Absatz nicht zufrieden waren, waren indessen Single-Strategy-Produkte bisher nur bei 6,5% der Banken erhältlich. Banken, die mit ihrem Hedgefonds-Absatz zufrieden sind, erweitern somit das Produktprogramm und bieten neben Multi-Strategie-Dachfonds zunehmend auch Single-Strategie-Produkte an.

10.4 Zufriedenheit mit dem bisherigen Hedgefonds-Absatz und Einflussfaktoren

10.4.1 Zufriedenheit mit dem bisherigen Hedgefonds-Absatz

10.4.1.1 Theoretischer Hintergrund und Beschreibung der Stichprobe

Eine Frage des Bogens hat zudem die Zufriedenheit der Banken mit dem bisherigen Hedgefonds-Absatz erfasst. Die Intervallskala dafür erstreckt sich von 1 (nicht zufrieden) bis 4 (sehr zufrieden). Beantwortet wurde diese Frage von allen 149 Instituten, die bisher Hedgefonds-Investments im Private Banking offeriert haben. Für den Mittelwert ergibt sich ein Wert von 1,89 bei einem Median und Modalwert von zwei. Nun wird noch mittels eines T-Tests für eine Stichprobe überprüft, ob der Mittelwert in der Grundgesamtheit signifikant von dem Mittelwert in der Stichprobe abweicht. Als Testwert wird somit der Mittelwert der Stichprobe (1,89) hergenommen. Die Irrtumswahrscheinlichkeit hat dabei einen Wert von 96,7% bei einem Testfunktionswert von –0,041. Es kann somit davon ausgegangen werden, dass der Mittelwert in der Grundgesamtheit nicht signifikant von dem Testwert abweicht.[317] Für diese Stichprobe mit einem Umfang von 149 Instituten kann zudem eine normalverteilte Grundgesamtheit unter Berufung auf den zentralen Grenzwertsatz angenommen werden.

52% der Banken dieser Stichprobe, die bisher Hedgefonds-Produkte angeboten haben, sind mit dem bisherigen Absatz weniger zufrieden, wie Abbildung 10-5 illuminiert. 84% der Kreditinstitute sind weniger oder nicht zufrieden. Nur 17% der befrag-

[317] Bei Nichtablehnung der Nullhypothese kann in Ausnahmefällen auch eine Bestätigung von H_0 angenommen werden. Vgl. Bamberg/Baur (2001), S. 182.

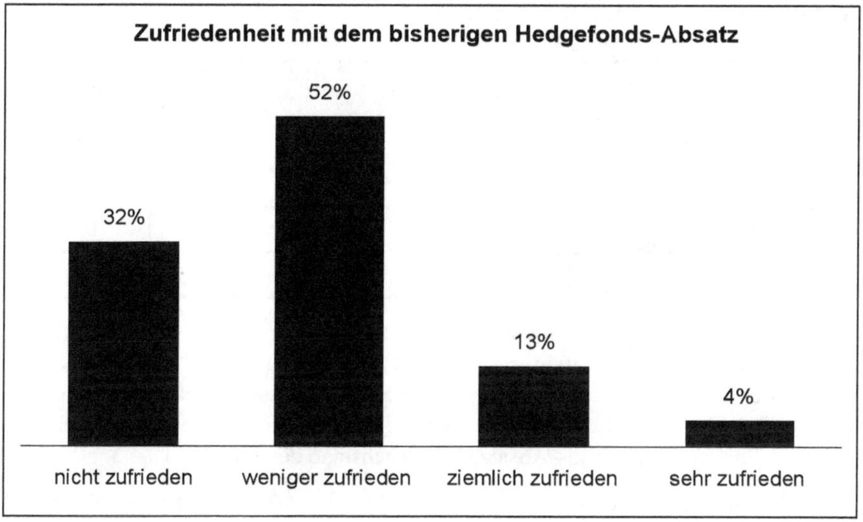

Abb. 10-5: Zufriedenheit mit dem bisherigen Hedgefonds-Absatz[318]

ten Unternehmen hingegen sind mit dem bisherigen Hedgefonds-Absatz zufrieden. Erwartung und Realität scheinen bei den Banken bezüglich des Absatzes dieser Produkte weit auseinander zu klaffen.

10.4.1.2 Zufriedenheit mit dem bisherigen Hedgefonds-Absatz versus Bankgruppe

Im Rahmen einer einfaktoriellen Varianzanalyse soll nun untersucht werden, ob bei Banken in Deutschland signifikante Unterschiede in der Zufriedenheit mit dem bisherigen Hedgefonds-Absatz festgestellt werden können. Für alle drei Stichproben kann eine normalverteilte Grundgesamtheit angenommen werden. Bei den Sparkassen und Genossenschaftsbanken sind die Stichprobenumfänge entsprechend groß, während bei den Privatbanken das Signifikanzniveau des Kolmogorov-Smirnov-Test eine Normalverteilung signalisiert, wie Tabelle 10-25 (s. S. 178) entnommen werden kann.

Zudem kann mit einem Signifikanzniveau von 13,8% für den Levene-Test von homogenen Varianzen in den Fallgruppen der Grundgesamtheit ausgegangen werden. Für die Varianzanalyse liegt ein F-Wert von 5,708 und eine Irrtumswahrscheinlichkeit von 0,4% vor. Somit unterscheiden sich die Mittelwerte bzw. der Grad der Zufriedenheit bei den drei Bankinstitutionen signifikant voneinander. Allgemein kann festgehalten

[318] Eigene Darstellung; Werte basieren auf eigenen Berechnungen.

Tabelle 10-25: Normalverteilungstest und deskriptive Daten der Stichproben Zufriedenheit mit dem bisherigen Hedgefonds-Absatz und Banksektoren[319]

	Z-Wert	Signifikanz	Anzahl (n)	Mittelwert
Sparkassen-Sektor	1,937	0,001	47	1,94
Privater Bankensektor	1,142	0,147	20	2,35
Genossenschaftlicher Sektor	2,496	0,000	82	1,73
Gesamt			**149**	**1,88**

werden, dass alle drei Banken mit dem bisherigen Hedgefonds-Absatz weniger zufrieden sind. Der niedrigste Mittelwert und somit der niedrigste Grad an Zufriedenheit liegt bei den Genossenschaftsbanken vor. Die Stichprobe der Privatbanken hingegen weist den höchsten Mittelwert auf. Die Analyse der Ursachen für den bisher nicht zufrieden stellenden Hedgefonds-Absatz sind Gegenstand des Kapitels 10.4.3.

Beim Vergleich der Mittelwerte für die Variablen verwaltetes Anlagevermögen der Banken und Zufriedenheit mit dem bisherigen Hedgefonds-Absatz können keine signifikanten Unterschiede festgestellt werden. Die Irrtumswahrscheinlichkeit der Varianzanalyse hat hierbei einen Wert von 37,5%. Es kann demnach nicht festgestellt werden, dass Banken, klassiert nach dem verwalteten Anlagevermögen im Private Banking, unterschiedlich zufrieden sind mit den Absatzergebnissen.

10.4.1.3 Zufriedenheit mit dem bisherigen Hedgefonds-Absatz versus Anlagevermögen der Kunden

Bewerten Banken, die nach dem durchschnittlichen Anlagevolumen (Depots plus Einlagen) ihrer Kunden im Private Banking eingeteilt werden, die Zufriedenheit mit dem bisherigen Hedgefonds-Absatz unterschiedlich? Dies soll nun ebenfalls mittels einer einfaktoriellen Varianzanalyse untersucht werden. Für die Stichproben <200.000 Euro und 200.000–400.000 Euro kann unter Verweis auf den zentralen Grenzwertsatz eine normalverteilte Grundgesamtheit angenommen werden, wie Tabelle 10-26 verdeutlicht. Für die Stichprobe 400.000–6000.000 indiziert das Signifikanzniveau des Kolmogorov-Smirnov-Tests eine Normalverteilung. Einzig für die Gruppe der Banken, die durchschnittlich mehr als 600.000 Euro je Kunde im Private Banking betreuen, kann nicht von einer normalverteilten Grundgesamtheit ausgegangen werden. Für den Levene-Test, der die Homogenität der Varianzen untersucht, liegt ein Alpha von 0,625 vor. Das Signifikanzniveau der Varianzanalyse beträgt 0,010 bei einem Testfunktionswert von 3,932. Laut diesen Ergebnissen können somit

319 Eigene Darstellung; Werte basieren auf eigenen Berechnungen.

unterschiedliche Mittelwerte bzw. Zufriedenheitsgrade in der Grundgesamtheit impliziert werden. Bei Betrachtung der Mittelwerte von Tabelle 10-26 fällt auf, dass Banken mit einem durchschnittlichen Kundenanlagevolumen von >600.000 deutlich zufriedener sind mit dem bisherigen Hedgefonds-Absatz als die Wettbewerber mit weniger vermögenden Privatkunden. Dieser Zusammenhang gilt jedoch nur unter Abstrichen, da für die Stichprobe <600.000 Euro keine normalverteilte Grundgesamtheit vorliegt.

Tabelle 10-26: Normalverteilungstest und deskriptive Daten der Stichproben Zufriedenheit mit dem bisherigen Hedgefonds-Absatz und Anlagevermögen der Kunden[320]

		Anteil der Kunden mit Hedgefonds-Investments im Depot			
		0%	**<5%**	**>5%**	**Gesamt**
Angebot von Single-Strategy FoFs	**Keinesfalls**	16	38	4	58
		44,4%	*25,0%*	*25,0%*	*28,4%*
	Wahrsch. nicht	15	73	5	93
		41,7%	*48,0%*	*31,3%*	*45,6%*
	Ziemlich wahrsch.[272]	5	41	7	53
		13,9%	*27,0%*	*43,8%*	*26,0%*
	Gesamt	36	152	16	204
		100%	*100%*	*100%*	*100%*

10.4.1.4 Zufriedenheit mit dem bisherigen Hedgefonds-Absatz versus Einsatz von Hedgefonds für unterschiedliche Vermögensklassen

Im Rahmen eines χ^2-Tests wird nun der Zusammenhang zwischen den Variablen Zufriedenheit mit dem bisherigen Hedgefonds-Absatz und Einsatz von Hedgefonds für unterschiedliche Vermögensklassen untersucht. In einer eigenen Frage wurden die Banken befragt, ab welchem frei verfügbaren Vermögen sie bei einem Privatkunden den Einsatz von Hedgefonds-Produkten empfehlen. Die Ordinalskala dieser Frage wird aus Vereinfachungsgründen für den nun folgenden Test von sechs auf drei Antwortklassen reduziert. Die Skala der Variable Zufriedenheit mit dem bisherigen Hedgefonds-Absatz wird ebenfalls auf drei Ausprägungen verdichtet. Aufgrund dieser Subsumierungen bei den Skalen ist nur in 11,1% der Zellen der in Tabelle 10-27 (s. S. 180) dargestellten Kreuztabelle eine erwartete Häufigkeit kleiner fünf vorzu-

[320] Eigene Darstellung; Werte basieren auf eigenen Berechnungen.

finden. Der χ^2-Wert des Signifikanztests beträgt 14,977 bei einer Irrtumswahrscheinlichkeit von 0,5%. Die Nullhypothese kann damit zum 1%-Signifikanzniveau zurückgewiesen werden. Die Zusammenhangmaße deuten auf eine starke Abhängigkeit zwischen den beiden Variablen hin. Für das Gamma ergibt sich ein Wert von 0,348. Die Maße Kendall Tau b und c liegen bei 0,218 bzw. 0,201. 32,1% der Banken dieser Stichprobe, die Hedgefonds-Investments erst ab einem frei verfügbaren Vermögen von >300.000 Euro empfehlen, sind mit dem bisherigen Absatz ziemlich oder sehr zufrieden. Bei den Häusern, die bereits bei einem Vermögen von 100.000–300.000 Euro zu (Dach)-Hedgefonds raten, beträgt diese Ziffer indessen nur 13,6%.

Tabelle 10-27: Kreuztabelle für die Variablen Zufriedenheit mit dem bisherigen Hedgefonds-Absatz und empfohlener Einsatz von Hedgefonds-Produkten[321]

	Z-Wert	Signifikanz	Anzahl (n)	Mittelwert
< 200.000 Euro	2,061	0,000	37	1,89
200.000 – 400.000 Euro	1,791	0,003	49	1,78
400.000 – 600.000 Euro	1,210	0,107	22	1,86
> 600.000 Euro	1,239	0,093	25	2,40
Gesamt			**133**	**1,94**

10.4.1.5 Zufriedenheit mit dem bisherigen Hedgefonds-Absatz versus Eignung von Multi-Strategie-Dachfonds für sicherheitsorientierte Anleger

Deutsche Banken, die Multi-Strategie Dach-Hedgefonds für sicherheitsorientierte Anleger empfehlen, sind mit dem bisherigen Hedgefonds-Absatz zufriedener als Institute, die diese Produktklasse nicht an sicherheitsorientierte Anleger verkaufen. Die Kardinalskalen beider Variablen werden für diesen χ^2-Test nach Pearson von vier auf drei Ausprägungen verdichtet. Nun sind in allen Zellen der in Tabelle 10-28 abgebildeten Kreuztabelle die erwarteten Häufigkeiten größer fünf. Der χ^2-Wert beträgt 11,813 bei einem Alpha von 1,9%. Die Zusammenhangmaße signalisieren eher einen schwachen Zusammenhang. So liegen die Werte des Kendall Tau b und c bei 0,128 bzw. 0,120. Für das Gamma ergibt sich ein Wert von 0,199. 18,4% der Häuser dieser Stichprobe, die Multi-Strategie Dachfonds für sicherheitsorientierte Anleger mit ziemlich oder sehr geeignet bewerten, sind mit dem bisherigen Hedgefonds-Absatz ziemlich oder sehr zufrieden. Bei den Banken hingegen, die diesen Produkttyp sicherheitsorientierten Anlegern nicht offerieren, sind nur 11,4% der Häuser mit den bisherigen Verkaufsresultaten ziemlich oder sehr zufrieden. Gerade Kreditinstitute,

[321] Eigene Darstellung; Werte basieren auf eigenen Berechnungen.

die Multi-Strategie Dach-Hedgefonds ungerechterweise mit hohen Volatilitäten bzw. hohen Absolut-Renditen assoziieren und sie deshalb nicht an sicherheitsorientierte Anleger verkaufen, sind von den Wertzuwächsen dieser Produktgattung enttäuscht und bieten sie deshalb ihren Kunden nicht mehr aktiv an. Daraus resultiert nun die Unzufriedenheit mit dem bisherigen Absatz. Häuser hingegen, denen die tatsächlichen Rendite/Risiko-Eigenschaften (niedrige Volatilitäten bzw. hohe risikoadjustierte Renditen) von Multi-Strategie Dachfonds bewusst sind, haben niedrigere Erwartungen an die absoluten Renditen und sind demzufolge auch weniger enttäuscht von der bisherigen Performance. Diese Häuser offerieren ihren Kunden auch weiterhin aktiv Multi-Strategie Dach-Hedgefonds.

Tabelle 10-28: Kreuztabelle für die Variablen Zufriedenheit mit dem bisherigen Hedgefonds-Absatz und Eignung von Multi-Strategie Dach-Hedgefonds für sicherheitsorientierte Anleger[322]

		Eignung von Dach-Hedgefonds für sicherheitsorientierte Anleger			
		Nicht geeignet	**Weniger geeignet**	**Ziemlich o. sehr geeignet**	**Gesamt**
Bisheriger Hedgefonds-Absatz	**Nicht zufrieden**	22	13	13	48
		50,0%	*19,4%*	*34,2%*	*32,2%*
	Weniger zufrieden	17	42	18	77
		38,6%	*62,7%*	*47,4%*	*51,7%*
	Ziemlich oder sehr zufrieden	5	12	7	24
		11,4%	*17,9%*	*18,4%*	*16,1%*
	Gesamt	44	67	38	149
		100%	*100%*	*100%*	*100%*

10.4.2 Ursachen für den bisher zufrieden stellenden Hedgefonds-Absatz

10.4.2.1 Theoretischer Hintergrund und Beschreibung der Stichprobe

Diese Banken, die mit dem bisherigen Hedgefonds-Absatz in ihrem Haus ziemlich oder sehr zufrieden waren, wurden im Rahmen einer Fragebatterie mit zehn Teilfragen zu den Ursachen des Absatzerfolges befragt. Die zehn Einzelfragen wurden dabei von jeweils 25 Unternehmen beantwortet. Die Intervallskala hierzu weist fol-

[322] Eigene Darstellung; Werte basieren auf eigenen Berechnungen.

gende Ausprägungen auf: trifft überhaupt nicht zu (1), trifft nicht zu (2), trifft zu (3), trifft stark zu (4). Die Lageparameter (Mittelwert, Median, Modalwert) der zehn Stichproben können Tabelle 10-29 entnommen werden. Mittels eines T-Tests bei gepaarten Stichproben werden nun die Mittelwerte der Stichproben untersucht. Die Mittelwerte folgender Stichproben unterscheiden sich dabei nicht signifikant voneinander in der Grundgesamtheit: *Performance versus Kundeninteresse (Signifikanzniveau: 0,103), Performance versus Vertriebs-Know how (0,824), Kosten versus Liquidität (0,257), Kosten versus Erklärungsbedarf (0,356), Kosten versus Kundenwissen (0,679), Liquidität versus Erklärungsbedarf (0,200), Liquidität versus Kundenwissen (0,347), interne Erfahrung versus Kundeninteresse (0,574), Erklärungsbedarf versus Kundenwissen (0,574), Kundeninteresse versus Vertriebs-Know how (0,258).* Die Irrtumswahrscheinlichkeiten für die übrigen Mittelwertvergleiche liegen unter dem 10%-Signifikanzniveau. Zur Überprüfung der Normalverteilung der zehn Stichproben wird der Kolmogorov-Smirnov-Test herangezogen. Für folgende sechs Stichproben liegen die Signifikanzniveaus des K-S-Tests unter 10%, so dass bei diesen Stichproben eine normalverteilte Grundgesamtheit stark bezweifelt werden muss:

Tabelle 10-29: Lageparameter zur Urliste Ursachen für den bisher zufrieden stellenden Hedgefonds-Absatz[323]

	Mittelwert	**Median**	**Modalwert**
Sinnvolles Diversifikationsinstrument	3,68	4	4
Erfahrene Kooperationspartner	3,20	3	4
Überzeugende Performance	2,60	3	2
Hohes Vertriebs-Know how	2,56	3	2
Großes Kundeninteresse	2,28	2	2
Große interne Hedgefonds-Erfahrung	2,16	2	2
Große Liquidität	1,83	2	2
Niedrige Kosten	1,72	2	1
Großes Wissen Der Kunden	1,64	1	1
Geringer Erklärungsbedarf	1,56	1	1

[323] Eigene Darstellung; Werte basieren auf eigenen Berechnungen.

Diversifikationsinstrument (Signifikanzniveau: 0,000), Kosten (0,045), Kooperationspartner (0,044), Erklärungsbedarf (0,010), Kundenwissen (0,019), Kundeninteresse (0,004). Da sich die diversen Stichproben nur aus jeweils 25 Merkmalsträgern

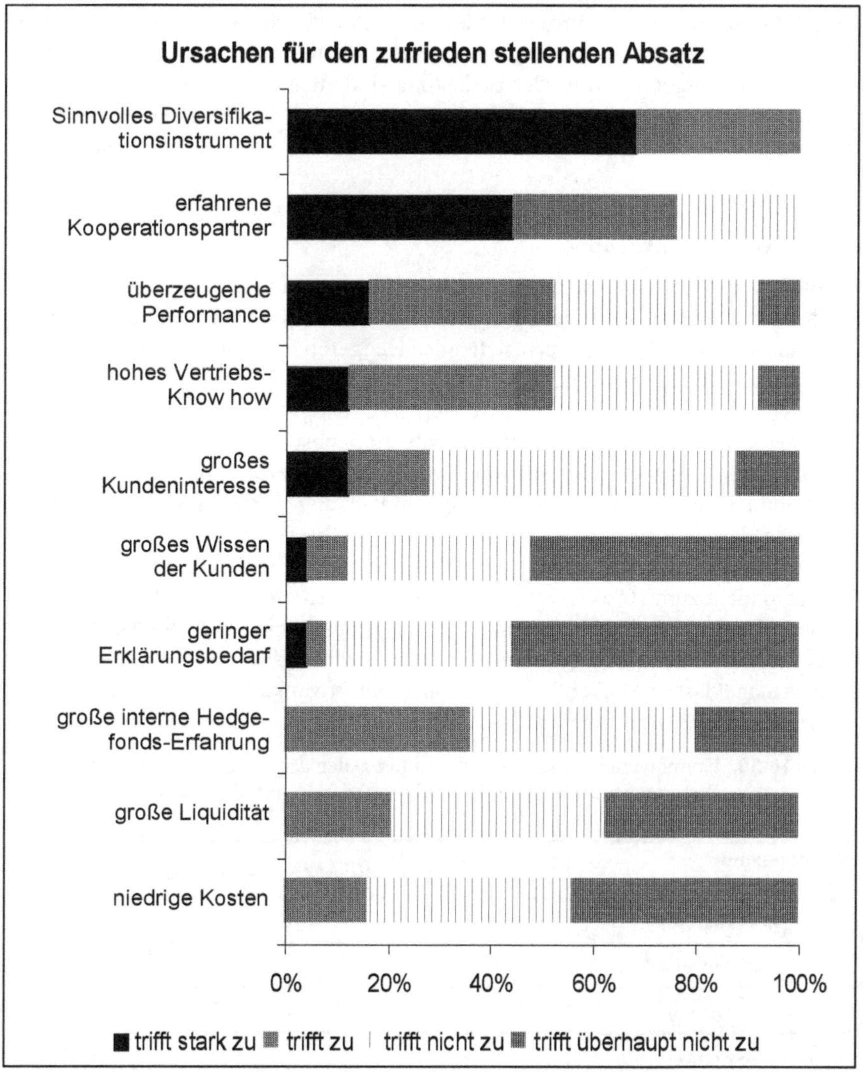

Abb. 10-6: Ursachen für den bisher zufrieden stellenden Hedgefonds-Absatz[324]

[324] Eigene Darstellung; Werte basieren auf eigenen Berechnungen.

zusammensetzen, kann zudem nicht auf den zentralen Grenzwertsatz verwiesen werden.

Hedgefonds sind ein sinnvolles Diversifikationsinstrument. Für die meisten Banken, die mit ihrem Absatz sehr zufrieden oder ziemlich zufrieden waren, ist dies ursächlich für die bisherigen Vertriebserfolge, wie aus Tabelle 10-29 bzw. Abbildung 10-6 (s. S. 183) hervorgeht. Von großer Bedeutung sind zudem die erfahrenen Kooperationspartner sowie die überzeugende Performance der angebotenen Hedgefonds-Produkte und das hohe Vertriebs-Know how.

10.4.2.2 Ursachen für den bisher zufrieden stellenden Hedgefonds-Absatz versus Bankgruppe

Im Rahmen einer einfaktoriellen Varianzanalyse soll nun untersucht werden, inwieweit bei den drei Bankinstitutionen signifikante Unterschiede bei der Beurteilung der Ursachen für den bisher zufrieden stellenden Hedgefonds-Absatz vorliegen. Ein erster Test beschäftigt sich mit dem Merkmal überzeugende Performance. Für alle drei Banksektoren kann von einer normalverteilten Grundgesamtheit ausgegangen werden, wie die Signifikanzniveaus der Normalverteilungstests von Tabelle 10-30 belegen. Mit einer Wahrscheinlichkeit von 82,1% können überdies identische Varianzen in den betrachten Fallgruppen der Grundgesamtheit angenommen werden. Die Nullhypothese der Varianzanalyse, die identische Mittelwerte in der Grundgesamtheit postuliert, kann mit einem F-Wert von 2,452 und einem Signifikanzniveau von 11% nur knapp nicht zum 10%-Niveau zurückgewiesen werden. Insbesondere für Genossenschaftsbanken ist die überzeugende Performance der bisher angebotenen Hedgefonds-Produkte ein ausschlaggebender Faktor für den bisherigen Vertriebserfolg in dieser Anlageklasse. Ähnlich beurteilen auch die Privatbanken die Variable Performance. Die Sparkassen scheinen hingegen mit der Performance ihrer Hedgefonds-

Tabelle 10-30: Normalverteilungstest und deskriptive Daten der Stichproben überzeugende Performance als Ursache für den bisher zufrieden stellenden Hedgefonds-Absatz und Banksektoren[325]

Überzeugende Performance	Z-Wert	Signifikanz	Anzahl (n)	Mittelwert
Sparkassen-Sektor	0,892	0,404	9	2,22
Privater Bankensektor	0,644	0,801	8	2,88
Genossenschaftlicher Sektor	0,567	0,905	7	3,00
Gesamt			**24**	**2,67**

[325] Eigene Darstellung; Werte basieren auf eigenen Berechnungen.

Produkte nicht vollkommen zufrieden zu sein respektive sehen in der Performance ihrer Produkte nicht den Hauptfaktor für den bisher erfolgreichen Hedgefonds-Absatz.

In einer weiteren Analyse soll nun ermittelt werden, ob alle drei Banksektoren gleichermaßen Hedgefonds als sinnvolles Diversifikationsinstrument bewerten. Für die Stichproben Sparkassen und Genossenschaftsbanken können normalverteilte Grundgesamtheiten angenommen werden. Dies indizieren die in Tabelle 10-31 dargestellten Signifikanzniveaus des Kolmogorov-Smirnov-Tests. Für die Stichprobe Privatbanken kann aufgrund der nicht vorhandenen Varianz nicht zweifelsfrei eine normalverteilte Grundgesamtheit unterstellt werden. Für den Levene-Test liegt ein Alpha von 0,000 vor, d. h. es kann nicht von Varianzhomogenität ausgegangen werden. Die Nullhypothese der Varianzanalyse kann hingegen mit einem F-Wert von 2,726 und einer Irrtumswahrscheinlichkeit von 8,9% zum 10%-Signifikanzniveau abgelehnt werden. Somit unterscheiden sich die Mittelwerte signifikant voneinander in der Grundgesamtheit. Insbesondere Privatbanken sehen in Hedgefonds-Investments ein sinnvolles Diversifikationsinstrument. Für diese Institutionen ist dies auch der Hauptfaktor für den bisherigen Vertriebserfolg bei diesen Anlageinstrumenten. Für Sparkassen und Genossenschaftsbanken gilt ähnliches, wobei der Mittelwert und damit die Zustimmung zu dieser Teilfrage (Hedgefonds – ein sinnvolles Diversifikationsinstrument) etwas geringer ausfällt.

Tabelle 10-31: Normalverteilungstest und deskriptive Daten der Stichproben sinnvolles Diversifikationsinstrument als Ursache für den bisher zufrieden stellenden Hedgefonds-Absatz und Banksektoren[326]

Sinnvolles Diversifikationsinstrument	Z-Wert	Signifikanz	Anzahl (n)	Mittelwert
Sparkassen-Sektor	1,068	0,204	9	3,56
Privater Bankensektor	/[327]	/	8	4,00
Genossenschaftlicher Sektor	0,953	0,324	7	3,57
Gesamt			**24**	**3,71**

Für alle übrigen Variablen liegen keine signifikanten Ergebnisse vor. Die Irrtumswahrscheinlichkeiten für die anderen acht Teilfragen erstrecken sich von 16,7% bis 98,7%. Es kann somit nicht nachgewiesen werden, dass sich Banken in Deutschland im Hinblick auf die Bewertung dieser Merkmale signifikant unterscheiden.

326 Eigene Darstellung; Werte basieren auf eigenen Berechnungen.

327 Es kann kein Normalverteilungstest für diese Stichprobe durchgeführt werden, da die Verteilung keine Varianz aufweist.

Ähnliches gilt für die Varianzanalysen mit den unabhängigen Variablen verwaltetes Anlagevolumen der Banken im Private Banking und Banken klassiert nach dem durchschnittlichen Anlagevermögen der Kunden. Die zehn im Fragebogen aufgelisteten Ursachen für den bisher zufrieden stellenden Hedgefonds-Absatz werden weder von den nach Anlagevolumen aufgeteilten Banken noch von den Instituten klassiert nach dem Vermögen der Kunden unterschiedlich bewertet.

10.4.3 Ursachen für den bisher nicht zufrieden stellenden Hedgefonds-Absatz

10.4.3.1 Theoretischer Hintergrund und Beschreibung der Stichprobe

Die Banken, die mit dem bisherigen Hedgefonds-Absatz nicht zufrieden oder weniger zufrieden waren, wurden mittels eines Filters im Fragebogen zu einer Fragebatterie mit neun Einzelfragen zu den Ursachen für den bisher nicht so zufrieden stellenden Hedgefonds-Absatz weitergeleitet. Diese neun Einzelfragen wurden dabei von jeweils 114–125 Häusern beantwortet. Die Intervallskala hierzu spiegelt folgende vier Ausprägungen wieder: trifft überhaupt nicht zu (1), trifft nicht zu (2), trifft zu (3),

Tabelle 10-32: Lageparameter zur Urliste Ursachen für den bisher nicht zufriedenstellenden Hedgefonds-Absatz[328]

	Mittelwert	Median	Modalwert
Geringes Wissen der Kunden	3,50	4	4
Hoher Erklärungsbedarf	3,40	3	4
Geringes Kundeninteresse	3,37	3	3
Unbefriedigende Performance	3,08	3	3
Noch zu wenig interne Hedgefonds-Erfahrung	3,01	3	3
Hohe Kosten für Kunden	2,76	3	3
Geringe Liquidität	2,18	2	2
Unerfahrene Kooperationspartner	1,88	2	2
Ungeeignetes Diversifikationsinstrument	1,64	2	1

[328] Eigene Darstellung; Werte basieren auf eigenen Berechnungen.

trifft stark zu (4). Die Lageparameter zu den neun Variablen sind in Tabelle 10-32 dargestellt.

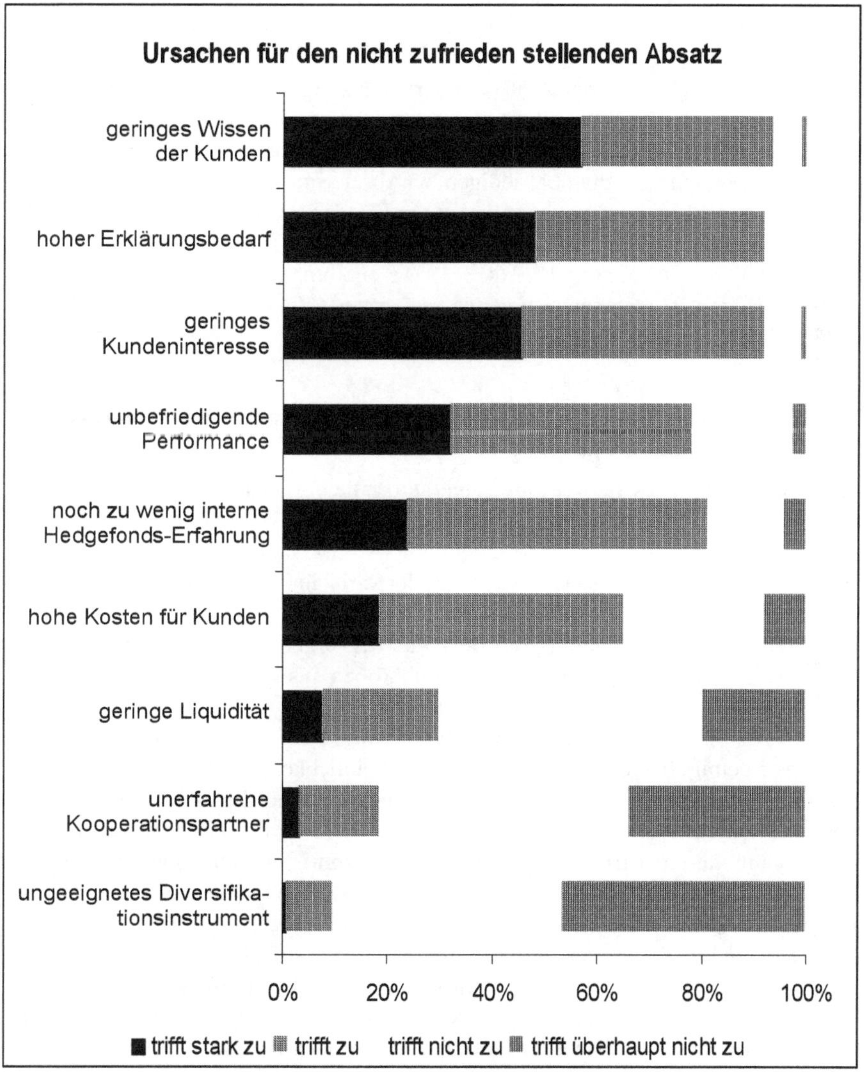

Abb. 10-7: Ursachen für den bisher nicht zufrieden stellenden Hedgefonds-Absatz[329]

---

[329] Eigene Darstellung; Werte basieren auf eigenen Berechnungen.

Zur Überprüfung der Mittelwerte wird der T-Test bei gepaarten Stichproben herangezogen. Für folgende Variablen liegen keine signifikanten Unterschiede bei den Mittelwerten in der Grundgesamtheit vor: *Performance versus interne Erfahrung (Signifikanzniveau: 0,397), Erklärungsbedarf versus Kundenwissen (0,103), Erklärungsbedarf versus Kundeninteresse (0,746)*. Für alle übrigen Tests liegen die Irrtumswahrscheinlichkeiten bei 3,5% oder darunter. Aufgrund der Stichprobenumfänge mit jeweils 114–125 Unternehmen kann für die neun Stichproben unter Berufung auf den zentralen Grenzwertsatz eine normalverteilte Grundgesamtheit angenommen werden. Ursächlich für den unbefriedigenden Absatz sind laut Aussage der befragten Banken in erster Linie das geringe Wissen der Kunden zu Hedgefonds, der hohe Erklärungsbedarf bei Hedgefonds-Produkten sowie das geringe Kundeninteresse, wie Tabelle 10-32 bzw. Abbildung 10-7 (s. S. 187) entnommen werden kann. Bei 78% der befragten Häuser ist die unbefriedigende Performance der angebotenen Produkte ursächlich für den nicht zufrieden stellenden Absatz.

10.4.3.2 Ursachen für den bisher nicht zufrieden stellenden Hedgefonds-Absatz versus Bankgruppe

Unter Verwendung des Testverfahrens einfaktorielle Varianzanalyse wird nun untersucht, inwieweit sich Banken bei der Beurteilung der neun aufgelisteten Ursachen für einen nicht zufrieden stellenden Hedgefonds-Absatz statistisch signifikant unterscheiden. Der erste Test beschäftigt sich mit der Variablen interne Hedgefonds-Erfahrung der Banken. Für alle drei Stichproben kann eine normalverteilte Grundgesamtheit unterstellt werden, wie aus Tabelle 10-33 hervorgeht. Bei den Sparkassen und Genossenschaftsbanken setzen sich die Stichproben aus jeweils mehr als 30 Merkmalsträgern zusammen, bei den Privatbanken signalisiert das Signifikanzniveau des Kolmogorov-Smirnov-Tests eine Normalverteilung. Das Signifikanzniveau des Levene-Tests beträgt 0,420, d. h. mit einer Wahrscheinlichkeit von 42% sind die Varianzen in den betrachteten Fallgruppen der Grundgesamtheit identisch. Die Nullhypothese der Varianzanalyse, die identische Mittelwerte in der Grundgesamtheit annimmt, kann mit einer Irrtumswahrscheinlichkeit von 13,4% und einem F-Wert von 2,048 nur knapp nicht zum 10%-Niveau zurückgewiesen werden. Insbesondere bei den Sparkassen hat die bisher noch zu wenig interne Hedgefonds-Erfahrung zu dem unbefriedigenden Vertriebserfolg in dieser Anlageklasse beigetragen. Für deutsche Privatbanken ist dies hingegen nicht in gleichem Maße zutreffend. Diese Gruppe schätzt ihre Hedgefonds-Erfahrung wesentlich höher ein und sieht darin auch nicht die Kernursache für den bisher ernüchterten Hedgefonds-Absatz.

Bei der Variablen hoher Erklärungsbedarf kann hingegen nicht für alle drei Stichproben eine normalverteilte Grundgesamtheit angenommen werden. Bei den Sparkassen und Genossenschaftsbanken kann unter Verweis auf den zentralen Grenzwertsatz er-

Tabelle 10-33: Normalverteilungstest und deskriptive Daten der Stichproben noch zu wenig interne Hedgefonds-Erfahrung als Ursache für den bisher nicht zufrieden stellenden Hedgefonds-Absatz und Banksektoren[330]

Noch zu wenig interne Hedgefonds-Erfahrung	Z-Wert	Signifikanz	Anzahl (n)	Mittelwert
Sparkassen-Sektor	2,117	0,000	37	3,14
Privater Bankensektor	1,028	0,242	11	2,64
Genossenschaftlicher Sektor	2,511	0,000	73	3,03
Gesamt			**121**	**3,02**

neut eine Normalverteilung unterstellt werden. Bei den Privatbanken hingegen ist der Stichprobenumfang nicht entsprechend groß genug, wie Tabelle 10-34 entnommen werden kann. Zudem hat das Signifikanzniveau des Normalverteilungstest nur einen Wert von 8,4%. Das Signifikanzniveau des Levene-Tests beträgt indessen 15,1%, so dass die Annahme der identischen Varianzen nicht ohne weiteres widerlegt werden kann. Die Nullhypothese der Varianzanalyse kann mit einer Irrtumswahrscheinlichkeit von 12,6% und einem F-Wert von 2,104 nur knapp nicht zum 10%-Niveau zurückgewiesen werden. Die Institute des genossenschaftlichen Bankensektors sehen in dem hohen Erklärungsbedarf der (Dach)-Hedgefonds eine Hauptursache für den bisher unbefriedigenden Vertriebserfolg.

Tabelle 10-34: Normalverteilungstest und deskriptive Daten der Stichproben hoher Erklärungsbedarf als Ursache für den bisher nicht zufrieden stellenden Hedgefonds-Absatz und Banksektoren[331]

Hoher Erklärungsbedarf	Z-Wert	Signifikanz	Anzahl (n)	Mittelwert
Sparkassen-Sektor	1,653	0,008	38	3,29
Privater Bankensektor	1,259	0,084	12	3,17
Genossenschaftlicher Sektor	2,956	0,000	74	3,49
Gesamt			**124**	**3,40**

Alle drei Banksektoren haben bisher bei Hedgefonds-Produkten mit erfahrenen Kooperationspartnern zusammengearbeitet und sind demnach auch der Meinung, dass dieser Faktor nicht verantwortlich für den bisherigen Absatz-Misserfolg ist. Trotzdem kann festgestellt werden, dass die drei Bankinstitutionen in Deutschland diese

[330] Eigene Darstellung; Werte basieren auf eigenen Berechnungen.

[331] Eigene Darstellung; Werte basieren auf eigenen Berechnungen.

Variable unterschiedlich beurteilen. Für die Stichproben Sparkassen und Genossenschaftsbanken kann unter Verweis auf den zentralen Grenzwertsatz eine normalverteilte Grundgesamtheit angenommen werden. Bei den Privatbanken weist das relativ hohe Alpha auf eine Normalverteilung hin. Mit einer Wahrscheinlichkeit von 32,5% sind überdies die Varianzen der drei Stichproben in der Grundgesamtheit identisch. Die Irrtumswahrscheinlichkeit der Varianzanalyse hat einen Wert von 8,3% bei einem Testfunktionswert von 2,538. Die drei Mittelwerte unterscheiden sich somit signifikant voneinander in der Grundgesamtheit. Private Banken sind im Vergleich zu den anderen beiden Gruppen mit ihren bisherigen Hedgefonds-Kooperations-Partnern am zufriedensten.

Tabelle 10-35: Normalverteilungstest und deskriptive Daten der Stichproben unerfahrene Kooperationspartner als Ursache für den bisher nicht zufrieden stellenden Hedgefonds-Absatz und Banksektoren[332]

Unerfahrene Kooperationspartner	Z-Wert	Signifikanz	Anzahl (n)	Mittelwert
Sparkassen-Sektor	1,554	0,016	35	1,69
Privater Bankensektor	1,093	0,183	11	1,64
Genossenschaftlicher Sektor	2,357	0,000	72	2,00
Gesamt			**118**	**1,87**

Die drei Bankinstitutionen bewerten die Variable Hedgefonds – ein ungeeignetes Diversifikationsinstrument als Ursache für das bisher enttäuschende Absatzergebnis unterschiedlich. Für Privatbanken ist die erwähnte Behauptung am wenigsten zutreffend für den bisherigen Misserfolg bei Hedgefonds-Investments. Für die Stichprobe Genossenschaftsbanken liegt der höchste Mittelwert vor, d. h. diese Gruppe sieht Hedgefonds im Vergleich zu den anderen beiden Banksektoren am wenigsten als geeignetes Diversifikationsinstrument an und deshalb hat dieses Merkmal bei den Genossenschaftsbanken auch den größten Einfluss auf den bisherigen Misserfolg relativ zu den Sparkassen und Privatbanken. Für die Stichprobe private Banken kann allerdings mit einem Alpha von 0,8% keine normalverteilte Grundgesamtheit angenommen werden. Zudem liegen nur mit einer Wahrscheinlichkeit von 0,4% identische Varianzen vor. Das Konfidenzniveau der Varianzanalyse hingegen beträgt 98,6%. Es kann somit von unterschiedlichen Mittelwerten in der Grundgesamtheit ausgegangen werden. Bei der Interpretation der Ergebnisse muss jedoch die nicht vorliegende Varianzhomogenität und Normalverteilung für die Stichprobe Privatbanken berücksichtigt werden.

[332] Eigene Darstellung; Werte basieren auf eigenen Berechnungen.

Tabelle 10-36: Normalverteilungstest und deskriptive Daten der Stichproben Hedgefonds – ein ungeeignetes Diversifikationsinstrument als Ursache für den bisher nicht zufrieden stellenden Hedgefonds-Absatz und Banksektoren[333]

Ungeeignetes Diversifikationsinstrument	Z-Wert	Signifikanz	Anzahl (n)	Mittelwert
Sparkassen-Sektor	1,835	0,002	34	1,59
Privater Bankensektor	1,657	0,008	10	1,10
Genossenschaftlicher Sektor	2,174	0,000	69	1,75
Gesamt			**113**	**1,65**

Für die Variable hohe Kosten für Kunden liegt ebenfalls ein signifikantes Ergebnis vor. Die Irrtumswahrscheinlichkeit der Varianzanalyse beträgt 0,9% bei einem F-Wert von 4,958. Es kann allerdings keine Varianzhomogenität angenommen werden. Das Signifikanzniveau des Levene-Tests liegt bei nur 1,4%. Alle drei Stichproben indessen sind normalverteilt, wie aus Tabelle 10-37 hervorgeht. Für Genossenschaftsbanken und Sparkassen haben die hohen Kosten bei Hedgefonds-Produkten einen Einfluss auf das bisher nicht zufrieden stellende Absatzergebnis. Die privaten Banken bewerten dagegen diese Variable mit nicht zutreffend, d. h. laut deren Beurteilung beeinträchtigen die Kosten von (Dach)-Hedgefonds nicht das Absatzergebnis.

Tabelle 10-37: Normalverteilungstest und deskriptive Daten der Stichproben hohe Kosten für Kunden als Ursache für den bisher nicht zufrieden stellenden Hedgefonds-Absatz und Banksektoren[334]

Hohe Kosten für Kunden	Z-Wert	Signifikanz	Anzahl (n)	Mittelwert
Sparkassen-Sektor	1,486	0,024	36	2,58
Privater Bankensektor	0,726	0,667	11	2,27
Genossenschaftlicher Sektor	2,467	0,000	70	2,96
Gesamt			**117**	**2,78**

Für die Variable geringe Liquidität kann ebenfalls nachgewiesen werden, dass sich die Mittelwerte in der Grundgesamtheit signifikant voneinander unterscheiden. Die drei Bankgruppen in Deutschland bewerten demnach dieses Merkmal unterschiedlich. Für alle drei Stichproben liegt eine normalverteilte Grundgesamtheit vor, wie die Stichprobenumfänge bzw. Signifikanzniveaus des Normalverteilungstests von

[333] Eigene Darstellung; Werte basieren auf eigenen Berechnungen.

[334] Eigene Darstellung; Werte basieren auf eigenen Berechnungen.

Tabelle 10-38 belegen. Für die betrachteten Fallgruppen kann allerdings in der Grundgesamtheit keine Varianzhomogenität unterstellt werden mit einem Alpha des Levene-Tests von 0,3%. Für die einfaktorielle Varianzanalyse hingegen beträgt der Sicherheitsgrad 99,9% (F-Wert: 7,991). Somit unterscheiden sich die Mittelwerte in der Grundgesamtheit mit sehr hoher Wahrscheinlichkeit. Für die Stichprobe der Sparkassen liegt der höchste Mittelwert vor, d.h. für Sparkassen hat die geringe Liquidität von Hedgefonds-Investments einen negativen Einfluss auf die Zufriedenheit mit dem Hedgefonds-Absatz. Die anderen beiden Institutionen bewerten indessen diese Variable in der Durchschnittsbetrachtung mit nicht zutreffend. Für diese Häuser liegt somit kein Zusammenhang zwischen dem Hedgefonds-Absatz und der Liquidität bei Hedgefonds-Produkten vor. Hierbei darf allerdings nicht außer Acht gelassen werden, dass die für die Varianzanalyse erforderliche Varianzgleichheit nicht vorliegt.

Tabelle 10-38: Normalverteilungstest und deskriptive Daten der Stichproben geringe Liquidität als Ursache für den bisher nicht zufrieden stellenden Hedgefonds-Absatz und Banksektoren[335]

Geringe Liquidität	Z-Wert	Signifikanz	Anzahl (n)	Mittelwert
Sparkassen-Sektor	1,407	0,038	35	2,60
Privater Bankensektor	0,869	0,437	12	2,33
Genossenschaftlicher Sektor	2,622	0,000	69	1,96
Gesamt			**116**	**2,19**

Für die übrigen drei Variablen liegen keine signifikanten Ergebnisse vor. Banken in Deutschland bewerten diese Aspekte somit relativ ähnlich.

10.4.3.3 Ursachen für den bisher nicht zufrieden stellenden Hedgefonds-Absatz versus verwaltetes Anlagevermögen der Banken

In einer weiteren Testreihe werden nun die Zusammenhänge zwischen den Variablen Ursachen für den bisher nicht zufrieden stellenden Hedgefonds-Absatz und verwaltetes Anlagevermögen (Depots plus Einlagen der Kunden) der Banken im Private Banking untersucht. Hierzu wird der ordinalskalierte Faktor (unabhängige Variable) von sechs auf vier Ausprägungen verdichtet. Die erste Varianzanalyse berücksichtigt die Variable hohe Kosten für Kunden (als Ursache für den bisher nicht zufrieden stellenden Absatz). Für die Stichproben 1–3 Mrd. Euro und 3–7 Mrd. Euro kann mit einem Signifikanzniveau des Kolmogorov-Smirnov-Tests von 0,000 bzw. 0,060 nicht

[335] Eigene Darstellung; Werte basieren auf eigenen Berechnungen.

von einer Normalverteilung in der Grundgesamtheit ausgegangen werden, wie Tabelle 10-39 entnommen werden kann. Für die anderen beiden Gruppen hingegen kann eine Normalverteilung angenommen werden. Zudem sind die Varianzen in der Grundgesamtheit mit einer Wahrscheinlichkeit von 34,3% identisch. Die Nullhypothese der Varianzanalyse kann mit einer Irrtumswahrscheinlichkeit von 4,6% und einem F-Wert von 2,753 zum 5%-Signifikanzniveau zurückgewiesen werden. Insbesondere bei Häusern mit >7 Mrd. Euro Anlagevolumen im Private Banking haben die Kosten der Hedgefonds-Produkten keinen Einfluss auf die Zufriedenheit mit dem bisherigen Hedgefonds-Absatz. Banken mit einem höheren Anlagevolumen im Privatkundengeschäft können bei einer Produktauflage mehr Kundengelder für ein neues Produkt einwerben und haben somit auch eine größere Verhandlungsmacht bei den Gebühren der Kooperationspartner (Dach-Hedgefonds-Manager etc.).

Tabelle 10-39: Normalverteilungstest und deskriptive Daten der Stichproben hohe Kosten für Kunden als Ursache für den bisher nicht zufrieden stellenden Hedgefonds-Absatz und verwaltetes Anlagevermögen der Banken[336]

Hohe Kosten für Kunden	Z-Wert	Signifikanz	Anzahl (n)	Mittelwert
< 1 Mrd. Euro	0,848	0,468	74	2,88
1 – 3 Mrd. Euro	2,733	0,000	18	2,78
3 – 7 Mrd. Euro	1,324	0,060	7	2,86
> 7 Mrd. Euro	0,708	0,699	8	2,00
Gesamt			**107**	**2,79**

Für die übrigen Merkmale erstrecken sich die Irrtumswahrscheinlichkeiten von 20,1% bis 82,3%. Es kann somit statistisch nicht nachgewiesen werden, dass sich die Mittelwerte dieser Variablen in der Grundgesamtheit signifikant voneinander unterscheiden.

10.4.3.4 Ursachen für den bisher nicht zufrieden stellenden Hedgefonds-Absatz versus Anlagevermögen der Kunden

Bewerten Banken in Deutschland, klassiert nach dem durchschnittlichen Anlagevermögen (Depots plus Einlagen) der Kunden im Private Banking, die neun Ursachen für den bisher nicht zufrieden stellenden Hedgefonds-Absatz unterschiedlich? Dies wird nun ebenfalls mittels einer einfaktoriellen Varianzanalyse untersucht. Der ordinalskalierte Faktor wird hierzu von sechs auf vier Antwortklassen aggregiert. Der

336 Eigene Darstellung; Werte basieren auf eigenen Berechnungen.

erste Test beleuchtet die Variable geringes Wissen der Kunden. Für die Stichprobe 400.000–600.000 Euro kann nicht von einer normalverteilten Grundgesamtheit ausgegangen werden, wie aus Tabelle 10-40 hervorgeht. Für alle anderen Variablen hingegen kann diese Annahme nicht verworfen werden. Entweder sind die Stichproben entsprechend groß (mehr als 30 Merkmalsträger) oder das Signifikanzniveau signalisiert eine Normalverteilung.

Tabelle 10-40: Normalverteilungstest und deskriptive Daten der Stichproben geringes Wissen derr Kunden als Ursache für den bisher nicht zufrieden stellenden Hedgefonds-Absatz und Anlagevermögen der Kunden[337]

Geringes Wissen der Kunden	Z-Wert	Signifikanz	Anzahl (n)	Mittelwert
< 200.000 Euro	1,374	0,046	33	3,73
200.000 – 400.000 Euro	2,608	0,000	42	3,45
400.000 – 600.000 Euro	2,217	0,000	18	3,33
> 600.000 Euro	1,183	0,122	14	3,50
Gesamt			**107**	**3,52**

Die Varianzen in der Grundgesamtheit sind allerdings nur mit einer Wahrscheinlichkeit von 1,5% identisch. Somit muss die Annahme der Varianzhomogenität verworfen werden. Das Signifikanzniveau der Varianzanalyse beträgt 14,9% bei einem Testfunktionswert von 1,813. Bei Betrachtung der Mittelwerte fällt auf, dass insbesondere Häuser mit einem durchschnittlichen Kundenvermögen von <200.000 Euro das geringe Wissen der Kunden zu Hedgefonds als Ursache für die bisher nicht zufrieden stellenden Vertriebserfolge in dieser Assetklasse ansehen. Es hat somit den Anschein, dass sich Privatkunden mit kleineren Vermögen fachlich bisher am wenigsten mit Hedgefonds beschäftigt haben. Dieser Zusammenhang ist jedoch nur unter Abstrichen zulässig, da weder die erforderliche Varianzgleichheit vorliegt noch die Nullhypothese mit einem Alpha von 14,9% zum 10%-Niveau zurückgewiesen werden kann. Überdies liegt nicht für alle Stichproben eine Normalverteilung vor.

Bei Banken mit vermögenderen Privatkunden haben die Kosten für Hedgefonds-Produkte keinen Einfluss auf den bisher unbefriedigenden Absatz, während Häuser mit weniger vermögenden Kunden dies durchaus als Verkaufshindernis betrachten. Für alle vier Stichproben kann von einer normalverteilten Grundgesamtheit ausgegangen werden, wie Tabelle 10-41 verdeutlicht. Mit einer Wahrscheinlichkeit von 47,5% sind zudem die Varianzen in den betrachteten Fallgruppen der Grundgesamtheit identisch.

---

[337] Eigene Darstellung; Werte basieren auf eigenen Berechnungen.

Die Nullhypothese kann mit einer Irrtumswahrscheinlichkeit von 10,9% nur knapp nicht zum 10%-Signifikanzniveau zurückgewiesen werden. Bei Banken mit einem durchschnittlichen Kundenanlagevolumen von >600.000 Euro liegt ein Mittelwert von 2,36 vor, d. h. bei diesen Häuser beeinflussen die Kosten für (Dach)-Hedgefonds nicht das Absatzergebnis. Wie bereits in Kapitel 8.4 auf Seite 100 dargelegt wird, votieren Häuser mit vermögenderen Privatkunden für niedrigere Ausgabeaufschläge bei Hedgefonds-Produkten.

Tabelle 10-41: Normalverteilungstest und deskriptive Daten der Stichproben hohe Kosten für Kunden als Ursache für den bisher nicht zufrieden stellenden Hedgefonds-Absatz und Anlagevermögen der Kunden[338]

Hohe Kosten für Kunden	Z-Wert	Signifikanz	Anzahl (n)	Mittelwert
< 200.000 Euro	1,824	0,003	32	2,78
200.000 – 400.000 Euro	1,689	0,007	39	2,95
400.000 – 600.000 Euro	0,933	0,349	18	2,61
> 600.000 Euro	1,224	0,100	14	2,36
Gesamt			**103**	**2,76**

Für die Variable geringes Kundeninteresse liegen in der Grundgesamtheit ebenfalls unterschiedliche Mittelwerte vor. Das Alpha der Varianzanalyse beträgt 8,7% bei einem Testfunktionswert von 2,254. Das Signifikanzniveau des Levene-Tests liegt bei 0,438, d. h. mit einer Wahrscheinlichkeit von 43,8% sind die Varianzen in der

Tabelle 10-42: Normalverteilungstest und deskriptive Daten der Stichproben geringes Kundeninteresse als Ursache für den bisher nicht zufrieden stellenden Hedgefonds-Absatz und Anlagevermögen der Kunden[339]

Geringes Kundeninteresse	Z-Wert	Signifikanz	Anzahl (n)	Mittelwert
< 200.000 Euro	2,282	0,000	33	3,61
200.000 – 400.000 Euro	1,708	0,006	41	3,32
400.000 – 600.000 Euro	1,394	0,041	18	3,17
> 600.000 Euro	1,208	0,108	14	3,29
Gesamt			**106**	**3,38**

[338] Eigene Darstellung; Werte basieren auf eigenen Berechnungen.

[339] Eigene Darstellung; Werte basieren auf eigenen Berechnungen.

Grundgesamtheit identisch. Die Stichprobe 400.000–600.000 Euro ist in der Grundgesamtheit nicht normalverteilt, während für die anderen drei eine normalverteilte Grundgesamtheit angenommen werden kann, wie aus Tabelle 10-42 (s. S. 195) hervorgeht. Für Banken mit einem durchschnittlichen Kundenanlagevolumen von <200.000 Euro führt das geringe Kundeninteresse für Hedgefonds-Produkte zu dem unbefriedigenden Absatzergebnis. Für die Stichproben 400.000–600.000 Euro und >600.000 Euro liegen hingegen niedrigere Mittelwerte vor. Bei diesen Instituten haben die Kunden mehr Interesse für Hedgefonds-Investments.

Ein signifikantes Ergebnis liegt zudem noch für die Variable interne Hedgefonds-Erfahrung vor. Das Signifikanzniveau der Varianzanalyse beträgt 6,1% bei einem F-Wert von 2,540. Die Varianzen in der Grundgesamtheit sind zudem mit einer Wahrscheinlichkeit von 81,1% identisch. Für die Variablen 400.000–600.000 Euro und >600.000 Euro muss die Normalverteilungsannahme jedoch verworfen werden, wie die Signifikanzniveaus des Normalverteilungstests von Tabelle 10-43 belegen. Laut dieser Analyse verfügen Häuser mit einem durchschnittlichen Kundenanlagevolumen von >600.000 Euro über die größte interne Hedgefonds-Erfahrung und sehen darin im Vergleich zu ihren Konkurrenten mit weniger vermögenden Kunden den geringsten Effekt auf das negative Hedgefonds-Vertriebsergebnis. Häuser mit vermögenderen Privatkunden verfügen bereits über fundiertere Hedgefonds-Kenntnisse, da Hedgefonds-Investments bisher in erster Linie von hoch vermögenden Privatkunden (High Net Worth Individuals und Family Offices) erworben wurden.

Für die übrigen Variablen unterscheiden sich die Bewertungen der Banken nicht signifikant voneinander. Die Irrtumswahrscheinlichkeiten der Varianzanalyse haben Werte von 18% bis 82%.

Tabelle 10-43: Normalverteilungstest und deskriptive Daten der Stichproben noch zu wenig interne Hedgefonds-Erfahrung als Ursache für den bisher nicht zufrieden stellenden Hedgefonds-Absatz und Anlagevermögen der Kunden[340]

Noch zu wenig interne Hedgefonds-Erfahrung	Z-Wert	Signifikanz	Anzahl (n)	Mittelwert
< 200.000 Euro	1,843	0,002	32	3,03
200.000 – 400.000 Euro	1,769	0,004	42	3,02
400.000 – 600.000 Euro	1,343	0,054	18	3,44
> 600.000 Euro	1,519	0,020	14	2,79
Gesamt			**106**	**3,07**

[340] Eigene Darstellung; Werte basieren auf eigenen Berechnungen.

10.4.4 Multiple lineare Regression für die Variablen Zufriedenheit mit dem bisherigen Hedgefonds-Absatz und möglichen Einflussfaktoren

Der Einfluss der im Fragebogen genannten Ursachen für den bisher zufrieden stellenden bzw. nicht zufrieden stellenden Hedgefonds-Absatz auf die Zufriedenheit mit dem Hedgefonds-Absatz wird nun im Rahmen einer multiplen linearen Regressionsanalyse untersucht. Die Skala des intervallskalierten Regressanden erstreckt sich von 1 (nicht zufrieden) bis 4 (sehr zufrieden). Die neun Regressoren (unabhängige Variablen) repräsentieren ebenfalls ein intervallskaliertes Datenniveau mit folgenden vier Ausprägungen: 1 (trifft überhaupt nicht zu), 2 (trifft nicht zu), 3 (trifft zu), 4 (trifft stark zu). Die Daten für die unabhängigen Variablen wurden im Fragebogen mittels zwei Fragebatterien bestehend aus jeweils neun Einzelfragen erfasst. Zu beiden Frageblöcken wurden die Befragungsteilnehmer mit einem Filter weitergeleitet. Die erste Batterie, die zur Bewertung der neun vorgegebenen Ursachen für den bisher zufrieden stellenden Absatz vorgesehen ist, wurde nur an diese Häuser gerichtet, die mit dem bisherigen Hedgefonds-Absatz ziemlich zufrieden oder sehr zufrieden sind. Die andere Batterie zur Bewertung der Ursachen für den bisher nicht zufrieden stellenden Absatz war indessen nur für solche Häuser vorgesehen, die mit dem bisherigen Vertriebsergebnis nicht zufrieden oder weniger zufrieden sind. Die neun Argumente in beiden Fragebatterien sind identisch, nur die Konnotationen unterscheiden sich. So wird beispielsweise im ersten Block für die mit dem Absatz zufriedenen Häuser gefragt, inwieweit die *überzeugende Performance* (der bisher angebotenen Hedgefonds-Produkte) zutreffend ist für den bisher zufrieden stellenden Absatz. In der nachfolgenden Fragebatterie hingegen wird von der *unbefriedigenden Performance* gesprochen. Die Skalen für beide Blöcke im Fragebogen sind identisch. Für die Fragebatterie mit den Ursachen für den bisher nicht zufrieden stellenden Absatz wird die Skala nun im Rahmen der Regressionsanalyse umkodiert, da ansonsten eine negative Bewertung der neun Argumente fälschlicherweise zu einem zufrieden stellenden Absatz führt. Nach der Umkodierung lautet die Skala wie folgt: 1 (trifft stark zu), 2 (trifft zu), 3 (trifft nicht zu), 4 (trifft überhaupt nicht zu). Nun wird beispielsweise bei einer enttäuschenden Performance der bisherigen Hedgefonds-Produkte die Variable *unbefriedigende Peformance* (als Ursache für den bisher nicht zufrieden stellenden Absatz) mit 1 (trifft stark zu) bewertet und dies korrespondiert sodann ceteris paribus mit einem geringen Zufriedenheitswert der abhängigen Variable Zufriedenheit mit dem bisherigen Hedgefonds-Absatz (Ausprägung nicht zufrieden wird durch Wert 1 repräsentiert). Für die Regressionsanalyse werden fortan die ursprünglichen Ausprägungen der Fragebatterie eins und die umkodierten Ausprägungen der Fragebatterie zwei in einer Tabelle zusammengefasst, so dass nun die Werte der neun Argumente auf die abhängige Variable regressiert werden können. Die Regressionsfunktion kann dabei folgendermaßen spezifiziert werden:

$$\hat{Y}_Z = 1{,}367 + 0{,}296\ X_P - 0{,}234\ X_L + 0{,}304\ X_I + 0{,}194\ X_E - 0{,}085\ X_K - 0{,}120\ X_W - 0{,}056\ X_{EB} + 0{,}050\ X_D - 0{,}026\ X_{KP}$$

mit

$\hat{Y}_Z$: Schätzung der abhängigen Variablen Y (Zufriedenheit mit dem Hedgefonds-Absatz)

Unabhängige Variablen:

X_P: Performance der Hedgefonds-Produkte
X_L: Liquidität der Produkte
X_I: Kundeninteresse
X_E: interne Hedgefonds-Erfahrung
X_K: anfallende Kosten für Kunden
X_W: Wissen der Kunden zu Hedgefonds
X_{EB}: Erklärungsbedarf bei Hedgefonds-Produkten
X_D: Eignung von Hedgefonds als Diversifikationsinstrument
X_{KP}: Qualität der Hedgefonds-Kooperationspartner.

Das Bestimmtheitsmaß (R^2) für diese Funktion beträgt 0,352, d. h. 35,2% der gesamten Streuung zwischen den Beobachtungswerten und den geschätzten Werten von Y können durch die neun Regressoren erklärt werden. Das korrigierte R^2 hat einen Wert von 0,306. Die Gültigkeit der Regressionsfunktion wird nun im Rahmen eines F-Tests überprüft. Die Nullhypothese, die keinen Zusammenhang in der Grundgesamtheit postuliert, kann mit einem Testfunktionswert von 7,614 und einem Alpha von 0,000 zum 1%-Signifikanzniveau zurückgewiesen werden. Demzufolge ist das vorliegende Modell hoch signifikant und es kann davon ausgegangen werden, dass die Regressionskoeffizienten in der Grundgesamtheit nicht die Werte null annehmen. Die Konstante und die neun Regressionskoeffizienten werden nun einzeln mittels eines T-Tests überprüft. Die Forschungshypothese besagt dabei, dass der Koeffizient nicht den Wert null hat und somit eine Kausalbeziehung vorliegt. Für die Konstante kann ein hoch signifikanter Zusammenhang nachgewiesen werden, wie das Alpha von Tabelle 10-44 belegt. Einen hoch signifikanten Einfluss auf die Zufriedenheit mit dem Hedgefonds-Absatz haben ferner folgende vier Regressionskoeffizienten: Performance der Hedgefonds-Produkte, Liquidität der Produkte, Kundeninteresse und interne Hedgefonds-Erfahrung. Eine überzeugende Performance der offerierten (Dach)-Hedgefonds führt zu einem höheren Hedgefonds-Absatz und somit zu einer höheren Zufriedenheit mit dem Vertriebsergebnis in dieser Anlageklasse. Ein ähnlicher Zusammenhang kann für die Variable Kundeninteresse konstatiert werden. Auch Banken mit mehr interner Hedgefonds-Erfahrung sind mit dem Absatz bei Hedgefonds-Produkten zufriedener. Dies kann damit begründet werden, dass Banken mit Erfahrung bei Hedgefonds-Investments ihre vermögenden Privatkunden fundierter und überzeugender in dieser Assetklasse beraten können. Solche Häuser sind überdies aufgrund ihres Hedgefonds-Know hows in der Lage, sinnvolle Produktstrukturen und gute (Dach)-Hedgefondsmanager auszuwählen. Wie bereits in Kapitel 9.2.5.1 auf Seite 125 nachgewiesen wird, werden insbesondere Banken mit interner Hedgefonds-Erfahrung zukünftig Hedgefonds-Investments anbieten. Die Variable interne Hedgefonds-Erfahrung kann somit als äußerst neuralgischer Faktor angesehen werden, der sowohl auf ein zukünftiges Angebot von Hedgefonds-Produkten als auch auf die Zufriedenheit mit dem Hedgefonds-Absatz Einfluss nimmt. Für die Variable Liquidität liegt ebenfalls ein signifikanter Zusammenhang vor. Allerdings ergibt sich bei diesem Merkmal ein negatives Vorzeichen. Eine zunehmende Liquidität der Hedgefonds-Produkte führt somit nicht zu einer höheren Zufriedenheit mit dem Hedgefonds-Absatz und umgekehrt. Hedgefonds mit geringerer Liquidität (weniger Rücknahmemöglichkeiten) weisen oftmals eine höhere Performance auf, wie in Kapitel 6.1 auf Seite 47 erläutert wird. Eine höhere Performance der angebotenen Produkte hat einen direkten Einfluss auf die Zufriedenheitswerte, wie weiter oben nachgewiesen wird. Da durch die teilweise Umkodierung der Variablen keine exakt identischen Messniveaus mehr vorliegen, kann die Wirkungskraft der Regressionskoeffizienten auf die Zufriedenheitswerte nur über die standardisierten Koeffizienten (Beta-Werte) ermittelt werden. Folgende Beta-Werte ergeben sich für die vier Koeffizienten: *Performance der Hedgefonds-Produkte (Beta-Wert: 0,313), Kundeninteresse*

Tabelle 10-44: T-Test der Konstante sowie der Regressionskoeffizienten[341]

	T-Wert	Signifikanz
Konstante	3,544	0,001
Performance der Hedgefonds-Produkte (X_P)	4,002	0,000
Liquidität der Produkte (X_L)	-3,417	0,001
Kundeninteresse (X_I)	3,072	0,003
Interne Hedgefonds-Erfahrung (X_E)	2,361	0,020
Anfallende Kosten für Kunden (X_K)	-1,124	0,263
Wissen der Kunden zu Hedgefonds (X_W)	-1,055	0,293
Erklärungsbedarf bei Hedgefonds-Produkten (X_{EB})	-0,543	0,588
Eignung von HFs als Diversifikationsinstrument (X_D)	0,520	0,604
Qualität der Hedgefonds-Kooperationspartner (X_{KP})	-0,323	0,747

[341] Eigene Darstellung; Werte basieren auf eigenen Berechnungen.

(0,283), Liquidität der Produkte (–0,271) und interne Hedgefonds-Erfahrung (0,179). Demnach geht der größte Einfluss von der Performance der Produkte und vom Kundeninteresse aus. Für die übrigen fünf Variablen ergeben sich keine signifikanten Ergebnisse. Der Einfluss dieser Variablen auf die Zufriedenheit mit dem Hedgefonds-Absatz muss somit bezweifelt werden.

Nun werden noch die diversen Modellprämissen (keine Autokorrelation, keine Multikollinearität, Normalverteilung und Homoskedastizität der Störgrößen) der linearen Regression überprüft. Bei Vorliegen von Autokorrelation sind die Residuen in der Grundgesamtheit nicht unkorreliert. Zu Überprüfung dieser Prämisse wird der Durbin/Watson-Test verwendet.[342] Für diesen Test ergibt sich hierbei ein empirischer Wert von 1,817. Dieser Wert kann grundsätzlich Werte zwischen null und vier annehmen. Bei einem Wert von zwei liegt keine Autokorrelation vor. Je mehr sich jedoch der empirische Wert vom Wert zwei entfernt, desto größer ist das Ausmaß der Autokorrelation. In der Praxis werden vielfach Werte zwischen 1,5 und 2,5 als nicht autokorreliert angenommen.[343] Die Residuen dieses Regressionsmodells sind somit

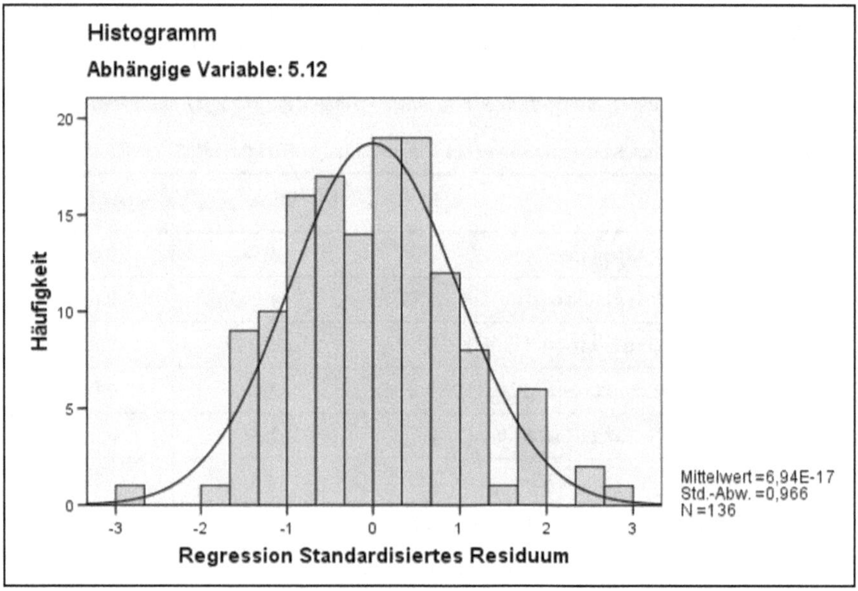

Abb. 10-8: Histogramm der Residuen[344]

[342] Vgl. Backhaus/Erichson/Plinke/Weiber (2005), S. 88 f. und S. 102 f.

[343] Vgl. Brosius (2004), S. 584.

[344] Eigene Darstellung; Werte basieren auf eigenen Berechnungen.

unkorreliert. Es wird überdies gefordert, dass die Regressoren nicht exakt linear abhängig sind. Hierfür wird die sog. Toleranz herangezogen, die für jeden Regressionskoeffizienten einzeln berechnet wird. Bei diesem Maß wird der Wert eins um das Bestimmtheitsmaß (R^2) jeder unabhängigen Variablen auf die übrigen unabhängigen Variablen vermindert. Hohe R^2-Werte bzw. niedrige Toleranzen deuten auf Multikollinearität hin.[345] Die Toleranz-Werte der Koeffizienten Performance (0,841), Kundeninteresse (0,606), interne Hedgefonds-Erfahrung (0,897) und Liquidität (0,817) deuten nur auf geringe lineare Abhängigkeit zwischen den unabhängigen Variablen hin. Die geforderte Normalverteilung der Störgrößen ist nur für den im Rahmen der Prüfung der Regressionsfunktion durchgeführten F-Test sowie T-Test von Belang.[346] Das in Abbildung 10-8 dargestellte Histogramm der Residuen verdeutlicht die Abweichung der Residuen von der Normalverteilung. Die glockenförmige Linie repräsentiert dabei eine Normalverteilung, während die Säulen die Häufigkeiten der Residuen wiedergeben. Bei Betrachtung von Abbildung 10-9 fällt auf, dass die Residuen (dargestellt durch die Punkte) nur rudimentär von der kumulierten Normalverteilung (dargestellt durch die Gerade) abweichen. Bei Vorliegen von Normalverteilung der

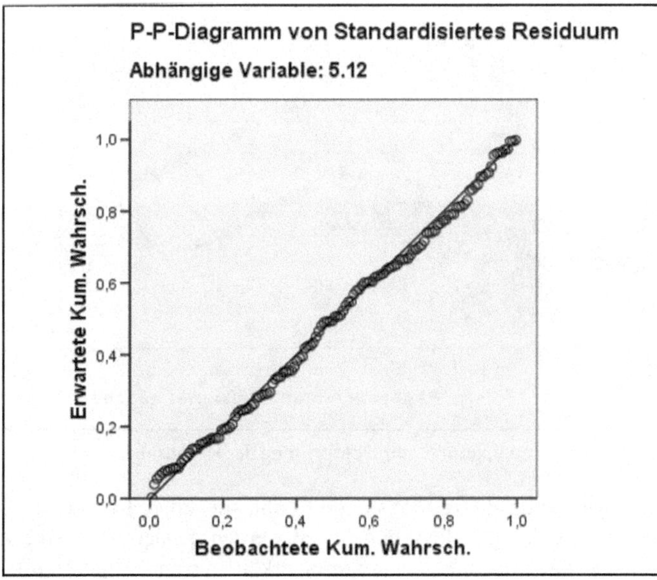

Abb. 10-9: Normalverteilungsplot der Residuen[347]

[345] Vgl. Backhaus/Erichson/Plinke/Weiber (2005), S. 89 ff.

[346] Vgl. Backhaus/Erichson/Plinke/Weiber (2005), S. 92 f.

[347] Eigene Darstellung; Werte basieren auf eigenen Berechnungen.

Residuen müssen alle Punkte auf der Gerade liegen.[348] Aufgrund der 136 Beobachtungswerte in dieser Stichprobe sind jedoch die Kleinst-Quadrate-Schätzer auch unter Verweis auf den zentralen Grenzwertsatz normalverteilt und somit sind auch die Signifikanztests (F-bzw. T-Test) gültig.[349]

Homoskedastizität liegt vor, wenn die Varianzen für verschiedene Prognosewerte der abhängigen Variablen identisch sind. Für den vorliegenden Fall wird zur Prüfung dieser Prämisse das in Abbildung 10-10 dargestellte Streudiagramm verwendet. Bei Betrachtung des Diagramms wird ein Zusammenhang zwischen den Residuen und den geschätzten Werten ($\hat{Y}_Z$) erkennbar. Demnach kann nicht von homoskedastischen Residuen ausgegangen werden.[350] Diese Prämisse des linearen Regressionsmodells ist somit verletzt.

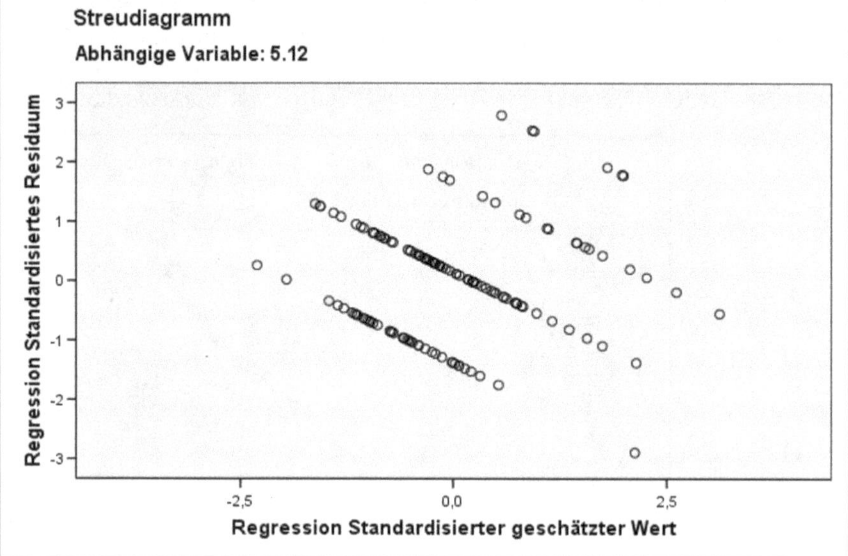

Abb. 10-10: Streudiagramm zur Überprüfung der Homoskedastizität der Residuen[351]

Das vorliegende Regressionsmodell kann mit einer Irrtumswahrscheinlichkeit von 0,000 als hoch signifikant angesehen werden. Zudem können 30,6% der gesamten Streuung durch die neun Regressoren erklärt werden. Hoch signifikant erweisen sich

348 Vgl. Brosius (2004), S. 580 ff.

349 Vgl. Backhaus/Erichson/Plinke/Weiber (2005), S. 92 f.

350 Vgl. Backhaus/Erichson/Plinke/Weiber (2005), S. 103 ff.

351 Eigene Darstellung; Werte basieren auf eigenen Berechnungen.

wiederum folgende vier exogene Variablen: Performance der Hedgefonds-Produkte, Kundeninteresse, Liquidität der Produkte und interne Hedgefonds-Erfahrung. Eine überzeugende Performance der Produkte, großes Kundeninteresse sowie vorhandene interne Hedgefonds-Erfahrung führen zu besseren Vertriebsergebnissen bei Banken. Eine zunehmende Liquidität der Produkte hingegen verringert die Zufriedenheit mit dem Hedgefonds-Absatz.

10.5 Produktverpackung für die ab 2004 angebotenen Hedgefonds-Investments

10.5.1 Theoretischer Hintergrund und Beschreibung der Stichprobe

Im Rahmen dieser Frage wurden die Produktverpackungen (Zertifikat, Fonds mit Domizil in Deutschland, Fonds mit Domizil im Ausland) für die ab 2004 angebotenen (Dach)-Hedgefonds-Investments erfasst. Mit Inkrafttreten des Investmentmodernisierungsgesetzes (Investmentgesetz und Investmentsteuergesetz) am ersten Januar 2004 sind neben den bisher bereits eingesetzten Zertifikatestrukturen auch Fondskonstrukte für Hedgefonds-Anlagen zulässig. Bei Fondskonstrukten mit in- bzw. ausländischem Domizil hängt die Zulassung in Deutschland allerdings von der Er-

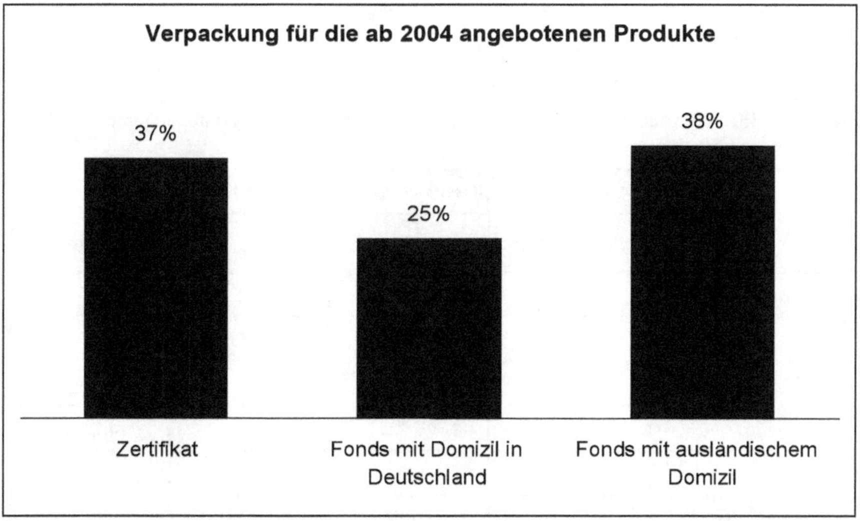

Abb. 10-11: Produktverpackung für die ab 2004 angebotenen Hedgefonds-Produkte[352]

[352] Eigene Darstellung; Werte basieren auf eigenen Berechnungen.

füllung der gesetzlich verankerten Vorgaben ab. In Deutschland zugelassene Dach-Hedgefonds müssen laut dem Investmentsteuergesetz die steuerliche Herkunft der Zielfonds-Erträge (Kursgewinne, Zinsen, Dividenden etc.) nachweisen. Bei Nichterfüllung dieser Transparenzvorschriften erfolgt eine Strafbesteuerung. Hedgefonds-Zertifikate unterliegen hingegen nicht diesen Vorschriften des Investmentsteuergesetzes und können somit auch in nicht-transparente Single-Hedgefonds investieren. Eine dezidierte Darlegung der gesetzlichen Vorgaben sowie Vor- bzw. Nachteile der diversen Produktverpackungen findet sich in Kapitel 5.2.1 auf Seite 37. 143 Banken der insgesamt 149 Kreditinstitute, die ihren Kunden bisher Hedgefonds-Produkte offeriert haben, haben diese Frage beantwortet. Es liegen drei Merkmale (Zertifikat, Fonds mit Domizil in Deutschland, Fonds mit Domizil im Ausland) mit jeweils zwei Ausprägungen (bisheriges Angebot oder kein bisheriges Angebot) vor. Mehrfachnennungen waren bei dieser Frage zulässig. Fonds mit ausländischem Domizil und Zertifikate sind die vorherrschenden Verpackungsformen bei den bisherigen Hedgefonds-Produkten, wie Abbildung 10-11 (s. S. 203) verdeutlicht. Nur 25% der bisherigen Produkte wurden als Fondskonstrukte mit deutschem Domizil aufgelegt.

10.5.2 Produktverpackung für die ab 2004 angebotenen Hedgefonds-Investments versus Bankgruppe

Im Rahmen der nun folgenden χ^2-Tests nach Pearson wird der Zusammenhang zwischen den diversen Produktverpackungen und den Bankgruppen in Deutschland untersucht. Beide Merkmalstypen repräsentieren eine Nominalskala. In einem ersten

Tabelle 10-45: Kreuztabelle für die Variablen Zertifkate als Produktverpackung und Bankgruppe[353]

		Bank-Sektoren in Deutschland			
		Sparkassen	**Private Banken**	**Genossen-schaften**	**Gesamt**
Zertifikate	**Nein**	12	1	62	75
		26,1%	*5,3%*	*81,6%*	*53,2%*
	Ja	34	18	14	66
		73,9%	*94,7%*	*18,4%*	*46,8%*
	Gesamt	46	19	76	141
		100%	*100%*	*100%*	*100%*

353 Eigene Darstellung; Werte basieren auf eigenen Berechnungen.

Test wird ermittelt, ob die Variablen Zertifikate und Bankgruppen in der Grundgesamtheit abhängig sind. In allen Zellen der in Tabelle 10-45 dargestellten Kreuztabelle ist die erwartete Häufigkeit größer fünf. Das Signifikanzniveau des χ^2-Tests hat einen Wert von 0,000 bei einem χ^2-Wert von 55,701. Die Zusammenhangmaße signalisieren überdies eine ausgeprägt starke Abhängigkeit der Variablen in der Grundgesamtheit. Folgende Werte liegen für die Maße vor: Phi (0,629), Cramer-V (0,629), Kontingenzkoeffizient (0,532). Zertifikate werden in erster Linie von privaten Banken und Sparkassen bevorzugt, während bisher nur 18,4% der befragten Genossenschaftsbanken (Dach)-Hedgefonds über Zertifikate repliziert haben.

In einem weiteren χ^2-Test wird die Variable Fonds mit Domizil im Ausland in Beziehung gesetzt zu den diversen Bank-Sektoren in Deutschland. In jedem Feld der in Tabelle 10-46 dargestellten Kreuztabelle ist die erwartete Häufigkeit größer fünf. Die Nullhypothese des χ^2-Tests kann mit einer Irrtumswahrscheinlichkeit von 0,3% zum 1%-Signifikanzniveau zurückgewiesen werden. Der Testfunktionswert liegt bei 11,598. Die Zusammenhangmaße Phi (Wert: 0,287), Cramer-V (0,287) und der Kontigenzkoeffizient (0,276) deuten auf eine starke Abhängigkeit hin. Fonds mit ausländischer Domizilierung für (Dach)-Hedgefonds werden vorwiegend von Instituten des genossenschaftlichen Sektors eingesetzt.

Tabelle 10-46: Kreuztabelle für die Variablen Fonds mit ausländischem Domizil als Produktverpackung und Bankgruppe[354]

		Bank-Sektoren in Deutschland			
		Sparkassen	**Private Banken**	**Genossen-schaften**	**Gesamt**
Fonds im Ausland	**Nein**	29	14	29	72
		63,0%	*73,7%*	*38,2%*	*51,1%*
	Ja	17	5	47	69
		37,0%	*26,3%*	*61,8%*	*48,9%*
	Gesamt	46	19	76	141
		100%	*100%*	*100%*	*100%*

Für die Variable Fonds mit Domizil in Deutschland hingegen kann kein signifikanter Zusammenhang nachgewiesen werden. Das Alpha des χ^2-Tests hat hierbei einen Wert von 0,635 bei einem Testfunktionswert von 0,908.

[354] Eigene Darstellung; Werte basieren auf eigenen Berechnungen.

10.5.3 Produktverpackung für die ab 2004 angebotenen Hedgefonds-Investments versus verwaltetes Anlagevermögen der Banken

In einer weiteren Testreihe wird nun der Zusammenhang zwischen den diversen Produktverpackungen und dem verwalteten Anlagevermögen der Banken herausgearbeitet. Der erste χ^2-Test geht auf die Zertifikatestrukturen ein. Die Variable Anlagevermögen der Banken im Private Banking wird von sechs auf drei Antwortmöglichkeiten verdichtet, so dass in keiner Zelle der in Tabelle 10-47 abgebildeten Kreuztabelle die erwartete Häufigkeit kleiner fünf ist. Das Signifikanzniveau beträgt 1,4% bei einem Testfunktionswert von 8,559. Die Zusammenhangmaße Phi (Wert: 0,257), Cramer-V (0,257) und der Kontingenzkoeffizient (0,249) deuten auf eine starke Abhängigkeit der Variablen in der Grundgesamtheit hin. Die Produktverpackung Zertifikat wird hauptsächlich von großen Häusern (>3 Mrd. Euro verwaltetes Anlagevermögen) gewählt, während kleinere Banken vermehrt auf Fondslösungen zurückgreifen.

Tabelle 10-47: Kreuztabelle für die Variablen Zertifikate als Produktverpackung und verwaltetes Anlagevermögen der Banken[355]

		Verwaltetes Anlagevermögen der Banken im Private Banking			
		< 1 Mrd. Euro	**1 – 3 Mrd. Euro**	**> 3 Mrd. Euro**	**Gesamt**
Zertifikate	**Nein**	55	11	4	70
		59,8%	*55,0%*	*22,2%*	*53,8%*
	Ja	37	9	14	60
		40,2%	*45,0%*	*77,8%*	*46,2%*
	Gesamt	92	20	18	130
		100%	*100%*	*100%*	*100%*

Für die Signifikanztests der anderen beiden Verpackungsarten liegen die Irrtumswahrscheinlichkeiten bei 38,2% bzw. 72,8%. Demzufolge kann für diese Variablen keine Abhängigkeit in der Grundgesamtheit nachgewiesen werden.

[355] Eigene Darstellung; Werte basieren auf eigenen Berechnungen.

10.5.4 Produktverpackung für die ab 2004 angebotenen Hedgefonds-Investments versus Anlagevermögen der Kunden

Für die χ^2-Tests zu den Merkmalen Produktverpackungen und Banken mit unterschiedlich vermögenden Kunden wird die letztgenannte Variable von sechs auf drei Ausprägungen subsumiert. In einem ersten Test werden die Zertifikatestrukturen untersucht. In allen Feldern der in Tabelle 10-48 abgebildeten Kreuztabelle ist die erwartete Häufigkeit größer fünf. Der Testfunktionswert des χ^2-Tests hat einen Wert von 14,356 bei einem Konfidenzniveau von 99,9%. Die Werte der Zusammenhangmaße deuten auf eine sehr starke Abhängigkeit der beiden Variablen in der Grundgesamtheit hin. Folgende Werte liegen für das Phi, Cramer-V und den Kontingenzkoeffizienten vor: 0,338, 0,338, 0,320. Banken, die mehr als 400.000 Euro Anlagevolumen je Kunde im Private Banking betreuen, bevorzugen im Gegensatz zu Instituten mit weniger vermögenden Kunden Zertifikatestrukturen bei Hedgefonds-Investments.

Tabelle 10-48: Kreuztabelle für die Variablen Zertifikate als Produktverpackung und Anlagevermögen der Kunden[356]

		Ø Anlagevermögen der Kunden im Private Banking			
		< 200 Tsd. Euro	**200 – 400 Tsd. Euro**	**> 400 Tsd. Euro**	**Gesamt**
Zertifikate	**Nein**	20	31	14	65
		62,5%	*66,0%*	*29,8%*	*51,6%*
	Ja	12	16	33	61
		37,5%	*34,0%*	*70,2%*	*48,4%*
	Gesamt	32	47	47	126
		100%	*100%*	*100%*	*100%*

Fondslösungen mit deutscher Domizilierung werden indessen von Banken mit weniger vermögenden Kunden (<200.000 Euro Anlagevolumen je Kunde) präferiert. Die erwartete Häufigkeit in allen Zellen der in Tabelle 10-49 (s. S. 208) dargestellten Kreuztabelle ist größer fünf. Die Nullhypothese des χ^2-Tests kann mit einer Irrtumswahrscheinlichkeit von 9,1% und einem Testfunktionswert von 4,804 zum 10%-Signifikanz-Niveau zurückgewiesen werden. Für die Zusammenhangmaße liegen folgende Werte vor: Phi (Wert: 0,195), Cramer-V (0,195), Kontingenzkoeffizient (0,192). Diese signalisieren jedoch nur eine moderate Abhängigkeit zwischen den betrachteten Variablen.

---

[356] Eigene Darstellung; Werte basieren auf eigenen Berechnungen.

Tabelle 10-49: Kreuztabelle für die Variablen Fonds mit Domizil in Deutschland und Anlagevermögen der Kunden[357]

		Ø Anlagevermögen der Kunden im Private Banking			
		< 200 Tsd. Euro	**200 – 400 Tsd. Euro**	**> 400 Tsd. Euro**	**Gesamt**
Fonds in Deutschland	**Nein**	17	36	30	83
		53,1%	*76,6%*	*63,8%*	*65,9%*
	Ja	15	11	17	43
		46,9%	*23,4%*	*36,2%*	*34,1%*
	Gesamt	32	47	47	126
		100%	*100%*	*100%*	*100%*

In einem dritten Test wird nun noch der Zusammenhang zwischen den Merkmalen Fondskonstrukte mit ausländischem Domizil und durchschnittliches Anlagevermögen der Kunden im Private Banking untersucht. In allen Feldern der in Tabelle 10-50 abgebildeten Kreuztabelle liegt eine erwartete Häufigkeit größer fünf vor. Das Konfidenzniveau bzw. der Sicherheitsgrad des χ^2-Tests beträgt 98,2% bei einem Testfunktionswert von 8,823. Es kann demnach von abhängigen Variablen in der Grundgesamtheit ausgegangen werden. Dies signalisieren auch die Werte der Zusammen-

Tabelle 10-50: Kreuztabelle für die Variablen Fonds mit Domizil im Ausland und Anlagevermögen der Kunden[358]

		Ø Anlagevermögen der Kunden im Private Banking			
		< 200 Tsd. Euro	**200 – 400 Tsd. Euro**	**> 400 Tsd. Euro**	**Gesamt**
Ausländische Fonds	**Nein**	21	17	29	67
		65,6%	*36,2%*	*61,7%*	*53,2%*
	Ja	11	30	18	59
		34,4%	*63,8%*	*38,3%*	*46,8%*
	Gesamt	32	47	47	126
		100%	*100%*	*100%*	*100%*

357 Eigene Darstellung; Werte basieren auf eigenen Berechnungen.

358 Eigene Darstellung; Werte basieren auf eigenen Berechnungen.

hangmaße Phi (Wert: 0,265), Cramer-V (0,265) und Kontingenzkoeffizient (0,256). Fonds mit ausländischem Domizil bei (Dach)-Hedgefonds werden bevorzugt von Banken mit einem durchschnittlichen Anlagevolumen der Kunden von 200.000 bis 400.000 Euro eingesetzt. Der Anteil beträgt hierbei 63,8%, während bei den anderen Vermögensgruppen nur 34,4% bzw. 38,3% der Institute auf diese Verpackungsform zurückgreifen.

Banken mit sehr vermögenden Privatkunden bevorzugen demnach bei (Dach)-Hedgefonds Zertifikate, während Häuser mit einem durchschnittlichen Anlagevolumen der Kunden von 200.000–400.000 Euro Fonds mit ausländischen Domizil und Kreditinstitute mit weniger vermögenden Kunden Fonds mit Sitz in Deutschland präferieren. Insbesondere Häuser mit sehr vermögenden Privatkunden sind sich anscheinend den steuerlich unvorteilhaften Transparenzanforderungen des Investmentsteuergesetztes bewusst, die das Anlageuniversum für Dach-Hedgefonds mit in- bzw. ausländischem Domizil deutlich einschränken sowie einen nicht zu unterschätzenden administrativen Aufwand zur Folge haben, und verwenden deshalb häufig die steuerlich sinnvolle Verpackung über Zertifikate. Eine Darstellung der steuerlichen Gegebenheiten für Hedgefonds-Zertifikate bzw. Fondslösungen findet sich in Kapitel 5.2.1 auf Seite 37.

10.5.5 Zertifikate als Verpackung für die ab 2004 angebotenen Hedgefonds-Investments versus zukünftiges Angebot von Hedgefonds-Produkten

Für den nun folgenden χ^2-Test nach Pearson wird die Variable Zertifikate als Verpackung für Hedgefonds-Investments in Beziehung gesetzt zur intervallskalierten Variablen Wahrscheinlichkeit für ein zukünftiges Angebot von Hedgefonds-Produkten. Die Variable zukünftiges Angebot von Hedgefonds-Produkten wird für diesen Test zudem von vier auf drei Ausprägungen verdichtet, so dass in keiner Zelle der in Tabelle 10-51 (s. S. 210) dargestellten Kreuztabelle eine erwartete Häufigkeit kleiner fünf vorzufinden ist. Die Nullhypothese des χ^2-Tests kann mit einem Alpha von 0,000 und einem Testfunktionswert von 15,253 zum 1%-Signifikanznvieau zurückgewiesen werden. Für die Zusammenhangmaße ergeben sich folgenden Werte: Phi (0,329), Cramer-V (0,329), Kontingenzkoeffizient (0,312). Diese Werte signalisieren einen ausgeprägt starken Zusammenhang der beiden Variablen in der Grundgesamtheit. 63,5% der Banken dieser Stichprobe, die zukünftig ganz sicher Hedgefonds-Investments im Private Banking offerieren werden, haben für die ab 2004 angebotenen Hedgefonds-Produkte Zertifikate verwendet. Im Gegensatz dazu haben 78,4% der Banken, die zukünftig keinesfalls oder wahrscheinlich nicht Hedgefonds-Produkte anbieten werden, bisher keine Zertifikate eingesetzt.

Tabelle 10-51: Kreuztabelle für die Variablen Zertifikate als Produktverpackung und zukünftiges Angebot von Hedgefonds-Produkten[359]

		Zukünftiges Angebot von Hedgefonds-Produkten			
		Wahrsch. nicht[360]	**Ziemlich wahrsch.**	**Ganz sicher**	**Gesamt**
Zertifikate	**Nein**	29	27	19	75
		78,4%	*51,9%*	*36,5%*	*53,2%*
	Ja	8	25	33	66
		21,6%	*48,1%*	*63,5%*	*46,8%*
	Gesamt	37	52	52	141
		100%	*100%*	*100%*	*100%*

10.5.6 Zertifikate als Verpackung für die ab 2004 angebotenen Hedgefonds-Investments versus Zufriedenheit mit dem bisherigen Hedgefonds-Absatz

Kreditinstitute, die mit ihrem bisherigen Hedgefonds-Absatz zufrieden sind, haben bisher vermehrt mit Hedgefonds-Zertifikaten gearbeitet. Für diesen χ^2-Test wird die intervallskalierte Variable Zufriedenheit mit dem bisherigen Hedgefonds-Absatz von vier auf drei Antwortmöglichkeiten reduziert. Nun ist allen Zellen der in Tabelle 10-52 dargestellten Kreuztabelle die erwartete Häufigkeit größer fünf. Die Irrtumswahrscheinlichkeit des Signifikanztests beträgt 3,9% bei einem Testfunktionswert von 6,510. Die Zusammenhangmaße deuten auf eine starke Abhängigkeit der Variablen in der Grundgesamtheit hin. Folgende Werte ergeben sich hierbei für die diversen Maße: Phi (0,213), Cramer-V (0,213), Kontingenzkoeffizient (0,209). 66,7% der Institute dieser Stichprobe, die mit dem bisherigen Absatz ziemlich oder sehr zufrieden waren, haben für die ab 2004 angebotenen Hedgefonds-Produkte die Zertifikateverpackung gewählt, während 65,2% der Banken, die mit dem Absatz in dieser Assetklasse bisher nicht zufrieden waren, auf Fondslösungen mit in- bzw. ausländischer Domizilierung zurückgegriffen haben. Zertifikate führen somit aufgrund der in Kapitel 5.2.1 auf Seite 37 beschriebenen steuerlichen Vorteilhaftigkeit zu einer höheren Zufriedenheit mit dem Hedgefonds-Absatz, da ein Dachfondsmanager Zielfonds aus einem viel größeren Singlefonds-Universum auswählen kann und somit verbesserte Rendite/Risikoeigenschaften erzielen kann.

[359] Eigene Darstellung; Werte basieren auf eigenen Berechnungen.

[360] Wortlaut der Ausprägung: keinesfalls oder wahrscheinlich nicht.

Tabelle 10-52: Kreuztabelle für die Variablen Zertifikate als Produktverpackung und Zufriedenheit mit dem bisherigen Hedgefonds-Absatz[361]

		Zufriedenheit mit dem bisherigen Hedgefonds-Absatz			
		Nicht zufrieden	**Weniger zufrieden**	**Zufrieden**[362]	**Gesamt**
Zertifikate	**Nein**	30	38	8	76
		65,2%	*52,1%*	*33,3%*	*53,1%*
	Ja	16	35	16	67
		34,8%	*47,9%*	*66,7%*	*46,9%*
	Gesamt	46	73	24	143
		100%	*100%*	*100%*	*100%*

10.5.7 Exkurs: Rendite/Risiko-Analyse der in Deutschland zugelassenen Dach-Hedgefonds und Dach-Hedgefonds-Zertifikate

In einer ersten Analyse werden die Rendite/Risikoeigenschaften der in Deutschland zugelassenen Dach-Hedgefonds mit dem HFRI Fund of Fund Composite-Index verglichen. Für die in Deutschland zugelassenen Dach-Hedgefonds wird der ArHX-Dach-Hedgefonds-Index[363] herangezogen, der sich aktuell aus 19 Dach-Hedgefonds zusammensetzt. Die Renditehistorie dieses Index reicht bis zum 31. Dezember 2005 zurück. Der HFRI Fund of Fund Composite Index[364] repräsentiert die Renditen von diversifizierten Dach-Hedgefonds. Die Indexberechnung erfolgt seit Januar 1990. Dieser Index wird in der Praxis vielfach als Benchmark für breit diversifizierte Multi-Strategy Dach-Hedgefonds verwendet. Für diese Analyse werden die Monatsrenditen des in US-Dollar notierenden HFRI-Index währungsgesichert, d.h. die Monatsrenditen werden um die Zinsdifferenz zwischen dem Drei-Monats-Euro-LIBOR und dem USD-LIBOR bereinigt. Die überwiegende Mehrheit der in Deutschland zugelassenen Dach-Hedgefonds bzw. Dach-Hedgefonds-Zertifikate ist ebenfalls währungsgesichert. Die annualisierte Rendite des ArHX-Index beträgt für den betrachte-

---

361 Eigene Darstellung; Werte basieren auf eigenen Berechnungen.

362 Wortlaut der Ausprägung: ziemlich oder sehr zufrieden.

363 Absolut Research Hedgefonds Index – Dachfonds; www.arhx.de.

364 Hedgefund Research, Inc. Fund of Fund Composite Index; die Anzahl der im Index enthaltenen Dachfonds wird nicht veröffentlicht; www.hedgefundresearch.com.

ten Zeitraum weniger als 65% der Rendite des HFRI-Index, wie Tabelle 10-53 illustriert. Die annualisierte Standardabweichung der in Deutschland zugelassenen Dach-Hedgefonds liegt allerdings auch deutlich unter der Volatilität des HFRI-Index. Wird die Wertentwicklung ins Verhältnis gesetzt zur Volatilität, ergibt sich für den HFRI-Index ein Ratio von 1,94 und für den ArHX von 0,79. Demzufolge generieren deutsche Dach-Hedgefonds nur 40,74% des HFRI-Rendite/Risiko-Ratios.

Tabelle 10-53: Rendite/Risiko-Analyse für in Deutschland zugelassene und ausländische Dach-Hedgefonds[365]

Zeitraum: 01/06 – 09/07 (Euro-hedged)	ArHX Dachfonds-Index	HFRI FoF Composite Index
Rendite p.a.	2,78%	8,77%
Volatilität p.a.	3,52%	4,52%
Rendite/Risiko-Ratio	0,79	1,94
Ratio ArHX / Ratio HFRI	40,74%	

Ein Grund für diese Unterentwicklung ist in dem eingeschränkten Fondsspektrum zu sehen. In Deutschland zugelassene Dach-Hedgefonds dürfen nur in Single-Hedgefonds investieren, die bestimmte Transparenzanforderungen erfüllen, wie in Kapitel 5.2.1 auf Seite 37 beschrieben wird. Ansonsten droht eine Strafbesteuerung. Vielfach übersteigen die in Deutschland veranschlagten Gebühren für Hedgefonds-Produkte auch die international gebräuchlichen Sätze für vermögende Privatkunden.[366]

In einer weiteren Analyse werden die Renditen bzw. Volatilitäten des ArHX-Dachfonds-Zertifikate-Index[367] mit dem HFRI Fund of Fund Composite Index verglichen. Dieser Zertifikate-Index repräsentiert die Performance von 80 in Deutschland angebotenen Dach-Hedgefonds-Zertifikaten. Die annualisierte Wertentwicklung sowie das Rendite/Risiko-Ration liegen erneut deutlich unter dem HFRI-Index, wie Tabelle 10-54 verdeutlicht. Die in Deutschland angebotenen Hedgefonds-Zertifikate erwirtschaften jedoch immerhin 76,10% des Rendite/Risiko-Ratios des HFRI FoF Composite-Index im Betrachtungszeitraum, während dieser Wert bei den in Deutschland zugelassenen Dach-Hedgefonds nur 40,74% beträgt.

Dach-Hedgefonds auf Zertifikate-Basis sind bei der Fondsauswahl wesentlich flexibler, da in steuerlicher Hinsicht keinerlei Transparenzanforderungen erfüllt werden

---

[365] Eigene Darstellung; Werte basieren auf eigenen Berechnungen.

[366] Vgl. Mader/Echter (2004), S. 616.

[367] Absolut Research Hedgefonds Index – Dachfonds-Zertifikate; www.arhx.de.

Tabelle 10-54: Rendite/Risiko-Analyse für in Deutschland angebotene Hedgefonds-Zertifikate und ausländische Dach-Hedgefonds[368]

Zeitraum: 01/06 – 09/07 (Euro-hedged)	ArHX Dachfonds-Zertifikate-Index	HFRI FoF Composite Index
Rendite p.a.	6,66%	8,77%
Volatilität p.a.	4,51%	4,52%
Rendite/Risiko-Ratio	1,48	1,94
Ratio Zert. / Ratio HFRI	76,10%	

müssen. Die erneute Diskrepanz kann auf die höheren Gebühren der deutschen Dach-Hedgefonds-Produkte im Gegensatz zu ausländischen Hedgefonds-Investments zurückgeführt werden.[369] Abschließend kann festgehalten werden, dass der Portofolioaufbau mit Zertifikaten beim derzeitigen steuerlichen Umfeld in Deutschland unter Rendite/Risiko-Gesichtspunkten sinnvoller gestaltet werden kann. So gibt es in Deutschland aktuell mehr als 200 Hedgefonds-Zertifikate mit einem Gesamtanlagevoluen von ca. 24 Mrd. Euro, während das Vermögen aller in Deutschland zugelassenen Dach-Hedgefonds gerade einmal 1,35 Mrd. Euro beträgt.[370]

10.6 Anteil der Kunden mit Hedgefonds-Investments im Depot

10.6.1 Theoretischer Hintergrund und Beschreibung der Stichprobe

Mittels einer ordinalskalierten Frage ist der Anteil der Kunden mit Hedgefonds-Investments im Depot bei den Studienteilnehmern erfasst worden. Die sechs Antwortmöglichkeiten sowie die Stichprobenverteilung sind in Abbildung 10-12 illustriert. 222 der 229 an dieser Befragung teilnehmenden Banken beantworteten diese Frage. Der Modalwert sowie Median ergibt sich für die Ausprägung <5%. Bei 73% der befragten Institute sind weniger als 5% aller Private Banking-Kunden in Hedgefonds-Produkten investiert. Überhaupt keine Hedgefonds-Investments haben die Kunden von 20% der befragten Banken. Bei 3% der Banken hingegen sind mehr als 30% der vermögenden Privatkunden in dieser Assetklasse investiert.

---

368 Eigene Darstellung; Werte basieren auf eigenen Berechnungen.

369 Vgl. Mader/Echter (2004), S. 616.

370 Vgl. BAI (2007), S. 1 ff.; Beck (2007), S. 21; Busack (2007), S. 27.

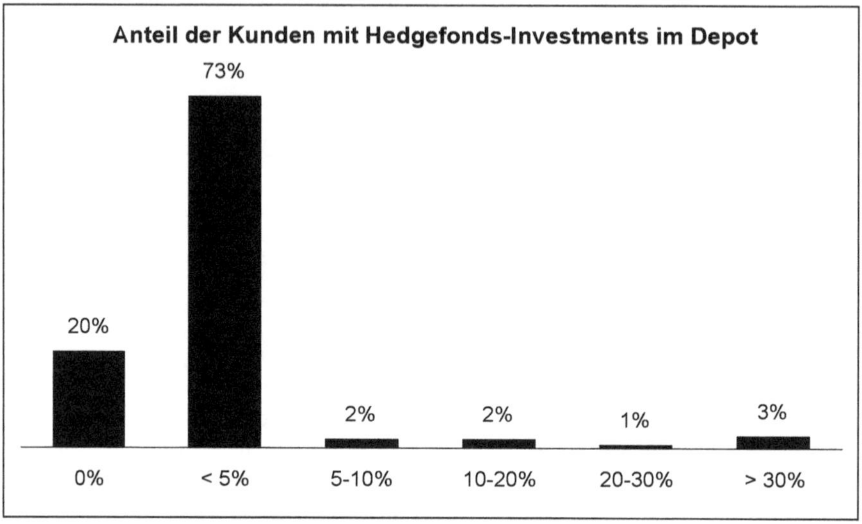

Abb. 10-12: Anteil der Kunden mit Hedgefonds-Investments im Depot[371]

10.6.2 Anteil der Kunden mit Hedgefonds-Investments im Depot versus Bankgruppe

Im Rahmen eines χ^2-Tests nach Pearson wird nun der Zusammenhang zwischen den Merkmalen Anteil der Kunden mit Hedgefonds-Investments im Depot und Bankgruppe untersucht. Die Variable Anteil der Kunden wird hierzu von sechs auf drei Antwortmöglichkeiten verdichtet. Trotz dieser Aggregation der Ausprägungen liegt in 33,3% der Zellen der in Tabelle 10-55 dargestellten Kreuztabelle eine erwartete Häufigkeit kleiner fünf vor.

Für den Signifikanztest ergibt sich ein χ^2-Wert von 64,591 und ein Alpha von 0,000. Somit kann mit sehr hoher Wahrscheinlichkeit von einer Abhängigkeit der beiden Variablen in der Grundgesamtheit ausgegangen werden, obgleich bei mehr als 20% der Felder eine erwartete Häufigkeit kleiner fünf vorliegt. Die Zusammenhangmaße signalisieren eine starke Abhängigkeit zwischen dem Anteil der Kunden mit Hedgefonds-Investments im Depot und den drei Bankinstitutionen in Deutschland. Das Kendall Tau b und c beträgt 0,275 bzw. 0,195. Der Wert des Gammas liegt bei 0,556. Bei 41,7% der privaten Banken dieser Stichprobe sind mehr als 5% der vermögenden Privatkunden in Hedgefonds investiert. Dieser Anteil beträgt bei den Sparkassen nur 5,0%. Mehr als ein Viertel der Genossenschaftsbanken indessen haben ihren ver-

[371] Eigene Darstellung; Werte basieren auf eigenen Berechnungen.

Tabelle 10-55: Kreuztabelle für die Variablen Anteil der Kunden mit Hedgefonds-Investments im Depot und Bankgruppe[372]

		Bank-Sektoren in Deutschland			
		Sparkassen	**Private Banken**	**Genossen-schaften**	**Gesamt**
Anteil der Kunden mit HFs	**0%**	4	1	38	43
		6,7%	*4,2%*	*28,4%*	*19,7%*
	< 5%	53	13	94	160
		88,3%	*54,2%*	*70,1%*	*73,4%*
	> 5%	3	10	2	15
		5,0%	*41,7%*	*1,5%*	*6,9%*
	Gesamt	60	24	134	218
		100%	*100%*	*100%*	*100%*

mögenden Privatkunden bisher keine Hedgefonds-Produkte offeriert. Hierbei wird erneut deutlich, dass Hedgefonds-Investments bisher in erster Linie von privaten Banken eingesetzt werden.

10.6.3 Anteil der Kunden mit Hedgefonds-Investments im Depot versus verwaltetes Anlagevermögen der Banken

Bei Banken mit mehr Gesamtanlagevolumen (Kundendepots plus Einlagen) im Private Banking sind mehr Kunden in Hedgefonds investiert, wie der nachfolgende χ^2-Test belegt. Aus Vereinfachungsgründen werden die Ordinalskalen beider Variablen von sechs auf drei Auspägungen reduziert. In drei Zellen bzw. 33,3% aller Zellen der in Tabelle 10-56 abgebildeten Kreuztabelle sind trotzdem die erwarteten Häufigkeiten kleiner fünf.

Die Nullhypothese des Signifikanztests kann mit einem χ^2-Wert von 12,450 und einer Irrtumswahrscheinlichkeit von 1,4% zum 5%-Signifikanzniveau zurückgewiesen werden. Die Forschungshypothese des χ^2-Tests besagt, dass die betrachteten Variablen in der Grundgesamtheit abhängig voneinander sind. Die Zusammenhangmaße Kendall Tau b und c sowie das Gamma deuten mit Werten von 0,171, 0,105 sowie 0,407 eher auf einen moderate Abhängigkeit hin. Bei 23,8% der Banken dieser Befragung, die mehr als 3 Mrd. Euro Anlagegelder im Private Banking betreuen, sind

---

372 Eigene Darstellung; Werte basieren auf eigenen Berechnungen.

Tabelle 10-56: Kreuztabelle für die Variablen Anteil der Kunden mit Hedgefonds-Investments im Depot und verwaltetes Anlagevermögen der Banken[373]

		Verwaltetes Anlagevermögen der Banken im Private Banking			
		< 1 Mrd. Euro	**1 – 3 Mrd. Euro**	**> 3 Mrd. Euro**	**Gesamt**
Anteil der Kunden mit HFs	**0%**	34	4	2	40
		22,4%	*13,3%*	*9,5%*	*19,7%*
	< 5%	111	24	14	149
		73,0%	*80,0%*	*66,7%*	*73,4%*
	> 5%	7	2	5	14
		4,6%	*6,7%*	*23,8%*	*6,9%*
	Gesamt	152	30	21	203
		100%	*100%*	*100%*	*100%*

mehr als 5% der Kunden in Hedgefonds-Produkten investiert. Bei den Häusern mit weniger als 1 Mrd. Euro Kundenanlagevolumen hingegen beträgt der Anteil nur 4,6%. Mit zunehmendem Anlagevolumen steigt auch der Anteil der Kunden mit Hedgefonds-Investments im Depot. Ein Grund für diese Entwicklung ist darin zu sehen, dass größere Häuser sich als Protagonisten sehen und demzufolge auch bereits frühzeitig ihren Kunden Hedgefonds-Anlagen offeriert haben.

10.6.4 Anteil der Kunden mit Hedgefonds-Investments im Depot versus Anlagevermögen der Kunden

Bei Banken mit vermögenderen Privatkunden ist der Anteil der Kunden mit Hedgefonds-Investments im Depot ebenfalls größer als bei Häusern mit weniger vermögenden Privatkunden. Für den nun folgenden χ^2-Test werden die Skalen beider Variablen verdichtet. Die Variable Anteil der Kunden mit Hedgefonds-Investments im Depot wird von sechs auf drei Ausprägungen aggregiert. Die Variable durchschnittliches Anlagevermögen der Kunden im Private Banking wird dagegen von sechs auf vier Antwortmöglichkeiten reduziert. Nun ist nur in zwei Zellen bzw. 16,7% aller Zellen der in Tabelle 10-57 dargestellten Kreuztabelle die erwartete Häufigkeit kleiner fünf. Für den χ^2-Test liegen ein Testfunktionswert von 43,756 und ein Alpha von 0,000 vor. Die Zusammenhangmaße lassen auf eine ausgeprägt starke Abhängigkeit schließen. Folgende Werte ergeben sich für das Kendall Tau b und c sowie für das Gamma:

[373] Eigene Darstellung; Werte basieren auf eigenen Berechnungen.

0,359, 0,294 bzw. 0,645. Mit steigendem Durchschschnitts-Anlagevolumen der Kunden nehmen bei den Banken auch die Anteile der Kunden mit Hedgefonds-Investments im Depot zu. Bei 31,0% der Banken dieser Stichprobe mit einem durchschnittlichen Kundenanlagevolumen von >600.000 Euro liegt der Anteil der Kunden mit Hedgefonds-Investments bei >5%. Für den gleichen Sachverhalt ergibt sich für Banken mit einem durchschnittlichen Kundenanlagevolumen von <200.000 Euro nur ein Wert von 2,8%. Banken mit vermögenderen Privatkunden in Deutschland haben demzufolge bisher bereits verstärkt Hedgefonds-Produkte plaziert. (Dach)-Hedgefonds-Manager haben in der Vergangenheit weltweit vorwiegend die Gelder von hoch vermögenden Privatanlegern (High Net Worth Individuals[374] und Family Offices[375]) verwaltet. Der Markt für Retail[376] bzw. Affluent Investors[377] spielte bisher eine zu vernachlässigende Rolle.[378] Dieser Zusammenhang kann nun auch explizit für den deutschen Hedgefonds-Markt nachgewiesen werden.

Tabelle 10-57: Kreuztabelle für die Variablen Anteil der Kunden mit Hedgefonds-Investments im Depot und Anlagevermögen der Kunden[379]

		Ø Anlagevermögen der Kunden im Private Banking				
		< 200 Tsd. Euro	**200 – 400 Tsd. Euro**	**400 – 600 Tsd. Euro**	**> 600 Tsd. Euro**	**Gesamt**
Anteil der Kunden mit HFs	**0%**	24	13	1	0	38
		33,8%	*18,8%*	*3,7%*	*0,0%*	*19,4%*
	< 5%	45	54	24	20	143
		63,4%	*78,3%*	*88,9%*	*69,0%*	*73,0%*
	> 5%	2	2	2	9	15
		2,8%	*2,9%*	*7,4%*	*31,0%*	*7,7%*
	Gesamt	71	69	27	29	196
		100,0%	*100,0%*	*100,0%*	*100,0%*	*100,0%*

[374] High Net Worth Individuals: >0,5 Mio. Euro Anlagevolumen; siehe hierzu auch Kapitel 2.1 auf Seite 5.

[375] Family Office: ein Team von Kapitalmarkt-, Steuer- und Rechtsspezialisten verwaltet das Vermögen einer sehr reichen Person bzw. Familie. Vgl. Cottier (1997), S. 110.

[376] Retail Investors: <0,1 Mio. Euro Anlagevolumen; siehe hierzu auch Kapitel 2.1 auf Seite 5.

[377] Affluent Investors: 0,1–0,5 Mio. Euro Anlagevolumen; siehe hierzu auch Kapitel 2.1 auf Seite 5.

[378] Vgl. Cottier (1997), S. 107ff.

[379] Eigene Darstellung; Werte basieren auf eigenen Berechnungen.

10.6.5 Anteil der Kunden mit Hedgefonds-Investments im Depot versus durchschnittlicher Hedgefonds-Portfolioanteil

Unter Verwendung eines χ^2-Tests nach Pearson soll nun untersucht werden, ob die Hedgefonds-Allokation in den Kundendepots der Banken größer ist, wenn ein größerer Anteil der Kunden in (Dach)-Hedgefonds investiert ist bzw. wenn der Anteil der Kunden mit einer 0%-Gewichtung geringer ist. Die Ordinalskalen dieser beiden Variablen werden für den nun folgenden Signifikanztest von sechs auf drei Ausprägungen subsummiert. Trotz dieser Skalenreduktion ist in 33,3% der in Tabelle 10-58 dargestellten Kreuztabelle eine erwartet Häufigkeit kleiner fünf vorzufinden. Die Irrtumswahrscheinlichkeit des Signifikanztest hat einen Wert von 0,000 bei einem χ^2-Wert von 29,010. Die Zusammenhangmaße Kendall Tau b (Wert: 0,374), Tau c (0,205) sowie Gamma (0,878) indizieren einen ausgeprägt starke Abhängigkeit der betrachteten Variablen in der Grundgesamtheit. Bei 30,8% der Banken dieser Stichprobe mit einer durchschnittlichen Hedgefonds-Allokation von >10% in den Kundendepots mit Hedgefonds haben mehr als 5% der Kunden Hedgefonds in ihren Depots beigemischt. Dieser Anteil beträgt bei Banken mit einer durchschnittlichen Hedgefonds-Quote der Kunden von <5% nur 0,9%. Banken mit einer höheren Hedgefonds-Allokation in den Portfolien der Kunden haben demnach auch einen größeren Anteil von Kunden mit Hedgefonds-Investments im Depot. Dieses Ergebnis muss allerdings mit Vorsicht behandelt werden, da in mehr als 20% der Zellen der Kreuztabelle die erwartete Häufigkeit kleiner fünf ist.

Tabelle 10-58: Kreuztabelle für die Variablen Anteil der Kunden mit Hedgefonds-Investments im Depot und durchschnittliche Hedgefonds-Allokation der Depots mit Hedgefonds[380]

		Ø Hedgefonds-Allokation der Depots mit Hedgefonds			
		< 5%	**5 – 10%**	**> 10%**	**Gesamt**
Anteil der Kunden mit HFs	**0%**	10	0	0	10
		9,1%	*0,0%*	*0,0%*	*5,6%*
	< 5%	99	46	9	154
		90,0%	*80,7%*	*69,2%*	*85,6%*
	> 5%	1	11	4	16
		0,9%	*19,3%*	*30,8%*	*8,9%*
	Gesamt	110	57	13	180
		100%	*100%*	*100%*	*100%*

380 Eigene Darstellung; Werte basieren auf eigenen Berechnungen.

10.6.6 Anteil der Kunden mit Hedgefonds-Investments im Depot versus Beurteilung des Beratungsaufwandes von Hedgefonds-Produkten

Banken, die den Beratungsaufwand von Hedgefonds-Produkten mit aufwendig beurteilen, haben einen geringeren Anteil von Kunden mit Hedgefonds-Investments im Depot. Für den nun folgenden χ^2-Test wird die ordinalskalierte Variable Anteil der Kunden mit Hedgefonds-Investments im Depot von sechs auf drei Ausprägungen verdichtet. Die Variable Beurteilung des Beratungsaufwandes besitzt vier Ausprägungen. Da kein Institut der Stichprobe den Beratungsaufwand mit nicht aufwendig bewertet, erscheint diese Antwortmöglichkeit nicht in der Kreuztabelle, wie Tabelle 10-59 entnommen werden kann. In zwei Feldern bzw. 22,2% der Zellen der Kreuztabelle ist eine erwartete Häufigkeit kleiner fünf vorzufinden. Die Nullhypothese des χ^2-Tests kann mit einem Testfunktionswert von 13,543 und einer Irrtumswahrscheinlichkeit von 0,9% zum 1%-Signifikanzniveau abgelehnt werden. Die Zusammenhangmaße lassen auf eine starke Abhängigkeit schließen. Folgende Werte liegen dabei für das Kendall Tau b und c sowie für das Gamma vor: 0,223, 0,161, 0,455. Bei 21,4% der befragten Banken, die die Beratung von Hedgefonds-Produkten mit weniger aufwendig einschätzen, sind mehr als 5% der Kunden in (Dach)-Hedgefonds investiert. Der Anteil der Kunden mit mehr als 5% Hedgefonds-Investments im Depot beträgt indessen bei den Häusern, die die Beratung mit sehr aufwendig bewerten, nur

Tabelle 10-59: Kreuztabelle für die Variablen Anteil der Kunden mit Hedgefonds-Investments im Depot und Beratungsaufwand von Hedgefonds-Produkten[381]

		Beratungsaufwand von Hedgefonds-Produkten			
		Weniger aufwendig	**Ziemlich aufwendig**	**Sehr Aufwendig**	**Gesamt**
Anteil der Kunden mit HFs	**0%**	1	12	29	42
		7,1%	*12,4%*	*26,9%*	*19,2%*
	< 5%	10	76	75	161
		71,4%	*78,4%*	*69,4%*	*73,5%*
	> 5%	3	9	4	16
		21,4%	*9,3%*	*3,7%*	*7,3%*
	Gesamt	14	97	108	219
		100%	*100%*	*100%*	*100%*

[381] Eigene Darstellung; Werte basieren auf eigenen Berechnungen.

3,7%. Je beratungsintensiver Banken Hedgefonds-Investments einstufen, desto geringer ist der Anteil der Kunden mit Hedgefonds-Produkten im Depot. Banken, die die Beratung dieser Anlageinstrumente mit aufwendig beurteilen, weisen ihre Kunden in Beratungsgesprächen seltener auf Hedgefonds-Produkte hin bzw. können ihre Kunden nicht überzeugend beraten, so dass der Anteil der Kunden mit Hedgefonds-Investments im Depot bei diesen Häusern vergleichsweise gering ist.

10.6.7 Anteil der Kunden mit Hedgefonds-Investments im Depot versus empfohlener Einsatz von Hedgefonds-Produkten bei unterschiedlichen Anlagevolumina

Im Rahmen des nun folgenden χ^2-Tests wird die Abhängigkeit zwischen den Variablen Anteil der Kunden mit Hedgefonds-Investments im Depot und empfohlener Einsatz von Hedgefonds-Produkten bei unterschiedlichen Anlagevolumina untersucht. Beide Merkmale sind ordinalskaliert und werden für diesen Test von sechs auf drei Antwortklassen reduziert. Aufgrund dieser Verdichtung liegt nun in 22,2% der Zellen der in Tabelle 10-60 abgebildeten Kreuztabelle eine erwartete Häufigkeit kleiner fünf vor. Der Sicherheitsgrad bzw. das Konfidenzniveau des χ^2-Tests beträgt 98,1% bei einem Testfunktionswert von 11,779. Die Zusammenhangmaße lassen allerdings nur

Tabelle 10-60: Kreuztabelle für die Variablen Anteil der Kunden mit Hedgefonds-Investments im Depot und empfohlener Einsatz von Hedgefonds-Produkten bei unterschiedlichen Anlagevolumina[382]

		Empfohlener Einsatz von Hedgefonds-Produkten			
		< 100 Tsd. Euro[383]	**100 – 300 Tsd. Euro**	**> 300 Tsd. Euro**	**Gesamt**
Anteil der Kunden mit HFs	**0%**	7	20	12	39
		12,5%	*19,2%*	*26,7%*	*19,0%*
	< 5%	44	81	26	151
		78,6%	*77,9%*	*57,8%*	*73,7%*
	> 5%	5	3	7	15
		8,9%	*2,9%*	*15,6%*	*7,3%*
	Gesamt	56	104	45	205
		100%	*100%*	*100%*	*100%*

382 Eigene Darstellung; Werte basieren auf eigenen Berechnungen.

383 Anlagevolumen (Depots plus Einlagen) der Kunden.

auf eine schwache Abhängigkeit schließen. So hat das Kendall Tau b sowie c nur einen Wert von 0,066 bzw. 0,050. Das Gamma liegt bei 0,124. Bei 26,7% der befragten Banken, die die Beimischung von Hedgefonds-Investments erst ab einem Anlagevolumen von >300.000 Euro empfehlen, ist kein Kunde in (Dach)-Hedgefonds investiert. Bei Instituten, die bereits bei einem Anlagevermögen von <100.000 Euro zu Hedgefonds raten, beträgt diese Ziffer hingegen nur 12,5%. Banken, die Hedgefonds auch für weniger vermögende Kunden empfehlen, haben demzufolge auch einen größeren Anteil von Kunden mit Hedgefonds-Investments im Depot.

10.7 Empfohlener Einsatz von Hedgefonds-Investments bei unterschiedlichen Anlagevolumina

10.7.1 Theoretischer Hintergrund und Beschreibung der Stichprobe

In einer ordinalskalierten Frage mit sechs Antwortklassen wurden die Studienteilnehmer befragt, ab welchem frei verfügbaren Vermögen sie den Einsatz von Hedgefonds-Investments grundsätzlich empfehlen. Die sechs Ausprägungen können Abbildung 10-13 entnommen werden. Diese Frage wurde von 207 der 229 an dieser Befragung teilnehmenden Banken beantwortet. Der Median sowie Modalwert ergibt sich für die Antwortklasse 100.000–300.000 Euro. 50% der Institute dieser Stichprobe

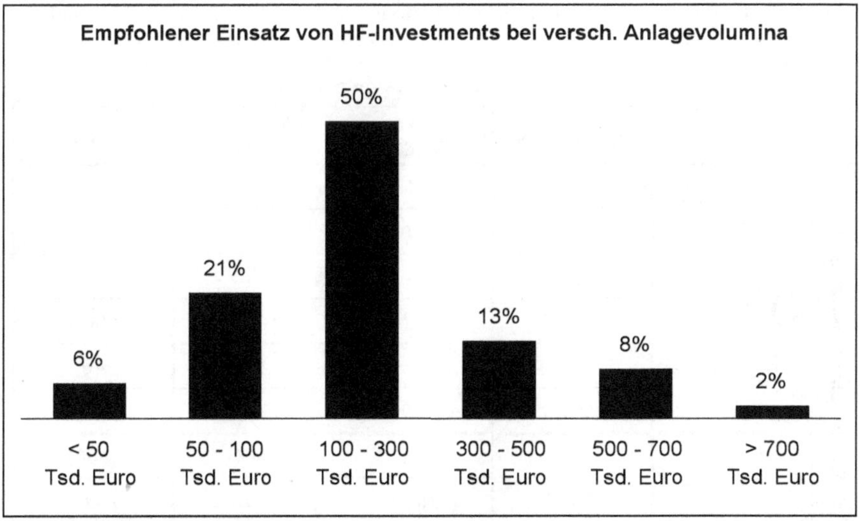

Abb. 10-13: Empfohlener Einsatz von Hedgefonds-Investments[384]

[384] Eigene Darstellung; Werte basieren auf eigenen Berechnungen.

empfehlen bei einem frei verfügbaren Vermögen von 100.000–300.000 Euro den Einsatz von Hedgefonds-Investments. 21% halten bereits bei einem Vermögen von 50.000–100.000 Euro den Einsatz von Hedgefonds-Produkten für sinnvoll.

10.7.2 Empfohlener Einsatz von Hedgefonds-Investments bei unterschiedlichen Anlagevolumina versus Bankgruppe

Im Rahmen eines χ^2-Tests nach Pearson wird nun die Abhängigkeit zwischen den Variablen empfohlener Einsatz von Hedgefonds-Investments bei unterschiedlichen Anlagevolumina und Bankinstitutionen in Deutschland untersucht. Hierzu wird die Variable empfohlener Einsatz von Hedgefonds-Produkten von sechs auf drei Antwortklassen verdichtet. In 88,9% aller Zellen der in Tabelle 10-61 dargestellten Kreuztabelle ist die erwartete Häufigkeit größer fünf. Für den χ^2-Test ergibt sich ein Alpha von 10% bei einem Testfunktionswert von 7,785. Die Zusammenhangmaße deuten allerdings auf eine geringe Abhängigkeit der Variablen in der Grundgesamtheit hin. Für das Gamma ergibt sich ein Wert von 0,170. Das Kendall Tau b und c liegt bei 0,099 bzw. 0,085. 42,9% der befragten Privatbanken empfehlen die Beimischung von Hedgefonds-Investments bei einem frei verfügbaren Vermögen von >300.000 Euro, während 47,3% der Sparkassen und 54,7% der Genossenschaftsbanken bereits bei 100.000–300.000 Euro zu (Dach)-Hedgefonds raten.

Tabelle 10-61: Kreuztabelle für die Variablen empfohlener Einsatz von Hedgefonds-Produkten bei unterschiedlichen Anlagevolumina und Bankgruppe[385]

		Bank-Sektoren in Deutschland			
		Sparkassen	**Private Banken**	**Genossen-schaften**	**Sparkassen**
Empfohlener Einsatz von HFs	**< 100 Tsd. Euro**[386]	14	4	36	54
		25,5%	*19,0%*	*28,1%*	*26,5%*
	100 – 300 Tsd. Euro	26	8	70	104
		47,3%	*38,1%*	*54,7%*	*51,0%*
	> 300 Tsd. Euro	15	9	22	46
		27,3%	*42,9%*	*17,2%*	*22,5%*
	Gesamt	55	21	128	204
		100%	*100%*	*100%*	*100%*

385 Eigene Darstellung; Werte basieren auf eigenen Berechnungen.

386 Anlagevolumen (Depots plus Einlagen) der Kunden.

10.7.3 Empfohlener Einsatz von Hedgefonds-Investments bei unterschiedlichen Anlagevolumina versus verwaltetes Anlagevermögen der Banken

Größere Institute im Hinblick auf das verwaltete Anlagevolumen (Depots plus Einlagen) im Private Banking empfehlen den Einsatz von Hedgefonds-Investments in erster Linie für vermögendere Privatkunden, während kleiner Häuser auch bei weniger vermögenden Kunden einen Einsatz für sinnvoll erachten. Für den nun folgenden χ^2-Test nach Pearson werden beide für diese Untersuchung relevanten Merkmale von sechs auf drei Ausprägungen verdichtet. Diese können Tabelle 10-62 entnommen werden. In zwei Zellen bzw. 22,2% aller Zellen der Kreuztabelle ist die erwartete Häufigkeit kleiner fünf. Die Nullhypothese des Signifikanztests kann mit einer Irrtumswahrscheinlichkeit von 4,7% und einem χ^2-Wert von 9,654 zum 5%-Signifikanzniveau zurückgewiesen werden. Demnach kann von abhängigen Variablen in der Grundgesamtheit ausgegangen werden. Die Zusammenhangmaße signalisieren dabei eher einen schwachen Zusammenhang. Die Maße Kendall Tau b und c liegen bei 0,096 bzw. 0,071. Das Gamma beträgt 0,183. 44,4% der Banken dieser Stichprobe mit einem Anlagevolumen von >3 Mrd. Euro im Private Banking empfehlen erst bei einem frei verfügbaren Vermögen von >300.000 Euro eine Beimischung von (Dach)-

Tabelle 10-62: Kreuztabelle für die Variablen empfohlener Einsatz von Hedgefonds-Produkten bei unterschiedlichen Anlagevolumina und verwaltetes Anlagevermögen der Banken[387]

		Verwaltetes Anlagevermögen der Banken im Private Banking			
		< 1 Mrd. Euro	**1 – 3 Mrd. Euro**	**> 3 Mrd. Euro**	**Gesamt**
Empfohlener Einsatz von HFs	**< 100 Tsd. Euro[388]**	38	6	6	50
		26,6%	*22,2%*	*33,3%*	*26,6%*
	100 – 300 Tsd. Euro	79	13	4	96
		55,2%	*48,1%*	*22,2%*	*51,1%*
	> 300 Tsd. Euro	26	8	8	42
		18,2%	*29,6%*	*44,4%*	*22,3%*
	Gesamt	143	27	18	188
		100%	*100%*	*100%*	*100%*

[387] Eigene Darstellung; Werte basieren auf eigenen Berechnungen.

[388] Anlagevolumen (Depots plus Einlagen) der Kunden.

Hedgefonds. Mit geringer werdendem Gesamtanlagevolumen hingegen nimmt der Fokus auf vermögendere Kunden ab. Nur 18,2% der befragten Häuser, die weniger als 1 Mrd. Euro im Private Banking verwalten, raten erst bei einem Anlagevermögen von >300.000 Euro zu Hedgefonds-Investments. 55,2% dieser Institute votieren bereits bei einem Vermögen von 100.000–300.000 Euro für eine Anlage in Hedgefonds.

10.7.4 Empfohlener Einsatz von Hedgefonds-Investments bei unterschiedlichen Anlagevolumina versus Anlagevermögen der Kunden

Für den nun folgenden χ^2-Test wird die Variable empfohlener Einsatz von Hedgefonds-Investments bei unterschiedlichen Anlagevolumina zur Variable durchschnittliches Anlagevermögen der Kunden in Beziehung gesetzt. Die Ordinalskalen beider Merkmale werden hierzu verdichtet. Dies hat zur Folge, dass nun in keiner der in Tabelle 10-63 dargestellten Kreuztabelle eine erwartete Häufigkeit kleiner fünf vorzufinden ist. Der Sicherheitsgrad bzw. das Konfidenzniveau des χ^2-Tests beträgt 98% bei einem Testfunktionswert von 15,027. Die Zusammenhangmaße lassen auf eine starke Abhängigkeit der Variablen in der Grundgesamtheit schließen. Das Kendall Tau b und c liegt bei 0,227 bzw. 0,226. Für das Gamma ergibt sich ein Wert von 0,338. Banken mit vermögenderen Kunden empfehlen den Einsatz von Hedgefonds-

Tabelle 10-63: Kreuztabelle für die Variablen empfohlener Einsatz von Hedgefonds-Produkten bei unterschiedlichen Anlagevolumina und Anlagevermögen der Kunden[389]

		Ø Anlagevermögen der Kunden im Private Banking				
		< 200 Tsd. Euro	**200 – 400 Tsd. Euro**	**400 – 600 Tsd. Euro**	**> 600 Tsd. Euro**	**Gesamt**
Empfohlener Einsatz von HFs	**< 100 Tsd. Euro**[390]	23	18	5	4	50
		35,4%	*28,1%*	*18,5%*	*16,0%*	*27,6%*
	100 – 300 Tsd. Euro	35	33	13	10	91
		53,8%	*51,6%*	*48,1%*	*40,0%*	*50,3%*
	> 300 Tsd. Euro	7	13	9	11	40
		10,8%	*20,3%*	*33,3%*	*44,0%*	*22,1%*
	Gesamt	65	64	27	25	181
		100,0%	*100,0%*	*100,0%*	*100,0%*	*100,0%*

389 Eigene Darstellung; Werte basieren auf eigenen Berechnungen.

390 Anlagevolumen (Depots plus Einlagen) der Kunden.

Investments erst ab einem größeren Anlagevolumen, während Banken mit weniger vermögenden Privatkunden bereits bei geringeren Depotvolumina zu diesen Anlageinstrumenten raten. So raten 44% der Banken, bei denen die durchschnittliche Depotgröße bei >600.000 Euro liegt, erst ab einem frei verfügbaren Vermögen von >300.000 Euro zu Hedgefonds-Investments. Bei Banken mit einem durchschnittlichen Depotvolumen der Kunden von <200.000 Euro beträgt der Anteil hingegen nur 10,8%.

10.7.5 Empfohlener Einsatz von Hedgefonds-Investments bei unterschiedlichen Anlagevolumina versus Anlagehorizont für Dach-Hedgefonds

Für die Variablen empfohlener Einsatz von Hedgefonds-Investments und Anlagehorizont bei Dach-Hedgefonds kann eine Abhängigkeit in der Grundgesamtheit nachgewiesen werden. Banken, die zu einem längeren Anlagehorizont raten, empfehlen auch nur vermögenderen Kunden die Beimischung von Hedgefonds-Investments. Für den χ^2-Test werden beide ordinalskalierten Merkmale auf drei Antwortmöglichkeiten subsumiert, so dass in keiner Zelle der in Tabelle 10-64 dargestellten Kreuztabelle eine erwartete Häufigkeit kleiner fünf vorkommt.

Tabelle 10-64: Kreuztabelle für die Variablen empfohlener Einsatz von Hedgefonds-Produkten bei unterschiedlichen Anlagevolumina und Anlagehorizont für Dach-Hedgefonds[391]

		Empfohlener Anlagehorizont für Dach-Hedgefonds			
		< 5 Jahre	**5 – 7 Jahre**	**> 7 Jahre**	**Gesamt**
Empfohlener Einsatz von HFs	**< 100 Tsd. Euro**[392]	26	15	11	52
		36,6%	*17,2%*	*24,4%*	*25,6%*
	100 – 300 Tsd. Euro	33	52	19	104
		46,5%	*59,8%*	*42,2%*	*51,2%*
	> 300 Tsd. Euro	12	20	15	47
		16,9%	*23,0%*	*33,3%*	*23,2%*
	Gesamt	71	87	45	203
		100%	*100%*	*100%*	*100%*

391 Eigene Darstellung; Werte basieren auf eigenen Berechnungen.

392 Anlagevolumen (Depots plus Einlagen) der Kunden.

Die Irrtumswahrscheinlichkeit des χ^2-Tests beträgt 2,4% bei einem Funktionswert von 11,240, wobei die Zusammenhangmaße auf eine schwache Abhängigkeit in der Grundgesamtheit schließen lassen. Die Werte der Maße Kendall Tau b und c liegen bei 0,154 bzw. 0,146. Das Gamma beträgt 0,239. 33,3% der Banken dieser Stichprobe, die bei Dach-Hedgefonds zu einem Anlagehorizont von >7 Jahren raten, halten den Einsatz von Hedgefonds-Investments erst bei einem frei verfügbaren Vermögen von >300.000 Euro für empfehlenswert. Bei Banken indessen, die ihren Kunden einen Anlagehorizont von <5 Jahren nahe legen, beträgt dieser Anteil nur 16,9%. Diese Ergebnisse können als Indiz gewertet werden, dass bei weniger vermögenden Privatkunden generell ein kürzerer Anlagehorizont bei Wertpapieranlagen vorherrschend ist und somit deren Depots häufiger umgeschichtet werden.

10.7.6 Empfohlener Einsatz von Hedgefonds-Investments bei unterschiedlichen Anlagevolumina versus bisheriges Angebot von Hedgefonds-Produkten

In einem weiteren χ^2-Test wird der Zusammenhang zwischen den Merkmalen empfohlener Einsatz von Hedgefonds-Investments bei unterschiedlichen Anlagevolumi-

Tabelle 10-65: Kreuztabelle für die Variablen empfohlener Einsatz von Hedgefonds-Produkten bei unterschiedlichen Anlagevolumina und Anzahl der bisher angebotenen Hedgefonds-Produkte[393]

		Anzahl der bisher angebotenen Hedgefonds-Produkte			
		0 Produkte	**1 Produkt**	**2 oder mehr Produkte**	**Gesamt**
Empfohlener Einsatz von HFs	**< 100 Tsd. Euro**[394]	13	14	29	56
		20,0%	*23,3%*	*37,2%*	*27,6%*
	100 – 300 Tsd. Euro	35	35	32	102
		53,8%	*58,3%*	*41,0%*	*50,2%*
	> 300 Tsd. Euro	17	11	17	45
		26,2%	*18,3%*	*21,8%*	*22,2%*
	Gesamt	65	60	78	203
		100%	*100%*	*100%*	*100%*

393 Eigene Darstellung; Werte basieren auf eigenen Berechnungen.

394 Anlagevolumen (Depots plus Einlagen) der Kunden.

na und bisheriges Angebot von Hedgefonds-Produkten (Anzahl der bisher angebotenen Hedgefonds-Produkte) untersucht. Die absolutskalierte Variable Anzahl der bisher angebotenen Produkte wird hierzu in eine Ordinalskala mit drei Ausprägungen heruntergebrochen (null Produkte, ein Produkt, zwei oder mehr Produkte). In jeder Zelle der in Tabelle 10-65 dargestellten Kreuztabelle ist die erwartete Häufigkeit größer fünf. Die Nullhypothese des Signifikanztests kann mit einem χ^2-Wert von 7,489 und einer Irrtumswahrscheinlichkeit von 11,2% nur knapp nicht zum 10%-Signifikanzniveau zurückgewiesen werden. Die Zusammenhangmaße deuten eher auf eine schwache Abhängigkeit der Variablen in der Grundgesamtheit hin. Folgende Werte ergeben sich für das Kendall Tau b und c sowie für das Gamma: 0,118, 0,114, 0,183. 37,2% der Banken dieser Stichprobe, die bisher zwei oder mehr Hedgefonds-Produkte angeboten haben, empfehlen bereits bei einem frei verfügbaren Vermögen von <100.000 Euro den Einsatz von Hedgefonds-Investments. Nur 20% der Häuser hingegen ohne bisheriges Hedgefonds-Angebot raten bei einem Vermögen von <100.000 Euro zu (Dach)-Hedgefonds. Demnach empfehlen insbesondere diese Banken auch weniger vermögenden Privatkunden eine Anlage in Hedgefonds-Investments, die bereits vertrauter mit Hedgefonds sind und mehr Produkte in dieser Anlageklasse angeboten haben.

10.7.7 Empfohlener Einsatz von Hedgefonds-Investments bei unterschiedlichen Anlagevolumina versus Risikobeurteilung von Dach-Hedgefonds

Für den χ^2-Test der Variablen empfohlener Einsatz von Hedgefonds-Investments bei unterschiedlichen Anlagevolumina und Risikobeurteilung von diversifizierten Multi-Strategie Dach-Hedgefonds ergibt sich ein ähnliches Ergebnis wie in Kapitel 10.7.6 auf Seite 226. Banken, die Multi-Strategie Dach-Hedgefonds mit riskant bewerten, empfehlen Hedgefonds-Investments nicht für weniger vermögende Privatkunden. Beide Variablen werden für den folgenden Test auf drei Antwortmöglichkeiten zusammengefasst, so dass nur in zwei Zellen bzw. 22,2% aller Zellen der in Tabelle 10-66 (s. S. 228) dargestellten Kreuztabelle eine erwartete Häufigkeit kleiner fünf vorkommt. Die Irrtumswahrscheinlichkeit des χ^2-Tests beträgt 0,3% bei einem Testfuntionswert von 15,931. Die Maße Kendall Tau b und c sowie Gamma deuten mit folgenden Werten auf einen starken Zusammenhang hin: 0,217, 0,164, 0,407. 47,1% der befragten Häuser, die breit diversifizierte Multi-Strategie Dach-Hedgefonds mit nicht riskant beurteilen, empfehlen die Beimischung von Hedgefonds-Produkten für Anleger mit einem frei verfügbaren Vermögen von <100.000 Euro. 45,7% der Banken hingegen, die diese Produkte mit ziemlich oder sehr riskant bewerten, raten erst bei einem Vermögen von >300.000 Euro zu Produkten in dieser Assetklasse. Banken, die sich bisher bereits intensiver mit Hedgefonds beschäftigt haben und sich der hohen risikoadjustierten Renditen bzw. der sehr niedrigen Maximum Drawdowns von breit diversifizierten Multi-Strategie Dach-Hedgefonds bewusst sind, legen auch weniger vermögenden Investoren eine Anlage in (Dach)-Hedgefonds nahe.

Tabelle 10-66: Kreuztabelle für die Variablen empfohlener Einsatz von Hedgefonds-Produkten bei unterschiedlichen Anlagevolumina und Risikobeurteilung von Dach-Hedgefonds[395]

		Risikobeurteilung von Multi-Strategie Dach-Hedgefonds			
		Nicht riskant	**Weniger riskant**	**Ziemlich o. sehr riskant**	**Gesamt**
Empfohlener Einsatz von HFs	**< 100 Tsd. Euro**[396]	8	39	6	53
		47,1%	*25,7%*	*17,1%*	*26,0%*
	100 – 300 Tsd. Euro	7	84	13	104
		41,2%	*55,3%*	*37,1%*	*51,0%*
	> 300 Tsd. Euro	2	29	16	47
		11,8%	*19,1%*	*45,7%*	*23,0%*
	Gesamt	17	152	35	204
		100%	*100%*	*100%*	*100%*

10.8 Zusammenfassung und Ableitung von Gestaltungsempfehlungen

67% der Befragungsteilnehmer haben ihren Kunden bisher bereits Hedgefonds-Investments angeboten. Nur bei 33% der Banken konnten vermögende Privatkunden bisher kein Hedgefonds-Produkt erwerben. Vorwiegend Banken des privaten Sektors, große Banken im Private Banking sowie Banken mit vermögenderen Privatkunden waren bisher aktiv bei Hedgefonds-Investments. 10% der Häuser mit einem bisherigen Hedgefonds-Angebot werden jedoch zukünftig keine (Dach)-Hedgefonds mehr offerieren. Interresanterweise sind gerade diese Häuser, die bereits in der Vergangenheit vermehrt Hedgefonds-Produkte offeriert haben, zufriedener mit dem *bisherigen Hedgefonds-Absatz* und werden deshalb auch zukünftig ihre Aktivitäten in dieser Assetklasse forcieren.

[395] Eigene Darstellung; Werte basieren auf eigenen Berechnungen.

[396] Anlagevolumen (Depots plus Einlagen) der Kunden.

Gründe für das bisher noch nicht erfolgte Angebot von Hedgefonds-Produkten sind laut Aussage der befragten Häuser neben dem geringen Wissen der Kunden zu Hedgefonds und dem geringen Kundeninteresse auch die noch teilweise fehlende interne Erfahrung der Kreditinstitute in dieser Assetklasse. 87% der Banken indessen, die bisher keine Hedgefonds-Investments offeriert haben, halten diese Anlagen für ein geeignetes Diversifikationsinstrument.

82% der *bisher angebotenen Produkte* sind Multi-Strategy Dach-Hedgefonds. Der Anteil der Single-Strategy-Dachfonds und Single-Hedgefonds beträgt 14% bzw. 5%. Die beliebtesten Strategien bei Single-Strategy-Dachfonds waren Long-Short Equity, Managed Futures/CTA und Global Macro. Die aktivsten Player bei Single-Strategy-Dachfonds sind wiederum private Banken, größere Banken im Hinblick auf das betreute Anlagevolumen im Private Banking sowie Institute mit vermögenderen Privatkunden.

84% der befragten Banken, die bisher Hedgefonds-Produkte angeboten haben, sind mit dem bisherigen Hedgefonds-Absatz weniger oder nicht zufrieden. Nur 17% der Befragungsteilnehmer sind mit den bisherigen Vertriebserfolgen zufrieden. Folgende Regressoren (unabhängige Variablen) haben einen hoch signifikanten *Einfluss auf die Zufriedenheit mit dem Hedgefonds-Absatz*: Performance der angebotenen Hedgefonds-Produkte, Kundeninteresse und interne Erfahrung mit Hedgefonds. Von zentraler Bedeutung für Banken ist hierbei neben der Wertentwicklung der angebotenen Produkte der Aufbau von internem Hedgefonds-Know how (originäre Abteilung für Alternative Investments bzw. Hedgefonds oder zumindest Ernennung eines Hedgefonds-Produktpaten etc.). Nur bei entsprechend vorhandener Inhouse-Expertise können die Vertriebsmitarbeiter bzw. Kunden gezielt in dieser Assetklasse geschult werden sowie sinnvolle Hedgefonds-Produkte für das Produktprogramm ausgewählt werden.

Fonds mit ausländischem Domizil und Zertifikate sind die vorherrschenden *Verpackungsformen* für die ab 1. Januar 2004 offerierten Hedgefonds-Produkte. Zertifikate werden in erster Linie von Instituten des privaten Bankensektors, größeren Häusern im Private Banking sowie Instituten mit vermögenderen Kunden eingesetzt. Zertifikate sind im Gegensatz zu Fondslösungen wesentlich flexibler bei der Portfoliogestaltung, da hierbei auch in Singlefonds investiert werden kann, die nicht die Transparenzvorschriften des Investmentsteuergesetzes erfüllen. Institute, die bisher mit Zertifikaten gearbeitet haben, sind wesentlich zufriedener mit dem bisherigen Hedgefonds-Absatz als Häuser, die Fondskonstrukte präferierten. Ferner kann nachgewiesen werden, dass in Deutschland zugelassene Dach-Hedgefonds geringere risikoadjustierte Renditen erzielen als Dach-Hedgefonds-Zertifikate.

Bei 73% der in dieser Studie befragten Kreditinstitute sind weniger als fünf Prozent alle Private Banking-Kunden in Hedgefonds-Produkten investiert. Vorreiter bei der

Höhe des Kundenanteils mit Hedgefonds-Investments im Depot sind erneut private Banken, größere Häuser sowie Institute, die vermögendere Kunden betreuen. Die Hälfte der Studienteilnehmer empfiehlt zudem bei einem frei verfügbaren Vermögen von 100.000–300.000 Euro den *Einsatz von Hedgefonds-Investments*. Banken, die vertrauter mit Hedgefonds sind oder Multi-Strategie Dachfonds mit nicht riskant bewerten, raten bereits verstärkt bei einem Vermögen von weniger als 100.000 Euro zur Beimischung von Hedgefonds-Anlagen.

11 Hedgefonds in der Beratungspraxis der Banken

11.1 Beratungsaufwand von Hedgefonds-Produkten

11.1.1 Theoretischer Hintergrund und Beschreibung der Stichprobe

Der Beratungsaufwand von Hedgefonds-Produkten wurde mittels einer kardinalskalierten Frage mit vier Ausprägungen erfasst. Die vier Antwortmöglichkeiten können Abbildung 11-1 entnommen werden. 222 der insgesamt 229 an dieser Studie teilnehmenden Institute beantworteten diese Frage. Hierbei ergibt sich ein Mittelwert von 3,43 bei einem Median von drei und einem Modus von vier. Im Rahmen eines T-Tests für eine Stichprobe wird nun noch untersucht, ob der Mittelwert in der Grundgesamtheit signifikant von dem Mittelwert in der Stichprobe abweicht. Der Mittelwert der Stichprobe (3,43) wird in diesem Fall als Testwert verwendet. Für den T-Test ergibt sich ein Signifikanzniveau von 95,3% bei einem Testfunktionswert von 0,059. Daraus kann geschlossen werden, dass der Mittelwert in der Grundgesamtheit nicht signifikant von dem Testwert abweicht.[397] Für den Kolmogorov-Smirnov-Normal-

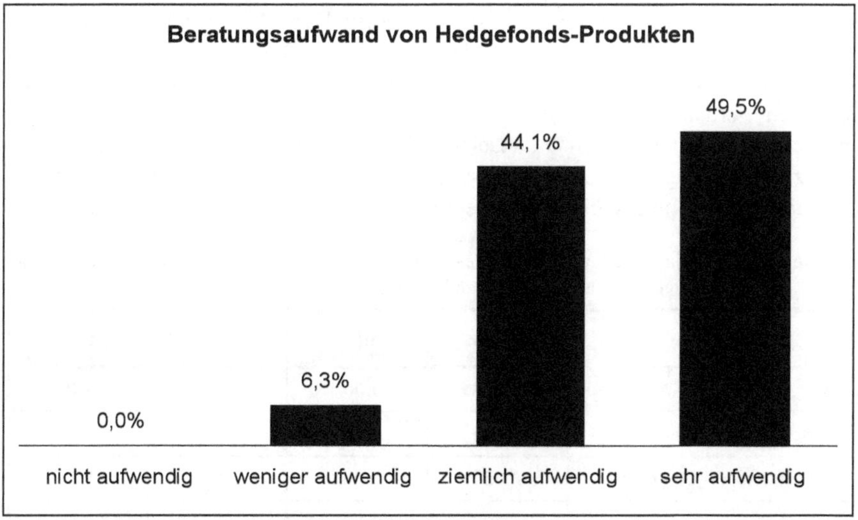

Abb. 11-1: Beratungsaufwand von Hedgefonds-Produkten[398]

[397] Bei Nichtablehnung der Nullhypothese kann in Ausnahmefällen auch eine Bestätigung von H_0 angenommen werden. Vgl. Bamberg/Baur (2001), S. 182.

[398] Eigene Darstellung; Werte basieren auf eigenen Berechnungen.

verteilungstest liegt ein Alpha von 0,000 und ein Z-Wert von 4,754 vor. Aufgrund des großen Stichprobenumfanges (222 Antworten zu dieser Frage) kann unter Verweis auf den zentralen Grenzwertsatz von einer Normalverteilung in der Grundgesamtheit ausgegangen werden. 49,5% der befragten Finanzinstitute halten den Beratungsaufwand von Hedgefonds-Produkten für sehr aufwendig. Bei 44,1% wird die Beratung mit ziemlich aufwendig eingestuft. Kein einziges Haus sieht die Beratung hingegen als nicht aufwendig an.

11.1.2 Beratungsaufwand von Hedgefonds-Produkten versus Anlagevermögen der Kunden

Mit einer einfaktoriellen Varianzanalyse wird nun der Zusammenhang zwischen den Variablen Beratungsaufwand von Hedgefonds-Produkten und Anlagevolumen der Kunden im Private Banking untersucht. Die Skala des ordinalskalierten Faktors Anlagevolumen der Kunden wird hierzu von sechs auf vier Antwortmöglichkeiten verdichtet. Für die Stichproben <200.000 Euro und 200.000–400.000 Euro kann unter Verweis auf den zentralen Grenzwertsatz eine normalverteilte Grundgesamtheit angenommen werden, wie aus Tabelle 11-1 hervorgeht. Für die anderen beiden Fallgruppen hingegen signalisiert weder der Stichprobenumfang noch das Signifikanzniveau des Kolmogorov-Smirnov-Tests eine normalverteilte Grundgesamtheit. Für den Levene-Test liegt ein Alpha von 0,439 vor, d. h. mit einer Wahrscheinlichkeit von 43,9% kann von identischen Varianzen in den Fallgruppen der Grundgesamtheit ausgegangen werden. Die Nullhypothese der Varianzanalyse kann mit einer Irrtumswahrscheinlichkeit von 10,4% und einem Testfunktionswert von 2,080 nur knapp nicht zum 10%-Signifikanzniveau zurückgewiesen werden. Mit zunehmendem Anlagevolumen der Kunden nimmt der Beratungsaufwand bei den befragten Banken ab.

Tabelle 11-1: Normalverteilungstest und deskriptive Daten der Stichproben Beratungsaufwand von Hedgefonds-Produkten und Anlagevermögen der Kunden[399]

	Z-Wert	**Signifikanz**	**Anzahl (n)**	**Mittelwert**
< 200.000 Euro	2,918	0,000	72	3,49
200.000 – 400.000 Euro	2,726	0,000	69	3,46
400.000 – 600.000 Euro	2,021	0,001	26	3,38
> 600.000 Euro	1,352	0,052	29	3,17
Gesamt			**196**	**3,42**

[399] Eigene Darstellung; Werte basieren auf eigenen Berechnungen.

Banken mit einem durchschnittlichen Anlagevolumen der Kunden von >600.000 Euro beurteilen den Beratungsaufwand nur mit ziemlich aufwendig, während insbesondere Häuser mit einem Durchschnitts-Anlagevolumen bis 400.000 Euro die Beratung in dieser Assetklasse mit sehr aufwendig einstufen. Hierbei bestätigt sich erneut der bereits mehrfach nachgewiesene Zusammenhang, dass Häuser mit vermögenderen Privatkunden vertrauter mit Hedgefonds-Investments sind. Nichtsdestotrotz bewerten auch diese Häuser den Beratungsaufwand von Hedgefonds-Produkten im Vergleich zu anderen Anlageklassen (Aktien, Renten etc.) mit ziemlich aufwendig.

Für die Varianzanalysen der Merkmale Beratungsaufwand von Hedgefonds-Produkten und verwaltetes Anlagevolumen der Banken bzw. Bankinstitutionen in Deutschland ergibt sich kein signifikanter Zusammenhang in der Grundgesamtheit. Die Irrtumswahrscheinlichkeiten der Signifikanztests haben hierbei Werte von 50,7% bzw. 72,5%. Es kann somit für diese Variablen nicht von unterschiedlichen Mittelwerten in der Grundgesamtheit ausgegangen werden.

11.1.3 Beratungsaufwand von Hedgefonds-Produkten versus Rücknahmefrist bei Dach-Hedgefonds-Anteilen

Der Zusammenhang zwischen den Variablen Beratungsaufwand von Hedgefonds-Produkten und Rücknahmefrist bei Dach-Hedgefonds-Anteilen wird nun mit einem χ^2-Test nach Pearson untersucht. Die Intervallskala der abhängigen Variablen Beratungsaufwand wird von vier auf drei Antwortmöglichkeiten aggregiert, während der ordinalskalierte Faktor von vier auf zwei Ausprägungen reduziert wird. Aufgrund dieser Zusammenfassungen liegt in jeder Zelle der in Tabelle 11-2 (s. S. 234) abgebildeten Kreuztabelle eine erwartete Häufigkeit größer fünf vor.

Die Nullhypothese des Signifikanztests kann mit einem χ^2-Wert von 5,433 und einer Irrtumswahrscheinlichkeit von 6,6% zum 10%-Signifikanzniveau zurückgewiesen werden. Die Zusammenhangmaße Kendall Tau b, c sowie Gamma deuten allerdings mit Werten von 0,150, 0,156 sowie 0,282 auf einen eher schwachen Zusammenhang hin. 55,9% der befragten Banken, die wöchentliche Rücknahmefristen bei Dach-Hedgefonds-Anteilen für sinnvoll erachten, stufen die Beratung für Hedgefonds-Investments mit sehr aufwendig ein. Demgegenüber empfinden nur 41,9% der Banken, die für monatliche oder längere Rücknahmefrequenzen votieren, die Beratung als sehr aufwendig. Somit schätzen Banken, die weniger Rücknahmemöglichkeiten bzw. geringere Liquidität bei Dach-Hedgefonds für sinnvoll erachten, den Beratungsaufwand geringer ein. Wie bereits in Kapitel 6.1 auf Seite 47 erläutert wird, haben Hedgefonds mit weniger Rücknahmemöglichkeiten auch eine höhere Performance, da sie illiquidere Strategien umsetzen können sowie den Cash-Anteil im Fonds verringern können. Daraus kann gefolgert werden, dass Banken, die für monatliche oder

Tabelle 11-2: Kreuztabelle für die Variablen Beratungsaufwand von Hedgefonds-Produkten und Rücknahmefrist bei Dach-Hedgefonds-Anteilen[400]

		Rücknahmefrist bei Dach-Hedgefonds		
		Wöchentlich	**Monatlich oder länger**	**Gesamt**
Beratung von HF-Produkten	**Nicht bzw. weniger aufwendig**	4	8	12
		3,4%	*8,6%*	*5,7%*
	Ziemlich aufwendig	48	46	94
		40,7%	*49,5%*	*44,5%*
	Sehr aufwendig	66	39	105
		55,9%	*41,9%*	*49,8%*
	Gesamt	118	93	211
		100%	*100%*	*100%*

längere Liquiditätszyklen votieren, mit den diversen Hedgefonds-Spezifika und Eigenheiten vertrauter sind und somit auch die Beratung für Hedgefonds-Produkte nicht so aufwendig bewerten wie die Mitbewerber, die sich eine häufige Rücknahmemöglichkeit wünschen.

11.1.4 Beratungsaufwand von Hedgefonds-Produkten versus Risikoklassifizierung von Dach-Hedgefonds

In einem weiteren χ^2-Test werden die Variablen Beratungsaufwand von Hedgefonds-Produkten und Risikoklassifizierung von Multi Strategie Dach-Hedgefonds betrachtet. Die Skalen beider Merkmale werden hierzu auf drei Ausprägungen verdichtet. Die Antwortmöglichkeiten konservativ und risikoscheu der Variable Risikoklassifizierung werden zu sicherheitsorientiert zusammengefasst. Die Ausprägungen spekulativ und hoch spekulativ werden zu spekulativ verdichtet. Bei der Ausprägung risikobereit werden keine Änderungen vorgenommen. Bei 22,2% der Zellen der in Tabelle 11-3 dargestellten Kreuztabelle liegt eine erwartete Häufigkeit kleiner fünf vor. Die Irrtumswahrscheinlichkeit des Signifikanztests hat einen Wert von 4,4% bei einem χ^2-Wert von 9,806. Die Zusammenhangmaße deuten auf einen eher schwachen Zusammenhang der Variablen in der Grundgesamtheit hin. Für das Kendall Tau b und c sowie für das Gamma ergeben sich folgende Werte: 0,143, 0,119, 0,350. Nur 5,1% der

[400] Eigene Darstellung; Werte basieren auf eigenen Berechnungen.

Banken dieser Stichprobe, die Multi-Strategie Dach-Hedgefonds nur an spekulative Investoren verkaufen, bewerten die Beratung von Hedgefonds-Produkten mit nicht aufwendig bzw. weniger aufwendig. 15,8% der Banken hingegen, die Multi-Strategie Dachfonds laut der internen Risikoklassifizierung auch an sicherheitsorientierte Anleger veräußern, sehen in der Beratung für diese Produkte keinen bzw. wenig Aufwand. Banken, die sich bereits intensiver mit der Assetklasse Hedgefonds beschäftigt haben, und demnach Dach-Hedgefonds aufgrund ihrer niedrigen Volatilitäten und hohen risikoadjustierten Renditen auch an sicherheitsorientierte Anleger verkaufen, stufen somit den Beratungsaufwand im Vergleich zu den übrigen Banken geringer ein.

Tabelle 11-3: Kreuztabelle für die Variablen Beratungsaufwand von Hedgefonds-Produkten und Risikoklassifizierung von Multi-Strategie Dach-Hedgefonds[401]

		Risikoklassifizierung von Multi-Strategie Dach-Hedgefonds			
		Sicherheits-orientiert	**Risikobereit**	**Spekulativ**	**Gesamt**
Beratung von HF-Produkten	**Nicht bzw. weniger aufwendig**	3	4	6	13
		15,8%	*5,2%*	*5,1%*	*6,1%*
	Ziemlich aufwendig	7	43	45	95
		36,8%	*55,8%*	*38,1%*	*44,4%*
	Sehr aufwendig	9	30	67	106
		47,4%	*39,0%*	*56,8%*	*49,5%*
	Gesamt	19	77	118	214
		100%	*100%*	*100%*	*100%*

11.2 Risikoklassifizierung von Multi-Strategie Dach-Hedgefonds

11.2.1 Theoretischer Hintergrund und Beschreibung der Stichprobe

Im Rahmen dieser Studie wurden die Kreditinstitute ferner zur internen Risikoklassifizierung von Multi-Strategie Dach-Hedgefonds befragt. Die Risikoeinstufung der Kunden muss dabei mit der Risikoklassifizierung des jeweiligen Anlageinstruments korrespondieren. So darf beispielsweise ein spekulativ eingestuftes Produkt nicht an risikoscheue Kunden verkauft werden. Spekulative Investoren indessen dürfen

[401] Eigene Darstellung; Werte basieren auf eigenen Berechnungen.

selbstredend auch weniger risikoreiche Anlagen tätigen.[402] Die fünf Antwortmöglichkeiten dieser ordinalskalierten Frage können Abbildung 11-2 entnommen werden. 214 der insgesamt 229 an dieser Studie teilnehmenden Banken beantworteten diese Frage. Der Median ergibt sich für die Ausprägung spekulativ, während die Antwortmöglichkeit risikobereit am häufigsten in der Stichprobe vorzufinden ist. Die Mehrheit (36%) der befragten Banken stuft demnach Multi-Strategie Dach-Hedgefonds mit risikobereit ein. Bei mehr als der Hälfte (55%) der Institute jedoch müssen Privatkunden spekulative oder hoch spekulative Investoren sein, um Hedgefonds-Produkte erwerben zu können. Demzufolge können Multi-Strategie Dachfonds trotz ihrer niedrigen Volatilitäten und hohen risikoadjustierten Renditen sowie günstigen Diversifikationseigenschaften bei den meisten Banken nur von spekulativ bzw. hoch spekulativ gesinnten Investoren erworben werden. Multi-Strategie Dach-Hedgefonds werden somit fälschlicherweise als risikobehaftete Anlagen klassifiziert, die vorwiegend für risikofreudigere Anleger geeignet sind.

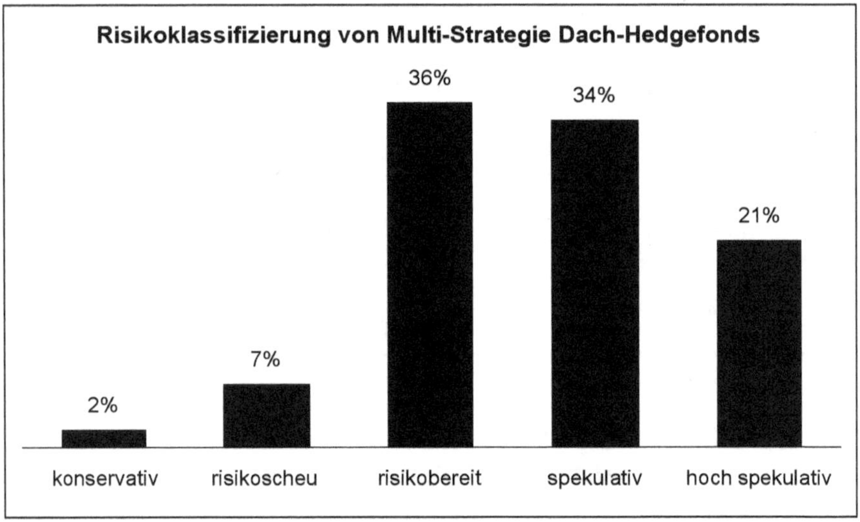

Abb. 11-2: Interne Risikoklassifizierung von Multi-Strategie Dach-Hedgefonds[403]

[402] Die Erfahrungen von Privatkunden im Wertpapiergeschäft sowie deren Anlageziele werden in einem Wertpapiererhebungsbogen festgehalten. Diese Informationen werden sodann für die Zuteilung der Kunden zu einer Wertpapier-Risikoklasse herangezogen. S. §§ 31 Gesetz über den Wertpapierhandel (Wertpapierhandelsgesetz – WpHG) sowie vgl. Wurm/Wolff/Ettmann (1999), S. 228 ff.

[403] Eigene Darstellung; Werte basieren auf eigenen Berechnungen.

11.2.2 Risikoklassifizierung von Multi-Strategie Dach-Hedgefonds versus Bankgruppe

Insbesondere Sparkassen und Genossenschaftsbanken verkaufen Multi-Strategie Dach-Hedgefonds nur an spekulative Investoren. Bei mehr als der Hälfte der befragten Privatbanken können indessen auch risikobereite Anleger in Multi-Strategie Dachfonds investieren. Für den folgenden χ^2-Test nach Pearson wird die Ordinalskala der Variable interne Risikoklassifizierung von fünf auf drei Ausprägungen verdichtet. Die ursprünglichen Ausprägungen konservativ und risikoscheu werden zu sicherheitsorientiert zusammengefasst, während die Antwortmöglichkeiten spekulativ und hoch spekulativ zu spekulativ aggregiert werden. Die Ausprägung risikobereit wird unverändert übernommen. Nun ist nur in einer Zelle bzw. 11,1% aller Zellen der in Tabelle 11-4 dargestellten Kreuztabelle eine erwartete Häufigkeit kleiner fünf vorzufinden. Für den Signifikanztest ergibt sich ein Alpha von 0,000 bei einem χ^2-Wert von 22,305, d. h. es kann von einer Abhängigkeit der betrachteten Variablen in der Grundgesamtheit ausgegangen werden. Die Zusammenhangmaße signalisieren allerdings eher eine schwache Abhängigkeit. So ergeben sich für das Gamma, Kendall Tau b und c folgende Werte: 0,134, 0,109, 0,233. 55,4% der Sparkassen und 60,2% der Volks- und Raiffeisenbanken dieser Stichprobe dürfen Multi-Strategie Dachfonds nur an spekulative Investoren verkaufen. 52,4% der befragten Privatbanken hingegen offerieren diese Anlageinstrumente an risikobereite Investoren. Zudem können

Tabelle 11-4: Kreuztabelle für die Variablen Risikoklassifizierung von Multi-Strategie Dach-Hedgefonds und Banksektoren[404]

		Bank-Sektoren in Deutschland			
		Sparkassen	**Private Banken**	**Genossen-schaften**	**Gesamt**
Risikoklassifizierung von FoHFs	**Sicherheits-orientiert**	8	6	5	19
		14,3%	*28,6%*	*3,8%*	*9,0%*
	Risikobereit	17	11	48	76
		30,4%	*52,4%*	*36,1%*	*36,2%*
	Spekulativ	31	4	80	115
		55,4%	*19,0%*	*60,2%*	*54,8%*
	Gesamt	56	21	133	210
		100%	*100%*	*100%*	*100%*

[404] Eigene Darstellung; Werte basieren auf eigenen Berechnungen.

28,6% der Privatbanken auch sicherheitsorientierte Anleger in Multi-Strategie Dach-Hedgefonds investieren lassen. Privatbanken verfolgen im Gegensatz zu ihren Konkurrenten aus dem Sparkassen- bzw. Genossenschafts-Lager eine wesentlich liberalere bzw. faktenbasierendere Vorgehensweise bei Hedgefonds-Investments.

11.2.3 Risikoklassifizierung von Multi-Strategie Dach-Hedgefonds versus verwaltetes Anlagevermögen der Banken

Mit zunehmendem Gesamtanlagevolumen (Depots plus Einlagen der Kunden) der Banken im Private Banking werden Multi-Strategie Dach-Hedgefonds auch vermehrt an risikobereite bzw. sicherheitsorientierte Anleger verkauft. Sowohl die Skala der Variable interne Risikoklassifizierung als auch die der Variable Anlagevolumen der Banken werden für den nun folgenden χ^2-Test von fünf auf drei Antwortmöglichkeiten verdichtet. In zwei Zellen bzw. 22,2% aller Zellen der in Tabelle 11-5 dargestellten Kreuztabelle ist die erwartete Häufigkeit kleiner fünf.

Tabelle 11-5: Kreuztabelle für die Variablen Risikoklassifizierung von Multi-Strategie Dach-Hedgefonds und verwaltetes Anlagevermögen der Banken[405]

		Verwaltetes Anlagevermögen der Banken im Private Banking			
		< 1 Mrd. Euro	**1 – 3 Mrd. Euro**	**> 3 Mrd. Euro**	**Gesamt**
Risikoklassifizierung von FoHFs	**Sicherheits-orientiert**	11	2	5	18
		7,4%	*6,9%*	*27,8%*	*9,2%*
	Risikobereit	47	13	9	69
		31,5%	*44,8%*	*50,0%*	*35,2%*
	Spekulativ	91	14	4	109
		61,1%	*48,3%*	*22,2%*	*55,6%*
	Gesamt	149	29	18	196
		100%	*100%*	*100%*	*100%*

Die Nullhypothese des Signifikanztests kann mit einem χ^2-Wert von 14,606 und einer Irrtumswahrscheinlichkeit von 0,6% zum 1%-Signifikanzniveau zurückgewiesen werden. Die Werte der Zusammenhangmaße Gamma (Wert: 0,406), Kendall Tau b (0,208) und Kendall Tau c (0,146) signalisieren einen starken Zusammenhang. 61,1% der befragten Banken mit einem Gesamtanlagevolumen im Private Banking

[405] Eigene Darstellung; Werte basieren auf eigenen Berechnungen.

von <1 Mrd. Euro dürfen Multi-Strategie Dachfonds nur an spekulative Investoren veräußern, während es bei Banken mit einem Gesamtanlagevermögen von 1–3 Mrd. Euro nur 48,3% der Banken sind. Bei 50,0% der Banken mit >3 Mrd. Euro Anlagevolumen im Vermögenskundensegment können risikobereite Anleger in Multi-Strategie Dachfonds investieren. Überdies können sicherheitsorientierte Kunden von 27,8% der Banken mit einem Anlagevolumen von >3 Mrd. Euro auch in diese Produkte investieren. Dies ist der höchste Anteil in Relation zu Banken mit weniger Gesamtanlagevermögen. Daraus kann gefolgert werden, dass größere Banken im Hinblick auf das verwaltete Vermögen vertrauter und erfahrener sind in dieser Assetklasse und diese Anlagen deshalb nicht nur spekulativen Investoren empfehlen.

11.2.4 Risikoklassifizierung von Multi-Strategie Dach-Hedgefonds versus Anlagevermögen der Kunden

Banken mit vermögenderen Privatkunden stufen Multi-Strategie Dach-Hedgefonds auch verstärkt mit risikobereit bzw. sicherheitsorientiert ein. Beide Variablen werden für den χ^2-Test auf drei Antwortmöglichkeiten reduziert, so dass nach der Aggregation der Skalen nur in zwei Zellen bzw. 22,2% aller Zellen der in Tabelle 11-6 abgebildeten Kreuztabelle eine erwartete Häufigkeit kleiner fünf vorliegt. Das Signifikanzniveau des χ^2-Tests beträgt 7,5% bei einem Testfunktionswert von 8,500. Die

Tabelle 11-6: Kreuztabelle für die Variablen Risikoklassifizierung von Multi-Strategie Dach-Hedgefonds und Anlagevermögen der Kunden[406]

		Ø Anlagevermögen der Kunden im Private Banking			
		< 200 Tsd. Euro	**200 – 400 Tsd. Euro**	**> 400 Tsd. Euro**	**Gesamt**
Risikoklassifizierung von FoHFs	**Sicherheits-orientiert**	3	3	8	14
		4,2%	*4,5%*	*15,4%*	*7,4%*
	Risikobereit	24	24	21	69
		33,8%	*35,8%*	*40,4%*	*36,3%*
	Spekulativ	44	40	23	107
		62,0%	*59,7%*	*44,2%*	*56,3%*
	Gesamt	71	67	52	190
		100%	*100%*	*100%*	*100%*

406 Eigene Darstellung; Werte basieren auf eigenen Berechnungen.

Zusammenhangmaße Kendall Tau b und c sowie Gamma deuten mit Werten von 0,144, 0,130 bzw. 0,236 auf einen eher schwachen Zusammenhang zwischen den betrachteten Variablen in der Grundgesamtheit hin.

55,8% (40,4% plus 15,4%) der Banken mit einem durchschnittlichen Anlagevolumen je Kunde von >400.000 Euro stufen Multi-Strategie Dach-Hedgefonds mit risikobereit bzw. sicherheitsorientiert ein. Demgegenüber beträgt dieser Anteil bei Banken mit einem durchschnittlichen Kunden-Anlagevolumen von 200.000–400.000 Euro nur 40,3% (35,8% plus 4,5%), während er bei den Häusern mit <200.000 Euro gar nur 38% (33,8% plus 4,2%) beträgt. Banken mit vermögenderen Privatkunden empfehlen Multi-Strategie Dachfonds somit auch verstärkt für risikobereite bzw. sicherheitsorientierte Anleger.

11.2.5 Risikoklassifizierung von Multi-Strategie Dach-Hedgefonds versus präferierter Ausgabeaufschlag für Dach-Hedgefonds

Banken in Deutschland, die für höhere Ausgabeaufschläge bei Dach-Hedgefonds votieren, stufen Multi-Strategie Dach-Hedgefonds bei der internen Risikoklassifizierung in erster Linie mit spekulativ ein. Für diesen χ^2-Test werden die Ordinalskalen beider Merkmale auf drei Antwortmöglichkeiten verdichtet, so dass nur in einer Zelle bzw. 11,1% aller Zellen der in Tabelle 11-7 dargestellten Kreuztabelle eine erwartete

Tabelle 11-7: Kreuztabelle für die Variablen Risikoklassifizierung von Multi-Strategie Dach-Hedgefonds und präferierter Ausgabeaufschlag[407]

		Präferierter Ausgabeaufschlag bei Dach-Hedgefonds			
		< 3%	**3 – 4%**	**> 4%**	**Gesamt**
Risikoklassifizierung von FoHFs	**Sicherheitsorientiert**	9	6	4	19
		16,1%	*12,2%*	*3,9%*	*9,1%*
	Risikobereit	23	20	33	76
		41,1%	*40,8%*	*32,0%*	*36,5%*
	Spekulativ	24	23	66	113
		42,9%	*46,9%*	*64,1%*	*54,3%*
	Gesamt	56	49	103	208
		100%	*100%*	*100%*	*100%*

[407] Eigene Darstellung; Werte basieren auf eigenen Berechnungen.

Häufigkeit kleiner fünf vorzufinden ist. Das Alpha des Signifikanztests hat einen Wert von 2,3% bei einem Testfunktionswert von 11,360. Die Zusammenhangmaße lassen auf eine starke Abhängigkeit der betrachteten Variablen in der Grundgesamtheit schließen. So ergeben sich für das Gamma, Kendall Tau b und c folgende Werte: 0,324, 0,200, 0,178. 57,2% (41,1% plus 16,1%) der Banken dieser Stichprobe, die bei Dach-Hedgefonds ein Agio von <3% für gerechtfertigt halten, stufen Multi-Strategie Dachfonds mit risikobereit bzw. sicherheitsorientiert ein. Bei den Banken hingegen, die einen Ausgabeaufschlag von >4% für angemessen empfinden, liegt dieser Anteil nur bei 35,9% (32,0% plus 3,9%). Diese Zusammenhänge indizieren, dass Banken, die Multi-Strategie Dachfonds vorwiegend mit spekulativ klassifizieren, Dach-Hedgefonds mit hohen Renditen bzw. hohen Risiken assoziieren und deshalb auch für höhere Ausgabeaufschläge votieren.

11.3 Zusammenfassung und Ableitung von Gestaltungsempfehlungen

Ca. 94% der befragten Banken beurteilt die *Beratung von Hedgefonds-Produkten* mit ziemlich oder sehr aufwendig. Kreditinstitute, die ein durchschnittliches Anlagevolumen je Kunde von mehr als 600.000 Euro betreuen, stufen den Beratungsaufwand geringer ein als die Konkurrenten mit weniger vermögenden Kunden. Ähnliches gilt für Banken, bei denen auch sicherheitsorientierte bzw. begrenzt risikobereite Anleger in Multi-Strategie Dachfonds investieren dürfen.

55% der befragten Banken stufen Multi-Strategy Dach-Hedgefonds bei der *internen Risikoklassifizierung* mit spekulativ bzw. hoch spekulativ ein, d. h. Multi-Strategy Dachfonds dürfen nur von spekulativen bzw. hoch spekulativen und beispielsweise nicht von risikobereiten oder sicherheitsorientierten Kunden erworben werden. Demnach klassifizieren viele Institute Multi-Strategie Dachfonds trotz ihrer niedrigen Volatilitäten und hohen risikoadjustierten Renditen sowie günstigen Diversifikationseigenschaften fälschlicherweise mit (hoch) spekulativ. Dies kann als Indiz gewertet werden für die teilweise noch geringe Verbreitung von Dach-Hedgefonds-Investments in Deutschland. Bei der Mehrzahl der großen Private Banking-Häuserund bei den privaten Banken können hingegen auch risikobereite Kunden Multi-Strategy Dach-Hedgefonds beimischen.

12 Zusammenfassung und Ausblick

Die vorangegangene Untersuchung erfasst die aktuelle Verbreitung sowie zukünftige Entwicklung von Hedgefonds-Investments im deutschen Private Banking. Darüber hinaus werden im Rahmen der statistischen Analyse Abhängigkeiten bzw. Zusammenhänge in der zugrunde liegenden Datenbasis festgestellt, die zur Ableitung von Gestaltungsempfehlungen für eine wirkungsvolle Produkt- und Vertriebsgestaltung von Hedgefonds-Produkten bei vermögenden Privatanlegern herangezogen werden.

Die befragten Banken stufen die seit dem ersten Januar 2004 erlaubte Direktanlage in Dach-Hedgefonds mehrheitlich mit weniger wichtig ein. Zugleich wird der gesetzliche Rahmen für Dach-Hedgefonds in Deutschland mit weniger liberal bewertet. Demnach bemängeln die Befragungsteilnehmer die vergleichsweise rigiden Vorschriften des Investmentmodernisierungsgesetzes, die die Portfoliozusammenstellung bei Dach-Hedgefonds gegenüber den weniger regulierten (Dach)-Hedgefonds-Zertifikaten deutlich beeinträchtigen. Bei Zertifikateverpackungen kann im Gegensatz zu Dachfonds-Konstrukten ohne steuerliche Benachteiligung in Single-Hedgefonds investiert werden, die nicht die strengen Transparenzvorschriften des Investmentsteuergesetzes erfüllen. Insbesondere ausländische Hedgefonds mit überzeugendem Track Record sind vielfach nicht bereit, diese Vorgaben zu erfüllen.[408] Aus diesem Grunde sollten Privatanleger Zertifikateverpackungen bei (Dach)-Hedgefonds präferieren. Institute, die bisher mit Zertifikaten gearbeitet haben, sind wesentlich zufriedener mit dem bisherigen Hedgefonds-Absatz als Häuser, die Fondskonstrukte gewählt haben. Zudem weisen die in Deutschland zugelassenen Dach-Hedgefonds geringere risikoadjustierte Renditen auf als in Deutschland erhältliche Dach-Hedgefonds-Zertifikate. Insbesondere Institute des privaten Bankensektors, größere Häuser im Private Banking hinsichtlich des betreuten Anlagevolumens sowie Institute, die vermögendere Privatkunden betreuen, haben bisher mit Zertifikaten gearbeitet.

Die Mehrzahl der befragten Banken votiert bei Dach-Hedgefonds für eine wöchentliche Rücknahmefrist. Dach-Hedgefonds sind jedoch meistens mit einer monatlichen bzw. vierteljährlichen Rücknahmefrequenz ausgestattet. Insbesondere Banken, die bereits Hedgefonds-Investments im Private Banking offeriert haben bzw. mit den spezifischen Eigenheiten dieser Assetklasse vertraut sind, bevorzugen längere Rücknahmefristen. Bei einem monatlichen bzw. vierteljährlichen Rücknahmezyklus können sowohl Fonds mit illiquideren Strategien (Distressed Securities etc.) in einem

---

[408] Vgl. Pütz/von Sonntag/Fock (2003), S. 33 ff.; Stamm/von Livonius (2003), S. 50 ff.

Dachfonds berücksichtigt werden als auch der Cash-Anteil auf Dachfondsebene sowie der administrative Aufwand für Rücknahmen reduziert werden.

Vermögende Privatkunden achten bei einer Anlageentscheidung in erster Linie auf die Performance einer potentiellen Anlage. Der Volatilität und Korrelation eines Neu-Investments messen sie jedoch nur eine geringere Bedeutung bei, obgleich sich Dach-Hedgefonds insbesondere durch niedrige Volatilitäten und Korrelationen zu Renten- bzw. Aktienanlagen auszeichnen. Die eigentlichen Stärken von Dach-Hedgefonds werden demnach von vermögenden Privatanlegern in Deutschland nicht in diesem Maße goutiert. Wünschenswert ist hierbei eine bessere Aufklärung der Privatanleger hin zu einem tieferen Verständnis von Korrelations- und Volatilitätseigenschaften bei der Beurteilung von (Neu)-Anlagen.

Multi-Strategie Dach-Hedgefonds werden von deutschen Banken in erster Linie für spekulative und begrenzt risikobereite Anleger empfohlen. Für sicherheitsorientierte Anleger werden sie hingegen nicht als prädestiniertes Anlageinstrument eingestuft. Dies ist verwunderlich, da Multi-Strategie Dach-Hedgefonds aufgrund der immanen festgehalten werden, dass Dach-Hedgefonds nur bei einer adäquaten Gebührenstruktur, vergleichbar mit ausländischen Produkten, zu einer größeren Verbreitung bei vermögenden Privatanlegern in Deutschland führen werden.

57% der befragten Banken werden ihren vermögenden Kunden zukünftig Hedgefonds-Produkte anbieten. Insbesondere private Banken, größere Häuser im Private Banking sowie Institute mit vermögenderen Kunden möchten zukünftig verstärkt aktiv werden. Voraussetzungen für ein zukünftiges Angebot von Hedgefonds-Produkten sind bei den befragten Banken steigendes Kundeninteresse und bessere Performance der (Dach)-Hedgefonds-Produkte. Dies ist durchaus nachvollziehbar, da die in Deutschland angebotenen Dach-Hedgefonds und -Zertifikate deutlich geringere risikoadjustierte Renditen erwirtschaften als ausländische Dach-Hedgefonds. Gründe für diese Unterentwicklung sind in den relativ strengen Vorschriften des Investmentsteuergesetzes zu sehen sowie in den höheren Gebühren der in Deutschland angebotenen Produkte. Als zentraler Faktor für ein zukünftiges Angebot von Hedgefonds-Produkten erweist sich zudem die interne Erfahrung der Banken mit Hedgefonds. Insbesondere Sparkassen und Genossenschaftsbanken haben in dieser Hinsicht gegenüber den privaten Banken Nachholbedarf.

88% der Banken dieser Stichprobe, die zukünftig Hedgefonds-Produkte anbieten werden, werden Multi-Strategie Dach-Hedgefonds offerieren. Bei 27% der Institute werden zukünftig höchstwahrscheinlich Single-Strategie Dach-Hedgefonds erhältlich sein. Insbesondere private Banken, größere Häuser im Private Banking sowie Institute mit einem höheren Anteil von Kunden mit Hedgefonds-Investments im Depot favorisieren Single-Strategie Dachfonds.

67% der befragten Banken haben ihren Kunden bisher bereits Hedgefonds-Investments angeboten. In Relation zu den 57% der Kreditinstitute, die zukünftig (Dach)-Hedgefonds anbieten wollen, werden demnach 10% fortan keine Hedgefonds-Produkte mehr verkaufen. Interessanterweise sind gerade diese Häuser, die bereits in der Vergangenheit vermehrt Hedgefonds-Produkte (zwei oder mehr Produkte) offeriert haben, zufriedener mit dem bisherigen Hedgefonds-Absatz und werden deshalb auch zukünftig ihre Aktivitäten in dieser Assetklasse forcieren. 82% der bisher angebotenen Produkte sind Multi-Strategy Dach-Hedgefonds. Der Anteil der Single-Strategy Dachfonds und Single-Hedgefonds beträgt 14% bzw. 5%.

Die 33% der Banken ohne bisheriges Hedgefonds-Angebot benennen folgende Ursachen für eine bisher noch nicht erfolgte Aufnahme dieser Anlageinstrumente in das Produktprogramm: geringes Wissen der Kunden zu Hedgefonds, geringes Kundeninteresse sowie die teilweise noch fehlende interne Erfahrung mit Hedgefonds. 87% der Banken, die bisher keine Hedgefonds-Investments offeriert haben, halten indessen (Dach)-Hedgefonds für ein geeignetes Diversifikationsinstrument.

84% der befragten Banken, die bisher Hedgefonds-Produkte angeboten haben, sind mit dem bisherigen Hedgefonds-Absatz weniger oder nicht zufrieden. Nur 17% der Befragungsteilnehmer sind mit den bisherigen Vertriebserfolgen zufrieden. Folgende Variablen haben einen hoch signifikanten Einfluss auf die Zufriedenheit mit dem Hedgefonds-Absatz: Performance der angebotenen Hedgefonds-Produkte, Kundeninteresse und interne Erfahrung mit Hedgefonds. Von zentraler Bedeutung für Banken ist hierbei neben der Wertentwicklung der angebotenen Produkte der Aufbau von internem Hedgefonds-Know how. Nur bei entsprechend vorhandener Inhouse-Expertise können die Vertriebsmitarbeiter bzw. Kunden gezielt in dieser Assetklasse geschult werden sowie sinnvolle Hedgefonds-Produkte für das Produktprogramm ausgewählt werden.

Bei 73% der in dieser Studie befragten Kreditinstitute sind weniger als fünf Prozent aller Private Banking-Kunden in Hedgefonds-Produkten investiert. Vorreiter bei der Höhe des Kundenanteils mit Hedgefonds-Investments im Depot sind erneut private Banken, größere Häuser sowie Institute, die vermögendere Kunden betreuen. Die Hälfte der Studienteilnehmer empfiehlt zudem bei einem frei verfügbaren Vermögen von 100.000–300.000 Euro den Einsatz von Hedgefonds-Investments. Banken, die vertrauter mit Hedgefonds sind, raten bereits verstärkt bei einem Vermögen von weniger als 100.000 Euro zur Beimischung von Hedgefonds-Anlagen.

Die Beratung von Hedgefonds-Produkten wird von ca. 94% der befragten Banken mit aufwendig bewertet. Kreditinstitute mit vermögenderen Privatkunden dagegen stufen den Beratungsaufwand geringer ein. Bei 55% der befragten Banken dürfen Multi-Strategy Dach-Hedgefonds nur von spekulativen bzw. hoch spekulativen Anlegern erworben werden. Demnach stufen viele Institute Multi-Strategie Dachfonds trotz ihrer niedrigen Volatilitäten und hohen risikoadjustierten Renditen sowie günstigen Diversifikationseigenschaften fälschlicherweise bei der internen Risikoklassifizierung mit (hoch) spekulativ ein. Dies kann ebenfalls als Ursache für die teilweise noch geringe Verbreitung von Dach-Hedgefonds-Investments in Deutschland gesehen werden. Bei der Mehrzahl der großen Private Banking-Häuser und bei den privaten Banken können hingegen auch risikobereite Kunden Multi-Strategy Dach-Hedgefonds beimischen.

Es bleibt festzuhalten, dass Banken im Grunde von der Sinnhaftigkeit dieser alternativen Anlageklasse überzeugt sind. Der Hedgefonds-Markt in Deutschland befindet sich jedoch nach wie vor in einer Lern- und Entwicklungsphase. Es wird deshalb weiterhin von großer Wichtigkeit sein, die diversen Marktteilnehmer über die inhärenten Spezifika und Wesenszüge von Hedgefonds aufzuklären. Insbesondere Kreditinstitute des privaten Bankensektors, größere Häuser im Hinblick auf das betreute Anlagevolumen im Private Banking sowie Institute mit vermögenderen Privatkunden sind bereits vertrauter mit (Dach)-Hedgefonds-Anlagen. Für ein zukünftiges Gelingen in Deutschland sind überdies adäquate Gebühren- sowie Verpackungs-Strukturen erforderlich, die die bis dato festzustellende Diskrepanz bei den risikoadjustierten Renditen von in- bzw. ausländischen Dach-Hedgefonds-Produkten verringern.

Anhangverzeichnis

Lehrstuhl für Finanz- und Bankwirtschaft
Prof. Dr. Manfred Steiner
Universität Augsburg

Lehrstuhl für Finanz-
und Bankwirtschaft

Lehrstuhl für Finanz- und Bankwirtschaft · Prof. Dr. Manfred Steiner · Universität Augsburg · D-86135 Augsburg

- Postanschrift:
  D-86135 Augsburg
- Besucheranschrift:
  Universitätsstr. 16
  86159 Augsburg
- Telefon: +49 (0)170 - 21 909 74
  constantin.echter@wiwi.uni-augsburg.de
  www.wiwi.uni-augsburg.de/bwl/steiner/

- Datum:
  April 2006

Forschungsprojekt: Hedgefonds-Investments im deutschen Private Banking

Sehr geehrte Damen und Herren,

das verwaltete Hedgefonds-Vermögen hat sich in den letzten Jahren rasant entwickelt. Seit Anfang 2004 können nun auch deutsche Privatanleger aufgrund der Einführung des Investmentmodernisierungsgesetzes direkt in Dach-Hedgefonds investieren. Vor Einführung dieses Gesetzes war eine Anlage in Hedgefonds nur unter Zuhilfenahme von Zertifikaten oder anderen strukturierten Produkten möglich.

Diese Befragung hat das Ziel, die aktuelle Verbreitung sowie die zukünftige Entwicklung von Hedgefonds-Investments im deutschen Private Banking zu erfassen. Aus den Ergebnissen dieser Studie sollen darüber hinaus Empfehlungen abgeleitet werden für eine wirkungsvolle Produkt- und Vertriebs-Gestaltung von Hedgefonds-Produkten für vermögende Privatanleger in Deutschland.

Ich möchte Sie bitten, sich an diesem Forschungsprojekt zu beteiligen und sich ca. 20 Minuten für die Beantwortung der Fragen Zeit zu nehmen. Ihre Antworten werden von uns selbstverständlich anonymisiert ausgewertet.

Gerne stellen wir Ihnen die **Studienergebnisse** im Anschluss **kostenlos** zur Verfügung. Hierzu müssen Sie nur Ihre Kontaktdaten am Ende des Fragebogens eintragen. Unter allen Teilnehmern verlosen wir einen **Design-Kugelschreiber** der Marke **MONTBLANC** (Modell: „Meisterstück") im Wert von 215 Euro. Der Rechtsweg ist ausgeschlossen.

Senden Sie bitte den ausgefüllten Fragebogen bis 31. Mai 2006 an die auf dem Fragebogen angegebene Adresse.

Vielen Dank für Ihre Mitarbeit!

Mit freundlichen Grüssen

Universität Augsburg
Lehrstuhl für Finanz- und Bankwirtschaft
Prof. Dr. Manfred Steiner
z. Hd. Dipl.-Kfm. Constantin Echter
Universitätsstr. 2

D-86135 Augsburg

FB.
Lehrstuhl für Finanz- und Bankwirtschaft

Tel. 0170 – 21 909 74
constantin.echter@wiwi.uni-augsburg.de

Fragebogen

zum Forschungsprojekt

„Hedgefonds-Investments im deutschen Private Banking“

LEHRSTUHL FÜR FINANZ- UND BANKWIRTSCHAFT
Prof. Dr. Manfred Steiner
UNIVERSITÄT AUGSBURG

FB.
Lehrstuhl für Finanz- und Bankwirtschaft

Fragebogen zum Forschungsprojekt „Hedgefonds-Investments im deutschen Private Banking“

Bitte nehmen Sie sich ca. 20 Minuten Zeit und gehen Sie die Fragen der Reihe nach durch. Kreuzen Sie Zutreffendes an. **Beachten Sie bitte, dass Sie u.U. nicht jede Frage zu beantworten brauchen.**

1 – Rahmenbedingungen für Hedgefonds in Deutschland

1.1 Wie wichtig ist die seit dem 1. Januar 2004 in Deutschland erlaubte Auflegung von Hedgefonds für den deutschen Finanzplatz?

(1) ☐ nicht wichtig (2) ☐ weniger wichtig
(3) ☐ ziemlich wichtig (4) ☐ sehr wichtig

1.2 Wie wichtig ist die seit dem 1. Januar 2004 erlaubte Anlage in Dach-Hedgefonds für deutsche Privatanleger?

(1) ☐ nicht wichtig (2) ☐ weniger wichtig
(3) ☐ ziemlich wichtig (4) ☐ sehr wichtig

1.3 Wie ist der gesetzliche Rahmen für Hedgefonds bzw. Dach-Hedgefonds in Deutschland?

(1) ☐ nicht liberal (2) ☐ weniger liberal
(3) ☐ ziemlich liberal (4) ☐ sehr liberal

1.4 Single-Hedgefonds (Einzelfonds) dürfen an deutsche Privatanleger nicht öffentlich vertrieben werden. Wie zufrieden sind Sie mit dieser gesetzlichen Regelung?

(1) ☐ nicht zufrieden (2) ☐ weniger zufrieden
(3) ☐ ziemlich zufrieden (4) ☐ sehr zufrieden

2 – Liquiditätseigenschaften

2.1 Welche Rücknahmefrist ist bei Dach-Hedgefonds-Anteilen für Private Banking-Kunden am sinnvollsten?

(1) ☐ wöchentlich (2) ☐ monatlich
(3) ☐ vierteljährlich (4) ☐ halbjährlich

2.2 Welcher Anlagehorizont ist bei Dach-Hedgefonds-Investments empfehlenswert?

(1) ☐ kürzer als 3 Jahre (2) ☐ 3 – 5 Jahre
(3) ☐ 5 – 7 Jahre (4) ☐ länger als 7 Jahre

3 – Portfoliotheoretische Aspekte

3.1 Wie wichtig sind Ihren Kunden bei einer Anlageentscheidung die folgenden Aspekte?
(1 = nicht wichtig, 2 = weniger wichtig, 3 = ziemlich wichtig, 4 = sehr wichtig)

Performance einer potentielle Anlage	(1) □	(2) □	(3) □	(4) □
Volatilität einer potentiellen Anlage	(1) □	(2) □	(3) □	(4) □
Korrelation einer potentiellen Anlage zu anderen Assetklassen	(1) □	(2) □	(3) □	(4) □

3.2 Wie riskant sind in Ihren Augen breit diversifizierte Multi-Strategie-Dach-Hedgefonds?
(1) □ nicht riskant (2) □ weniger riskant
(3) □ ziemlich riskant (4) □ sehr riskant

3.3 Wie hoch schätzen Sie das Risiko von breit diversifizierten Multi-Strategie-Dach-Hedgefonds im Verhältnis zu folgenden Anlagen ein?
(1 = viel risikoärmer, 2 = geringfügig risikoärmer, 3 = gleiches Risiko, 4 = geringfügig risikoreicher, 5 = viel risikoreicher)

relativ zu konservativen Rentenfonds	(1) □	(2) □	(3) □	(4) □	(5) □
relativ zu Immobilienfonds	(1) □	(2) □	(3) □	(4) □	(5) □
relativ zu Blue-Chip-Aktienfonds	(1) □	(2) □	(3) □	(4) □	(5) □

3.4. Wie zufrieden sind Sie mit den Hedgefonds-Renditen der letzten 24 Monate?
(1) □ nicht zufrieden (2) □ weniger zufrieden
(3) □ ziemlich zufrieden (4) □ sehr zufrieden

3.5 Wie werden sich die Hedgefonds-Renditen zukünftig entwickeln?
(1) □ stark ansteigen (2) □ leicht ansteigen
(3) □ gleich bleiben (4) □ leicht fallen (5) □ stark fallen

3.6 Welche Renditeerwartungen haben Sie für breit diversifizierte Multi-Strategie-Dach-Hedgefonds in den nächsten Jahren?
(1) □ 0-4 % p. a. (2) □ 4-7 % p. a.
(3) □ 7-10 % p. a. (4) □ > 10 % p. a.

3.7 Wie wichtig sind hohe Hedgefonds-Renditen für gute Absatzerfolge?
(1) □ nicht wichtig (2) □ weniger wichtig
(3) □ ziemlich wichtig (4) □ sehr wichtig

3.8 Für welche Anleger sind Multi-Strategie-Dachfonds ein geeignetes Investment?
(1 = nicht geeignet, 2 = weniger geeignet, 3 = ziemlich geeignet, 4 = sehr geeignet)

sicherheitsorientierte Anleger	(1) □	(2) □	(3) □	(4) □
begrenzt risikobereite Anleger	(1) □	(2) □	(3) □	(4) □
spekulative Anleger	(1) □	(2) □	(3) □	(4) □

3.9 Wie wichtig sind für Ihre Kunden Investments, die zur Senkung der Volatilität eines Depots beitragen?
(1) □ nicht wichtig (2) □ weniger wichtig
(3) □ ziemlich wichtig (4) □ sehr wichtig

3.10 Wie sinnvoll sind folgende Hedgefonds-Quoten für ein ausgewogenes Depot?
(1 = nicht sinnvoll, 2 = weniger sinnvoll, 3 = ziemlich sinnvoll, 4 = sehr sinnvoll)

0% Gewichtung	(1) ☐	(2) ☐	(3) ☐	(4) ☐
< 10%	(1) ☐	(2) ☐	(3) ☐	(4) ☐
10 – 20%	(1) ☐	(2) ☐	(3) ☐	(4) ☐
20 – 30%	(1) ☐	(2) ☐	(3) ☐	(4) ☐
> 30%	(1) ☐	(2) ☐	(3) ☐	(4) ☐

4 – Gebühren

4.1 Welche Gebührenhöhe ist Ihrer Meinung nach bei Dach-Hedgefonds für Private Banking-Kunden gerechtfertigt?

Ausgabeaufschlag:
(1) ☐ 0% (2) ☐ 1-2% (3) ☐ 2-3% (4) ☐ 3-4% (5) ☐ 4-5% (6) ☐ > 5%

Verwaltungsvergütung p. a.:
(1) ☐ 0% (2) ☐ 0-0,5% (3) ☐ 0,5-1% (4) ☐ 1-1,5% (5) ☐ 1,5-2% (6) ☐ > 2%

leistungsabhängige Vergütung:
(1) ☐ 0% (2) ☐ 0-5% (3) ☐ 5-10% (4) ☐ 10-15% (5) ☐ 15-20% (6) ☐ > 20%

4.2 Wie werden sich die Gebühren für Dach-Hedgefonds zukünftig entwickeln?
(1 = stark steigen, 2 = leicht steigen, 3 = gleich bleiben, 4 = leicht fallen, 5 = stark fallen)

Ausgabeaufschlag	(1) ☐	(2) ☐	(3) ☐	(4) ☐	(5) ☐
Verwaltungsvergütung p. a.	(1) ☐	(2) ☐	(3) ☐	(4) ☐	(5) ☐
leistungsabhängige Gebühr	(1) ☐	(2) ☐	(3) ☐	(4) ☐	(5) ☐

4.3 Erschweren die folgenden Gebührenkomponenten den Verkauf von Dach-Hedgefonds?
(1 = stimmt nicht, 2 = stimmt wenig, 3 = stimmt ziemlich, 4 = stimmt sehr)

Ausgabeaufschlag	(1) ☐	(2) ☐	(3) ☐	(4) ☐
Verwaltungsvergütung p. a.	(1) ☐	(2) ☐	(3) ☐	(4) ☐
leistungsabhängige Gebühr	(1) ☐	(2) ☐	(3) ☐	(4) ☐

4.4 Wie stufen Sie die Gebühren von Dach-Hedgefonds ein?
(1) ☐ viel zu niedrig (2) ☐ etwas zu niedrig
(3) ☐ genau richtig (4) ☐ etwas zu hoch (5) ☐ viel zu hoch

5 – Produktpalette in Ihrem Haus

5.1 Werden Sie Ihren Kunden zukünftig Hedgefonds-Produkte anbieten?
(1) ☐ keinesfalls (2) ☐ wahrscheinlich nicht
(3) ☐ ziemlich wahrscheinlich (4) ☐ ganz sicher

5.2 Welche Voraussetzungen müssen erfüllt sein, dass Sie zukünftig Hedgefonds-Produkte anbieten werden?
(1 = keinesfalls, 2 = wahrscheinlich nicht, 3 = ziemlich wahrscheinlich, 4 = ganz sicher)

bessere Performance	(1) ☐	(2) ☐	(3) ☐	(4) ☐
niedrigere Kosten für Kunden	(1) ☐	(2) ☐	(3) ☐	(4) ☐
größere Liquidität	(1) ☐	(2) ☐	(3) ☐	(4) ☐
mehr interne Erfahrung mit Hedgefonds	(1) ☐	(2) ☐	(3) ☐	(4) ☐
Auswahl geeigneter Kooperationspartner	(1) ☐	(2) ☐	(3) ☐	(4) ☐
größeres Hedgefonds-Wissen der Kunden	(1) ☐	(2) ☐	(3) ☐	(4) ☐
steigendes Kundeninteresse	(1) ☐	(2) ☐	(3) ☐	(4) ☐

5.3 Welche Hedgefonds-Produkte werden Sie Ihren Kunden zukünftig anbieten?
(1 = keinesfalls, 2 = wahrscheinlich nicht, 3 = ziemlich wahrscheinlich, 4 = ganz sicher)

haus- bzw. verbund-**eigene** Produkte:

bereits aufgelegte, bisher *bereits* im Haus verkaufte Produkte	(1) ☐	(2) ☐	(3) ☐	(4) ☐
bereits aufgelegte, bisher *nicht* im Haus verkaufte Produkte	(1) ☐	(2) ☐	(3) ☐	(4) ☐
neu-aufgelegte Produkte	(1) ☐	(2) ☐	(3) ☐	(4) ☐

haus- bzw. verbund-**fremde** Produkte:

bereits aufgelegte, bisher *bereits* im Haus verkaufte Produkte	(1) ☐	(2) ☐	(3) ☐	(4) ☐
bereits aufgelegte, bisher *nicht* im Haus verkaufte Produkte	(1) ☐	(2) ☐	(3) ☐	(4) ☐
neu-aufgelegte Produkte	(1) ☐	(2) ☐	(3) ☐	(4) ☐

5.4 Wann werden Sie Ihren Kunden ein neues Hedgefonds-Produkt bzw. das erste Produkt anbieten?

(1) ☐ in weniger als 6 Monaten
(2) ☐ in mehr als 6 Monaten
(3) ☐ in mehr als 1 Jahr
(4) ☐ in mehr als 2 Jahren
(5) ☐ überhaupt nicht

5.5 Welche Strategievarianten werden Sie Ihren Kunden zukünftig anbieten?
(1 = keinesfalls, 2 = wahrscheinlich nicht, 3 = ziemlich wahrscheinlich, 4 = ganz sicher)

Single-Hedgefonds (Einzelfonds)	(1) ☐	(2) ☐	(3) ☐	(4) ☐
Multi-Strategie-Dach-Hedgefonds	(1) ☐	(2) ☐	(3) ☐	(4) ☐
Dachfonds mit nur einer Strategie	(1) ☐	(2) ☐	(3) ☐	(4) ☐

5.5.1 Falls bei Frage 5.5 Dachfonds mit nur einer Strategie „ziemlich wahrscheinlich" oder „ganz sicher" angeboten werden: **Welche Strategie werden diese Dachfonds abdecken?**
(1 = keinesfalls, 2 = wahrscheinlich nicht, 3 = ziemlich wahrscheinlich, 4 = ganz sicher)

Relative Value	(1) ☐	(2) ☐	(3) ☐	(4) ☐
Event Driven	(1) ☐	(2) ☐	(3) ☐	(4) ☐
Long-Short-Equity	(1) ☐	(2) ☐	(3) ☐	(4) ☐
Global Macro	(1) ☐	(2) ☐	(3) ☐	(4) ☐
Managed Futures/CTA	(1) ☐	(2) ☐	(3) ☐	(4) ☐

5.6 Welche Verpackung werden Sie zukünftig verwenden? (Mehrfachnennungen möglich)

(1) ☐ Zertifikat
(2) ☐ Fonds mit Domizil in Deutschland
(3) ☐ Fonds mit ausländischem Domizil

5.7 Wie viele Hedgefonds-Produkte haben Sie Ihren Kunden bisher angeboten?
(1) ☐ kein Produkt
(2) ____ Anzahl der angebotenen Produkte

5.7.1 Falls bei Frage 5.7 Antwort (1) „kein Produkt": **Warum wurden bisher keine Produkte angeboten?**
(1 = trifft überhaupt nicht zu, 2 = trifft nicht zu, 3 = trifft zu, 4 = trifft stark zu)

unbefriedigende Performance	(1) ☐	(2) ☐	(3) ☐	(4) ☐
ungeeignetes Diversifikationsinstrument	(1) ☐	(2) ☐	(3) ☐	(4) ☐
hohe Kosten für Kunden	(1) ☐	(2) ☐	(3) ☐	(4) ☐
geringe Liquidität	(1) ☐	(2) ☐	(3) ☐	(4) ☐
noch zu wenig interne Hedgef.-Erfahrung	(1) ☐	(2) ☐	(3) ☐	(4) ☐
fehlende Kooperationspartner	(1) ☐	(2) ☐	(3) ☐	(4) ☐
hoher Erklärungsbedarf	(1) ☐	(2) ☐	(3) ☐	(4) ☐
geringes Wissen der Kunden	(1) ☐	(2) ☐	(3) ☐	(4) ☐
geringes Kundeninteresse	(1) ☐	(2) ☐	(3) ☐	(4) ☐

Die Fragen 5.8 bis 5.13 sind nur relevant, falls Sie Ihren Kunden bisher Hedgefonds-Produkte angeboten haben. Falls Sie Ihren Kunden noch keine Hedgefonds-Investments offeriert haben, können Sie mit der Frage 5.14 fortfahren.

5.8 Wie viele Produkte wurden in den verschiedenen Zeiträumen angeboten?
(1) ___ 2000 oder früher (2) ___ 2001 – 2002
(3) ___ 2003 – 2004 (4) ___ 2005 oder später

5.9 Wie viele der bisher angebotenen Produkte sind haus-eigen bzw. -fremd?
(1) ___ haus- bzw. verbund-**eigene** Produkte
(2) ___ haus- bzw. verbund-**fremde** Produkte

5.10 Wie viele der bereits existierenden Produkte werden weiterhin Kunden angeboten?
(1) ☐ kein Produkt
(2) ____ Anzahl der angebotenen Produkte

5.11 Welche Hedgefonds-Stilrichtungen decken die bisherigen Produkte ab? (Mehrfachnennungen möglich)
(1) ☐ Single-Hedgefonds (Einzelfonds)
(2) ☐ Multi-Strategie-Dach-Hedgefonds
(3) ☐ Dachfonds mit nur einer Strategiegruppe:
- (4) ☐ Relative Value
- (5) ☐ Event Driven
- (6) ☐ Long-Short-Equity
- (7) ☐ Global Macro
- (8) ☐ Managed Futures/CTA

5.12 Wie zufrieden sind Sie mit dem bisherigen Hedgefonds-Absatz in Ihrem Haus?

(1) ☐ nicht zufrieden (2) ☐ weniger zufrieden
(3) ☐ ziemlich zufrieden (4) ☐ sehr zufrieden

5.12.1 Falls bei Frage 5.12 Antwort (3) „ziemlich zufrieden" oder Antwort (4) „sehr zufrieden": **Welche Umstände sind ursächlich für den zufrieden stellenden Absatz?**
(1 = trifft überhaupt nicht zu, 2 = trifft nicht zu, 3 = trifft zu, 4 = trifft stark zu)

überzeugende Performance	(1) ☐	(2) ☐	(3) ☐	(4) ☐
sinnvolles Diversifikationsinstrument	(1) ☐	(2) ☐	(3) ☐	(4) ☐
niedrige Kosten für Kunden	(1) ☐	(2) ☐	(3) ☐	(4) ☐
große Liquidität	(1) ☐	(2) ☐	(3) ☐	(4) ☐
große interne Hedgefonds-Erfahrung	(1) ☐	(2) ☐	(3) ☐	(4) ☐
erfahrene Kooperationspartner	(1) ☐	(2) ☐	(3) ☐	(4) ☐
geringer Erklärungsbedarf	(1) ☐	(2) ☐	(3) ☐	(4) ☐
großes Wissen der Kunden	(1) ☐	(2) ☐	(3) ☐	(4) ☐
großes Kundeninteresse	(1) ☐	(2) ☐	(3) ☐	(4) ☐
hohes Vertriebs-Know how	(1) ☐	(2) ☐	(3) ☐	(4) ☐

5.12.2 Falls bei Frage 5.12 Antwort (1) „nicht zufrieden" oder Antwort (2) „weniger zufrieden": **Welche Umstände sind ursächlich für den nicht so zufrieden stellenden Absatz?**
(1 = trifft überhaupt nicht zu, 2 = trifft nicht zu, 3 = trifft zu, 4 = trifft stark zu)

unbefriedigende Performance	(1) ☐	(2) ☐	(3) ☐	(4) ☐
ungeeignetes Diversifikationsinstrument	(1) ☐	(2) ☐	(3) ☐	(4) ☐
hohe Kosten für Kunden	(1) ☐	(2) ☐	(3) ☐	(4) ☐
geringe Liquidität	(1) ☐	(2) ☐	(3) ☐	(4) ☐
noch zu wenig interne Hedgef.-Erfahrung	(1) ☐	(2) ☐	(3) ☐	(4) ☐
unerfahrene Kooperationspartner	(1) ☐	(2) ☐	(3) ☐	(4) ☐
hoher Erklärungsbedarf	(1) ☐	(2) ☐	(3) ☐	(4) ☐
geringes Wissen der Kunden	(1) ☐	(2) ☐	(3) ☐	(4) ☐
geringes Kundeninteresse	(1) ☐	(2) ☐	(3) ☐	(4) ☐

5.13 Welche Verpackung wurde für die ab 2004 angebotenen Produkte gewählt? (Mehrfachnennungen möglich)

(1) ☐ Zertifikat
(2) ☐ Fonds mit Domizil in Deutschland
(3) ☐ Fonds mit ausländischem Domizil

Die nun folgenden Fragen sind für alle Befragten relevant.

5.14 Gibt es in Ihrem Haus eine individuelle Vermögensverwaltung (Mandatgeschäft)?

(1) ☐ ja (2) ☐ nein

5.14.1 Falls bei Frage 5.14 Antwort (1) „ja": **Setzen Sie Hedgefonds-Investments in Ihrer individuellen Vermögensverwaltung ein?**

(1) ☐ nie (2) ☐ selten
(3) ☐ oft (4) ☐ immer

5.15 Wie oft investierten Kunden bisher auf eigenen Wunsch bzw. ohne Zutun Ihres Beraters in Hedgefonds-Produkte?

(1) □ nie (2) □ selten
(3) □ oft (4) □ immer

5.16 Wie viele Ihrer Kunden haben Hedgefonds-Investments im Depot?

(1) □ 0% (2) □ < 5% (3) □ 5 – 10%
(4) □ 10 – 20% (5) □ 20 – 30% (6) □ > 30%

5.17 Wie hoch ist die durchschn. Hedgefonds-Anlagesumme der Kunden mit Hedgefonds-Investments im Depot?

(1) □ < 10.000 Euro (2) □ 10.000 – 20.000 Euro
(3) □ 20.000 – 30.000 Euro (4) □ 30.000 – 40.000 Euro
(5) □ 40.000 – 50.000 Euro (6) □ > 50.000 Euro

5.18 Wie hoch ist der durchschn. Hedgefonds-Portfolioanteil der Kunden mit Hedgefonds-Investments im Depot?

(1) □ < 5% (2) □ 5 – 10% (3) □ 10 – 15%
(4) □ 15 – 20% (5) □ 20 – 25% (6) □ > 25%

5.19 Ab welchem frei verfügbaren Vermögen halten Sie den Einsatz von Hedgefonds-Produkten grundsätzlich für geeignet?

(1) □ < 50.000 Euro (2) □ 50.000 – 100.000 Euro
(3) □ 100.000 – 300.000 Euro (4) □ 300.000 – 500.000 Euro
(5) □ 500.000 – 700.000 Euro (6) □ > 700.000 Euro

5.20 Welche Vorteile sehen Sie im Verkauf von Hedgefonds-Produkten für Ihr Haus?

(1 = trifft überhaupt nicht zu, 2 = trifft nicht zu, 3 = trifft zu, 4 = trifft stark zu)

Ausdruck von Innovation	(1) □	(2) □	(3) □	(4) □
ertragreiches Geschäft	(1) □	(2) □	(3) □	(4) □
Nutzen-Generierung für Kunden	(1) □	(2) □	(3) □	(4) □

5.21 Wie bewerten Sie Zertifikate-Verpackungen für Hedgefonds?

(1 = nicht vorteilhaft, 2 = weniger vorteilhaft, 3 = ziemlich vorteilhaft, 4 = sehr vorteilhaft)

Vertriebszulassungs-Verfahren	(1) □	(2) □	(3) □	(4) □
Zugang zu semi- bzw. intransparenten Fonds	(1) □	(2) □	(3) □	(4) □
Besteuerung beim Kunden	(1) □	(2) □	(3) □	(4) □
Liquidität (Börsenhandel, OTC-Handel)	(1) □	(2) □	(3) □	(4) □
Transparenz für Kunden	(1) □	(2) □	(3) □	(4) □
Kundenerlös bei Insolvenz des Emittenten	(1) □	(2) □	(3) □	(4) □

5.22 Wie bewerten Sie Fonds-Verpackungen für Hedgefonds?

(1 = nicht vorteilhaft, 2 = weniger vorteilhaft, 3 = ziemlich vorteilhaft, 4 = sehr vorteilhaft)

Vertriebszulassungs-Verfahren	(1) □	(2) □	(3) □	(4) □
Zugang zu semi- bzw. intransparenten Fonds	(1) □	(2) □	(3) □	(4) □
Besteuerung beim Kunden	(1) □	(2) □	(3) □	(4) □
Liquidität (Börsenhandel, OTC-Handel)	(1) □	(2) □	(3) □	(4) □
Transparenz für Kunden	(1) □	(2) □	(3) □	(4) □
Kundenerlös bei Insolvenz des Emittenten	(1) □	(2) □	(3) □	(4) □

6 – Hedgefonds in der Beratungspraxis

6.1 Wie oft werden Sie von Kunden zu Hedgefonds-Anlagen angesprochen?
(1) ☐ nie (2) ☐ selten
(3) ☐ oft (4) ☐ immer

6.2 Wie stufen Sie das Wissen Ihrer Kunden zu Hedgefonds ein?
(1) ☐ nicht sachverständig (2) ☐ weniger sachverständig
(3) ☐ ziemlich sachverständig (4) ☐ sehr sachverständig

6.2.1 Falls bei Frage 6.2 Antwort (1) „nicht sachverständig" oder Antwort (2) „weniger sachverständig": **Erschwert das mangelnde Wissen der Kunden den Vertrieb von Hedgefonds?**
(1) ☐ stimmt nicht (2) ☐ stimmt wenig
(3) ☐ stimmt ziemlich (4) ☐ stimmt sehr

6.3 Wie schätzen Sie den Beratungsaufwand von Hedgefonds-Produkten ein?
(1) ☐ nicht aufwendig (2) ☐ weniger aufwendig
(3) ☐ ziemlich aufwendig (4) ☐ sehr aufwendig

6.4 Wie stufen Sie Multi-Strategie-Dach-Hedgefonds bei Ihrer internen Risikoklassifizierung ein?
(1) ☐ konservativ (2) ☐ risikoscheu
(3) ☐ risikobereit (4) ☐ spekulativ (5) ☐ hoch spekulativ

6.5 Was sind Hedgefonds in Ihren Augen?
(1 = stimmt nicht, 2 = stimmt wenig, 3 = stimmt ziemlich, 4 = stimmt sehr)

momentaner Trend	(1) ☐	(2) ☐	(3) ☐	(4) ☐
eigenständige Assetklasse	(1) ☐	(2) ☐	(3) ☐	(4) ☐

6.6 Wie ist die weitere Entwicklung für Hedgefonds-Anlagen bei deutschen Private Banking-Kunden?
(1) ☐ stark steigendes Interesse (2) ☐ leicht steigendes Interesse
(3) ☐ gleich bleibendes Interesse (4) ☐ leicht fallendes Interesse
(5) ☐ stark fallendes Interesse

7 – Zu Ihrer Person und zu Ihrem Haus

7.1 Ab welchem Anlagevolumen (Depots plus Einlagen) werden Ihre Kunden im Private Banking betreut?
(1) ☐ < 200.000 Euro (2) ☐ 200.000 – 400.000 Euro
(3) ☐ 400.000 – 600.000 Euro (4) ☐ 600.000 – 800.000 Euro
(5) ☐ 800.000 – 1 Mio. Euro (6) ☐ > 1 Mio. Euro

7.2 Wie hoch ist das durchschnittliche Anlagevolumen Ihrer Kunden im Private Banking?
(1) ☐ < 200.000 Euro (2) ☐ 200.000 – 400.000 Euro
(3) ☐ 400.000 – 600.000 Euro (4) ☐ 600.000 – 800.000 Euro
(5) ☐ 800.000 – 1 Mio. Euro (6) ☐ > 1 Mio. Euro

7.3 Welche Funktion üben Sie in Ihrer Bank aus (Mehrfachnennungen möglich)?

(1) ☐ Product Management (2) ☐ Kundenbetreuung
(3) ☐ Anlage-Spezialist (4) ☐ Vermögensverwaltung (Mandate)
(5) ☐ Hedgefonds-Abteilung (6) ☐ Vorstand/Assistent
(7) ☐ sonstige:______________

7.4 Zu welcher Gruppe gehört Ihr Haus?

(1) ☐ öffentlich-rechtlicher-/Sparkassen-Sektor (2) ☐ privater Bankensektor
(3) ☐ genossenschaftlicher Bankensektor (4) ☐ Spezialinstitut
(5) ☐ sonstige:______________

7.5 Wie hoch ist in Ihrem Haus das insgesamt betreute Anlagevolumen (Depots plus Einlagen) im Private Banking?

(1) ☐ < 1 Mrd. Euro (2) ☐ 1 – 3 Mrd. Euro (3) ☐ 3 – 5 Mrd. Euro
(4) ☐ 5 – 7 Mrd. Euro (5) ☐ 7 – 9 Mrd. Euro (6) ☐ > 9 Mrd. Euro

Sonstige Bemerkungen:

____

____

____

Wenn Sie an der Verlosung des MONTBLANC-Design-Kugelschreibers teilnehmen möchten, können Sie hier Ihre Kontaktdaten eintragen. Sie erhalten dann automatisch die Ergebnisse dieser Befragung kostenlos per E-Mail:

Name, Vorname: ______________________________

E-Mail: ______________________________

Strasse: ______________________________

PLZ, Ort: ______________________________

Bitte bei Bedarf ankreuzen:

☐ **nur Teilnahme an Verlosung, kein Interesse an Studienergebnissen**

Stecken Sie bitte den ausgefüllten Fragebogen direkt in ein Kuvert mit Sichtfenster. Die Adresse der Universität Augsburg ist bereits auf der Frontseite des Fragebogens aufgedruckt.

Vielen Dank für Ihre Teilnahme!

Lehrstuhl für Finanz- und Bankwirtschaft
Prof. Dr. Manfred Steiner
Universität Augsburg

Lehrstuhl für Finanz- und Bankwirtschaft
und Bankwirtschaft

Lehrstuhl für Finanz- und Bankwirtschaft · Prof. Dr. Manfred Steiner · Universität Augsburg · D-86135 Augsburg

- Postanschrift:
  D-86135 Augsburg
- Besucheranschrift:
  Universitätsstr. 16
  86159 Augsburg
- Telefon: +49 (0)170 – 21 909 74
  constantin.echter@wiwi.uni-augsburg.de
  www.wiwi.uni-augsburg.de/bwl/steiner/

- Datum:
  Mai 2006

Forschungsprojekt: Hedgefonds-Investments im deutschen Private Banking

Sehr geehrte Damen und Herren,

vor drei Wochen haben wir Sie gebeten, an einer Befragung zu „Hedgefonds-Investments im deutschen Private Banking" teilzunehmen. Wir möchten uns hiermit herzlich für Ihre Unterstützung bedanken!

Möglicherweise sind Sie noch nicht dazu gekommen, den Fragebogen vollständig auszufüllen. Bitte schicken Sie uns den Fragebogen notfalls auch unvollständig ausgefüllt zurück. Ihre Angaben sind für das Forschungsprojekt von großer Wichtigkeit.

Gerne stellen wir Ihnen die **Studienergebnisse** im Anschluss **kostenlos** zur Verfügung. Hierzu müssen Sie nur Ihre Kontaktdaten am Ende des Fragebogens eintragen. Unter allen Teilnehmern verlosen wir einen **Design-Kugelschreiber** der Marke **MONTBLANC** (Modell: „Meisterstück") im Wert von 215 Euro. Der Rechtsweg ist ausgeschlossen.

Senden Sie bitte den ausgefüllten Fragebogen an die auf dem Fragebogen angegebene Adresse.

Vielen Dank für Ihre Mitarbeit!

Mit freundlichen Grüssen

Literaturverzeichnis

Amin, Gaurav S.; Kat, Harry M. (2002): Portfolios of Hedge Funds, Reading (United Kingdom).

Atteslander, Peter (1995): Methoden der empirischen Sozialforschung, 5. Aufl., Berlin.

Ausfelder, Richard; Kühne, Giselher; Wöhler, Jens (1999): Attraktives Geschäftsfeld Affluent Banking, in: Die Bank – Zeitschrift für Bankpolitik und Praxis, 8/1999, Köln, S. 526–529.

Backhaus, Klaus; Erichson, Bernd; Plinke, Wulff; Weiber, Rolf (2005): Multivariate Analysemethoden – eine anwendungsorientierte Einführung, 11. Aufl., Berlin.

BaFin – Bundesanstalt für Finanzdienstleistungsaufsicht [Hrsg.] (2007a): Liste der genehmigten inländischen Sondervermögen mit zusätzlichen Risiken, Stand: 22.10.2007, Frankfurt am Main.

BaFin – Bundesanstalt für Finanzdienstleistungsaufsicht [Hrsg.] (2007b): Liste der ausländischen Dach-Sondervermögen mit zusätzlichen Risiken (Dach-Hedgefonds), die ihre Anteile in der Bundesrepublik Deutschland öffentlich vertreiben dürfen, Stand: 18.09.2007, Frankfurt am Main.

BAI – Bundesverband Alternative Investments e.V. [Hrsg.] (2007): Der deutsche Hedgefonds-Markt – Regulierte Hedgefonds-Produkte seit 01.01.2004, 27.09.2007, Frankfurt am Main.

Bamberg, Günter; Baur, Franz (2001): Statistik, 11. Aufl., München.

Beck, Hanno (2007): Streicheleinheiten, in: Frankfurter Allgemeine Zeitung, 17.07.2007, S. 21.

Berekoven, Ludwig; Eckert, Werner; Ellenrieder, Peter (2004): Marktforschung – methodische Grundlagen und praktische Anwendung, 10. Aufl., Wiesbaden.

Bleymüller, Josef; Gehlert, Günther; Gülicher, Herbert (1994): Statistik für Wirtschaftswissenschaftler, 9. Aufl., München.

Bongartz, Ulrich (2003): Erfolgreiche Private Banking-Strategien: Die Exklusiven und die Schnellen, in: Die Bank – Zeitschrift für Bankpolitik und Praxis, 5/2003, Köln, S. 306–310.

Bortz, Jürgen; Döring, Nicola (1995): Forschungsmethoden und Evaluation für Sozialwissenschaftler, 2. Aufl., Berlin.

Brechmann, Arnd; Schneider, Stefan; Seewaldt, Wolfram; Winkler, Dirk (2002): Strukturierte Produkte – Finanzinnovationen und Depotmanagement für die Beratungspraxis, Stuttgart.

Brömmling, Ulrich (2006): Stiftungen, in: Private Banking und Wealth Management, hrsg. von Heike Brost und Martin Faust, 1. Aufl., Frankfurt am Main, S. 405–426.

Brosius, Felix (2004): SPSS 12, 1. Aufl., Landsberg.

Brown, Stephen; Goetzmann, William; Liang, Bing (2006): Implikationen der verschiedenen Gebührenebenen bei Dach-Hedgefonds, in: Handbuch Alternative Investments, hrsg. von Michael Busack und Dieter G. Kaiser, 1. Aufl., Wiesbaden, S. 215–238.

Bundesverband deutscher Banken [Hrsg.] (2006): Anzahl der Banken und ihrer Zweigstellen in den einzelnen Bankengruppen, Berlin.

Busack, Michael (2006): Anlagevolumen und Kapitalströme bei Hedgefonds, in: Handbuch Alternative Investments, hrsg. von Michael Busack und Dieter G. Kaiser, 1. Aufl., Wiesbaden, S. 139–172.

Busack, Michael (2007): Im Gespräch: Hedge-Fonds-Interessenvertreter Michael Busack, in: Frankfurter Allgemeine Zeitung, 11. 10. 2007, S. 27.

BVI – Bundesverband Investment und Asset Management e. V. [Hrsg.] (2007): BVI-Halbjahresbilanz: Deutsche Fondsbranche sammelt rund 45 Mrd. Euro ein, 20. 07. 2007, Frankfurt am Main.

Cottier, Philipp (1997): Hedge Funds and Managed Futures, zugl. Diss., St. Gallen.

Dunsch, Jürgen; Roth, Martin T. (2003): „Mitarbeiter müssen wieder Karriere am Kunden machen", in: Frankfurter Allgemeine Zeitung, 06. 05. 2003, S. 20.

Eckey, Hans-Friedrich; Kosfeld, Reinhold; Rengers, Martina (2002): Multivariate Statistik – Grundlagen – Methoden – Beispiel, 1. Aufl., Wiesbaden.

Ehlerding, André; Lumma, Katrin (2006): Private Banking in Deutschland – Chancen und Erfolgsfaktoren in einem Wachstumsmarkt, in: Private Banking und Wealth Management, hrsg. von Heike Brost und Martin Faust, 1. Aufl., Frankfurt am Main, S. 29–54.

Faust, Martin (2006): Leistungsangebot und Wettbewerbssituation im Private Banking und Wealth Management, in: Private Banking und Wealth Management, hrsg. von Heike Brost und Martin Faust, 1. Aufl., Frankfurt am Main, S. 3–28.

Foehn, Pascal (2006): Kundenwert im Private Banking – unter besonderer Berücksichtigung der Herleitung, Prüfung und Implementierung eines unternehmensspezifischen Kundenwertmodells in der Schweiz und Greater China, zugl. Diss., Zürich.

Fowler, Floyd J. (1995): Improving survey questions: Design and evaluation, Thousand Oaks.

Fung, William; Hsieh, David A. (1997): „Is Mean Variance Analysis Applicable to Hedge Funds?", Durham USA.

Gierling, Klaus (2003): Investitionsverhalten Deutscher Investoren, in: HVB Alternatives Activity Report 2003 – Ein Einblick in die Aktivitäten und Besonderheiten eines Fund of Hedge Fund Managers, Wien, S. 53–58.

Habermehl, Werner (1992): Angewandte Sozialforschung, München.

Hafner, Reinhold; Brunner, Bernhard (2004): „Hedge Funds als Bestandteil der Strategischen Asset Allocation?", working paper – risklab germany GmbH, München.

Ineichen, Alexander M. (2001): The Search for Alpha Continues – Do Fund of Hedge Fund Managers Add Value, London.

Ineichen, Alexander M. (2003): Absolute Returns – The Risk and Opportunities of Hedge Fund Investing, Hoboken (New Jersey).

Jaeger, Lars (2003): Renditequellen für Hedge Funds – Teil 1, in: Absolut-Report – Alternative Investment Informationen für den institutionellen Anleger, Nr. 13 – 04/2003, Hamburg, S. 26–31.

Kaiser, Dieter G.; Kisling, Karin (2005): Der Einfluss von Kapitalbindungsfristen auf die Sharpe Ratio aktienbasierter Hedgefonds-Strategien, in: Aboslut-report – Alternative Investment Informationen für den institutionellen Anleger, Nr. 28 – 10/2005, Hamburg, S. 26–33.

Keating, Con; Shadwick, William F. (2002): Omega: A Universal Performance Measure, in: Journal of Performance Measurement, Vol. 6, Nr. 2, S. 59–84.

Kirsch, Werner (1981): Über den Sinn der empirischen Forschung in der angewandten Betriebswirtschaftslehre, in: Der praktische Nutzen empirischer Forschung, hrsg. von Eberhard Witte, Tübingen, S. 189–229.

Koye, Bernhard (2005): Private Banking im Informationszeitalter – eine Analyse der strategischen Geschäftsmodelle, zugl. Diss., Bern.

Kreutz, Henrik; Titscher, Stefan (1974): Die Konstruktion von Fragebögen, in: Techniken der empirischen Sozialforschung, hrsg. von Jürgen van Koolwijk und Maria Wieken-Mayser, München, S. 24–82.

Kruschev, Wesselin (2006): Vermögensverwaltung, in: Private Banking und Wealth Management, hrsg. von Heike Brost und Martin Faust, 1. Aufl., Frankfurt am Main, S. 427–458.

Mader, Wolfgang; Echter, Constantin (2004): Der Markt für Hedgefonds-Zertifikate in Deutschland, in: FINANZ BETRIEB, 09/2004, S. 612–619.

Meffert, Heribert (1992): Marketingforschung und Käuferverhalten, 2. Aufl., Wiesbaden.

Ohne Verfasserangabe (2006a): Dresdner Bank baut Vermögensverwaltung aus, in: Frankfurter Allgemeine Zeitung, 06.06.2006, S. 19.

Ohne Verfasserangabe (2006b): HypoVereinsbank setzt auf wolhabende Kunden, in: Augsburger Allgemeine Zeitung, 10.06.2006, S. 20.

Ohne Verfasserangabe (2007a): Pioneer schließt Dachhedgefonds, in: Börsen-Zeitung, Nr. 3, 05.01.2007, S. 3.

Ohne Verfasserangabe (2007b): Europa kommt den USA im Hedgefonds-Markt näher, in: Börsen-Zeitung, Nr. 28, 09.02.2007, S. 6.

Ohne Verfasserangabe (2007c): Abschied von Dach-Hedge-Fonds, in: Frankfurter Allgemeine Zeitung, 15.05.2007, S. 29.

Pütz, Achim (2001): Hedge Fonds-Zertifikate und Auslandsinvestmentgesetz, in: Aboslut-report – Alternative Investment Informationen für den institutionellen Anleger, Nr. 1 – 12/2001, Hamburg, S. 23–25.

Pütz, Achim; von Sonntag, Albrecht; Fock, Till (2003): Hedge Fonds in Deutschland nach dem Investmentmodernisierungsgesetz, in: Absolut-report – Alternative Investment Informationen für den institutionellen Anleger, Nr. 15 – 08/2003, Hamburg, S. 26–35.

Reittinger, Wolfgang J. (2006): Financial Planning im Wealth Management, in: Private Banking und Wealth Management, hrsg. von Heike Brost und Martin Faust, 1. Aufl., Frankfurt am Main, S. 367–390.

Röhl, Christian W.; Heussinger, Werner H. (2004): Generation Zertifikate – die Emanzipation der Geldanlage, München.

Rometsch, Sieghardt (1999a): Die Zukunft des Geschäfts mit dem vermögenden Privatkunden (I), in: Die Bank – Zeitschrift für Bankpolitik und Praxis, 1/1999, Köln, S. 12–19.

Rometsch, Sieghardt (1999b): Die Zukunft des Geschäfts mit dem vermögenden Privatkunden (II), in: Die Bank – Zeitschrift für Bankpolitik und Praxis, 2/1999, Köln, S. 95–101.

Schäli, Stephan D. (1998): Kernkompetenzen im Private Banking – aus der Perspektive grosser Bankinstitute in der Schweiz, zugl. Diss., Bern.

Schneider, Horst (2005): Faszination Private Banking, in: Private Banking – Kundenbindung und Ertragssteigerung in der Praxis, hrsg. von Michael Spreiter, 1. Aufl., Wiesbaden, S. 89–108.

Schnell, Rainer; Hill, Paul B.; Esser, Elke (2005): Methoden der empirischen Sozialforschung, 7. Aufl., München.

Schulte, Stefanie (2007): Man Investments treibt Deutschland-Geschäft voran, in: Börsen-Zeitung, Nr. 15, 23.01.2007, S. 2.

Schultz, Florian (2003): Hedge Fonds in Deutschland nach dem Investmentsteuergesetz, in: Absolut-Report – Alternative Investment Informationen für den institutionellen Anleger, Nr. 15 – 08/2003, Hamburg, S. 36–47.

Schultz, Florian (2004): Neue Besteuerungsregeln für Hedge-Fonds-Investments, in: Absolut-Report – Alternative Investment Informationen für den institutionellen Anleger, Nr. 18 – 02/2004, Hamburg, S. 44–47.

Signer, Andreas (2002): Problematische Messung des Mehrwertes durch Hedge Funds, in: Absolut-Report – Alternative Investment Informationen für den institutionellen Anleger, Nr. 10 – 11/2002, Hamburg, S. 8–17.

Stamm, Hans; von Livonius, Hilger (2002): Auflage von Hedge-Fonds in Deutschland, in: Absolut-Report – Alternative Investment Informationen für den institutionellen Anleger, Nr. 9 – 10/2002, Hamburg, S. 40–45.

Stamm, Hans; von Livonius, Hilger (2003): Hedge-Fonds-Zertifikatsstrukturen nach dem Investmentmodernisierungsgesetz, in: Absolut-Report – Alternative Investment Informationen für den institutionellen Anleger, Nr. 16 – 10/2003, Hamburg, S. 48–52.

Swoboda, Uwe C. (2004): Retail-Banking und Private Banking – zukunftsorientierte Strategien im Privatkundengeschäft, 3. Aufl. Frankfurt am Main.

Tilmes, Rolf (2001): Financial Planning im Private Banking – kundenorientierte Gestaltung einer Beratungsdienstleistung, zugl. Diss., 2. Aufl., Bad Soden/Ts.

Wohlwend, Hanspeter (2001): Der Markt für strukturierte Produkte in der Schweiz – eine empirische Untersuchung, zugl. Diss., Bern.

Wurm, Gregor; Wolff, Karl; Ettmann, Bernd (1999): Kompaktwissen Bankbetriebslehre, 7. Aufl., Köln.

Zeltner, Jürg (2006): Strategische Erfolgsfaktoren für das Wealth Management, in: Private Banking und Wealth Management, hrsg. von Heike Brost und Martin Faust, 1. Aufl., Frankfurt am Main, S. 91–126.

Verzeichnis der Gesetze

Auslandinvestment-Gesetz (AIG)
in der Fassung der Bekanntmachung vom 9. September 1998 (BGBl. I S. 2820), zuletzt geändert durch Art. 32 vom 21. August 2002 (BGBl. I S. 3322), seit dem 1. Januar 2004 außer Kraft, gemäß Art. 17 des Gesetzes vom 15. Dezember 2003 (BGBl. I S. 2676).

Einkommensteuergesetz (EStG)
in der Fassung der Bekanntmachung vom 19. Oktober 2002 (BGBl. I S. 4210; 2003 I S. 179), zuletzt geändert durch Artikel 1 des Gesetzes vom 14. August 2007 (BGBl. I S. 1912).

Gesetz zur Modernisierung des Investmentwesens und zur Besteuerung von Investmentvermögen (Investmentmodernisierungsgesetz) vom 15. Dezember 2003, Bundesgesetzblatt Jahrgang 2003 Teil 1 Nr. 62, Bonn.

Investmentgesetz (InvG)
vom 15. Dezember 2003 (BGBl. I S. 2676), zuletzt geändert durch Artikel 7 des Gesetzes vom 5. Januar 2007 (BGBl. I S. 10).

Investmentsteuergesetz (InvStG)
vom 15. Dezember 2003 (BGBl. I S. 2676, 2724), zuletzt geändert durch Artikel 2a des Gesetzes vom 28. Mai 2007 (BGBl. I S. 923).

Gesetz über Kapitalanlagegesellschaften (KAGG)
in der Fassung der Bekanntmachung vom 9. Dezember 1998 (BGBl. I S. 2726), zuletzt geändert durch Artikel 3 des Gesetzes zur weiteren Fortentwicklung des Finanzplatzes Deutschland (Viertes Finanzmarktförderungsgesetz) vom 21. Juni 2002 (BGBl. Nr. 39 vom 26. Juni 2002, Teil I, S. 2010, 2038 ff.), seit dem 1. Januar 2004 außer Kraft, gemäß Art. 17 des Gesetzes vom 15. Dezember 2003 (BGBl. I S. 2676).

Unternehmenssteuerreformgesetz 2008
durch den Deutschen Bundestag in seiner 100. Sitzung am 24. Mai 2007 angenommen (Drucksache 384/07).

Gesetz über den Wertpapierhandel (Wertpapierhandelsgesetz – WpHG)
in der Fassung der Bekanntmachung vom 9. September 1998 (BGBl. I S. 2708), zuletzt geändert durch Art. 1 des Gesetzes vom 16. Juli 2007 (BGBl. I. S. 1330).

SPRINGER NATURE

GPSR Compliance

The European Union's (EU) General Product Safety Regulation (GPSR) is a set of rules that requires consumer products to be safe and our obligations to ensure this.

If you have any concerns about our products, you can contact us on ProductSafety@springernature.com

In case Publisher is established outside the EU, the EU authorized representative is:

Springer Nature Customer Service Center GmbH
Europaplatz 3
69115 Heidelberg, Germany